SIZE
How It Explains the World

# SIZE
サイズ

## 世界の真実は「大きさ」でわかる

バーツラフ・シュミル
栗木さつき 訳

NHK出版

SIZE: How It Explains the World
by Vaclav Smil


First published as SIZE in 2023 by Viking, an imprint of Penguin General.
Penguin General is part of the Penguin Random House group of companies.


ブックデザイン：小口翔平＋畑中茜＋後藤司（tobufune）

SIZE 目次

# 第4章

# サイズの実用的なデザイン

・シンメトリー――どこを見ても左右対称?
○美しい顔とは ○インフラにおけるシンメトリー
○建築物のシンメトリー ○シンメトリーの絵画は少ない?

・黄金比は空想の産物?
○黄金比はどこにでも見られる? ○黄金比は幻だった!?

・ヒューマンスケール
○人間工学の重要性 ○航空機の座席

・サイズを変える
○エネルギーのサイズ変化 ○服のサイズと道路の変化

・サイズの限界
○巨大すぎた乗り物 ○生物のサイズの限界 ○超高層ビルの課題
○巨大なタンカーと風力タービン ○小型化競争

・本文中の〔　〕は訳注を表す。［　］の番号は巻末の「原注・参考文献」を参照。
・本文中の書名のうち、邦訳版がないものは初出に原題とその逐語訳を併記した。
・本文中の書籍等からの引用は、出典の記載がないものは本書訳者による翻訳である。

# はじめに

大きなトピックに関する本を書くには、扱うテーマがエネルギーであれ、経済、環境、あるいは絵画や人口増加や感染症の世界的流行《パンデミック》の歴史であれ、一部については割愛して説明するしかない、という問題がつきまとう。

この難題（と解決策）を見事に要約してみせたのが、アルゼンチン出身の作家ホルヘ・ルイス・ボルヘスだ。1946年にロス・アナレス・デ・ブエノスアイレス誌に発表した短編『学問の厳密さについて』[1]では、名前が明かされないある王国の地図製作者たちが完璧な地図を描こうとした顚末《てんまつ》が描かれている。まず、1つの州の完璧な地図を描いたところ、ある都市全体の大きさの地図が完成し、その結果、王国全土の地図はある州全体の大きさを占めるまでになった。ところが、これらの大地図でも人々は満足しなくなり、ついには王国と等しい大きさをもつ、寸分たがわぬ1枚の王国図が完成した。当然の話ではあるが、「後世の人たちは、この広大な地図は役に立たないと判断し、憐れみをいっさい示さずに地図を打ち捨て、照りつける日差しと厳寒の手にゆだねた」という結末を迎えた。

大きなトピックに関する本を書こうとすれば、絶え間なく押し寄せる洪水のような情報も処理しなければならない。従来の学術調査により数世代にわたって蓄積された印刷物の記述や分析結果に、インターネット上の資料・データベース・地図・画像コレクションなどが加わり、その大半がいまなお急増している。こうした情報の大海に飛び込み、長々と潜水したところで、重要と思われる情報のすべてに精通することはできないため、完全な理解に達しないのはやむをえない。その不完全な理解すらも、1冊の、ほどよい長さの本に落とし込むには、さらなる省略が必要だ。この普遍的な問題は、大きなトピックだけではなく、成長、スケール、サイズといった複数の分野にまたがるテーマについて書く場合、いっそう浮き彫りになる。

よって本書の書き方は、ボルヘスが短編で描いたような愚かな試みの対極にある。つまり、わずかなページで多くの内容を述べようとするわけで、少なくともこのほうが、完璧な巨大地図よりずっと有益なはずだ。私はサイズをテーマにした本書を書きはじめる前から、ページ数をそこそこに抑えるには、範囲と深さに関してはある程度の妥協がやむをえないと考えていた。こう前置きするのは、あらかじめ言い訳をしたいからではなく、現実を認めているだけだ。

音楽の話にたとえれば、わかりやすいかもしれない。この本は、歩くような速さのアンダンテで始まり、大部分は同じようなテンポで進む。ときおり、ちょっと変わった、意表を突く和音《コード》を差しはさむけれど、調和を乱すことはなく、主要なテーマがつねに進行している。ぎょっとするような不協和音は入らない。

第1章では、自然界と人間に関わる事柄においてサイズが果たす役割を見ていく。小さいものにも大きいものにもサイズの限界があり、無限に変化するわけではないこと、人間にはより大きいものを好む傾向が広範にあること、そして極端なサイズのあれこれについても説明する。

第2章では、サイズの知覚について考える。私たちが実際に見ているものと、見たと思っているものの違い（錯覚は驚くほど簡単に生じる）を説明し、身長（日常生活のさまざまな側面に意外なほど大きな影響を及ぼしている）についても詳しく述べる。

第3章では、複数のサイズの関係に目を向ける。釣り合い《プロポーション》、対称性、比率に関するストーリーを紹介し、いわゆる「黄金比」についても検証する。一般的に大衆文化には、よく黄金比が使われていると思われているが、実際はどうなのかも検討していく。

第4章では、サイズのデザインに触れ、「人間工学」（利便性と安全性のためのデザインの科学）について説明する。そして、息つく間もない現代社会において、人間工学のもっとも重要な活用例として、航空機の座席を挙げる。発電所から風力タービンまで、はたまた自動車から航空機まで、主要な人工物の多くが大型化しているという現在の傾向を考えれば、時間とともに人工物のサイズがどのように変化したかを検証することには意味があるし、これ以上の大型化にはすでに限界が見えているものもある。生物と同様、人工物にも成長の限界があるのだ。

第5章では「スケーリング」（サイズの相関）について見ていく。あるサイズが変化した結果、ほかのサイズがどう変化するかという問題だ。これまで、スケーリングについて考えたことなどないかもしれないが、すでに知っていることもあるだろう。たとえば、体重が自分の倍ある人でも頭囲は自分の倍ではないことはわかっているはずだ。それでは、心臓についてはどうだろう？　倍の体重がある人とあなたの心臓の大きさは同じだろうか？　同じでないとするならば、いったいどれくらい違うのだろう？

さらに、代謝スケーリング（エネルギー消費量が体重にどれほど左右されるか）についても見ていこう。人間においても、ほかの哺乳類においても、その他の動物においても、代謝スケーリングはとりわけ重要だ。第6章では、こうした事実について見ていこう。

そのほかに、サイズについて語っておくべきことはなんだろう？ 統計学に詳しい読者なら、こう指摘するかもしれない。これまでのところ、サイズの分布にはいっさい触れていませんね、と。たしかに地形（山の標高や湖の面積）や生物（ミクロであれマクロであれ、肉眼で見えるものであれ見えないものであれ）には、無数の人工物（いたって単純なつくりの道具から精巧な機械まで）と同様、さまざまなサイズがある。だが、そのサイズはどのように分布しているのだろう？ グラフで描いた場合、左右対称になるのだろうか？ それとも、いちじるしく非対称なのだろうか？ 第7〜8章では、こうした疑問に答えていこう。

冒頭のアンダンテとは対照的に、最終章のテンポは（急いだプレストではないにせよ）快速のアレグロになる。ここでは、21世紀に入って20年以上が経過した時代にふさわしい総括を述べるつもりだ。最終章だからといって勝利を祝うファンファーレが鳴り響くわけではない。サイズに関しては、その測定、知覚、性質、変化、スケーリング、分布のいずれにおいても複雑で手に負えない現実があるからで、そうした事実について述べた本の最終章にふさわしいフィナーレがあるとすれば、次世代の（もっと大胆でもっと洞察力のある）学際的研究者が作曲するのを待つしかない。私は自分の最善を尽くしたつもりだ。

# 第1章 万物の尺度としてのサイズ

古代ギリシャ初の（もっとも偉大な）教育家《ソフィスト》とされるプロタゴラスは、真理について述べた自分の著書を「人間《アントローポス》は万物の尺度《メトロン》である」という有名なフレーズから始めたとされている。その後、このフレーズはさまざまな議論、多様な解釈、否定する論評を引き起こし、その動きはとどまることがなかった。[1] 私には、このような哲学的論争に加わる資格がないし、加わりたいという無謀な願望もない。ただ、明確な事実を強調したいだけだ。

哲学者たちは「人間《アントローポス》」という言葉が選ばれていることに着目して、プロタゴラスのこのフレーズの脱構築〔従来の伝統や秩序を解体し、意味を解釈しなおすこと〕を試みているが、プロタゴラスの言明の中心にあるのは尺度《メトロン》という言葉ではないだろうか？ そして「尺度で測る」とは、物理的な単位を用いた明確なものであれ、誰かやなにかを基準と照らしあわせたり、頭のなかのイメージと比べたりする暗黙のものであれ、「サイズを見積もる」ことを指す。

サイズの知覚は、形の知覚、すなわちその物体の空間における形状、外観、同定できる特徴を認識することと密接に結びついている。イギリスの哲学者ジョン・ロックは、著書『人間知性論』で、有機体（動植物）について次のように述べている。「われわれにとって、形とは種《しゅ》を決定する主要な性質であり、もっとも強い特徴を帯びている。人間は理知的な動物であるという自分たちの定義をどれほど重んずる者がいようと、仮に、言語と理知をもちながら通常の人間の形とはまったく異なる生き物が発見されたら、それがどれほど理知的な動物であろうと、人間としてはまず通用しないだろう[2]」

　姿かたちで判断されるという結論を、このうえなく活写しているのが、アイルランド生まれの作家ジョナサン・スウィフトだ。彼は著書『ガリバー旅行記』のなかで、主人公レミュエル・ガリバーを空想の冒険旅行へと送りだした。その最後の旅でガリバーは、高貴で聡明なフウイヌムという馬たちと、姿は人間のようだが粗野で卑しいヤフーたちが暮らす国に上陸した。ガリバーはその地で、賢く善意ある馬たちと理性的な会話を交わせるようにはなったものの、馬たちから見るかぎり、ガリバーの姿かたちは「おとなしいヤフー」以上のものではなかった[3]。

　興味深いことに、言語にはサイズを概念化する2つの方法がある。語源的に「大」を意味する単語を使用するか、使用しないかだ。定義と説明の言語といわれる古代ギリシャ語では、サイズをあらわす単語は*μέγεθος*（メゲトス。広がり、広大さ、大きさ）であり、ラテン語の*magnitudo*《マンニトゥード》と同様、サイズには上限があることを示している（ギリシャ語の*mégas*《メガス》、ラテン語の*magnus*《マグヌス》はどちらも「大きい」の意）。古代ギリシャ語とは異なり、ラテン語には中立的な*dimensio*《ディメンシオ》（寸法）という単語もあるが、現代のヨーロッパの言語では、この区別は言語グループ（ロマンス［ラテン］系、ゲルマン系、スラブ系）とは一致しない。英語のsize《サイズ》と同様、3大スラブ系言語であるロシア語、ウクライナ語、ポーランド語には「寸法」を意味する中立的な単語があるが、チェコ語、スロベニア語、クロアチア語は大きいサイズを意味する単語に偏っていて、3大ゲルマン系言語のドイツ語、スウェーデン語、オランダ語、そしてイタリア語も同様だ。

いっぽう、フランス語のtaille《タイユ》（もとは「細長い形」の意）の語源となったラテン語のtalea《タレア》（切ること）から、イタリア語で寸法やサイズはtaglia《タリア》とも言う。また日本語には、3つの言い方がある。まずは、英語から日本語になった多くの外来語の1つで、そのものずばり、「サイズ」である。そのほかに昔ながらの単語が2つあり、1つは中国由来の漢字で表現した「寸法」だ。しかし、もっともすぐれている表現は古代中国の言葉を連想させる「大小」で、「大」と「小」という、どちらもたった3画のシンプルな漢字を組み合わせている〔原文でも「サイズ」はカタカナ、「寸法」「大小」は漢字表記〕。

複数の言語に通じている読者なら、サイズの認識には言語によって本質的に大きな違いがあることに気づくかもしれない。これもまた興味深い点ではあるが、サイズという概念が中立的であるかどうかは重要な問題ではない。基本的な物理学の用語では、「サイズ」とはスカラー量を特定する際に必要な唯一の値である。スカラー量とは、力や速度のようなベクトル量とは異なり、「向き」をもたない量で、長さ（幅、高さ、円周）、面積、体積、質量、エネルギーなどが含まれる。正確に測定できる道具（身長を測る巻き尺、建造物の長さを測定するレーザー距離センサなど）があり、精度に求めるレベルに合意（身長はセンチメートル単位に四捨五入して測定するなど）があれば、サイズは定期的に、繰り返し、信頼の置けるデータとして確認することができる。[4]

もちろん、物理量は測定する際の尺度によって大きな差異が生じる。この問題は、1950年代初頭にイギリスの数学者・気象学者のルイス・フライ・リチャードソンが初めて指摘し、1967年にフランスの数学者・経済学者のブノワ・マンデルブロがサイエンス誌に発表し、その後、頻繁に引用された論文「イギリスの海岸線の長さはどのくらいか？」[5]で詳述した問題である。固定された2点間の直線距離の測定とは異なり、海岸線の長さには明確な答えがない。たとえば、縮尺1000万分の1の地図では、10万分の1の地図を使用した場合と比べて、詳しい情報が表示されず、海岸線の長さもだいぶ短くなるだろう。

また、海岸の不規則に曲がりくねる線の長さを実測する際に、歩幅を短くして歩けば（足の親指の先に反対側の足のかかとをくっつけて歩いたりすれば）、測定結果はいっそう長くなる。とはいえ、海岸線を1ミリメートル単位――小さな砂粒や土粒子《どりゅうし》1粒の幅――で測定するのは事実上、不可能だ。もっと大きな規模で見れば、こうした作業はGoogle《グーグル》 Earth《アース》を利用すれば簡単におこなえる。アプリを開き、ディスプレイの右下隅にある「＋」をクリックするだけで、画像をどんどん拡大して詳細を見られるうえ、場合によっては高度2万2252キロメートルから、長さが1メートルに満たない物を識別することさえできるのだ。それでも、明確なサイズ（唯一の不変の値）を測定できるという考え方は、地形には当てはまらない。海岸線や国境の長さは固定された量ではなく、フラクタル構造（自己相似性）をもっているため、どの程度の尺度で測定したかによって細部に変化が生じるからだ。[6]さらに、現実世界でサイズを測定する際には、海岸線のように長さが漠然としているという問題のほかにも、もっと重視すべき課題がたくさんある。

## ■サイズを意識する

もっとも注目すべき点は、身体のサイズ、ＧＤＰ（国内総生産）や所得といった社会的・経済的に重要な変数の測定には、正確性や適合性の面で多くの問題がつきまとうことだろう。[7]

たとえば、住民全員が給与所得者である欧米の都市社会では、その国の年次ＧＤＰや所得を算出するのは、すべての経済活動や給与を合計するのと同じくらい簡単に思えるかもしれない。しかし、どれほどの富裕国であろうと、そうした計算には地下経済《アングラ》、現金払いによる不透明な取引、薬物売買や売買春などによる多額の収益が入っていない。[8] いっぽう、欧米以外の地域、たとえばアフリカやアジアの自給自足農家や物々交換をしている世帯のデータの扱い方については、なんらかのルールを定めるべきだ。[9] とはいえ、ルールを設けたとしても、各国の通貨をどう比較すればいいのだろう？ 大きく操作される場合も多いとはいえ、シンプルに名目為替レートで比較すればいいのか？ それとも、複雑な計算式を用いて実質為替レート〔物価の変化まで考慮した為替レート〕を割りだして比較すべきなのか？[10]

完璧に測定されているかどうか、あるいは定義そのものが漠然としているかどうかはともかくとして、サイズは日常生活の非常に多くの場面で重要な意味をもっている。たとえば、衣服、調理器具、道具、機械、部品などのサイズはたいてい慎重に規格や基準が定められていて、私たちは自分に適したサイズの物を利用して日常生活を送っている。それに、予想される平均値（あるいは最小の寸法など）にも頼っていて、そうしたサイズの物を複製したり、それに合わせたり、同様のサイズが繰り返し出現するものと予想したりする。そして、大西洋を横断するフライトでサイズの合わない服を着ているとき、道具が人間工学を考慮せずにデザインされているためにうまく使いこなせないとき、基準を守っていない寸法の階段を重い家具をもって上がっていくときなど、実際のサイズが予想していた範囲から外れていたときに初めて、無意識にサイズの予想を立てていたことを自覚する。好むと好まざるとにかかわらず、私たちは細かくサイズが定められた空間を動きまわっているのだ。

　現代社会はサイズを標準化することで、想定外の寸法の物に遭遇するリスクを抑えようとしてきた。大半の人は正確な寸法を知らないだろうが、日常生活にはさまざまなサイズの基準があることを察しているし、海外に旅行したり、引っ越したりした人は、国によってその基準が違うことに気づいただろう。[1-1] それでも、住宅や公共の建築物の階段は、蹴上《けあげ》（1段の高さ）や踏面《ふみづら》（足を乗せる面の奥行き）が国内または国際的な基準に準じている必要があるため、それほど使いにくくはないはずだ。たとえば国際建築基準では、蹴上が7インチ（178ミリメートル）以下と定められているし、米国労働安全衛生局では6〜7・5インチ（152・4〜190・5ミリメートル）と定められている。[1-2] アメリカの建築工法で主要製材として利用されている2×4《ツーバイフォー》材は、実際のところ、断面サイズが2インチ×4インチ（51×102ミリメートル）ではない。以前はそうだったが、いまでは木材の外観をよくするためのプレーナー（かんな）加工によって、1・5×3・5インチ（38×89ミリメートル）に縮小されている。[13] ほかにも、アメリカ人がヨーロッパに出かけると、ビジネスレターの標準的なサイズがわずかに違うことにすぐに気づくだろう。ヨーロッパのサイズ（A4）は横が少し短く、縦が少し長い（ヨーロッパ210×297ミリメートル、アメリカ216×280ミリメートル）。[14]

現代の圧倒的なまでの都市社会は人口密度が高く、広範な輸送網があり、私たちは基本的に快適かつ安全に暮らすための寸法を明確に定めている。たとえば量産住宅では天井に最低限の高さが定められていて、アメリカでは8フィート（約244センチメートル）が最低値だ。ほかの多くの国では、居住者1人当たりの最低居住面積が細かく定められていて、その値は富裕国のあいだでも異なる。たとえば、フランスが1950年代までは比較的貧しかったことを、大半の人は知らないだろう。フランスの低家賃住宅の基準は、1922年と1950年代初頭のいずれにおいても、2部屋のアパートメントの最低居住面積を35平方メートルと定めていて、それから半世紀以上が経過したいまでも45平方メートルを超えていない。日本では、最低居住面積水準がい

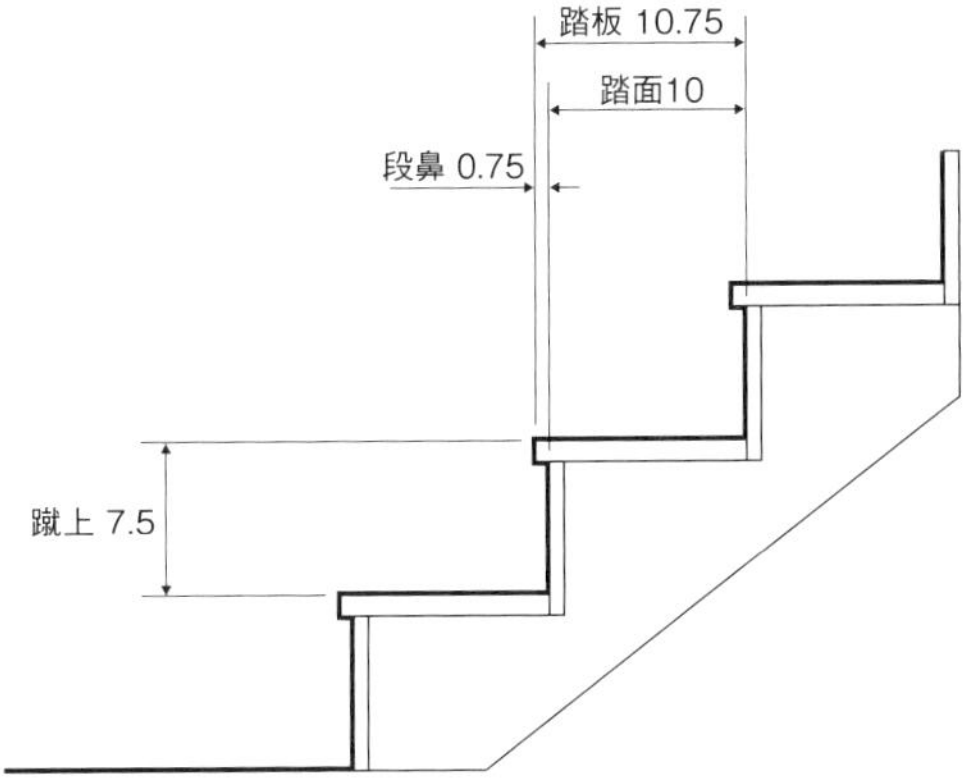


階段の蹴上と踏面の長さが1段ごとに違えば、すぐに気がつくだろう。上の図は、アメリカの階段の標準的な寸法を示している（単位はインチ）。

まもたった25平方メートルしかない。そのいっぽうで、アメリカの新築一戸建て住宅の平均居住面積は1人当たり70平方メートル近い（２０２１年の平均居住面積２１１平方メートルを平均世帯人員３・１３で割った面積[15]）。

私たちはこうした基準や普及しているサイズにすっかり慣れてしまい、頻繁に目にするのが当然だと思っているが、必要とあれば異なるルールに従い、新たな環境に適応することができる。それでも、予想していたサイズから逸脱した物があれば警戒する。この点については第7章で詳述するが、その理由は生物のサイズとその形質のサイズが正規分布しているからだ。たとえば新生児の身長、アホウドリの翼開長《よくかいちょう》、巨木セコイアの幹周、イタリアの年金受給者の体重などは、いずれも正規分布している。つまり、平均値のあたりに（たいてい密に）データが集まっていて、その発生頻度を散布図で描くと、左右対称の釣鐘《ベル》型の曲線が得られるのだ。

正規分布があらゆるところに存在しているという現実を、私たちは明確に意識しているわけではないし、統計学的な正規分布の曲線を導くためのかなり複雑な方程式を書きだせる人もほとんどいないだろう。それでも、何度も経験しているうちに、私たちは無意識のうちに正規分布があることを把握し、予想していた平均値から大きく外れたものに出会うとすぐさま気づき、これは異常だと察する。だからたいてい、予想外に大きいものや驚くほど小さいものに目をとめるのだ。こうした無意識の分類はさらに進む。極端なサイズのものを、ミニチュア（極小、極微、微小）やジャイアント（巨大、怪物級）といったカテゴリーに分類することもある。このような分類が可能になるのは、当然ながら、私たちが標準や基準を意識しているからだ。相手の身長を敏感に察するビジネスパーソンなら（次章で説明するように、身長は企業の「幹部」を見わける明確な指標となる）、よく見かけるハトやセントラルパークのアヒルやガチョウを基準にして考え、コアホウドリをもっとも翼開長が長い鳥に分類するかもしれない。でも、野鳥観察者なら、もっと翼開長が長いアホウドリがいることを知っているだろう（コアホウドリの翼開長は約2メートル、ワタリアホウドリは最大3・5メートル）[16]。

## ■大と小のあいだ

私たちはきわめて社会性の高い種であり、複雑な発展を遂げるうえでは、社会がより大きいサイズであることが欠かせない。先史時代の狩猟採集民の集団（乳幼児より上の年齢の者は、例外なく食料の確保という役割を担っていた）は規模が小さく孤立していたため、複雑な社会へと発展することができなかった。細かく階層化され、数千種もの職種がある大型都市社会に特有のすぐれた技術を発展させることもかなわなかったのだ。

### フィクションのなかの「サイズ」

集団の規模が大きければ、アフリカの有蹄《ゆうてい》類の動物の群れであれ、現代のメーカーや電子メディア企業であれ、さまざまな競争上の利点を得られる。たとえばアフリカの広大なサバンナのヌーの群れと、グーグルはどちらもうまくやっている。セレンゲティ大平原で最大のヌーの群れは約150万頭に及び、毎年、長距離移動をおこなう草食動物としては世界最大の集団だ。いっぽう、検索エンジンの世界市場におけるグーグルのシェア率（約93％）は同社に高い時価総額をもたらしている。2022年初め、グーグルの時価総額は2兆ドルに迫り、ロシアやブラジルの年次GDPよりも高い。[17]

私たちは頭のなかで小さいものと大きいものを区別しながら日常生活を送っていて、この2つのカテゴリーは異なる反応を引き起こす。長い進化の過程で、ごくまれではあったものの、嵐、火災、洪水、地震などの自然現象だけが、私たちを圧倒し、身の危険を感じさせるほど大きなものだった。[18] また、小さな集団で生活し、食料をさがしたりあさったりするだけで、使用する道具もごく単純なつくりの石器に限られていた時代は、大規模な建造物や耐久性のある物を残すことはできなかった。

とはいえ、数万年前にアフリカやユーラシア大陸を放浪していた先史時代の狩猟採集民と現代の私たちは、脳という点ではほとんど変化していない。それを考えれば、私たちの種がおそろしいほどのスケールをもつ生き物や出来事を想像し、いきいきとした物語にして何世代にもわたって語り継いできたのは当然のことなのだろう。その結果、5500年ほど前に世界初の架空の物語がメソポタミアの粘土板に楔形《くさびがた》文字で刻まれたのである。[19]

記録として残された最古の物語から現代のストーリーテリングまで、古代の怪物の伝承からゴジラとキングコングの闘いをコンピュータアニメーションで描いた人気映画まで、人類は想像力を駆使して連綿と創作を続けてきた。[20] おそろしい怪物との遭遇は、記録が残されている最古の2つの空想の物語で描かれている。シュメールの王ギルガメシュの苦難の叙事詩と、トロイから帰還したオデュッセウスと仲間たちの冒険譚《たん》だ。ギルガメシュは冒険の途中で、シュメールの至高神エンリルに命じられて杉の森を守り、人間をこわがらせていた巨人フンババに立ち向かうことになる。「フンババの咆哮《ほうこう》は洪水、その口は火、その息は死」だった。ギルガメシュはこの巨人フンババを退治したものの、その後、夢のなかでべつの怪物に遭遇した。その怪物は「陰気な顔の人鳥で……顔は吸血鬼、足はライオン、手はワシの鉤爪《かぎづめ》のよう」だった。[21]

いっぽう、オデュッセウスは長い帰路の途中、ひとつ目の巨人ポリュフェモスの裏をかかなければならなかった。そこでオデュッセウスは真っ赤に熱した丸太をポリュフェモスの目に突き刺し、視力を奪った。その後、オデュッセウスが脱出する船の上から巨人を嘲笑《あざわら》うと、ポリュフェモスは「巨大な岩山の絶壁をもぎり取り、えいやとばかりに投げつけてきたので、巨岩は黒ずんだ船首をかすめるようにして海に沈み……沖からはうねりのような大波」が立った、とある。[22] 人間の想像力が産んだものとはいえ、なんとおそろしい、桁外れのスケールの描写だろうか。かたや、聖書でもっとも有名な巨人はゴリアテで、その存在は、家系的に非常に長身な者の苦悩の象徴として解釈することもできる。[23]

怪物のように巨大な生き物は、怪力を誇示したり火を吐いたりする超自然的な能力をもち、伝説や民話にたびたび登場する。ヤーコプとヴィルヘルムのグリム兄弟はドイツの童話や伝承を集め、『グリム童話』にまとめて1812年に第1巻を、1815年に第2巻を出版した。[24] 収録された物語ではよく巨人の足音が鳴り響いていたが、ときには小さくて愛らしい生き物も登場した。

こうした民話集をべつにすれば、極端な大きさや空想上のサイズの変化を描いた英語の作品でいちばん有名なのは、前述のジョナサン・スウィフトの『ガリバー旅行記』と、ルイス・キャロルの『不思議の国のアリス』だろう。[25] 本書の第5章と第6章では、ガリバーが小さいリリパット人の国と巨大なブロブディンナグ人の国に上陸した体験に触れ、身体のスケーリングと代謝について詳しく見ていく。

このスウィフトの古典的名作は、サイズにまつわる事柄と代謝スケーリングの複雑さを知るための愉快な入門書としても役立つ。いっぽう、ルイス・キャロルが描いたアリスの変身は、物語の推進力となっているだけでなく、リアルに感じられる錯視の世界へといざなう愉快な入り口の役割も果たしている。アリスは彼女自身と同じくらい「大きく」感じられるウサギの穴（実際には、大きなウサギの穴でさえ、小柄な少女が入れるほど大きくはない）に入るが、どういうわけか、入ってすぐに縮んだに違いない。とにかく、すぐに小さくなったアリスは、穴のなかをどんどん落下し、ついに底に着地すると、しゃれた身なりをした白ウサギのあとを追う。そして、非常によく考えられたサイズの変化を体験するのだ。まず、低い扉から魔法の庭に入るために、「ワタシヲオノミ」と書かれた札《ふだ》がくくりつけられた瓶の中身を飲んで身体を縮めたところ、テーブルの上に置いたままにした扉の鍵に手が届かなくなり、こんどは干しブドウで「ワタシヲオタベ」ときれいに書いてあるケーキを食べる。すると身体がぐんぐん伸びていき、世界一長い望遠鏡のようになり、ついには頭が天井にぶつかってしまう。そのあとも、アリスはなんとかしてその場にふさわしいサイズになろうとした。青虫から、片方の側を食べると背が高くなり、反対側を食べると背が低くなるキノコをすすめられ、その助言に従ったところ、いっそう縮んでしまったが、その次にとんでもない勢いでにょきにょきと大きくなってしまう。

驚くべきことに、現実世界でもアリスのような体験をする人がいて、医学文献には「不思議の国のアリス症候群」という、サイズの認識に奇妙なゆがみが生じる症例が記述されている。自分の身体が大きく感じられる錯覚は、1913年にドイツの神経学者ヘルマン・オッペンハイムによって初めて報告され、1952年にアメリカの神経学者カロ・リップマンによって詳しく記述され、1955年にイギリスの精神科医ジョン・トッドにより「不思議の国のアリス症候群」と命名された。[26] リップマンの患者の1人は、「天井から頭をずっと引っ張られているので、くたびれてしまいました。頭が風船みたいな感じです。首が伸びて、頭が天井のほうに引っ張られる。だから一晩中、頭を下のほうに引っ張っていました」と話した。身長が変化したように感じるほかにも、物の形がゆがんで見えたり（変視症）、身体の一部が伸びたり縮んだりしているように見えたり、物の寸法や動きが変わって見えたりすることがある。こうした幻覚は、片頭痛、部分発作、感染症、中毒の際にもまれに生じる。

## 大きいサイズの利点

現実世界では、人間は「大きくなる」ことに魅力を覚えた。それは、従来、人間には筋肉にできる範囲のことか、てこや傾斜路（重い物を小さな力で引き上げられるようにするスロープ）といった単純なつくりの道具を利用した範囲のことしかできなかったからだ。私たちは知恵をはたらかせてこうした補助的な仕組みを利用し、筋肉そのものや筋肉を支える道具も駆使して、可能なかぎり規模の大きい建造物をつくってきた。

先史時代にも、人間の身体という尺度を超えようとする普遍的な傾向があり、それは堂々とした石碑のなかにいまも見てとれる。大きな石の塊が石切り場から切りだされ、遠路はるばる運ばれてきて、記念碑として置かれたのだ。たとえば、イギリス南部に45世紀ほど前に立てられた環状列石「ストーンヘンジ」の最大の一枚岩の重さは約30トンで、それよりはだいぶ小さい2トンほどのブルーストーンは約220キロメートル離れたウェールズのプレセリ丘陵から運ばれてきた。また、フランスのブルターニュ地方の巨石群「グラン・メンヒル・ブリゼ」はもっと古く、約6700年前に並べられ、重さは全体で約340トンもある。[27]

こうした事業の細部の工程がどうなっていたのかは、推測の域を出ない。歴史を振り返ると、このように賞賛に値する偉業がほかにもたくさんある。印象的なのは、古代世界の七不思議はいずれも異常なまでに大きい物のリストとしても通用することだ。もっとも古い「ギザの大ピラミッド」は高さ139メートルで、1311年、イングランドにリンカン大聖堂の尖塔が完成するまでは世界でもっとも高い建物だった。[28] かたや、アメリカ大陸の有名な巨大建造物としては、約1000年前に建てられたメソアメリカの土と石のピラミッドが挙げられる。またインカの遺跡オリャンタイタンボとサクサイワマンには巨大な石の建造物があり、どちらも15世紀に建てられた。さらに、ペルーやチリの砂漠には巨大な地上絵がある。[29]

もっとも有名で、もっとも賞賛され、もっとも訪れる人が多い建造物はほぼすべて、そのサイズが大きいからこそ、突出しているのだ。古代の例ではアテネのアクロポリスの丘にあるパルテノン神殿、巨大な丸天井があるローマのパンテオン、陰惨な歴史をもつ円形闘技場コロッセオ。中世では高い尖塔のある大聖堂、巨大な城。ルネサンスでは、イタリアの建築家フィリッポ・ブルネレスキの設計により、木枠がなくても建設できるようにしたフィレンツェのサンタ・マリア・デル・フィオーレ大聖堂、巨大な丸天井があるバチカンのサン・ピエトロ大聖堂。そして、19世紀ではパリでもっとも目を引く2つの建築物、サクレ・クール寺院とエッフェル塔などがある。いずれの建造物も規模が大きかった。[30]

こうしたスポットに押し寄せる観光客が大勢いるのと比べて、スーダン北部のクシュ王国(古代エジプトと同時代)に建てられた先端が尖った小さなピラミッドをわざわざ訪れる人は少ない。建築家ドナト・ブラマンテが、ローマのサン・ピエトロ・イン・モントリオ教会の中庭に1502年に建てたルネサンスの完璧なプロポーションをもつ傑作、テンピエット(聖ペテロ磔刑《たっけい》の地とされる場所に建てられた小さな殉教者記念礼拝堂)を鑑賞するためにジャニコロの丘の急坂を登ったりする人もごくわずかだ。[31]

あきらかに、人間の想像力において「大きい」ことはつねに重要性と壮麗さの象徴であった。大きいものは感銘を与え、畏敬の念を起こさせ、おびえさせるのだ。そして人工物に関していえば、もっと大きな建造物(もっと高い超高層ビル)、より大きい輸送機械(ジェット旅客機や大型客船)、そして、むべなるかな、政治的・経済的にいっそう大きい帝国を築くべく、私たちは

左：フィリッポ・ブルネレスキによって設計されたフィレンツェのサンタ・マリア・デル・フィオーレ大聖堂（丸天井の内径は43メートル）
右：ドナト・ブラマンテによって設計されたローマのサン・ピエトロ・イン・モントリオ教会の中庭にあるテンピエット（丸天井の内径は4.5メートルしかない）

いっそう邁進《まいしん》し、いまの限界を押しあげようとする。こうして私たちは大歓迎される記録（大規模な工場建設で大量生産が可能になることで消費財の単価が下がり、購入しやすくなる）を樹立してきたが、追求したにもかかわらず明確な成果を出せなかったもの（規模を過剰に大きくしたせいで、結局、断念せざるをえなくなったプロジェクトの死屍累々《ししるいるい》を含む）も多々あった。このプロセスについては、いくつかの例を後述する。

　人間がより大きいサイズを好む傾向は人生の早い段階で明確に認められ、おとなになるにつれ、物のサイズをあれこれ評価するようになり、いっそう大きいサイズを求めるようになる。幼児が最初に描く絵はたいてい人間の姿で、紙いっぱいに大きく描く場合も多い。どの年齢の子どもも、好きな人（大好きな母親や父親）を、そうでもない人（口うるさい叔母さんや叔父さんだったりするかもしれない）よりも大きく描く。[32] サイズの評価はその後も続き、ドアの枠に鉛筆で子どもの身長の伸びに印をつけたり、給料の額を比べたり、家の延床面積を自慢したりする。地方の住民は村を出て都会に行き、グローバル化した地域の世帯は遠い国へと移住し、稼ぎを数倍に増やそうとする——そして、意図せざる結果として、彼らの子どもの身長はいっそう高くなるのだ。

　よりよい生活環境（栄養、ヘルスケア、住宅）が驚くほど急速に影響を及ぼすことを示す２つの研究結果がある。２００５年、イタリアの研究者たちは、ボローニャで暮らす中国系移民の両親から生まれた子どもたちの身長が、中国で生まれ育った子どもたちよりも高いだけではなく、誕生から１歳までは体重も身長もイタリアの乳児たちを上回り、その後は同程度になることを発見した。[33] 同様の結果はイギリスでも報告されている。インドからイギリスに移住した成人は、インドの成人より平均身長が６～７センチメートル高い。それでもイギリス人の平均身長よりは低いが、この差は幼い息子や娘たちのあいだでは消えており、２～４歳では同年齢のインドの幼児より身長が６～８％高い。インドからの移民である両親の子どもの出生体重が、イギリスの新生児と比べると平均４００グラムほど軽いことを考えれば、身長は驚くほど急速に追いあげているのだ。[34]

　さて、個人から企業へと視点を変えると、「大きい」「より大きい」、そして願わくは「最大の」が成功への道のりを表現するうえでもっとも望ましい形容詞になった。限定版を謳《うた》う高級品を販売する企業をべつにすれば、生産量を徹底的に抑え、慎ましい企業規模を持続して成功したグローバル企業など存在しない。[35] そもそも、より大きいサイズを求める傾向は、いまに始まったことではない。生物の進化において多くの前例がある。ただ、最近の新たな傾向として、より大きいサイズを求める動きがどこにでも見られるうえ、そのペースは上がっている。この加速は19世紀後半の工業化によってはずみがつき、20世紀を通じて勢いを増し、現代では最大記録が次々と塗り替えられている。

## 小さいサイズの利点

より大きいサイズを求める現代の傾向をもっと詳しく見る前に、小さいサイズについても基本的な情報をお伝えしておこう。言うまでもなく、小さいサイズには小さいゆえの意味があり、微小なものはさまざまな反応を引き起こす。歴史的に見ても、芸術家や職人たちは細かい作業にひたむきに取り組み、技術に磨きをかけてきた。

さらに現代科学の目覚ましい進歩によって、いっそう小さいスケールの人工物をつくることが可能になり、極小の作品は大きな賞賛を浴びてきた。そうした例を思いつくままに挙げてみよう。1本の象牙から彫られたとは思えないほど精巧なつくりの中国の多層球（球体のなかにいくつもの球体がある工芸品）、瓶の内側で器用に組み立てられた木製の船の模型、観光客が見物できるミニチュア・パーク（いちばん有名なのはデン・ハーグにあるマドローダムで、オランダの観光地が25分の1スケールで再現されている）、通販サイト〈フェイクフードジャパン〉で販売されている日本の小さい食品サンプル（コレクターのファンも多い）。また、半導体チップに搭載される部品はますます小さくなり、携帯電話から昆虫の背中に装着できる極小ロボットカメラまで、電子機器の小型化を可能にしている。[36]

しかし、ミニチュアサイズの工芸品や機械は、人間と同じスケールの物や、それをはるかに凌《しの》ぐ大きさのものと同じ感動を呼び起こすわけではない。書籍ほどの大きさの花の静物画に私たちが覚える感動は、1人または複数の人物を描いた大型の肖像画、神話の一場面や歴史上の出来事を描いた絵画、私たちが戸外で見るような景色を描いた風景画に覚える感動と同じではないだろう。ルーヴル美術館やプラド美術館に毎年、数百万もの人々が訪れるのは、細密画や宝飾品の大規模なコレクションを鑑賞するためではなく、ディエゴ・ベラスケスやフランシスコ・デ・ゴヤによる等身大の肖像画に魅了されるためではないだろうか。[37]

たとえば『ギネス世界記録』には、ありとあらゆる有益もしくは風変わりな事実が記載されているが、2021年、ギネスワールドレコーズの公式サイトで閲覧された数値の上位18の記録のうち、非常に小さいものに関する記録は1つだけ（世界一背が低い女性）だった。残りはすべて最長、最高、最大、最多、それに最速、最大幅、最高齢など、最大値の記録だった。[38]

ミニチュアには感銘を覚え、楽しい気分になるが、畏敬の念を抱くことはあまりない。そうした強い感情は大きいサイズのものにとっておく。暑い夏の日の午後、数時間をかけて高くなった黒い積乱雲がいまにも竜巻を起こしそうな光景に、ミニチュアが対抗できるものだろうか。[39] 甲板に10段ほど積みあげた1000もの鋼鉄製のコンテナを搭載し、太平洋を横断してきた貨物船がロサンゼルスの港に入り、馬力の大きいタグボートに横から押されている光景と、瓶のなかの小さい模型とでは、やはり比較にならないのでは?[40]

それに、「小さくなる」ことは「大きくなる」こととはまったくべつの感情を呼び起こす。いずれにせよ、人間の視力には限界があり、肉眼で見られるものは限られている。視力がいい人なら髪の毛1本の幅程度、すなわち0・04ミリメートルほどの幅を認識できる。[41]では、大きいほうはどうだろうか。私たちは肉眼で、小さい雨粒(1ミリメートル)、道の縁石から流れ落ちる雨水(10センチメートル)、低い堰《せき》の増水(1メートル)、巨岩へと流れ落ちる渓流(10メートル)、ベネズエラの滝エンジェルフォールの落差(1キロメートル弱)、下部成層圏に到達した巨大積乱雲(10キロメートル超)などを見ることができる。この例の最大値を最小値(いずれもミリメートル単位)で割ると、1000万分の1となり、巨大な積乱雲は小さい雨粒の1000万倍の大きさであることがわかる。[42]

小型化は、1965年以来、エレクトロニクスの発達を支えてきた(マイクロプロセッサに搭載される部品数の増加など。この傾向については、第4章で述べる)。その結果、ここ2世代にわたる世界的な経済成長に大きく貢献し、さらに(逆説的ではあるが)大型化を促進する起爆剤にもなった。より大きな人工物——スクリーン、車、船舶、飛行機、タービン、建造物、都市など——の実現は、半導体素子の技術が進み、トランジスタ、集積回路、マイクロプロセッサなどが小型化したおかげで、はるかに容易になったのだ。

## ■「より大きい」にとりつかれている現代人

現代人は一生を終えるまでに、サイズがどんどん大きくなる実例の数々を目の当たりにしている。自動車は、移動する重い機械のなかでは世界最多の台数を占める。いま、世界には15億台近い四輪車があり、そのサイズはどんどん大きくなってきた。現在、よく売れているピックアップトラックやＳＵＶは、１９５０年代初頭にヨーロッパ市場を席巻したフォルクスワーゲンのケーファー〔英語圏では「ビートル」〕、フィアットのトポリーノ、シトロエンの２ＣＶ《ドゥシュヴォー》といったファミリーカーの2～3倍、重くなっている。

住宅、冷蔵庫、テレビも大型化してきた。その理由は技術的な進歩のおかげだけでなく、第二次世界大戦後、成長が大好きな経済学者たちがこよなく愛するデータ——ＧＤＰ（国内総生産）——が前例のない成長率で伸びたため、購入しやすくなったからだ。物価水準を考慮した実質ＧＤＰでさえ、アメリカのＧＤＰは１９４５年と比べて10倍になった。戦後はベビーブームが起こったにもかかわらず、１人当たりＧＤＰは4倍になった[43]〔いずれも２０２２年現在〕。このような富に後押しされた成長は、超高層ビルの高さから最大の航空機や複数階建ての客船の積載量まで、はたまた大学からスポーツスタジアムの規模まで、多数の例を挙げて説明することができる。では、これらはすべて予想どおりの避けられない傾向であり、大型化へ向かう一般的な進展と見なしていいのだろうか？

## 進化による大型化

生命は小さいサイズで始まった。約40億年前に古細菌や細菌といった微生物レベルで誕生したのである。そして5億年以上前のカンブリア紀に生物の多様性が高まり、ついに進化はより大きいサイズをめざす方向へと決定的な転回をした。大きいサイズ（体格がよくなる）は捕食者に対する防御力の向上（ミーアキャットとヌーを比較すればわかるだろう）と、消化できる幅広い生物資源を確保しやすくなるといった非常に大きな競争上の利点をもたらした。これにより、子の数の減少、妊娠期間の長期化（成熟するまでの期間が長くなる）、必要な食料や水分の量の増加など、あきらかな不利益はあったものの、大きくなる利益のほうが上回った。[44] また、大きい動物は小さい動物より（ハツカネズミよりネコのほうが、イヌよりチンパンジーのほうが）長生きする（例外はあり、50年を超えて長く生きるオウムもいる）。しかし、極端なサイズになると、体重とはそれほど比例しなくなる。ゾウやシロナガスクジラの寿命がもっとも長いわけではなく、上位に入るのはニシオンデンザメ（250年以上）、ホッキョククジラ（約200年）、ガラパゴスゾウガメ（100年以上）などだ。

生命の進化は、実際、大きくなるサイズのストーリーだ——ただの単細胞の微生物から、大型爬虫《はちゅう》類や現代のアフリカの大型動物（ゾウ、サイ、キリン）まで大きくなったのだから。現在、生物の体長は、200ナノメートル（マイコプラズマ・ジェニタリウムという細菌）から31メートル（シロナガスクジラ）まで8桁の範囲に及んでいる。これら2つの種の体積はさらに大きく異なり、$8 \times 10^{-12}$立方ミリメートルから$1 \cdot 9 \times 10^{11}$立方ミリメートルまでと、約22桁の差がある。[45]

最古の単細胞生物である古細菌や細菌と、のちに大きくなった原生《げんせい》動物や後生《こうせい》動物を比較すると、進化の過程でサイズが大きくなったことはあきらかだ。だが、絶滅したものであれ現存するものであれ、多細胞動物の平均体積は大型化の道をたどってはいない。軟体動物や棘《きょく》皮《ひ》動物（ヒトデ、ウニ、ナマコ）の平均サイズは明確な進化の傾向を示していないが、海産魚や哺乳類のサイズは大きくなっている。[46] その昔、恐竜のサイズは大きくなったが、絶滅に近づくにつれて小さくなった。節足動物の平均サイズはこの5億年ほど、明確な増大傾向を示していないが、哺乳類の平均サイズはこの1億5000万年で3桁ほど大きくなっている。

現存する哺乳類の種《しゅ》を分析すると、次世代は親よりも大きくなる傾向があるものの、当然、1世代間の成長はかなり限られている。[47] いずれにせよ、巨大生物が出現したからといって、微生物の遍在性と重要性が低くなるわけではない。生物圏は豊富で多様な微生物バイオマスを基盤にした高度な共生システムであり、微生物という土台がなければ作用することも存続することもできない。[48] この基本的な生物圏の現実（大が小に頼っている）から見たとき、より大きなサイズの物やデザインを求める人類の傾向は異常なのだろうか？　この傾向は経済力と技術力に関するかぎり、前近代に長期にわたって続いた成長の停滞からの一時的な逸脱にすぎないのだろうか？　それとも、テレビ画面から超高層ビルまで、大型の物を所有したい、追求したいと過剰なまでに関心を向けているせいで、人類にはそのような傾向があるという誤った印象を私たちがもっているだけなのだろうか？

## 産業革命以降の発展

このような風潮が生じた理由は明白だ。サイズの拡大は、前例のない規模でエネルギーが普及し、材料を巨大ネットワークで流通させられるようになったからこそ可能になったのだ。数千年ものあいだ、私たちにはさまざまな制約があった。エネルギーは人間か動物の筋肉から得るしかなかったし、道具や建築の材料には木、粘土、石、そして数種類の金属を利用するしかなく、より大きい設計での物づくりの追求には制約があった。つまり、私たちがなにを建て、どのように移動し、どれだけの食料を収穫・貯蔵し、個人や集団の富をどれだけ築けるかには制約があったのだ。[49] ところが19世紀後半には、このすべてが急速かつ同時に変わったのである。

19世紀初頭、世界の人口増加率は非常に低かった。エネルギーはまだバイオマス〔燃料に転化できる植物などの有機体〕と筋肉から得ており、小さな水車や風車を利用した製粉、比較的小さい船などで補う程度だった。１８００年の世界は１９００年の日常生活より、１５００年の世界に近かったのだ。[50] １９００年を迎えるころには、発電が急速に普及し、世界の燃料生産の半分が石炭と石油でまかなわれるようになり、新しい原動機（蒸気機関、内燃機関、蒸気タービン、水力タービン、電気モーター）が新たな産業と輸送力を生みだしていた。また、新たなエネルギーが豊富に入手できるようになったおかげで作物収量が増え（肥料や農作業の機械化による）、従来の材料をより安価に生産できるようになったうえ、新たな金属や合成樹脂の導入によって、軽量で耐久性のある物や建造物をつくれるようになった。

この大転換は、20世紀に入り、急激な人口増加の需要に応じる必要が生じてくると、さらに勢いを増した。2度の世界大戦と世界大恐慌があったにもかかわらず、世界人口は1900年から1970年の期間にかつてないほど急速に増加した。[51] 集落から消費財にいたるあらゆるものの大型化は、住宅・食料・工業製品の需要の増加に応じ、かつ手ごろな価格を維持するために必要だった。遠く離れた大都市に安価な電力を供給するため、大規模な炭鉱や水力発電所、数十億もの消費者に製品を提供する高度に自動化された工場、世界最大のディーゼルエンジンを動力源に数千もの鋼鉄製のコンテナを搭載して大陸間を移動する貨物船など、より大きいサイズの追求は、ほぼ例外なく単価の低下をもたらし、冷蔵庫、自動車、携帯電話が多くの人の手に入りやすくなった。しかし、資本コストは上昇し、前例のない設計・建設・管理の努力が必要になる場合も少なくなかった。[52]

20世紀に入ると、サイズの記録が大きく塗り替えられる事例が繰り返された。そうした例をいくつか紹介しよう。サイズの増大がどれほど広範囲で生じていたか、よくわかるはずだ（いずれも1900〜2020年を倍数で定量化し、入手可能な最善のデータをもとに算出）。最大の水力発電所の設備容量（100%の出力を発揮したときの電力量）は、1900年の600倍以上になった。[53] 現代文明のもっとも重要な金属である銑鉄《せんてつ》の生産に必要な高炉の内容積は、当初の10倍の5000立方メートルにまで増えた。[54] 鉄骨を利用した超高層ビルの高さはほぼ9倍になり、ドバイにある超高層ビル、ブルジュ・ハリファは828メートルに達した。[55] 世界最大の都市の人口は11倍になり、日本の東京圏の人口は約3700万人だ。[56] 世界最大の経済規模（実質為替レートで計算）を誇るのは依然としてアメリカで、現在では32倍近い規模になっている。[57]

しかし、1900年以降に蓄積した情報量に匹敵するほどの増加はほかにない。たとえば、トーマス・ジェファーソン・ビルに移転した1897年当時、米国議会図書館は世界最大の蔵書数を誇り、約84万冊を所蔵していた。2009年になると、約3200万冊の書籍や雑誌や新聞などを所蔵していたが、これは原稿、印刷物、写真、地図、地球儀、動画、録音物、楽譜などを含めた、物として形がある所蔵資料全体の約4分の1の量にすぎず、これらをすべてデジタル化したあとの情報量については、まだ推測の域を出ない。[58] 1997年、コンピュータ科学者のマイケル・レスクは同図書館が保管しているデータ量を「3ペタバイト程度」〔約3000テラバイト〕と見積もった。[59] つまり、情報量がこの1世紀で少なくとも3000倍に増加したことになる。

さらに、数々の新製品や新設計については、1900年以降にようやく商業化が始まったにもかかわらず、その後、1桁、2桁、場合によっては3桁の成長を遂げたため、20世紀に入ってからの増加量を計算することは不可能だ。このカテゴリーでもっとも成果をあげたのは、旅客機（世界初の民間航空会社KLMオランダ航空は1919年に設立された）、多種多様なプラスチックの合成（現在の主要な化合物の大半は1930年代に開発された）、そしてもちろん、現代のコンピュータ・電気通信・プロセス制御を可能にしたエレクトロニクスの発展（第二次世界大戦中に利用された初の真空管式コンピュータ、1971年に登場した初のマイクロプロセッサなど）が挙げられる。[60] こうした進歩により大量の小規模企業が誕生したが、世界の経済活動では、かつてない規模になった大企業が占める割合が大きくなっている。企業規模の拡大傾向は、従来の工業生産（機械、化学製品、食品など）や自動組み立ての新たな手法（マイクロチップや携帯電話の製造方法）のみならず、銀行からコンサルティング会社にいたるまで幅広いサービスや輸送にも影響を及ぼしている。[61]

このような企業規模の拡大は、合併・買収・提携・株式公開買付の件数と金額から推測することができる。1985年の合併は3000件弱（取引総額は約3500億ドル相当）だったが、2007年には4万7000件以上（総額5兆ドル相当）とピークに達し、新型コロナウイルス感染症の世界的流行が始まる前の4年間はいずれも3兆ドル以上の取引があった。[62] 自動車の生産はまだ多様性があり、上位5社（2021年の売上高で1位からフォルクスワーゲン、トヨタ自動車、ダイムラー、フォード・モーター、ゼネラルモーターズ）が世界市場シェアの3分の1強を占めるのに対し、携帯電話メーカー上位5社（アップル、サムスン、シャオミ、オッポ、ビボ）は世界市場の約80％、民間ジェット旅客機の市場ではボーイングとエアバスのトップ2社が90％以上を占めている。[63]

## ステータスの象徴

もう1つのサイズ拡大の傾向には、エビデンスが豊富にある。増加する人口の需要とは関係なく、ステータスの象徴、すなわち見せびらかすための消費として、サイズの拡大があるのだ。アメリカの住宅と自動車のサイズは、この傾向を示す2つの明確な例であり、正確な記録も残されている。住宅のサイズをどんどん大きくするというアメリカの傾向を真似するのは、空間的・歴史的な理由から多くの国々（日本やベルギーを含む）ではむずかしかったが、とんでもなく大きいサイズの自動車の増加は世界的な傾向になった。

1908年に発売され、1927年まで生産された世界初の大量生産車T型フォードは、サイズを比較するうえで明確な基準となる。[64] 1908年のT型フォードは、馬力が弱く（15キロワット）、サイズが小さく（全長3・4メートル）、軽い車（車両重量540キログラム）だった。けれども、1920年代半ばに生まれたアメリカ人のなかには、長生きした結果、「多目的スポーツカー（Sport Utility Vehicle）」という名前にもかかわらず、ありえないほどの大きさになったSUVの登場を目にした人もいた。長さではGMC（GMCシボレー）のサバーバン（最高出力265キロワット、車両重量2500キログラム、全長5・7メートル）が勝るが、ロールス・ロイスのSUVカリナンは最高出力が441キロワットあり、トヨタのレクサスLX570は車両重量が2670キログラムもある。[65]

こうした大型化により、乗員1人（乗員は体重70キログラムとする）に対する車両の重量比は、T型フォードの7・7からレクサスLXの38強、GMCユーコンもほぼ同程度へと大きくなっている。[66] 比較のために付け加えると、私と愛車ホンダ・シビックの重量比は約18で、車以外の移動手段に目を向けた場合、旅客機ボーイング787で6強、最新の長距離バスで5未満、重量7キログラムほどの軽量自転車ではわずか0・1だ。驚くべきことに、こうした自動車の大型化は、車の運転が環境に及ぼす影響に対する懸念が高まっていた数十年のあいだに生じたのだ（典型的なSUVは温室効果ガスを平均的なセダンより約25％も多く排出する）。

大型車を好むアメリカ人の傾向は、見るまにまたもや世界的な標準となり、ＳＵＶは大型化し、ヨーロッパとアジアでシェアを拡大した。[67] しかし、この常軌を逸した浪費を合理的に弁護することはできない。車の大型化は、安全性への懸念のうえでも（小型車や中型車の安全性は米国道路安全保険協会から最高の評価を得ている）、家族が多い世帯の需要への対応のうえでも（アメリカの世帯平均人数は減少している）、必要ではなかったのだ。[68]

さらに、アメリカの世帯が縮小化している傾向に逆行しているのが、住宅の大型化だ。第二次世界大戦後、ニューヨーク州で初めて大規模な郊外住宅地として開発されたレヴィットタウンの住宅の延床面積の平均は70平方メートル弱だったが、全米の平均値は１９５０年に１００平方メートルに達し、１９９８年には２００平方メートルを超えた。そして２０１５年には平均値が２５０平方メートルをわずかに上回り、日本の一戸建て住宅の平均値の2倍を上回っている。[69] すなわち、アメリカの住宅の大きさは、一生のあいだに2・5倍になったのだ。平均的な住宅の総重量（エアコン、数が増えたバスルーム、重くなった仕上げ材などを含む）はおよそ3倍になり、1人当たりの床面積は約4倍になった。そしてアメリカの平均的な地域の注文住宅は、延床面積が約５００平方メートルに達している。[70]

想像がつくだろうが、より大きい家には、より大きい冷蔵庫と、より大きいテレビがある。第二次世界大戦直後、アメリカの冷蔵庫の平均容量はわずか２００リットルほどだったが、２０２０年にはＧＥ、メイタグ、サムスン、ワールプール各社の売れ筋モデルの容量はおよそ６００〜７００リットルになった。[71] テレビの画面は、角が丸みを帯びた小さめの長方形から始まった。その寸法は、ブラウン管（CRT）の大きさと質量によって制限されていた。当時、最大のCRTディスプレイ（1991年、ソニーPVM－4300）の対角線の長さは43インチ（約109センチメートル）だったが、重量が200キログラムもあった。[7-2] 対照的に、現在人気のある50インチ（127センチ）のLEDテレビの重量は25キログラムもない。さらに世界的に見ても、対角線の長さは第二次世界大戦後の標準である30センチから、1998年には60センチ近くになり、2021年には125センチにまでなった。テレビ画面の標準的な面積は15倍以上に増えたのである。[7-3]

たしかに、多くの物が大型化したおかげで、私たちはより暮らしやすく、より快適に、より楽しめるようになったが、こうした見返りには限界がある。そもそも、特大の家、巨大なSUV、業務用サイズの冷蔵庫が持ち主をいっそう幸せにしたというエビデンスはない。それどころか、アメリカの成人を対象に質問し、人生の幸福度や満足度を評価したところ、20世紀半ば以降、度合いに大きな変化は見られなかったし、長期的に見ればどちらも低下していた。[7-4] こうした過剰なまでの大型化には、物理的にあきらかに限界がある。第4章では、多くのデザインのサイズが必然的に最大に近づいていることを示すべく、重要な長期的成長の傾向をいくつか検証し、S字（シグモイド）曲線が最終段階を迎えつつあることを説明していこう。

より大きなサイズが逆効果をもたらすという顕著な事例が多々あることを考えれば、この万国共通といえる大型化崇拝の新たな傾向はいっそう注目に値する。実際にデータで検証できる例を2つ挙げよう。子ども時代に体重が過度に増えると、人生の早い段階で肥満になったせいで成人後も肥満から抜けだしにくくなり、悪影響を受ける確率が高くなる。[75] そして身長に関していえば、陸軍がつねに新兵に身長制限を設けてきたことがあげられる。よって平均より低い身長は、ある意味では天から授けられた贈り物だった。背の低い男性は（そして、背が高すぎる男性も）徴兵されないので、不毛な戦場に駆りだされて死ぬリスクが減ることになるからだ。[76]

また、大国は大国ゆえの問題を抱えている。領土が多種多様な環境に広がっていれば、食料自給率が高くなりやすく、最低1種類は主要な鉱物資源に恵まれている可能性が高い。これはロシア（世界一面積が広い国）にも、アメリカ、ブラジル、中国、インドにも当てはまる。しかし、より面積が狭く、より同質的な国家よりも、大国の大半は経済格差が大きく、地域・宗教・民族の違いによって分断される傾向がある。[77] アメリカの南北分断、カナダの長年にわたるケベック州分離独立運動、ロシアのイスラム過激派との対立（不思議なことに忘れられがちだが、チェチェン紛争は第二次世界大戦後のもっとも残酷な紛争の1つだ）、インドの地域・宗教・カースト制度による分断などがその例だ。もちろん、ベルギー、キプロス、スリランカなど規模の小さい国にも深刻な格差や不和の例はあるが、小国の紛争や内戦や対立は、大国の弱体化や崩壊に比べれば、世界全体にとっては影響が小さい。[78]

それでも、この150年間は歴史的に前例がないほどサイズが大きくなった時代であっただけではなく、私たちが暮らす世界や宇宙の本当の大きさをようやく理解できるようになった時代でもあった。この探求は極端に大きいものと極端に小さいものの両方で進められ、20世紀末にはついに最小のスケール（原子やゲノムのレベル）と最大のスケール（宇宙の大きさ）について、かなり満足のいく理解が得られるようになった。では、私たちはいったいどうやって、ここまで到達したのだろう?

## ■極端なサイズの存在

現在、私たちは微生物から宇宙空間の天体まで、あらゆるもののサイズを知ることができるが、それがどのようにして可能になったのか、まずは最大のスケールである宇宙から見ていくことにしよう。

### 宇宙のサイズに迫る

エネルギーと質量が宇宙を定義する。そして、物体の構造をもっともよくあらわすのは、そのサイズだ。

銀河と銀河のあいだにはとてつもなく長い距離(平均1000万光年ほど)があり、私たちが暮らす太陽系の惑星の軌道長半径は、数千万キロメートルから数十億キロメートルに及ぶ。地球の物理的環境と生命は複雑にからみあっていて、太陽からの距離と地球の大きさによって決まる。驚くほどごくわずかな軌道長半径の違い(ほんの数%、太陽から近いか遠いか)で、耐えられる平均気温(および日中と夜間の極端な気温)のハビタブルゾーン〔生命が存在できる地球と似た環境のある天文学上の領域〕から外れてしまう。地球よりはるかに小さい惑星であれば、生命を守る大気圏を保持するだけの重力が足りないだろうし、はるかに大きい惑星であれば重力が大きすぎて、動物や人間が思うように動けなくなるだろう。[79]

こうした事実をすべて理解するには、数千年にわたるゆっくりとした進歩を要したが、ほかの多くの事例と同様に、ここ1世紀半で加速度的に理解が進んだ。そもそも、太古から中世までは、宇宙と認識しているものの中心には地球があると考えられていた。これが天動説で、恒星がちりばめられた天球により境界が画されている（その向こうにはなにもない）ため、宇宙には限りがあるし、太陽、月、それに5つの惑星（水星、金星、火星、木星、土星）が地球の周囲を回っていて、宇宙全体が目に見えると、紀元前4世紀から唱えられていたのである。それが地動説に置き換えられたわけだが、実際のところ、地動説は古代にも存在したとはいえ、かえりみられなかったのだ。ところが16世紀初頭、ポーランドの天文学者ニコラウス・コペルニクスが説得力をもって地動説を提唱した。[80] たしかに天動説は誤っていたものの、地球の大きさや地球から月までの距離に関してはかなり近い数字を計算していて、最初に提唱されてから約1700年後に地動説によって論破されたあとも、目に見える範囲にしかないと考えられていた宇宙のサイズをもとに計算したギリシャ（のちにアラビア）の数値がすぐに見なおされることはなかった。[81]

紀元前3世紀、ギリシャの学者エラトステネスはエジプトのアレクサンドリアで垂直に棒を立て、棒と影の長さの比率を測り、夏至の正午に太陽が90度の位置にあるアスワンとアレクサンドリアの距離をもとに、地球の円周はこの2都市間の距離の50倍であると計算した。当時、彼が用いた距離の単位「スタディオン（スタディア）」の正確な長さがわからないため、彼の計算の誤差を正確に割りだすことはできない。私たちにわかっているのは、エラトステネスが地球の円周の桁数を間違えてはいなかったことだ。これとは対照的なのが、同じ紀元前3世紀ではあっても、エラトステネスより少し前の時代に活躍した天文学者アリスタルコスだ。彼は地球から太陽までの距離を最初に計算した。彼の考えは幾何学的には正しい仮定に基づいていたが、角度の見積もりが間違っていたため、実際にはその20倍も長かった。つまり、実際の距離の5％しかなかったのだ。また、古代ローマの天文学者プトレマイオスは、地球からもっとも遠くにある恒星天までの距離を地球半径の2万倍（約1億2750万キロメートル）と見積もった。

紀元後9世紀になると、天文学者の第一人者であったアラブのアル゠ファルガーニーとアル゠バッターニーがわずかに異なる変数を用いて計算し、その700年後の1588年には、デンマークの天文学者ティコ・ブラーエが彼自身の宇宙モデルにおいて、それまでの推定値よりも恒星を地球に近づけた。地球の半径のたった1万4000倍と見積もり、恒星までの距離をそれまでの約3分の2に短くし、古代の推測よりも宇宙は小さいと考えた。その後、イタリアの天文学者ガリレオ・ガリレイが望遠鏡による天体の研究を初めておこない（その観測結果を1610年に論文で発表した）、それまで肉眼では見えなかったものの、もっと遠くに恒星が多数存在することをあきらかにし、中世の天文学者たちが想像していた、宇宙は殻のようなものに包まれていて明確な限界があるという考え方をくつがえした。[82] そしてヨーロッパが三十年戦争に突入したころ、ドイツの天文学者ヨハネス・ケプラーが1618年から1621年にかけて

『コペルニクス天文学概要（*Epitome Astronomiae Copernicanae*）』を刊行し、宇宙のサイズを大きく拡大して、宇宙の内半径は太陽の半径の400万倍、すなわち約2兆8000億キロメートルと算出した。[83]

18世紀末になると、さまざまな天体観測によって、天文単位（地球から太陽までの距離、約1億5000万キロメートル）の長さに議論の余地がなくなった。[84] 宇宙のサイズを推測する次の重要なブレイクスルーは、太陽の周りを公転する地球から見た見かけの位置、つまり視位置の変化を追い、地球から近くの恒星までの距離を測定することだった。さらに1837年から1840年にかけて3つの先駆的な観測結果が発表された。ドイツ系ロシア人の天文学者ヴィルヘルム・フォン・シュトルーヴェ、ドイツの天文学者フリードリヒ・ベッセル、スコットランド生まれの天文学者トーマス・ヘンダーソンが、それぞれベガ（こと座でもっとも明るい恒星）、はくちょう座61番星（はくちょう座の2連星）、ケンタウルス座アルファ星（太陽系にもっとも近い恒星）までの距離を割りだしたのである。[85] ベッセルが予想した値は、現在、地球からはくちょう座61番星までの距離とされている約11・4光年（1光年は約9・461×$10^{12}$キロメートル）よりも10％ほど短かっただけだった。いちばん近い恒星でさえ、数兆キロメートルも離れていたのに、だ。

1918年、ハーバード大学天文台のハーロー・シャプレーは、私たちが暮らす銀河系のサイズを初めて推測し、天の川銀河の直径は約30万光年と見積もった（現在では直径が約10万光年、厚さが数千光年とされている）。その数年後の1924年、アメリカの天文学者エドウィン・

ハッブルは、アンドロメダ星雲が天の川銀河の一部ではなく、べつの銀河であり、ここからいちばん近い銀河、いわばご近所さんの銀河は100万光年ほど離れているという結論を出した（実際の距離は約230万光年）[86]。その後の天体観測の技術の進歩（現在ではたいてい、宇宙空間に打ち上げられた人工衛星搭載の宇宙望遠鏡で観測されている）によって、観測可能な宇宙のサイズは4桁も大きくなった。私たちが見ることのできるもっとも遠い天体は138億光年先にあるが、宇宙の絶え間ない（当初は急速な）膨張のため、140億光年かけて光が地球に到達した銀河はいま、約478億光年先にあり、私たちにわかっている範囲の宇宙の直径は約930億光年である。[87] 1600年から2020年のあいだに、私たちの観測と計算によって、宇宙の半径は15桁（約3400兆倍）も大きくなった。このようなまさに天文学的な数字は、私たちが日常生活で目にするものとは文字通りに桁が違うのだ。

## ミクロの世界への入り口

古代ギリシャの時代に、目覚ましいほどの天文学的計算がおこなわれていたのとは対照的に、その反対の方向——肉眼では見えない、より小さい世界——への旅が始まったのは、ようやく17世紀後半になってからだった。

手持ち式の拡大鏡はその数世紀前から利用されていたため、突破口がひらかれたのは、この時代に技術的な大躍進があったからではなく、むしろ、新発見への好奇心や関心が高まってきたからだろう。さまざまな実験をおこなう気運が高まり、科学的調査をより体系的におこなうようになったため、中世のころほど無知ではなくなったのだ。[88] 世界初の複式拡大鏡（凸レンズと凹レンズを組み合わせたもの）は、オランダの眼鏡職人ハンス・ヤンセンとその息子ツァハリアスによって1590年代初頭に発明された。1625年4月、ドイツの医師・博物学者のジョヴァンニ・フェーバーがガリレオの設計による複式拡大鏡を顕微鏡《マイクロスコープ》と呼ぶことにした（ガリレオはこれを「小さな目」と呼んでいた）が、顕微鏡が科学的観察に利用されるようになったのは1660年代に入ってからだった。[89]

　1661年、イタリアの医師・解剖学者マルチェロ・マルピーギがカエルの肺に毛細血管を発見した。そして1665年には、イギリスの物理学者・天文学者ロバート・フックが数年に及ぶ顕微鏡による観察を経て、銅板技術を駆使した精密画をまとめた世界初の顕微鏡図譜『ミクログラフィア』を出版した。[90] ノミやハエ、それに花のような形をしたカビを細かく描写したものや、植物（コルク樫《がし》）の細胞を初めて絵に描いたものが含まれたこの本は、人気を博し、版を重ねた。フックはコルク樫を顕微鏡で観察したところ、小さな部屋のような構造を発見し、修道院の独居房《セリュラ》を思い起こしたため、「細胞《セル》」と名づけた。その後、この呼び名は定着し、「セル」はいまでも独立して存在することが可能な最小単位を示す科学用語となっている。フックの顕微鏡（ロンドンの弦楽職人クリストファー・コックが製造）は約50倍に拡大することができたものの、拡大された像は不鮮明で、色収差や球面収差の影響を大きく受けた。その結果、『ミクログラフィア』の印象的な銅版画は、その生物全体を顕微鏡で実際に見た像の復元ではなく、部分的な像や不完全な像を集めて再現した細密画となった。[91]

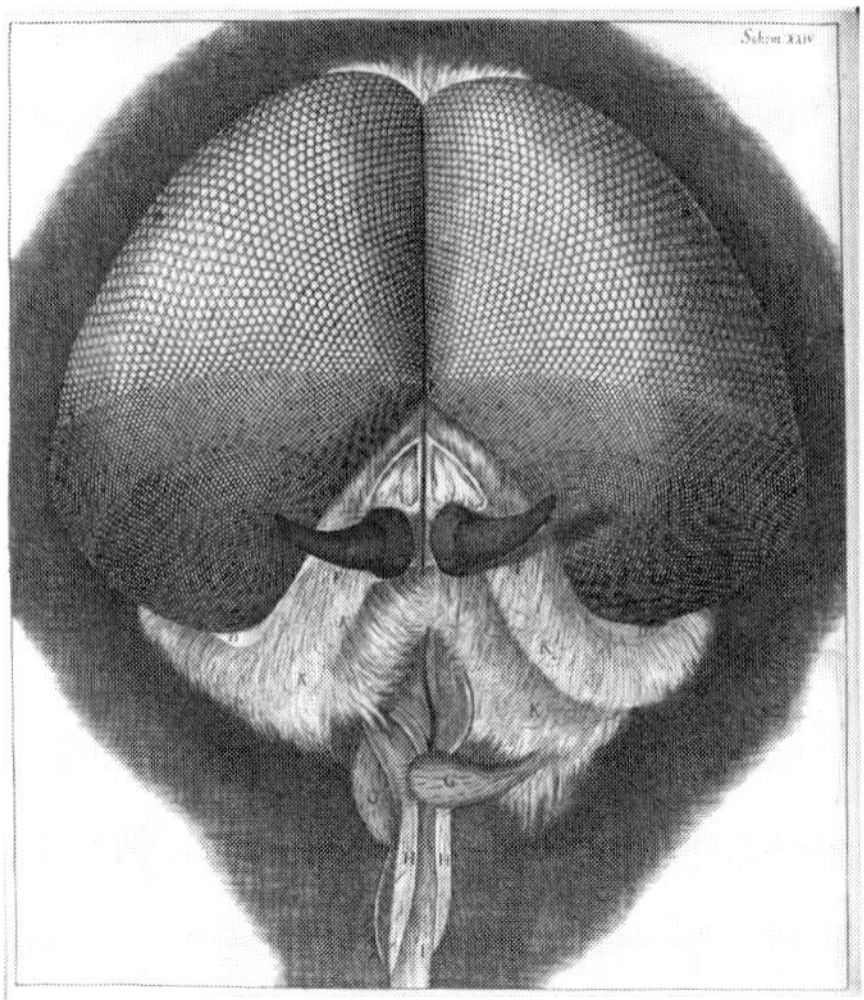

「私は灰色の大きいナミハナアブをつかまえた。頭部が大きく、それに比べれば胸部は小さく、細い。頭部を切断して、顕微鏡の観察皿に顔が上にくるようにして置いたところ……このアブには、頭部に比べるときわめて大きな眼のなかに、また小さい眼がぎっしりと詰まっていることがわかった。これまでに私が観察した小さいハエやアブとは比較にならなかった……」（ロバート・フック著『ミクログラフィア』）

１６７７年、王立協会が発行する学術論文誌『フィロソフィカル・トランザクションズ』に、『ミクログラフィア』のファンの男性から寄せられた書簡が掲載された。その男性とはオランダの商人であり、アマチュア科学者でもあるデルフト在住のアントニ・ファン・レーウェンフックで、水滴のなかに初めて生命体を発見し、その詳細を報告したのである。[92]彼の自作の顕微鏡は１枚のレンズのみで拡大をおこなう単式顕微鏡で、約２５０倍に拡大可能であり、植物の細胞を観察するには十分だったし、彼が「微小動物《アニマルキュール》」と名付けたものを発見するにも十分だった。

微小動物の存在は、同時代の化学者には疑問視されていたが、レーウェンフックは「コショウの実をつけた水を観察したところ、１滴の水のなかに１００万もの生物が存在する」ことを発見したのである。それは、彼が観察のために用意した、コショウの実を丸ごと浸した水でも、コショウを細かく砕いてから浸した水でも、同じだった。[93]そして、この驚くべき報告は正しかった。ファン・レーウェンフックは、原虫と細菌の両方について詳細な報告をした初めての人物となった。彼の顕微鏡の分解能（隣りあって存在する2点を識別できる能力）は約1・35マイクロメートル（1350ナノメートル、人間の髪の毛の直径の約30分の1）であり、最小の細菌以外は観察することができた。常在菌である大きい大腸菌の長径は約3000ナノメートルだが、マイコプラズマ属（肺、皮膚、尿路に感染症を起こす属）の小さい細菌の直径はわずか200ナノメートルしかない。

顕微鏡の性能向上の足跡は、分解能の値を追うのがいちばんいい。初期の顕微鏡である光学顕微鏡では、もっとも高性能のものでさえ、約200ナノメートル、つまり小さい細菌ほどのサイズより小さい物は識別することができない。レンズと設計の改良を重ねた顕微鏡は、20世紀初頭にはその程度まで精度が向上した。おかげで、細菌の細胞（直径1000〜3000ナノメートル）を観察できるようにはなったが、ウイルスに関しては巨大なものしか識別できなかった。たとえばパンドラウイルス（長径1000ナノメートル、2013年に発見）とミミウイルス（直径700ナノメートル、2003年に同定）は、ずば抜けて巨大だ。ウイルスの直径は大きくてもたいてい250ナノメートルまでで、小さいものは直径30ナノメートルに満たない。[94]

顕微鏡の性能向上が次の段階に進んだのは、1939年、ドイツの物理学者エルンスト・ルスカが電子顕微鏡の商用開発に成功したときだった（彼はこの功績を認められ、1986年にノーベル物理学賞を受賞した）。[95] 初期の電子顕微鏡の分解能は100ナノメートル未満で、最小のウイルスを観察するにはまだ不十分だった。その後、徐々に改良が進み、分解能は桁違いに向上し、現在、最高性能の走査電子顕微鏡の分解能は約0・5ナノメートル（原子の平均直径が0・1〜0・5ナノメートル）だ。1981年には走査型トンネル顕微鏡が登場。ドイツの物理学者ゲルト・ビニッヒとスイスの物理学者ハインリッヒ・ローラーは開発における功績を認められ、1986年にノーベル物理学賞を受賞した。走査型トンネル顕微鏡により、分解能がもう1桁上がり、わずか0・01ナノメートルになった。[96] 電子顕微鏡は当初、金属、結晶、セラミックスの研究に利用されたが、生体組織を調べるには多くの課題を克服しなければならなかった。[97] 現在では、DNAの二重らせん（直径2ナノメートル）のみならず、タンパク質を構成する個々のアミノ酸（直径0・8ナノメートル）まで「観察」できるようになっている。

本章では、私たちが発明を重ねて発展させてきた技術と、理論を基盤にした計算により突きとめてきたサイズの広がりについてざっと説明してきた。その範囲は、水素原子の直径（0・1ナノメートル）から、観測可能な宇宙の直径（930億光年）にまで及ぶ。すなわち、最小と最大のあいだには35桁近い、めまいがするほどの差があり、私たちが両極端の値を知ろうと努力を続けた結果、まさに想像を絶するほどにまで、サイズの範囲は拡大したのである。

# 第2章 錯覚はなぜ起こるのか

寸法をつかむには、まず、その物体を知覚しなければならない[1]。見たり触ったりした感じを当てにすることが多く、音や匂いの力を借りることもある。たとえば、サイズをつかむのに音を利用する方法は、子どもの遊びとしても楽しめる。ためしに、暗く大きな洞窟の奥に向かって叫び、反響音が聞こえてくるまでの秒数を数えてみよう。音速は秒速約340メートルなので、その半分の170メートルに秒数を掛ければ、だいたいの奥行がわかる。また嗅覚（伝書鳩の帰巣の際にも関係している感覚）を手がかりに、室内での位置関係を確認できることが、2015年、慎重に計画された実験により判明した。嗅覚、視覚、聴覚の3種類の刺激のうち、1種類しかない状態を設定し、室内でターゲットの人をさがしてもらったところ、被験者は匂いだけを頼りにできた場合に、もっとも正確にさがしあてたのである[2]。

かたや、「見る」という行為は、大きさを見積もる際にもっともよく利用する方法だが、けっして簡単なプロセスではない。私たちの五感は体内に組み込まれているため、世界をどう知覚するかは、必然的に当人の身体の状態によって変わってくる。つまり頭や胴体がどんな位置にあり、どちらの方向を向いているかで、見える範囲や方向が決まり、限界が生じるのだ。この現象は絶えず生じていて、当人は自覚していない。アメリカの地理学者イーフー・トゥアンはこう述べている。「人間は、たんに存在するというだけで、ある枠組みを空間に設定することになるのであるが、ほとんどいつもその枠組みに気づいていない……人間は尺度である。人間の身体は文字どおりの意味で方向、位置、距離の尺度なのである……空間の前置詞は、必然的に人間中心の語であらざるをえない」[3]〔『空間の経験』山本浩訳、筑摩書房〕。つまり、自分が存在するという本質的な証拠は、思うように自分の身体を動かし、自分は存在するという感覚を持続して認識する能力から得られるのだ。[4]

これは自明の理ではあるものの、深淵な意味をもっている。スウィフトの小説でガリバーが体験した旅は、大きくなったり小さくなったりする身体をテーマに構成されている（『ガリバー旅行記』については第5章でも触れる）。空想の世界の主人公、冒険好きなイギリス人ガリバーにとっては普通のサイズの物が、シマリスほどの大きさしかないリリパット人からすると、怪物のように巨大に見える。その次に訪れた国では正反対の状況が展開する。ブロブディンナグ国の人々は、ガリバーにしてみればおそろしいまでに巨大で、とてつもなく不快に見える——とくにご婦人がたの顔にある巨大なしみ、吹き出物、そばかすなどに、ガリバーは辟易《へきえき》するのだ。私たちの身体の大きさと五感の質は、人間、動物、物体、景色のサイズをどのように知覚するか——無意識のうちに、もしくは意識して——絶えず決定している。つまり、自分が目にしたものすべてについて、直感的に把握している幅広い（現代テクノロジーのおかげで観測可能になった）範囲のどこかに位置付け、それをどう（自分の標準と照らしあわせて）評価するか、どう受けとるか（大切にするか、軽視するか）を決定しているのだ。たとえば、初めて会った女性の顔を見たときに「この人の前歯の長さを見積もって、笑顔の魅力を評価しよう」とは思わない。私たちは無意識のうちに、瞬時に見定めているのだ。

人間は驚くほどすばやく判断をくだしている。その人物の魅力、好ましさ、信頼度、能力、攻撃性などを瞬時に判断するのだ。そして実際、数々の研究がこの現象を調べてきた結果、たった0・1秒、相手に接しただけでくだした判断が、時間の制約がまったくない状態でくだした判断と強い相関を示すことがわかった。より長く相手と接すればもっと強い確信をもって判断をくだすが、すばやくくだした判断と時間をかけた判断で相関の程度が大きく変わるわけではない。[5] 比較のために補足すると、0・1秒という時間は、落下してくる物体を受けとめるという単純な行動を起こす際に必要な時間よりも短い。そして、誰かの顔を見ると、あなたは顔の構成要素を即座に評価する。その人物の前歯の長さを、脳に蓄積されたデータと比較して、自分のなかの「標準」より1ミリメートルでも短ければ、その笑顔はあまり魅力的ではないと判断するかもしれない。[6]

同様に、空港で搭乗を待っているときに、目の前に立っている男性の肥満度を当てようと、わざわざBMI（ボディマス指数。体重［キログラム］を身長［メートル］の2乗で割る）を計算しようとは思わないだろう。ただ、男性の姿を一瞬見ただけで、だいぶ太っていると思えば、肥満（BMIが30以上）に分類するのだ[7]〔世界保健機関（WHO）はBMI30以上を肥満としているが、日本肥満学会は25以上を肥満としている〕。それに、アメリカのレストランで提供される1人前の肉やパスタの重さをいちいち量らなくても、イタリアで提供される同様の料理よりはるかに量が多いことはわかる。[8] 日本のビジネスホテルの部屋に入ったとき、わざわざ縦と横の長さを測定しなくても、アメリカのチェーンホテルの部屋よりだいぶ狭いことがわかるのと同じだ。[9]

そもそも、私たち人間の身体には物理的な制約があり、大きくなったり小さくなったりする限界はしっかりと身体に刻み込まれている。よって必然的に使用するさまざまな物のサイズも限定されることになる――道具は人の手で扱いやすいサイズにする必要があるし、椅子は臀《でん》部《ぶ》にフィットしなければならない。そのため、そうした日用品のサイズはごく狭い範囲でしか変えられず、新しいデザインが登場するのはもっぱら美的感覚にすぐれている場合か、新素材を利用する場合で、その代表例がメガネだ。メガネ使用者は大勢いるが（視力を補う必要があるのは成人の約3分の2）、そのデザインは瞳孔間の距離によって幅に制限が生じる。また、狭い住宅やオフィス、工具や文房具（ドライバーから鉛筆まで）の寸法は、人の手の大きさや形によって制限を受ける。それにナイフやフォークのサイズは、私たちの口（より正確にいえば口腔）のサイズで上限ができる。家具の寸法も同様で、椅子の幅やソファーの高さも、快適な標準サイズより大きくしたところでメリットはない。

これらすべてが意味するのは、私たちが自分の身体と比較して相対的に万物のサイズを知覚しているということだ。その際、私たちは、これまで目にしてきた自然環境やデザインされた人工物の記憶を参考にする。その結果、想定外のサイズに遭遇したときのまれな経験が、強く印象に残るのだ。

## ■予想と驚き

あなたはスペインには行ったことがあるけれど、バスク州には行ったことがないとしよう。まずはサン・セバスティアンを訪れ、ビスケー湾の美しい海岸線を眺めたあと、次にガリシア州の州都サンティアゴ・デ・コンポステーラに向かう途中で、バスク州の主要都市ビルバオに立ち寄ることにした。近代建築の設計には興味がないかもしれないが、アメリカで活躍する建築家フランク・ゲーリーが設計した彫刻のようなデザインのビルバオ・グッゲンハイム美術館があることを知り、行ってみることにする。[10] ホテルを出発し、レルスンディ・カレア通りを歩き、右に曲がる。すると道の向こうに、ビルほどの高さの巨大なウエストハイランドホワイトテリア（成犬の標準的な体高はわずか25センチメートルほど）が座っている光景が目に飛び込んでくる。犬の表面を覆う大量の土に3万株以上の花が植え込まれたアート作品だ（次ページ図）。

花で埋め尽くされたこの巨大な子犬を、私たちはどう解釈すればいいのだろう？　もちろん、大いに気に入る人もいれば、わけがわからず困惑する人もいれば、けばけばしくて低俗《キッチュ》だと思う人もいるだろう。だが、誰もがなんらかの反応を迫られる。予想が裏切られ、桁外れに巨大な物体が出現したため、反応せざるをえないのだ。この体験は、サイズに対する予想とサイズの知覚との関係を見事なまでにあらわしている。私たちは絶えず経験を積み重ね、予想した

ジェフ・クーンズの作品、花でできたビルバオ名物の「子犬(パピー)」(1996年、高さ12.4メートル)

サイズを無意識のうちに自分の内面に取り込んでいる。そのため、そうした基準から大きく外れた物や画像、出来事に遭遇すると、どうしても驚いてしまう。その場の状況によって、予想外の展開に嬉しくなることもあれば、恐怖心を抱くこともあるだろう。

アメリカの美術家ジェフ・クーンズが、この座っている巨大な子犬(12・4×12・4×8・2メートル)を綿密にデザインしたのは、本人の話によれば、信頼感と安心感をにじませるためであり、よろこびをともなう畏怖の念を覚えてもらうためでもある。[1-1] たとえあなたが犬好きではなくても、花を植え込んだ巨大な子犬のアート作品をつくるという発想自体が気に入らなくても、その制作技術が見事であることは認めざるをえないだろうし、クーンズが目的を達成したことに異論はないはずだ——クーンズのほかのアート作品は気に入らないとしても。私自身、彼の「バルーン・ドッグ」〔風船でつくった犬のように見える彫刻作品。作品の1つは2013年のオークションで約60億円で落札された〕、「チューリップの花束」（チューリップというよりはマシュマロのように見えるアルミ製の花束を、手首のところで切断された手が握っている）、そして見る者を当惑させる「プレイ・ドー」（カラフルに塗られたアルミのかたまりがぐちゃっと積み重なっている作品で、粘土で遊んだだけのように見える）はまったくもって気に入らない。ともあれ、この「子犬《パピー》」という作品の重要なポイントは花をあしらっているところと、そのサイズにある。繊細な極小サイズの子犬のアート作品がガラスケースに飾られていたところで、大きな博物館ならたいてい展示ケースに陳列されている無数の宝飾品以上の注目を浴びることはないだろう。

このように、想定外のサイズとの出会いは、人間の知覚を構成する重要な要素の1つだ。たしかに、いかにも本物らしく描く技法を駆使して、名声を獲得した画家は多い（スペインの画家フランシスコ・デ・スルバランの「レモン、オレンジ、バラのある静物」〔1633年〕から、同じくスペインの現代アーティスト、ペドロ・カンポスによる写真のようにしか見えない超リアルな絵画まで）。だが、その反対に、意図的な誇張、歪曲、縮小を駆使した作品もある。スペインの画家サルバドール・ダリの「記憶の固執」（1931年）では3つの溶けて曲がった時計が描かれているし、「最初の爆発の瞬間の柔らかい時計」（1954年）では巨大な時計が滝のように流れ落ちながらバラバラになっている。また、ベルギー出身の画家ルネ・マグリットの「貫かれた時間」（1938年）では、壁に埋め込まれた暖炉から蒸気を吹きあげる機関車が飛びだしていて、サイズの縮小によって見る者を困惑させる代表例となっている。そして、トロンプルイユ〔フランス語で

フェラーラ公国の画家ベンヴェヌート・ティージの天井画（1503〜1505年制作）のような「だまし絵（トロンプルイユ）」は、実際は平面であるにもかかわらず、立体的な奥行きがあるように知覚させる。

「目をだます」の意〕という技法で描かれた天井画（上図）は、次元の「サイズ」さえも勘違いさせる——二次元の絵画を見ているのに、三次元空間かのように錯覚してしまうのだ。[1,2]

## 「典型的な見え」とは

とはいえ、日常生活では、よく知っているサイズの物だけを繰り返し扱うことが多い。そうなれば当然、そうした物の知覚においては、予想とその場の状況が大きな役割を果たすことになる。私たちはよく知っているサイズの物を何度も目にしてきたので、人間の身体、動物、機械、電子機器、家具の見え方に関してさまざまな標準化や基準化をおこなってきた。

では、いったい、私たちはどんな見方を好むのだろう？　ためしに、頭のなかで1個のティーカップを思い描いてもらいたい。

あなたは、カップの底を裏側から見たところ（縁のある円があり、真ん中にたいていメーカーのバックスタンプが入っている）を思い浮かべただろうか？　それとも真上から見て、丸い縁のなかに琥珀色や黒っぽい色の液体が入っているところを想像しただろうか？　このように、カップの裏側や真上から見たところを思い浮かべた人は、まずいないだろう。１９８１年、アメリカの心理学者スティーブン・パーマーと同僚らは、３種類の実験をおこない、被験者がどんな角度からの見方を好む傾向があるのかを調べることにした。彼らはまず、異なる角度（正面、背面、側面、真上、45度の角度）から撮った対象物の写真を被験者に見せた。そして被験者に、その対象物のどんな表面が見えているところを想像しているかを説明してもらった。さらに被験者には、自分の好きな位置から対象物の写真を撮影してもらった。[13]

すると、次のような結果が出た。対象物が変わっても、被験者はつねに軸から外れた位置から見ることを好んだのである。つまり対象物の一面だけを見るのではなく、斜め上から見るのを好んだのだ。そこでパーマーらはこのような好みを「典型的な見え（canonical view）」と呼び、こうした見方をすれば非常に重要な情報だけでなく、より多くの情報を得られるという結論を出した。さらに研究を進めたところ、大半の対象物を30〜45度上の角度から、左右どちらかに30〜45度回転させて見るのを好むこともわかった。しかし、それほど単純な話なのだろうか？「典型的な見え」を構成している基準については、少なくとも4点は挙げられるはずだ。認識のしやすさ（裏から見るだけでは、カップ全体のようすがわからない）、見慣れている度合い（カップを真上から見ることはあまりない）、機能性（カップの持ち手をもっているときの見え方）、美的魅力

ウェッジウッドのティーカップを真上、真裏、真横から見たところ――右下が「典型的な見え」

（斜め上から見るほうが、真横から見るよりも美しい）の4点である。

パーマーらが初めて発見した「典型的な見え」はたしかに存在するし、実際にその例も多いが、例外がないわけではない。「典型的な見え」は、手にもって使う道具と、手でもつことができないくらい大きな物体では違うと考えるべきだ。大きな物体の場合は、目を向けている対象物の全体的な釣り合い《プロポーション》によって、なにを「典型的な見え」とするかが変わってくるのだ。

また、デイヴィッド・ペレット、マーク・ハリーズ、サイモン・ルーカーら3人の心理学者が、画像ではなく実際の物を使って実験をおこなったところ、被験者はもっとも情報量が多い見え方として、斜めから見たものを選んだ。しかし（前述の実験結果とは反対に）、被験者が頭のなかに思い浮かべたイメージにもっとも近いところまで対象物を回転させたところ、被験者はほぼ「平面」に見える位置を好んだ。つまり、その物体の三次元での姿ではなく、物体と直交する角度から見たものを好んだのである。[14]

これらの結論は、マックス・プランク生物学サイバネティクス研究所のフォルカー・ブランツと同僚らがおこなった実験によっても確認された。[15] 写真では、斜めから見たものがあきらかに好まれた。意図せずに偶然撮影した写真や、表面の重要な部分が隠された写真は避けられた。そして「典型的な見え」と同様、含まれる情報が最大と思われる写真が好まれた。そして、おそらくもっとも説得力のある研究結果は、エルサレムのヘブライ大学の応用科学者エラド・メズマンとコンピュータ科学者のヤィール・ワイスによって報告された。ウェブの検索エンジンで利用可能な数百もの画像を利用して実験をおこなったところ、好みの画像の傾向が研究室での実験とほぼ一致し、「典型的な見え」が好まれることが判明したのである。[16]

と同時に、数百もの反例も見つかった。たとえば、自動車であれば脇から斜めに見る場合もたしかにあるが、運転中にはたいてい先行車を後ろから見るし、道を歩いているときには車を横から見る。そして、よく使う道具に関しては、距離を置いて斜めから見ることはそれほどないはずだ。このように、「典型的な見え」が1つに絞られるわけではなく、好まれる見方は複数あるし、見ている物や生物に特徴があれば、そちらのほうに目を向ける場合もある。たとえば、アマゾン川流域に暮らすハゲウアカリといったサルであれば、その赤い顔が記憶に残りや

## サイズのランクと実際のサイズの関係

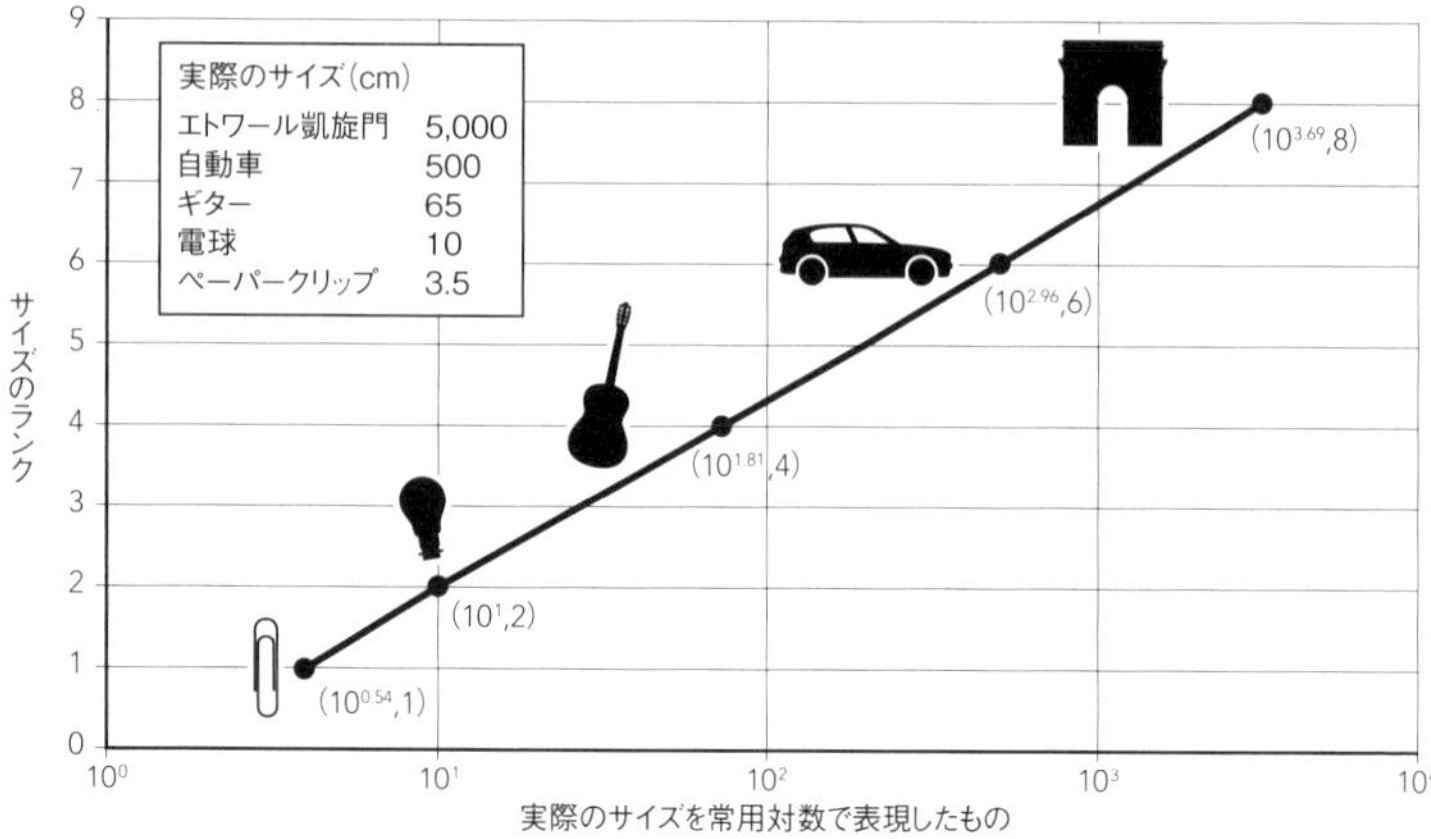


マサチューセッツ工科大学（MIT）の研究者たちは、物体の実際のサイズを常用対数で表現したものと、そのサイズのランクが比例関係にあることを発見した。

すくなる、というように。

そして2010年には、マサチューセッツ工科大学（MIT）の2人の神経学者、タリア・コンクルとオード・オリヴァが、「典型的」が意味するものについて、視点だけではなくサイズに関しても調査をおこなった。[1-7] その実験によれば、被験者は一貫した見た目のサイズで対象物を絵に描き、想像し、見ていることが判明した。驚くべきことに、このサイズは現実世界において、被験者に見えたサイズの10を底《てい》とする対数（たとえば10メートルの長さの物体であれば、その対数は1、20メートルの長さの物体であれば、その対数は1・3）と比例していた。そして、対象物とそれを囲む枠との比率に、被験者が把握した見た目のサイズがもっともよく表現されていることもわかったのである。意外な話ではないが「典型的な見え」と類似しているため、2人はこれを「典型的な視覚のサイズ」と呼んでいる。たとえば、ある物体の絵を紙に描かせた場合、被験者は視覚の長期記憶をもとにして、小さい物体は紙という枠のなかで小さく描き、大きい物体は大きく描く。そして、描いた物体のサイズは、研究者たちが事前に予測したサイズによって小から大まで8段階に分けていたサイズのランクとも比例していて、実際のサイズの対数とも比例していたのである。

また、小さい物体を描いた絵には、大きい物体を描いた絵よりも、紙に多くの余白が残っていたが、より大きいサイズの紙に描かれた小さい物体は、実際のサイズよりはるかに大きく描かれていた。つまり、私たちの頭のなかにある物体のイメージは、相対的な見た目のサイズの情報だけではなく、周囲にある空間の情報も含めているという興味深い結論が出る。紙に物体を描かせた場合、その物体の絵は紙の大きさに合わせてスケーリングするのではなく、周囲の余白に合わせてスケーリングするのだ。つまり、絵を描くのであれば紙の余白、画像を見るのであればスクリーンの余白に、私たちは着目しているのだ。

## 視覚の「ガリバー化」

近代以前の文明において、想定外の大きさのもの、つまり普通よりはるかに大きい人間や動物の身体を目にするのは、記念碑のような彫刻や特大の絵画を見るときだけだった。そうした彫像の遺物を、いまでもローマのコンセルヴァトーリ宮殿のカピトリーノ美術館で見ることができる。コンスタンティヌス帝の石像の頭部、腕、足が展示されているのだ。[18] 普通の男性の手の10倍以上の長さがある、手首から先の手の石像を目にしたら、あなたはどんな反応をするだ

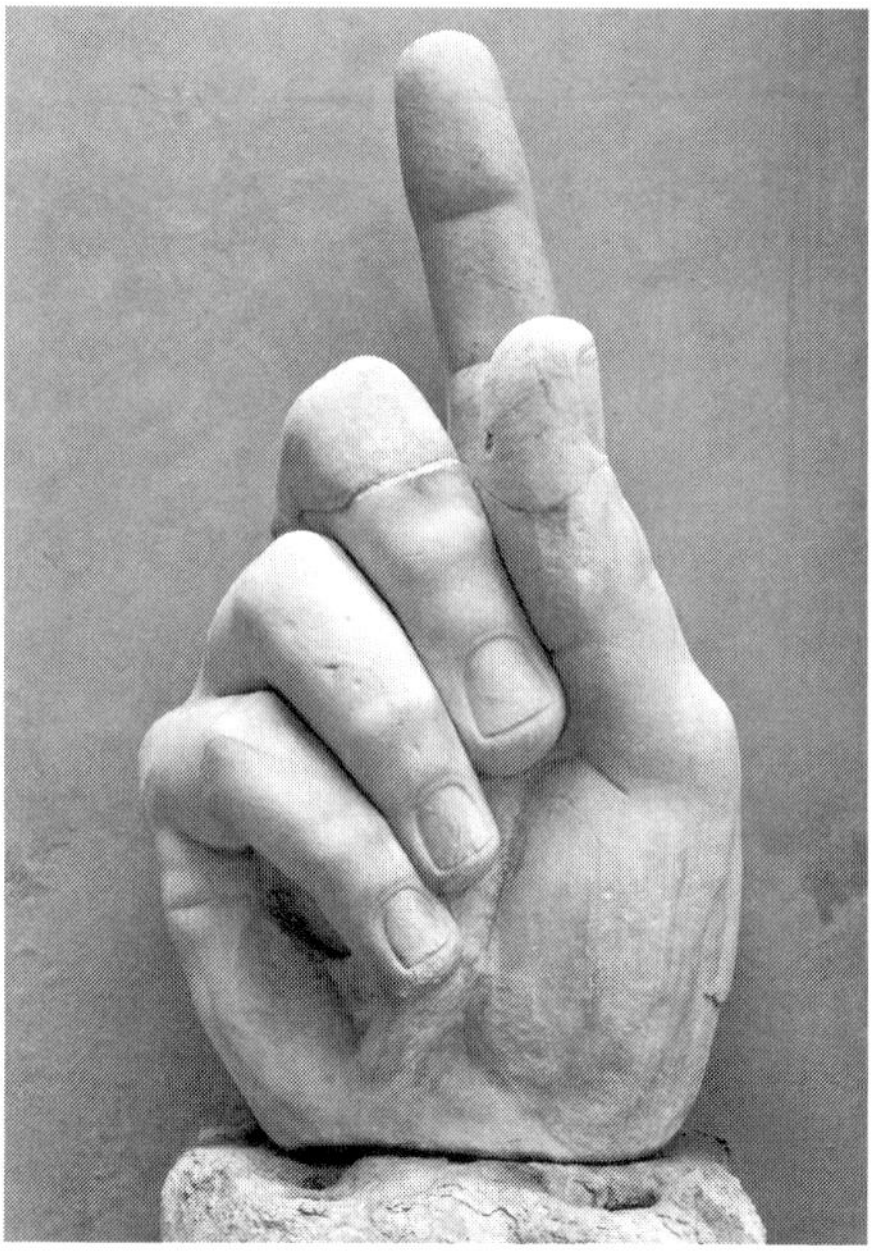

ローマのコンセルヴァトーリ宮殿のカピトリーノ美術館に展示されているコンスタンティヌス帝の石像の手

ろう？　うっとりと見とれて、同じようなサイズの足、それにぎょろりとした目が彫られている頭部を偉大な彫刻作品と賞賛するだろうか？　それとも、あまりの巨大さに圧倒されて落ち着かない気分になるだろうか？　無傷のまま残っていたとすれば、この座像の高さは12メートルほどだったと思われ、古代世界の七不思議に数えられるロドス島の巨像（推定33メートル）の3分の1をわずかに超えるくらいだが、こちらはたんなる人間ではなく、太陽神ヘリオスの像だった。そして完成からわずか50年と少しが経過したころ、島を襲った地震によって倒壊した。[19]

また、ルネサンスの巨匠たちが遺した特大のフレスコ画としては、ジョルジュ・ヴァザーリがフィレンツェのヴェッキオ宮殿の５００人広間に描いた大壁画「マルチャーノ・デッラ・キアーナの戦い」が有名だが、人物や馬の描かれた大きさは実際の大きさのせいぜい１・４～１・６倍程度だ。[20]その後、19世紀末までは、そうした名所でも訪れないかぎり、標準的なサイズの生身《なまみ》の人間や動物を見ることしかできなかったし、あるいは縮小したサイズのものの写しを——1450年以降は印刷したものも含めて——本や定期刊行物で見るのがせいぜいだった。

事態が大きく変わったのは、1895年にパリで、1896年にニューヨークで、フランスのリュミエール兄弟が開発したシネマトグラフが登場したときだった。[21] アメリカ初の大きな映画スクリーンは20×12フィート（6・1×3・7メートル）で、人間を身長の2倍の大きさで映したり、また小動物や顔のアップを巨大に映したりすることができるようになった。もちろん、私たちの世代は生まれてからずっとさまざまな大きさのスクリーンを目にしてきたので、当時の人々がそうした映像にどれほどの衝撃を受けたかは想像するしかなく、追体験をすることはかなわないが。

1896年以降に生じた現象を、メディア考古学者のエルキ・フータモは視覚の「ガリバー化」と表現している。[22] スクリーンは1895年まで存在しなかった人工物で（現代のパソコンのスクリーンとは異なり、視聴者がそこに映る画像を操作することができない「受動的な」スクリーンではあったが）、当初は少しずつ大型化が進み、ついにエレクトロニクスを利用したスクリーンが登場すると、驚異的な小型化も進んだ。初期の大型化では、より解像度の高い映像を投影する必要があり、リュミエール兄弟の発明のすぐあとに、第2の、そしていっそう革新的な進歩が起こった——映像と文字を電子表示できるようになったのだ。1897年、ドイツの物理学者フェルディナント・ブラウンが、蛍光物質を塗布したスクリーンに電子銃から発射した電子ビームを照射し、発光させて画像を表示するブラウン管をつくり、初めて実演したのである。
スクリーンのガリバー化は、いまではほぼ終わりを迎えようとしており、極大化も極小化も実用的な限界に近づいている。1905年の映画スクリーンは20×25フィート（6・1×7・6メートル）だったが、1933年にはアメリカ初のドライブインシアターで40×50フィート（12・2×15・2メートル）のスクリーンが登場し、最新のIMAXシアターのスクリーンは最大で横幅24・4メートル、高さ19・9メートルとなった〔2016年時点の数字〕——長身の人物でさえ、現実の身長の10倍の高さで映しだせるのだ。[23] それでも、ビルの壁などに映像を映しだすプロジェクションマッピングが登場すると、IMAXでさえ小さく見える。エンパイア・ステート・ビルディングには、絶滅危惧種の動物たちが33階の高さまで、ファッションモデルたちが42階の高さにまで映しだされたことがあるのだから。[24] フィクションのなかには、もっと巨大なサイズを描いた話もある。摩天楼サイズもなんのその、1889年、フランスの小説家ジュール・ヴェルヌが発表したSF小説では、2889年に新聞社が超巨大広告を空に浮かぶ雲に投影するシーンが描かれた。[25]
かたや小型化に関していえば、テレビ（第二次世界大戦前からじわじわと普及し、1950年代初頭から急速に広がった）によって初めて、人々は自宅で小さいスクリーンを鑑賞できるようになった。その後は映画のスクリーンと同様、徐々に大型化する流れが生じ、現代では対角線の長さが120センチメートルを超えるスクリーンが好まれている。[26] 1970年代以降はマイクロエレクトロニクスの進歩のおかげで、ポータブルコンピュータや携帯電話のスクリーンはますます小さくなり、スマートウォッチはもちろんのこと、モニターや携帯電話のスクリーンも手首に装着できるようになった。いまでは数億もの人々が、人物が小さな齧歯《げっし》類や大きな昆虫ほどのサイズに映る動画や映画を見ている。いま、手首に装着できるガジェットの最小サイズは、許容可能な解像度を得るために必要な最小の画素《ピクセル》数が限界となっていて、38ミリメートルのアップルウォッチ（実際のディスプレイのサイズは38・6×33・3ミリメートル）は340×272ピクセルだ。

これが、すなわち、現代のスクリーンの範囲である。約4センチメートルから150メートルまでにわたり、最小と最大では3750倍もの差がある。さて、ガリバー化の語源となったスウィフトの小説では、サイズの幅はどのくらいあるのだろう？ リリパット人の身長は15センチメートル、ブロブディンナグ人の身長は約21メートルで、その差は140倍だ。つまり、映像を見るためのスクリーンの「ガリバー」化は、語源である小説の空想世界をはるかに超えているのだ。私たちはいま、スウィフトが描いたリリパット人の4分の1ほどの身長しかない人間を画面で見ることができるし、スウィフトが想像したブロブディンナグ人の7倍以上の身長の人間が高層ビルの壁に映しだされるようすを見ることができるのだから！ そして小型スクリーンは互換性、利便性、携帯性など、サイズが小さいからこその明確な理由により、現在の世界を制覇している。ためしに、スクリーンのない日々の生活を想像してもらいたい。据え置き型のスクリーンでさえ、現代ではあらゆる産業に浸透し、原子力発電から自動車製造、食品の調理（私たちはオーブンにスクリーンが付いていても妙だとは思わなくなっている）まで、さまざまな作業の場でモニターとして機能しているのだから。

その結果、病気などが理由で自宅に引きこもり、家族ともほとんど連絡をとらない大勢の一人暮らしの人たちが、いまでは生身の人間よりも、ミニチュア化した人間の画像（もっと言えば、しばしばＡＩで生成された実在しない人間の場合もある）と多くの時間をすごすようになっていて、なかには何日も連続して本物の人間とはまったく顔をあわせない人までいる。[27] 同じことをずっと続けて習慣化すると、それが普通に思えてくるものだが、小型スクリーン依存症という新たな病によって、睡眠、さまざまな事柄への関心、人と直接会う社会的交流に悪影響が及ぶことを、多くの研究が指摘している。[28] もう何年も前の話になるが、私自身、忘れられない光景を目にしたことがある。町の歩道を４人家族が横に並んで歩いてきたのだが、全員が手元のモバイル・スクリーンを見ていたのだ。そうした光景を見たのは、そのときが初めてだった。こんにち、そうした行動をとるのはべつにめずらしくもなんともない。だが、ひょっとすると、これは私たちの知覚においてもっとも重大な変化なのかもしれない。世界を実際のサイズで見るのではなく、小さいコンピュータやちっぽけなモバイルのスクリーンという枠のなかを見ながらより多くの時間をすごす人の割合が、年々、増えているのだから。

## ■サイズの錯覚

サイズを予想し、サイズに驚いてきた私たちの長い歴史には、客観的に見てそこに実在する物、実在することを証明できる物だけが含まれているわけではない。私たちの知覚は、習慣化、予想した規則性、パターンの予測などの結果であり、サイズの知覚に関しては、現実とはかけ離れている場合も多い。そこに存在しない物を見たい（あるいは、実際にそこにある物を見たくない）からといって、なにも『不思議の国のアリス』のような夢を見る必要はないし、めずらしい神経疾患によって生じる一過性の幻視を見る必要もない。私たちが物のサイズを不正確に認識する例を挙げればキリがないのだから。

この現実を説明するもっとも簡単な例は、サイズのはなはだしい錯視だ。１８８９年にドイツの社会学者・心理学者フランツ・カール・ミュラー＝リヤーによって、そして１９０２年にドイツの心理学者ヘルマン・エビングハウスによって、印象に残る２つの現象が説明された。[29] 次ページの図の上部には同じ長さの２本の直線があり、１本には両端に内向きの矢羽根（上）が、もう１本には外向きの矢羽根（下）が付いている。この場合、後者のほうが前者よりもかならず長く見えるのだ。また図の下部では、同じ大きさの円が異なるサイズの円に囲まれている。こちらもかならず、小さい円に囲まれているほう（右）が、大きい円に囲まれているほう（左）よりも大きく見える。

錯視という現象をもっと簡単に実証できる方法がある。必要な物は、Ａ４サイズのコピー用紙２枚だけ。[30] １枚の紙はそのままにしておいて、もう１枚の紙を半分に折り、半分に折った紙の色はグレーで、もう１枚の紙は白いと考えよう。そしてグレーの紙を白い紙の真ん中に置いてみよう。もちろん、白い紙はグレーの紙の２倍のサイズである（１００％大きい）ことがわ

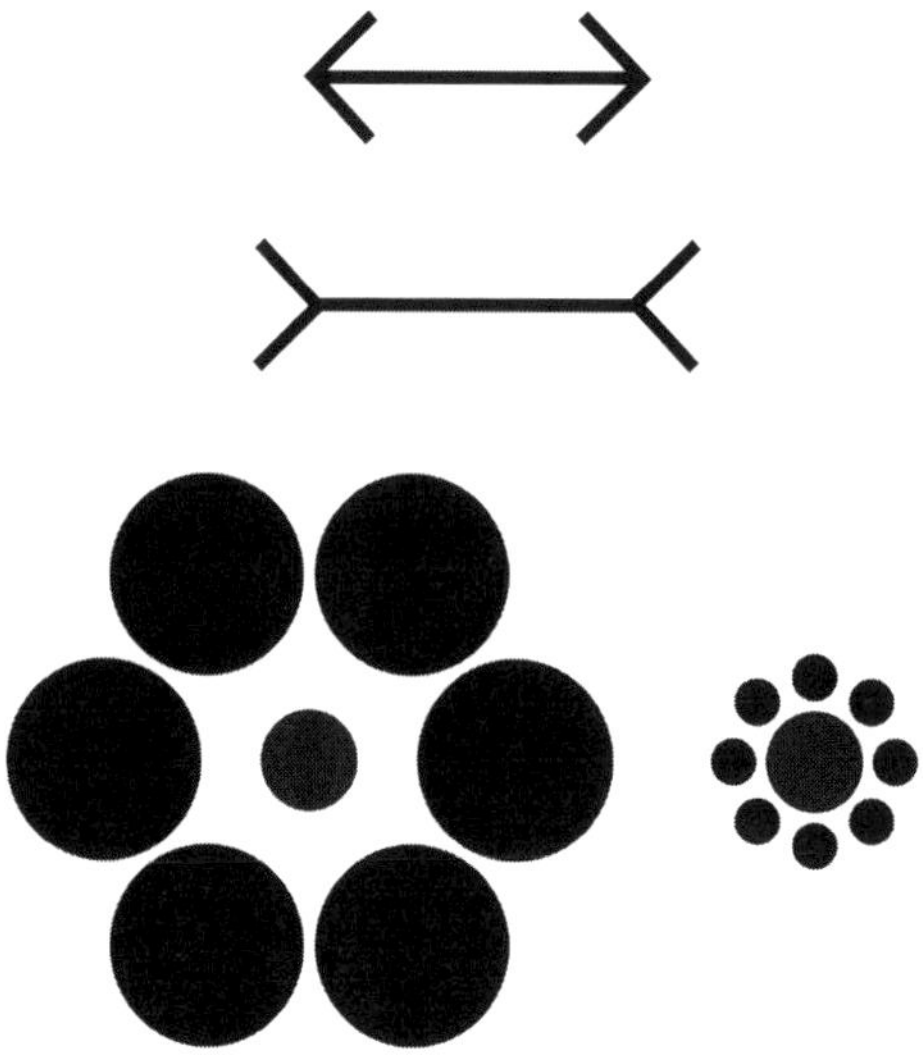

上のミュラー・リヤー錯視では、2本の直線の長さが同じには見えない。
下のエビングハウス錯視では、中央の円が同じ大きさには見えない。

かっているが、同じ手順で実験をおこなったところ、被験者は白い紙がグレーの紙より64％大きいだけだと知覚した。つまり、白い紙の面積をだいぶ過小評価したのである。この錯視は、次ページの図のようにグレーの紙を白い紙の短辺に合わせて置いたり、長辺に合わせて置いたり、角に合わせて置いたり、中央に斜めに置いたりしても生じた（被験者は白い紙のほうが67〜70％大きいとしか認識しなかった）。そして錯視が生じなかったのは、グレーの紙の三辺を白い紙の三辺と合わせたときだけだった（すべての被験者は白いほうの紙がほぼ2倍大きいと認識した）。このように、とくに気を散らせるような印や錯視を誘発する印がまったく付いていない、ただの2つの単純な形のものでさえ、ほとんどの人が正確に比較できないことはあきらかだ。あるいは、この実

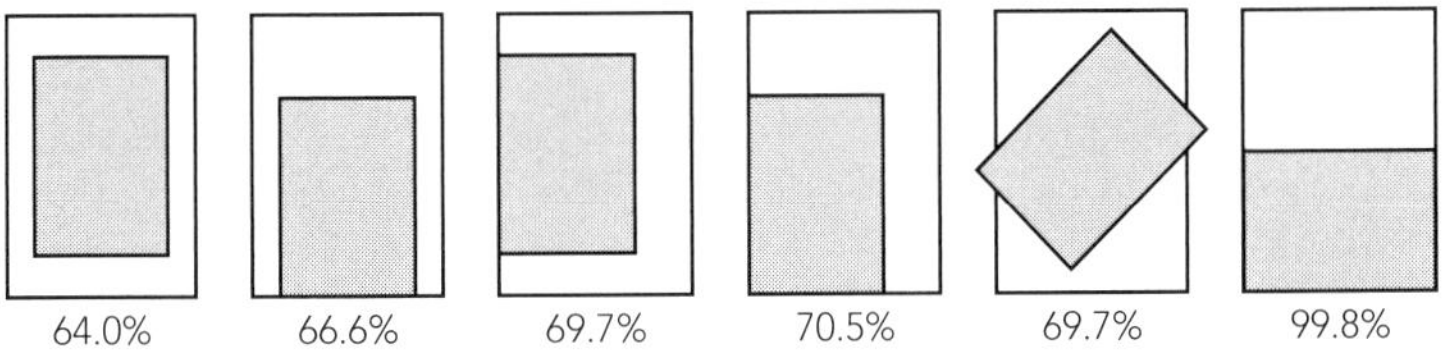


白い紙の面積は、グレーの紙の面積の2倍である（したがって、白い紙がグレーの紙よりどれほど大きいかという質問の正解は100%となる）。だが、この単純きわまる実験を受けた被験者たちは、一貫して白い紙の面積を過小評価した（パーセンテージの値は、被験者が評価した答えの平均値）。有意差がほぼ認められなかったのは、最後のパターンだけだった。

験を考えだしたドイツの認知科学者クラウス＝クリスティアン・カーボンが的確に述べたように、人間が「幾何学的に一次元を超えるものを知覚的に統合できない」ことには、完璧なエビデンスがあるというわけだ。

## 知覚のエラー

主観的な要因もまた、サイズの知覚に影響を及ぼす。なかでも、恐怖症、感覚遮断（外部からの刺激がない）、社会的地位は影響力が大きい。まず、五感で取得した情報を処理する際に、恐怖心に影響を受けるのは間違いない。たとえばクモ恐怖症の人にとっては、ごく小さいクモがスズメバチより大きく見える。[31] 高所恐怖症の人は、高所がこわくない人よりも、下から見あげたバルコニーまでの距離を長く知覚するし、高い場所から下を見たときには、地面までの距離をいっそう過大評価する。[32] また1947年、アメリカの心理学者、ブルーナーとグッドマンは実験をおこない。社会経済的地位が低い子どもは、裕福な家庭の子どもより、コインの大きさを過大評価することを示した。この研究結果は、近年、ほかの複数の実験でも確認された。たとえば社会的な役割を操作する実験では、自分にはまったく権限がないように、もしくは強い権限があるようにふるまうよう被験者に求めたところ、無力であるようにふるまった被験者は、価値があるとされた物のサイズを過大評価しがちであることがわかった。[33]

だからといって、恐怖症や感覚遮断が広範な知覚のエラーを引き起こす必須条件だというわけではない。私たちがごく単純な作業で繰り返し失敗することがあるように、物のサイズを量的に把握する能力には意外なほどの限界があるのだ。私たちは周囲の環境を無意識のうちに絶えず評価しているため、相対的な分類はかなりうまくできる。長身－中背－小柄、長い－中間－短い、大型－中型－小型など、基本的なサイズのカテゴリーに、人や建物や乗り物や機械を分けるのだ。しかし、面積や体積を見積もってくださいと言われると、とんでもなく見当違いの答えをすることがある。後者の興味深い例は、口のなかに液体を含むとその量をたいてい過小評価することだ。[34]その結果、透明な容器に入っている液体と同じ量の液体を飲んでくださいと言われると、たいてい、それよりも多い量を飲み込んでしまう。

テーブルの幅、次の交差点までの距離、移動した距離など一次元の量の見積もりに関しては、面積や体積よりもうまく見積もるけれど、こうした単純な見積もりにさえかなりの誤差が生じがちだ。もっとも説得力がある例が、いわゆる「月の錯視」で、夜空に満月が浮かんでいる日であれば、いつでも実証できる。天頂にあるときより、地平線近くにあるときのほうが、月が大きく見えるのだ。脳機能イメージングの技術を利用して調べたところ、視覚情報の解釈をつかさどる重要な脳の領域が、この錯視を生みだしていることがわかった。[35]

室内と屋外での実験を組みあわせた広範な評価により、距離の誤解は被験者がいる場所を問わず生じることが証明され、間違いが起こりやすくなるいくつかの要因が特定された。興味深い例を挙げると、回転する部屋の装置（直立した姿勢に対して五感の手がかりとなる相対的な角度を変えられる装置で、実物の部屋のように装飾された空間が回転する）で実験をおこなったところ、身体と視覚に関わる物理的な環境の向きや角度から、距離を知覚していることがわかった。[36] また、コンピュータ画面に表示された2地点間の距離を見積もる実験では、被験者が自分の記憶を頼りに距離を推定しなければならない場合、精度が落ちることがわかった。[37] また、脳が腕の長さをどの程度に知覚するかによって、奥行きの知覚が変化することもわかった。コンピュータで人為的に腕を実際より長く知覚させた実験では、脳内ですばやく奥行きの見積もりの修正がおこなわれたのである。[38] よって意外な話ではないが、微小重力は視覚・空間処理に影響を及ぼす。国際宇宙ステーションに長期滞在しているクルーは、物の高さをより高く、深さをより浅く、そしてまた距離をたいてい短く見積もることがわかっている。[39]

こうした距離の見積もりのエラーが歓迎される場合もあるかもしれない。マウイ島の沖合でザトウクジラを観察する客を乗せた船は、ザトウクジラと100ヤード（約91メートル）以上の距離を置かなくてはならない。ある研究によると、経験の浅い乗員が100ヤードだと見積もった距離が実際には300ヤードで、ザトウクジラまでの距離には3倍もの違いがあった。経験を積んだ乗員でさえ、100ヤードであると思っていた距離が、実際には120〜180ヤードだった。[40]

その反対に、知覚のエラーが致命的な結果をもたらすこともある。実験では、岸からボートまでの距離の見積もりと、ボートから岸までの距離の見積もりに一貫した差異は見られなかったが、開放水域（陸地や氷などに閉ざされていない水域）では、大半の人が短い距離（400メートル未満）では過小評価し、長い距離では過大評価した。[41] この傾向は、転覆したボートに乗っていた人が安全な場所までの距離をざっと見積もり、あそこまでなら自力で泳いでいけるだろうと判断をくだす場合、災いを招きかねない。

しかし、知覚のエラーによって深刻な結果を招きかねない例としてもっともよく見られるのは、目撃証言だ。いかなる有罪判決も、そのような「証拠」だけを頼りにくだされるべきではない。なにしろ、他人の身長や体重を懸命に思いだしたうえでの証言は、体格や顔の特徴に関する（信用が置けないことで悪名高い）目撃証言より、信頼が置けるわけではないからだ。[42] 年齢に加えて、身長と体重は刑事事件の目撃証言でもっともよく言及される特徴だが、その証言がどれほど正確なのかを分類する一般的な基準はない。たとえば、身長の見積もりが10センチメートル違っていても、許容範囲だと見なすとしよう。そうなれば、170センチメートルという見積もりが実際には180センチメートルであってもかまわないことになる――が、180センチメートルはアメリカの成人男性の平均身長を上回る。[43]

目撃者自身の身長と体重も、大きな意味をもつ。対象人物の身長と体重を推定する際の重要な参考資料となるからだ。また、一般的に背が高い人の身長は低く、背が低い人の身長は高く見積もる傾向があることも、実験によって判明した。つまり、相手の身長が高かろうと低かろ

う と平均に近づけて推定するのであり、この傾向はあきらかに頭のなかで思い浮かべた平均身長に影響を受けている――そのおかげで、目撃者は極端な推定をせずにすむのかもしれないが。また、人間は15メートルの距離までならなんとか把握できるというのが一般的な説だが、実際にはそのような限界値が明確に定まっているわけではない。一般に、距離が長くなればなるほど、見積もりは不正確になる。それなのに、正確な識別をするにはあまりにも遠いところにいた目撃者でさえ、なんらかの推測をしようとするのだ。[44]

## 外見についてのゆがんだ認識

自分に関して、そして自分が食べるものに関して自分をだます場合、さらに興味深い事態が生じる。自分の身体を尺度にして外の世界の大きさを見積もるのは、避けようがないことだ。しかし、頭のなかで思い浮かべる自分の身体のイメージは、五感からの情報の入力によって絶えず更新され、非常に柔軟だ。VR（仮想現実）の技術を利用した実験をおこなったところ、私たちは五感からの情報に非常に影響を受けやすいことがわかった。たとえば、仮想空間で身体の大きなアバターを操作する人は、周囲の物をより小さく、より近くに知覚した。そして身体の小さいアバターを操作する人には、その反対の傾向が見られたのである。[45]さらに、手の大きさにも同じ傾向があった。仮想空間での手が大きければ周囲の物は小さく見えるし、仮想空間での手が小さければ周囲の物は大きく見えた。この基準を逆にして、周囲にある慣れ親しんだ物の大きさが仮想空間で変われば、手のサイズの知覚に影響を及ぼすこともある。[46]

とくに高齢者や太りすぎの人は、自分の身長を高く、体重を軽く見積もることが多い。アメリカの研究によれば、高齢者と男性は若者や女性より、自分の身長を高く申告することが多く、アフリカ系アメリカ人の女性はほかのどの集団よりも正確に自己評価をおこなっていた[47]。こうした誤差はあきらかに、肥満の人の割合を人為的に少なく見積もる結果を生む。同様に、ナイジェリアの研究では、肥満の被験者のうち40％強が自分の体重は標準の範囲内だと認識していた。とはいえ、ナイジェリアの場合は特殊で、ほぼ同じ割合の被験者が「体格は大きいほうが望ましい」と考えていたため、こうした誤った認識が強まっている可能性もある[48]。

ほかにも最近の研究では、このような体格に関する誤った認識が、不健康な正反対の傾向を生んでいることが示された。実験で、さまざまな体格の人の画像を見せたところ、被験者は一貫して太りすぎの男性を標準体重の持ち主に分類した（標準体重の分類は正確におこなえていたにもかかわらず）。そして、痩《や》せすぎの女性をやはり標準体重の持ち主に分類したのである（女性の場合も標準体重の分類は正確におこなえていたにもかかわらず）[49]。この結果から導きだされる結論は1つしかない。なにが標準範囲に入るかという認識の境界線は、両極端に広がっていて、そこには明確なジェンダーバイアスがある。その結果、この拡大された範囲のなかでは太りすぎの男性も痩せすぎの女性も「標準」であると認識するようになったのである。

しかし、こうした誤った認識のなかでもっとも懸念されるのは、多くの親が子どもの体重を過小評価し、ＢＭＩも低く見積もり、実際にはわが子は肥満に分類されるのに健康だと誤解していることだ。わが子が肥満であるという事実を親が直視せずにいると、子どもはずっと肥満のままで、生涯にわたって望ましくない結果を招きかねない。[50] また、完璧に標準の範囲内にいる思春期や若い人たちの多くが、自分は背が低すぎるとか、体重が多すぎると考えている。日々、メディアで目にする顔や身体のイメージがどんどん自分のなかで蓄積し、それらを雛形《ひながた》にして自分と比べてしまうからだ。[51] 意外な話ではないが、こうした認識をもっていると、人口全体の平均値よりも体重の標準はだいぶ下にあると考えるようになり、とくに思春期の10代や若い女性たちは自分の体重に不満を覚えるようになる。[52]

拒食症（神経性痩せ症）と醜形《しゅうけい》恐怖症は、この現実がもっとも危険なかたちであらわれたものだ。こうした病の背景には、自分の外見に対するゆがんだ認識がある。細部に過剰な注意を向けてこだわる、大きなスケールで特徴を把握できなくなるなど、視覚情報の処理と知覚プロセスに共通して異常が潜んでいるのかもしれない。[53] 拒食症が極端に進むと、痩せおとろえたティーンエイジャーや若者が自分を「太っている」（受けいれがたいほどの太りすぎ）と思い込み、周囲が食事をとらせて体重を回復させようとしても拒否する。拒食症は年間で10万人当たり約8人に見られ、若い女性の有病率（0・3〜1％）がもっとも高い。[54] 患者の能力を奪い、ときには死に至らせ、大きな犠牲を払わせる拒食症は治療が困難だったが、いまでは認知機能改善療法だけでなく、脳深部刺激療法も効果があるのではないかと考えられている。[55]

醜形恐怖症の患者は、外見に欠陥があるという誤った認識をもち、ありもしない、あるいはささいな欠点を容認できないと思い込む。男性は筋肉量を増やしたいと思いつめる人が多く、完璧に引き締まった筋肉質の身体の画像が広まっているせいで、その願望はいっそう強まってきた。[56] この障害に苦しむ人は人口の0・7〜2・4%に当たる。残念ながら、大勢の人たちが誤って認識している自分の身体を形成外科手術で改善しようとしており、5歳の子どもから80代の高齢者まで、手術を受ける人は全年齢層に広がっている。[57] また、脳画像を利用した研究によれば、どちらの病気も視覚の情報処理に関わる複数の脳のシステムで異常な活性化が見られるという。

最後に、食べ物のサイズの知覚について、あまり気が滅入らない話を紹介しよう。ごく単純な刺激が、食べ物のサイズの評価を左右するのだ。オランダの研究によれば、ダイエット中の被験者に、まず、おいしそうなデザートが描かれた料理雑誌の表紙を見せた。すると、ダイエットをしていない被験者と比べて、チョコレートマフィンのサイズを大きく見積もる傾向が見られた。[58] また、アメリカのシェフの約4分の3が、自分は「標準的」な量の食事を提供していると思っているが、ステーキとパスタという人気料理の実際の量は、なんと政府が定めた食事ガイドラインで推奨されている量の2倍から4倍も多かった。[59]

レストランで提供される料理の量が増えれば、食べた人の身体も大きくなる。そして実際、料理の量は増えるばかりだ。アメリカのレストランには64オンス(牛肉約1・81キログラム)のステーキや、9枚ものパテで合計1・1キログラムもの肉が挟んである「トリプル・トリプル・バーガー」なるメニューまである。ちなみに、円の面積は半径の2乗に比例して増える。1980年代に直径25センチメートルだった標準的なアメリカのディナープレートは、その1世代後には直径30センチメートルになったのだから、面積が44%増加したことになる。[60]

論理的に考えれば、皿のサイズが大きくなれば、人はそこにもっと多くの食べ物を載せることになる。つまり、小さめの食器を使えば食べる量が減るわけだから、小ぶりの食器の使用が、体重増加を防ぐ簡単かつ有効な方法になるはずだ。実際、複数の研究がこの効果を確認している。消費者行動の研究者であるアメリカのブライアン・ワンシンクとオランダのファン・イッタースムは、皿の大きさによって、そこに載せる料理の量が変わってくることを示した。[61]中国料理店で食べ放題で料理を提供する場合、より大きな皿を使った人は、大きな皿を使わなかった人と比べて52％も多く料理を皿に盛り、45％も多く食べたのである（そして135％も多く料理を皿に残した！）。

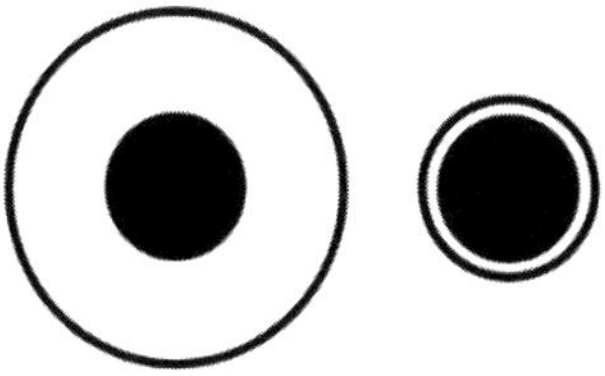

デルブーフ錯視は1865年に考案された、古くからある錯視だ。同じ円でも、周囲の円が大きいほうが小さく見えるという錯視で、大皿を使うとより多くの量を食べたくなる欲求を説明している。

こうした実験結果から、皿に占める料理の割合はこの程度だ（おそらく70％ほど）という先入観が、皿に料理を盛りつける量を決定することが推測できる。この効果をもっともよく説明しているのが、いわゆるデルブーフ錯視だ[62]（上図を参照）。だが、実際のところははっきりしない。小さめの食器と大きめの食器を使った複数の実験における食物摂取量をメタ分析したところ、ほとんどの場合、有意差がないことが判明したのだ――つまり、皿の大きさには限られた効果しかなく、過食を防ぐ方法として小皿を使う方法はそこまでおすすめではないのかもしれない。[63]

## ■サイズの測定

このように、知覚は不完全で疑わしい。錯視の影響も受けるため、偏りが生じやすく、誤解しやすいうえ、危険を招きかねず、それを示すエビデンスも豊富にある。よって、サイズにまつわる数々の事柄に適切に対処するには、基本的な性質や数値だけではなく、求められる精度に応じてほかの点にも目を向ける必要がある。

まず、言葉に着目してみよう。対義語があくまでも客観的であることはめったになく、たいていは満足や不安、力強さや弱さ、成功や敗北、畏敬の念や安堵感といったさまざまな感情が込められている。「大きい」と「小さい」、「長い」と「短い」、「重い」と「軽い」、「肥満」と「痩せ」、「深い」と「浅い」、「無限」と「有限」、「巨大」と「極小」、「不定」と「一定」。測定ができなかった大昔の社会では、物のサイズは相対的に比較するしかなく、人類の進歩において、測定が不可能だった社会と可能になった社会のあいだには、たんなる溝どころではない、深淵のような大きな隔たりがある。測定が可能になった社会では、定期的にサイズを測れるようになっただけではなく、測定値を利用した幾何や代数の計算が可能になり、課税、簿記、商取引の場でも応用できるようになり、普遍的な法則まで導きだせるようになったのだから。

### 測定方法の歴史

数千年にわたって、測定は可能なかぎり単純な方法でおこなわれてきた。歩幅や身体の部位（親指、てのひら、足《フィート》、肘）、棒、定規、ひもなどで測っていたのだ。サイズの測定方法が根本的な進歩を遂げていなかったら、初期の文明の見事な建造物は実現されなかっただろう。古代シュメールの粘土でできた都市や聖塔《ジッグラト》（ほぼ均一の大きさのレンガで建てられている）、エジプトのピラミッド（驚異的な耐性をもつ石が積み上げられている）、完璧な均整の古代ギリシャのパルテノン神殿なども、存在しなかったはずだ。同じころ、こうした直接的な測定方法は、基本的な幾何学が発展したおかげで、間接的な手法も併用できるようになった。幾何学を応用した測定とその手順は単純だったものの、驚くほど正確な測定が可能になったのである。[64]

ギザの大ピラミッドは正四角錐の四斜面が東西南北の方位とほぼ正確に正対していて、平均誤差はわずか0・05度である。この精度は北極星（こぐま座アルファ星）を利用しなければ達成できないレベルだろう。いまでは、北極星の位置が真北とほぼ完全に一致していること（赤緯89度15分50・8秒）がわかっているが、4500年前にはこの位置に星はなかった。そのため、おそらく建造者が2つの星（おおぐま座のミザールとこぐま座のコカブ）を観察し、そのあいだの想像上の線が地平線に対して垂直になったとき、その線の先に真北の方角があると考えたのだろう。[65] この考え方は見事で、ピラミッドが建設された時代を推測する手がかりにもなっている。2つの星がぴったり垂直の位置に並んだのは、紀元前2467年のことだったからだ。

それに、正確な測定ができなければ、古代ギリシャの建造物は直線や直角だけの設計から脱却できず、パルテノン神殿のあの美しい外観は誕生しなかっただろう。この巨大な石の建造物

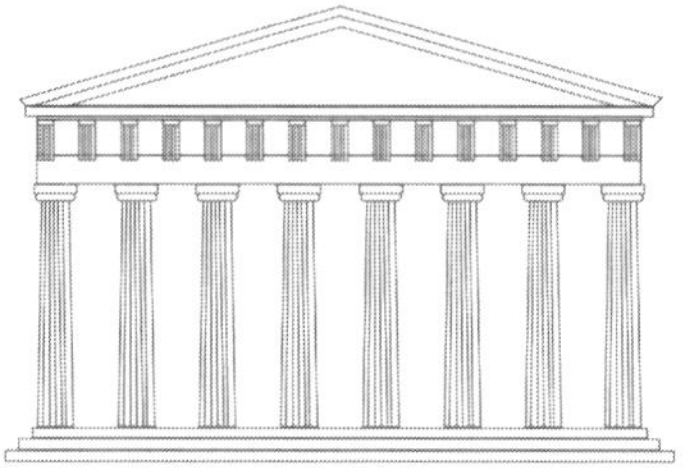

視覚効果を考慮した調整がなされていない設計

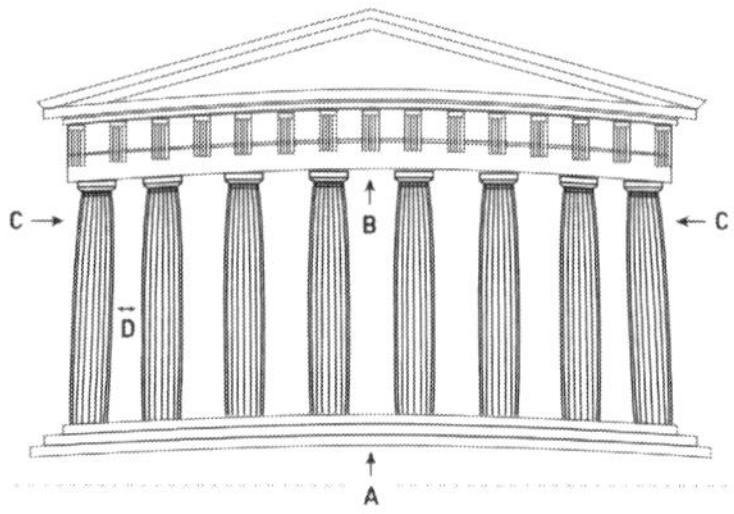


A　スタイロベート（最上段の基壇）の中心が上に湾曲している。
B　エンタブラチュアの中心が上に湾曲している。
C　円柱の上部が内側に傾いている。
D　円柱間の距離が、端のほうは中央のあたりより短くなっている。

わずかにサイズの調整がおこなわれているパルテノン神殿の設計。視覚効果を考慮しており、下の線画ではその特徴を誇張して描いている。

は、厳密に言えば直線だけで構成されてはいない。[66] 宮殿の階段状の基壇の最上段の床（スタイロベート）は平らではなくドーム状で、左右の端より中央がわずかに高くなっている。これは長い水平線の中央が少し下がって見えるという視覚効果を避けるためで、左右をわずかに下げたデザインは、柱の上に架した梁部のエンタブラチュアにも採用されている。さらに、ドリス式列柱の円柱は内側に向かって傾いている。また、四隅《よすみ》の柱はわずかに直径が長く、正面から見ても真上から見ても中心に向かって傾いていて、中央部分が太い。このように、初期の設計において見事な成果をあげたにもかかわらず、普及している基準がなかったため、サイズの測定は困難なままだった。古代ローマ人は広範な帝国の領土内で自分たちの測定法を用いるように課したが、帝国の最盛期でさえ、大陸のごく一部にしか普及しなかった。[67]

標準化が進まない状況は、近世（1500〜1800年）になっても続き、国だけではなく、都市もまた独自の長さ、重さ、体積や容量の単位を使用していた。それでも1500年以降、ついに西洋文明が科学と工学の分野で優位に立ち、経済の効率性と生産性が向上したのは、より精度の高い、そしてついにはあらゆるところで標準化された測定方法が広い分野（エネルギー利用、栄養摂取、景気動向）で活用されるようになったからだと言っても過言ではない。そんななか、アメリカはいまだに時代遅れの単位を頑固に使いつづけている、世界唯一の大国である[68]〔アメリカでは度量衡にメートル法ではなくヤード・ポンド法を利用している〕。

## 身長の測定データ

単純なサイズの測定さえも重要であることを説明するのに、身長ほどの好例はない。身長はサイズの代表であり、誰にとっても関係がある。ところが、この基本的なサイズの測定が体系的におこなわれている例はめったにない。好奇心旺盛なヨーロッパ人は、人間の身長の記録をつけはじめる何世紀も前から、天文測量を詳細におこなっていた。[69] そしてようやく1759年、フランスの博識家が、人間の身長を生後すぐから十分に成長するまでを通して測定するという単純なアイディアを実行に移した。フィリベール・ゲノー・ドゥ・モンベヤールは弁護士であったが、革命前のフランスで教育を受けた多くの同時代人と同様、作家であり、博物学者でもあり、ディドロとダランベールらが中心になって編集した大部の『百科全書』への寄稿者でもあった。1759年に息子フランソワが誕生すると、1777年に18歳の誕生日を迎えるまで、ゲノー・ドゥ・モンベヤールは半年ごとに息子の身長を測定した。すると、もっと高名な博物学者であり、『百科全書』の編集・執筆に協力していたビュフォン伯爵が、かの有名な『博物誌』の付録に、モンベヤールの身長測定の記録を表にして掲載したのである。[70]

フランソワは18歳の誕生日を迎えたとき、身長が187センチメートルあった。この身長は同時代の平均よりはるかに高く、21世紀初頭の世界でもっとも長身であるティーンエイジャーのオランダ男性の平均と同じくらいだ。それからまた数世代のときが流れ、1820年代後半から1830年代にかけて、統計学の草分けたちが軍隊の新兵の身長分布について、そして児童や10代の成長(詳細については第6章を参照)について、初めて詳しく調べはじめた。[71] 体系的な身長測定が初めて実益をもたらしたのは、1891年にマサチューセッツ州の子どもの身長の成長グラフが発表され、予想される児童期の発育に関する情報を提供できたときだった。[72]

現在、かかりつけの医師や小児科医は、児童がすこやかに成長しているか、あるいは発育が遅れているかを確認し、不安を覚えている母親を安心させたり、発育不良のおそれがあると知らせたりする際には、成長曲線を利用している。成長曲線は乳幼児期、学童期、青年期における身長と体重の大規模な測定データをもとに作成されている。国によって、自国の標準を利用している国もあれば、世界保健機関(WHO)が提供しているグラフを参考にしている国もある。[73] この成長曲線には、明確な境界線が定められていて、数値は非常に信頼性が高い。たとえば2歳の女児の身長が86センチメートルであれば、完璧に平均的といえる。しかし、その女児の身長が82センチメートルであれば、同世代の女児の10パーセンタイル(下位10%)に当たり、

## 生後すぐから生後24か月までの身長

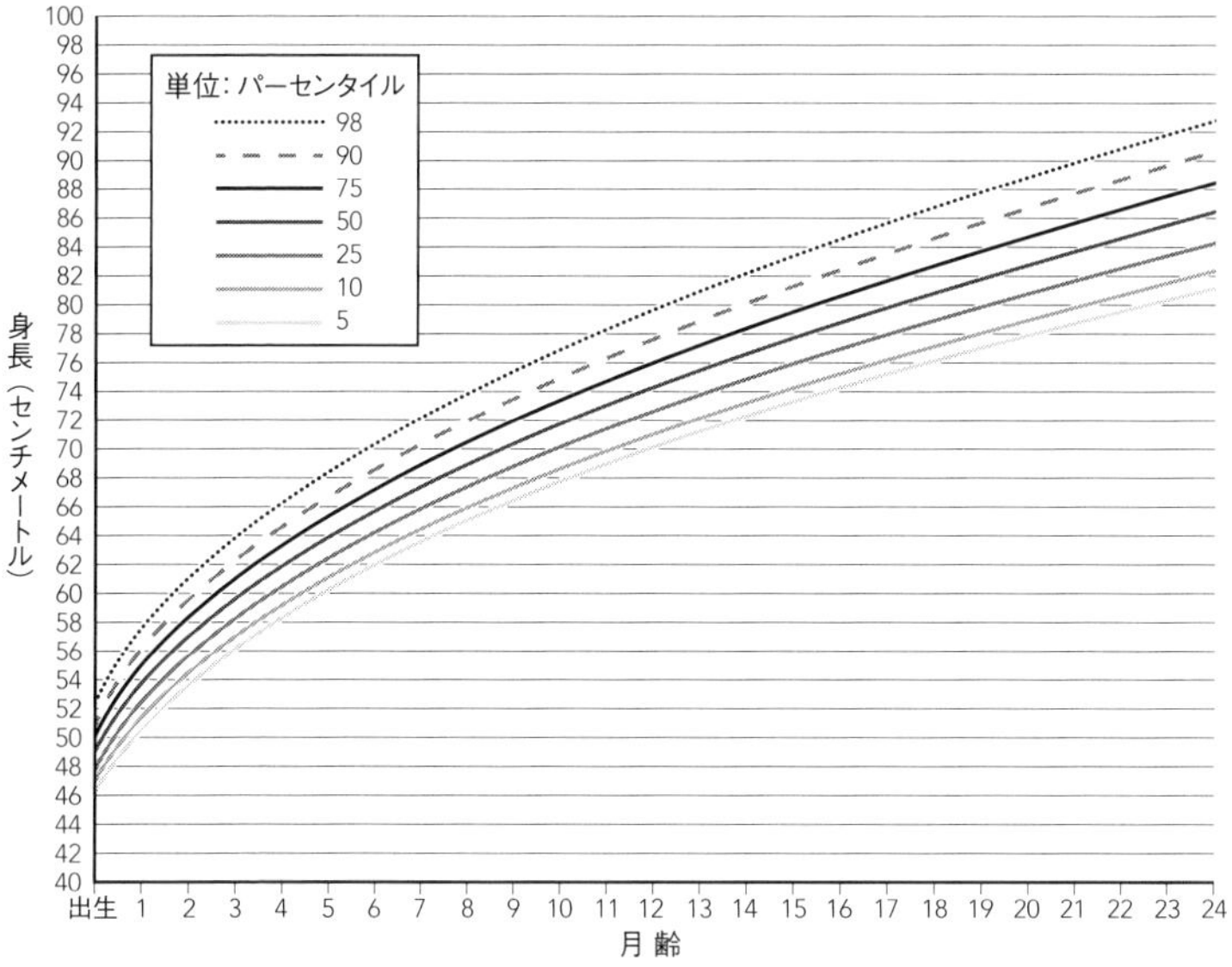


生後すぐから24か月までの女児の月齢に対する身長のパーセンタイル曲線（出典：WHO）

平均より背が低い。その反対に91センチメートルあれば、非常に背が高く、95パーセンタイル（上位5％）に当たる。

第二の実益は、人間の体格に関する過去の研究から得られた。この研究が始まったのはようやく1960年代に入ってからだったが、21世紀初頭には、古代からの人間の身長の推移について興味深い推測がなされた。19世紀の工業化により人間の身長に関してより正確に、より詳細な記録が残るようになり、20世紀には健康面でも栄養面でも大きな進歩が見られた。[7-4] 人骨の一部からでも身長を推測できるようになり（大腿骨の長さは身長ともっとも相関が高い）、いまではヨーロッパの人たちの身長の長期的な推移をなぞるために多くの骨格の歴史的な復元がおこなわれている。[7-5]

ヨーロッパ北部で発見された6000以上の人骨をもとに、1000年に及ぶデータを分析したところ、平均身長は中世前期に（5～10世紀ごろ）約173センチメートルだったのに、18世紀に入ると約167センチメートルへと大きく低下し、ようやく中世前期の水準に戻ったのは1900年をすぎてからだった。[76] これとは対照的に、1世紀から18世紀にかけてのヨーロッパ大陸全土で発見された約9500の人骨を測定したところ、長期にわたる停滞が見られ、成人男性の身長は169～171センチメートル程度だった。[77]

現代のヨーロッパの人々の身長の伸びの大半は1870年代から1980年代にかけて生じ、このあいだに男性の平均身長は11センチメートル高くなった――10年ごとに約1センチメートルの伸びである。北ヨーロッパと中央ヨーロッパでは、1911～1955年のあいだにもっとも急速に身長が伸びた。これは、2度の世界大戦と世界大恐慌の悪影響を、公衆衛生の改善が凌いだからだ。いっぽう、南ヨーロッパでは、1951～1980年のあいだにもっとも身長が伸びた。[78] オランダの身長に関するもっとも信頼が置け、入手可能な復元データによれば、中世後期から近世前期（13世紀ごろ～17世紀ごろ）の身長は、オランダ人の身長が目覚ましく伸びはじめる直前の19世紀前半のそれよりも高かった。それでも、20世紀後半になると身長の伸びは加速化し、オランダ人は世界一、身長が高くなった。[79]

国際的疫学研究グループNCD‐RisCが実施した大規模な調査のおかげで、私たちはいま、世界各地の身長のデータを広範に入手できるようになった。この調査では、およそ1500の人口集団――1896～1996年のあいだに200か国で生まれた約2000万人――

のデータを再分析した。[80] すると、この100年のあいだに、女性は8・3センチメートル、男性は8・8センチメートル、それぞれ身長が高くなり、当初は直線的に上昇したが、1950年代以降は停滞したことがわかった。なかでも、韓国の女性が平均20・2センチ、イランの男性が16・5センチと記録的な伸びを示した。ヨーロッパと北米の人の身長の伸びは比較的、ゆるやかだった。日本人は第二次世界大戦中に一時的に身長が低くなったが、それでも召集兵の身長は約14センチ伸びた。[81] 中国では20世紀後半に、男性が6・8センチ、女性が5・4センチ、身長が伸びた。サハラ以南のアフリカと南アジアでは、平均身長の伸びはごくわずかか、まったくないかのいずれかだった。[82]

オランダ人男性（平均183・8センチ）のライバルは、モンテネグロ（平均183センチ）、エストニア（平均182・7センチ）、デンマーク（平均181・9センチ）の男性だ。よりピンポイントで見れば、世界でもっとも長身の人口集団は、クロアチアの沿岸部、ダルマチア地方のスプリト＝ダルマチア郡の男性（平均184・1センチ）だ。女性ではオランダ（平均170・4センチ）とエストニア（平均168・7センチ）が、世界でもっとも身長が高い。その反対に、男性の平均身長がもっとも低いのは、東ティモール、イエメン、ラオス、マダガスカル、マラウイである（160センチ未満）。成人女性の平均身長がもっとも低いのは、グアテマラ、フィリピン、バングラデシュ、ネパール、東ティモールである（平均150センチ未満）。そして意外にも、この100年で前例がないほど身長が伸びたにもかかわらず、世界でもっとも背が高い人口集団ともっとも低い人口集団の絶対差は縮まらなかった。2000年の時点で、

1900年と同様、それぞれの平均身長には約20センチメートルもの差があったのだ。[83]

## 長身は有利か？

体系的な身長測定と分析から得られる第三の実益は、身長における望ましい生活指標を大量に得られ、確認できたことだ。人体測定の研究が増えるにつれ、身長という単純で簡単に測定できる数値が、人間のウェルビーイングのさまざまな側面を定量化する際の説得力のある尺度になり、社会的・経済的なデータと相関する人間の福利の指標となることがあきらかになってきた。[84] 長身の人たちは、より健康で、より賢く、自信に満ち、教養があり、社会への適応力が高いと見なされる傾向があり、人から好感をもたれやすい——その結果、おしなべて、長身の人はそうでない人よりも成果をあげられるようになり、裕福になり、大きい影響力をもつようになるのだ。

このような断言をするには、より綿密な分析が必要であり、複雑な要素に対処しなければならない。というのも、成人の身長には遺伝要因だけではなく環境要因がからんでいるからだ。ヒトゲノムの多くの領域が身長と関連していて、双生児と養子を対象にした調査によれば、1つの母集団のなかで身長の標準的なばらつきの90％までが遺伝要因による。[85] 同時に、遺伝的に身長が高くなる可能性は、健康的な生活環境や、児童期や青年期での慢性疾患や栄養失調の有無によって変わってくる。よって、成人の身長は家庭の経済状況や社会環境の産物でもある。その結果、長身で健康な身長が高い人には、健康で裕福な環境で育てられた傾向があるのだ。

人のほうが、肉体的にも精神的にもハードに働けるため、高収入を得られるようになる。だから長身の男性は、仕事やパートナーを見つける際に有利なのだ。[86]

富裕国5か国の子どもの成長を比較した研究によれば、親の教育程度、また世帯年収の違いが、国によって大きな差を生みだしていた。教育を受けた親と高収入の世帯で育てられた子どもは長身になるが、所得格差が少ない国（スウェーデン、オランダ）の子どものほうが、所得格差が大きい国（アメリカやイギリスなど）と比べて、親の教育と所得の程度にかかわらず、より長身だった。[87] また、児童期と青年期においてしっかりと身長が伸びれば、認知機能、日常生活のすごし方、メンタルヘルスのいずれにおいても向上が見られた。[88]

これが事実であることを説得力をもって示したのが、エチオピア、インド、ペルー、ベトナムの低所得国4か国を対象に、世帯の所得と親による教育が、子どもの語彙《ごい》力と身長の格差にどのように関係するかを調べた研究だった。1歳、5歳、8歳、12歳の子どもの身長を測定し、語彙力をテストしたところ、社会経済的地位の上位4分の1の世帯の子どもは、下位4分の1の世帯の子どもより身長も言語能力も高く、身長より言語能力の差のほうが大きかった。[89] また、ドイツの9～12歳の子どものデータを見ると、身長と学歴の正の相関が富裕な社会にも当てはまることがわかる。成績と家庭環境による影響を差し引いても、身長の高い子どものほうがギムナジウム（大学入学をめざすための中等教育機関）に入学する確率が高かった。[90]

身長とＩＱに中程度の正の相関があることは、数世代も前から指摘されていた。身長とＩＱはいずれも部分的には遺伝子が関与していて、双生児を対象にした研究によれば、身長と知能の相関の3分の2は生育環境に起因し、残り3分の1が遺伝子によるものだ。[91] 身長のもっとも重要な正の相関は所得だ。現代社会では所得が高ければ、よりよい栄養、住居、医療、教育を得られるからだ。

ニューヨーク大学の経営学教授、イーノック・バートン・ゴーウィンは1915年、著書『企業幹部とその影響力（*The Executive and His Control of Men*）』で、身長と所得の関係について初めて体系的な見解を示した。上司は部下より、主教は牧師より、営業部の管理職は平社員より背が高いと述べたのである。[92]

それから100年以上が経過したが、その傾向は変わっていない。21世紀に入ってからの20年間、さまざまな研究がおこなわれ、身長と賃金が相関関係にあることが指摘されてきた。この傾向は富裕な欧米諸国だけではなく、中国、台湾、インド、インドネシア、エチオピアなど、急速に近代化が進んだアジアとアフリカの国々でも見られている。[93] さらに、体力が必要な職業（身長が高く、体重が重いほうがあきらかに力学的に有利）でも、知的作業が多い職業でも、同様の傾向がある。そして複数の研究結果が、背が高い人のほうが報酬を得られるのは、身長が非認知能力〔知能検査では測定できないコミュニケーション力などの能力〕と認知能力の両方と相関性があるからだと指摘している。イギリス国立児童発達研究所のデータを用いた研究では、身長の高い子どもほど認知テストと非認知テスト、どちらにおいても平均点が高く、その点によって、のちに成人してからも高身長と高所得という恩恵をどのくらい受けられるかを、ざっと予測できることもわかった。[94]

身長と所得の関係を線グラフであらわすと、低い所得からその勾配が急になる（身長が高くなるにしたがって、所得は急速に増える）が、徐々に傾きはなだらかになり、所得が約2万ドルを超えると横ばいになる。そして低所得国では、男性は0・8センチメートル、女性はたったの0・3センチメートル身長が高いと、平均所得が1000ドル上がる。[95] 富裕国では、この正の相関は労働市場の頂点に至るまで、すべての階層で見られる。1951〜1978年にCEO（最高経営責任者）を務めたスウェーデン人男性2万6000人（お察しのとおり、スウェーデン人全体より平均身長が高い集団）をほぼ網羅して調査したところ、会社の規模が大きいほど、身長も高いことがわかった。時価総額100億スウェーデンクローナを超える企業のCEOの平均身長は183・5センチメートルで、1億スウェーデンクローナ未満の企業のCEOの身長は180・3センチと、3センチ以上の差があった。[96]

さらに身長が高ければ、共産党が支配する中国でも優位に立ちやすくなる。中国の所得を調査したところ、男性の場合、身長が1センチ伸びるごとに共産党員になる確率が0・5％高くなることがわかった。党員の男性は非党員の男性より11％ほど所得が多く、身長が1センチ高いと党員の時給は0・06％高くなる（この調査をおこなった研究者たちは、「政治的地位による所得における高身長プレミアム」と呼んでいる）。これとは対照的に、党員であるという条件を排除して同様の調査をおこなったところ、身長が1センチ高いと男性の時給は1・18％高くなることがわかった。つまり、政治的に優位な立場にいる人よりも、一般的な労働市場に参入している人のほうが、身長による恩恵を受けているのだ。[97]

しかし、3000人を超える個人の遺伝子のデータを基盤にした最新の中国の分析では、身長と所得の関係の現実をもっともよくとらえた結論が示されている。[98] この研究では、身長が1センチ高いと年間所得が大きく（10〜13％）増加するが、身長そのものとの因果関係は無視できる程度にすぎない。ほかの条件がすべて同じであれば、遺伝によって身長が1センチ高くなっても、年収は0・6％弱しか増えず、統計的に有意な差は生じない。よって、身長による所得の割増が観察されたのは、労働市場が身長によって差別をおこなっている結果ではない。心身の健康、リスクを好むかどうかなど、ほかの要因の影響を受けているのだ。

## 身長と寿命の関係

では、背が高いことに、なにか不便や欠点はあるのだろうか？　まずは、座席で足を伸ばすと窮屈なこと（とくに前後の幅が狭い航空機では。第4章を参照）、猫背になりがちなこと、ずば抜けて長身の人にとって身体にフィットする服が見つかりにくいこと、それに、いつも人込みのなかで頭が出てしまうことなどが挙げられるが、ほかにはどんな欠点があるのだろう？　初期の研究では、身長が高いほど平均余命が長いと言われていたが、現在では、同じように健康的な食生活とライフスタイルの場合、長身の人よりも、小柄でスリムな人のほうが長生きするというのが一致した見解となっている。[99] カリフォルニア州のさまざまな民族グループを比較したところ、身長が1センチ高くなると、平均余命が0・4〜0・63年短くなっていた。同様に、キューバ、イタリア、ポーランド、スペイン、アメリカでおこなわれた平均余命の研究でも、身長が1センチ高くなると、0・5〜0・7年、平均余命が短くなることがわかった。[100]

最近の研究では、ＮＢＡ（北米プロバスケットボールリーグ）では設立された１９４６年から２０１０年まで、ＡＢＡ（アメリカン・バスケットボール・アソシエーション）では設立された１９６７年から解散した１９７６年まで、それぞれプレーしていた選手、故人も含め４０００人近い男性の身長を調べたものがある。彼らの平均身長は１９７・８センチ（下は１６０センチから上は２３１・１センチまで）で、１９４０年代の10年間を除くすべての年でもっとも高い選手（上位５％）は、もっとも低い選手（下位５％）より若くして死亡しており、生存分析においても身長と寿命には負の相関が示された。[101]

　こうした違いが生じる原因はかなりの程度、身長の高さと、多くのがんに罹患《りかん》するリスクの高さに相関があるためだ。ヨーロッパの研究（スウェーデンの男女５５０万人、イギリスの女性１００万人）や、最新のものだと韓国の研究（成人２３００万人のコーホート〔同じ時期に生まれた人口集団〕）で、強い相関が示され、男女ともに当てはまることがわかった。しかし、大半のがんの部位において、身長の高さとがん罹患との相関が強かったのは女性だった。この相関はまた、神経系、甲状腺、乳房、リンパ腫、白血病など20種類のがんで見られたが、口腔、膀胱、膵臓、肝臓、胃などのがんでは、身長との一貫した相関はそれほど認められない。[102]

　身長とがんの関係を説明する最善の方法は、直接効果仮説である。がんを引き起こす突然変異の遺伝子が生じる確率が一定だとすれば、細胞の数が多ければ多いほど、突然変異は発生しやすくなる。身長が高い人は単純に細胞の数も多いため、がんに罹患するリスクが高くなる、というわけだ。大規模に実施された４つのがん検診プロジェクト（23種類のがんを含む）のデータを分析したところ、次のことが確認された。身長が10センチメートル高くなるごとに、がん罹患のリスクが約10％高まる（女性は12％、男性は9％）。[103] とはいえ、予想がつくだろうが、そう単純な話でもない。メラノーマ（悪性黒色腫）は身長と予想外に強い相関があるいっぽうで、女性とは異なり、男性の場合、生殖器ではない部位のがんに罹患している人のなかで、身長が高い人は3分の1にすぎない。よって、身長以外の要因にも目を向けなければならない。

人間のウェルビーイングと生存は、身体が過剰に成長すると、危険にさらされやすくなる。骨の先端部分の骨端線《こったんせん》は一定年齢になると閉じて骨の伸びが止まるが、巨人症はそれが閉じる前に下垂体成長ホルモンの過剰分泌によって引き起こされるまれな病気で、治療せずにいると早死にするリスクが高い。また先端巨大症は、骨端線が閉じたあとの下垂体成長ホルモンの過剰分泌によって引き起こされる病気で、６３００人に１人の割合で発症し、手・足・顔の骨の肥大を引き起こし、寿命を縮めるが、身長自体が高くなるわけではない。[104] これと比べると、マルファン症候群はわずかに罹患率が高く、５０００人に１人の割合で発症し、背が高く、手足も長くなり、心臓の病気を発症しやすい。第16代アメリカ大統領エイブラハム・リンカーン、史上最高のヴァイオリニストと言われたニコロ・パガニーニ、著名なロシアの作曲家セルゲイ・ラフマニノフ、近代イギリスを代表する詩人イーディス・シットウェルなどが、この病を患っていたとされている。１９７０年代初頭になっても、マルファン症候群患者の平均余命は48年で、たいてい心血管系の病気で命を落としていた。ところが20世紀末を迎えるころになると、心臓血管外科手術と薬物治療のおかげで、平均余命は大きく伸び、70年を超えるようになった。[105]

本章ではこれまで、物のサイズから、子どもやおとなの身長まで、さまざまな「大きさ」について見てきた。それに、私たちがサイズを知覚する方法、あるいは正確な知覚に失敗するプロセスについても見てきた。次章では、サイズの質とでも呼べるもの、そして物や身体の釣り合い《プロポーション》（胴体と脚、ウエストとヒップの比など）、左右対称《シンメトリー》や左右非対称《アシンメトリー》の構造やデザインに目を向けていこう。どれも、サイズにまつわる非常に魅力的なトピックだ。いったい、自然界にはどんな法則があるのだろう？　そのデザインは、シンメトリー（左右対称）なのか、それともアシンメトリー（左右非対称）なのか？　古代では、どんな身体のプロポーションが理想とされていたのだろう？　現代では、それがどんなふうに変わってきたのだろう？　左右対称の顔が美の理想であると、一貫して見なされてきたのだろうか？

科学のさまざまな学問分野で研究が進んだおかげで、こうした疑問にたいする理解がだいぶ得られてきた。そして科学はまた、昔から連綿と受け継がれてきたしつこい思い込みを論破する力にもなった。なかでも、ある特定の比率があちこちで頻繁に見られるという通説ほど、広く信じられているものはないだろう。その比率とは、黄金比だ。

# 第3章

# 黄金比は実在するか？

ほとんどのサイズは、決まった値としてある程度正確に測定したり、推測したりすることができる。おもな例外は形状をつねに変える生物で、ねばねばした粘菌から、瞬時に色や形を変えてとらえどころのないタコなどの頭足類まで幅広い。[1] 近年の発見によれば、意外にも、複雑な生命が誕生したばかりの時代には、変形する大型の生物が生息していたようだ。

たとえば絶滅したランゲオモルフはエディアカラ紀（約6億3500万年前〜5億4100万年前）に生息していた原始生物で、長さがわずか数センチメートルから2メートルに達するものもあった。このころはまだ、カンブリア紀に入って複雑な海洋生物が爆発的に出現する前の時代で、生息していたのはおもに微生物だった。[2] ランゲオモルフはやわらかく、シダのような形をしていたが、明確なエビデンスがないため、菌類の一種だったのか、史上初の大型動物だったのかはわからない。いずれにせよ、ランゲオモルフはカンブリア紀まで生き延びなかったため、三葉虫や、小さく奇妙な形でとげ状の長い突起をもっていたハルキゲニアのように、自由に泳ぎまわる生物と一緒に海のなかで生活していたわけではなさそうだ。

サイズはまた、相対的なものとしても知覚される。生物や人工物の全体的なサイズを、それを構成する部位や器官、部品のサイズと比較するのだ。また、同じ人間の身体に関しては、想定される平均値からわずかでも外れている部分があれば、すぐに気づく。目がくっつきすぎているとか離れすぎているとか、顔が丸すぎるとか長すぎるとか、歩幅が短いとか異様に長いとか思うのだ。

　物のサイズに関しては、周囲の自然や人工物と比較して見積もり、その際にもやはり、標準から外れていればすぐに気づく。たとえば、ヨセミテ渓谷の底から見あげた花崗岩の一枚岩エル・キャピタンが垂直にそびえる姿や、ヴェネチアのジュデッカ運河を抜けるクルーズ客船などを見れば、その大きさに息を呑《の》むだろう。エル・キャピタンはおそらく世界でもっとも有名な岩壁で、そのめまいがするほどの光景は、グーグルマップ初の垂直ストリートビューコレクションで2015年以降閲覧できるようになったし、水の都ヴェネチアを背景に巨大クルーズ船がそびえる光景は、パンデミック以前にはよく見られた[3]。私たちはサイズが長い歳月を経て変化していくさまを追い、なかには形がまったく変わらないものがあることに感嘆したり、急速に形を変えるものがあることに驚愕したりする。

　生物、風景、人工物の釣り合い《プロポーション》は、外見の魅力を決める主因であり、人間の身体（とりわけ顔）に対する審美的な好みにも影響を及ぼす。よって、芸術家たちは人体や物のプロポーションを鋭い眼力で仔細《しさい》に観察してきた。ドイツ・ルネサンスを代表する画家アルブレヒト・デューラーは、その観察力が傑出していた画家の1人だ。彼は人体のプロポーションを描いた

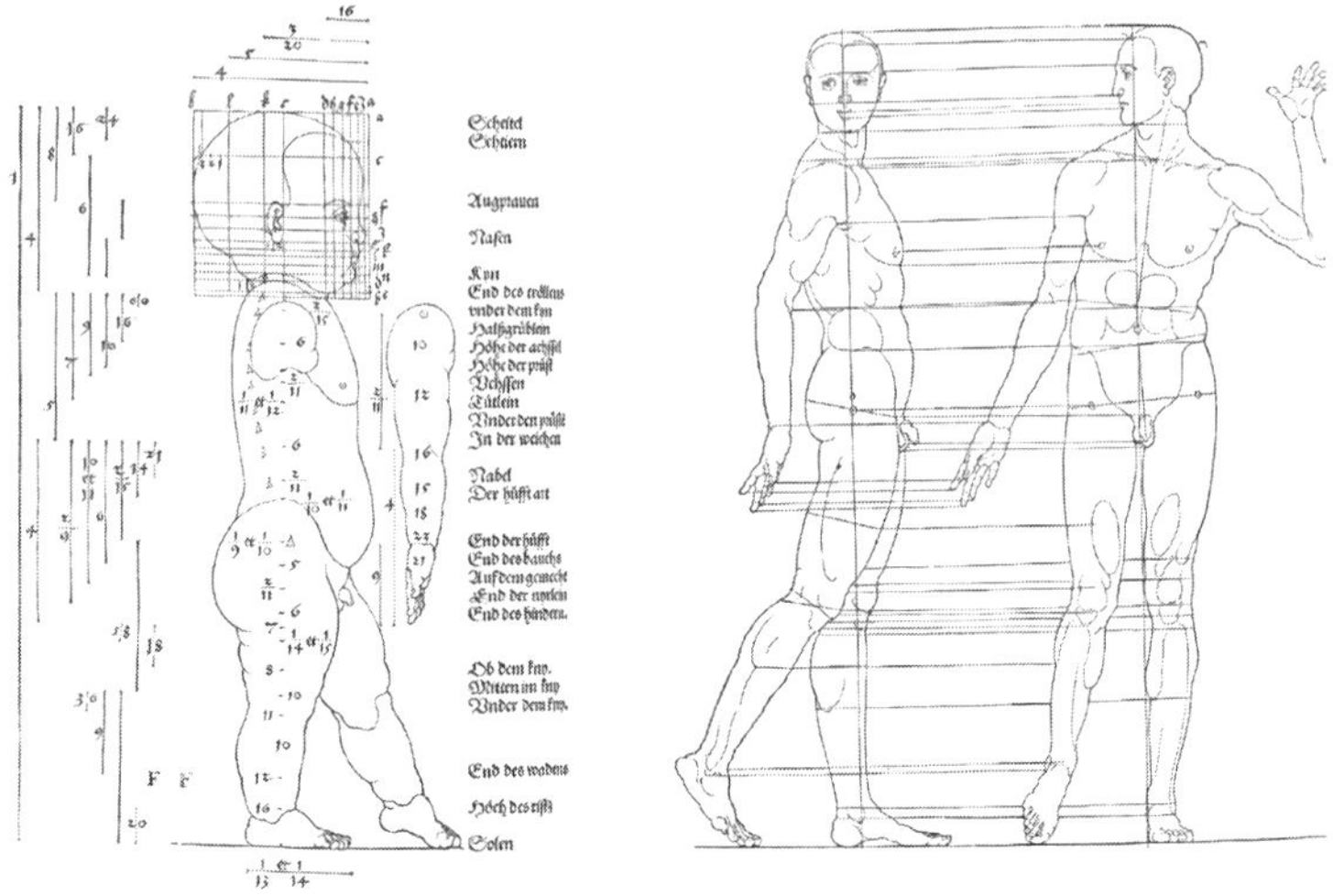


アルブレヒト・デューラーの死後に刊行された『人体均衡論四書』（1528年）の人体図

膨大な量の人体図版を残し、死後、それらは妻や友人によって『人体均衡論四書』というタイトルで刊行され、全四書のうち三書が現存している。[4] これらの書では自然景観（風景や海景）もさまざまな規模で分析されているが、現在、機能的なプロポーションの理解は、多様化する機械や物の設計に欠かせなくなっている。

ホミニン（ヒト族）の身体のプロポーションは進化によって変化を続け、霊長類の祖先のプロポーションとは大きく変わってきた。人体をかたどった小像（なかには、多産と豊穣を象徴するヴィレンドルフのヴィーナス像のように誇張された体型のものもある）は、2万年以上前（推定）に芸術的に表現され、保存された作品だ。このようにプロポーションに魅了される状況は長く続き、私たちの身体のプロポーションは視覚芸術家だけではなく生命科学者によっても幅広く研究されてきた。その興味深い観察と研究結果については、後述しよう。

## ■プロポーション

冒頭の退屈な文章は避けるべきというすべての助言に反して、明確な定義から始めるしかない場合がある。「プロポーション」が表現しているのは、全体の一部がほかの部分とどのような関係にあるのか、あるいは、特定の部分が全体とどのような関係にあるかということだ。[5]「釣り合いのとれた《ハーモニアス》」とは修飾語としてよく使われる形容詞だが、プロポーションという言葉にはかならず「釣り合いがとれている」という意味が含まれる。また、プロポーションには代数的な意味に限定された「比率」という意味もある。2つの比率（分数）が等しければ（たとえば$1/5=5/25$）、プロポーションが等しいことになる。本書では、この「プロポーション」の2種類の定義のどちらについても説明していく。

### 人体サイズの進化

複雑な生物や多くの人工物のプロポーションは、その機能からだけではなく、さまざまな遺伝的・環境的制約からも影響を受ける。人体のプロポーションは、ホミニンが大型類人猿と分岐して以来、数百万年にわたる進化の結果である。ホミニン以降の人体のプロポーションの変化に関しては、信頼度は異なるものの考古学的な記録が残っているし、近年では30～50年間という短いスパンでの研究もおこなわれている。初期のホミニンの身体のサイズとプロポーションの進化は複雑だった。[6] アフリカに暮らしていた初期の人類であるアウストラロピテクス属の身体の大きさは、場所や時代によって多様だったが、私たちホモ・サピエンスと比べると、脚に対する胴体の比率が大きかった。ホモ・エルガステル（約180万年前〜150万年前に生息していたアフリカの初期のホモ・エレクトス）は、より現代的な人体比率をもつ初めての種で、非常に脚が長かったため、速く歩けるようになった。

考古学的な記録によれば、この時期にホミニンの石器を運べる距離は大きく伸びた。つまり、歩くだけの体力がついたほかにも、効率よく荷物を運べるようになったことが、現代の人体比率へと進化を遂げた一因であったのかもしれない。[7] 初期のヒト属の化石には比較的小さい個体が多く、ヒト属が出現したからといって、体格が大きくなったわけでも、前例がないほどサイズの多様化が進んだわけでもないことがわかる。[8] これまでに、440万年前から完新世にいたるホミニンの300体以上の標本の体重と身長に関する詳細な分析がおこなわれ、人体のサイズの多様化が複雑な進化のパターンを経てきたことがわかるようになった。相対的に見れば進化が停滞していた期間と急速に進化が進む期間が混在しているのだ。初期のヒト属には体格の多様性がかなりあったものの、後期のヒト属の身長は160万年ほど前からほとんど変わっていない。かたや、一貫して体重が増えるようになったのはあきらかにたった50万年ほど前からである。[9]

もちろん、大きな影響を及ぼしているのは気候で、近年の分析により、人間の身長とプロポーションは、1847年にドイツの生物学者カール・ベルクマンが、また1877年にアメリカの動物学者ジョエル・アサフ・アレンが定めた法則に当てはまることが確認された。[10] ベルクマンの法則は、哺乳類の体重は赤道からの距離が長くなると増加する、つまり、生息地の気温が低くなるにつれ体重が増えるというものだった。いっぽうアレンの法則は、寒冷地の恒温動物は温暖な地域の恒温動物より体積に対する表面積の比率が小さく、この適応によって手足が短くなり、耳や鼻などの突出部が小さくなるというものだった。

この法則は、熱帯から北極圏に及ぶ地域に生息する哺乳類の比較により、正しいことが裏付けられている。また、現生人類の集団にもアレンの法則（寒冷地に適応した種は突出部が小さい）が当てはまることもわかっていて、絶滅したホミニンがかつてどのように環境に適応していたかという複数の例の説明にもなっている。手脚が短いため、ネアンデルタール人は歩行で多くのエネルギーを消費したが、代謝量を測定したところ、脚が短いと熱損失が減るため、有利であったことがわかった。[11] 現生人類の集団におけるもっとも明白な例は、いっぽうでは北極圏に暮らすイヌイットで、彼らは手脚が短く、胴回りが比較的太く、身体が重く、鼻はそれほど高くない。かたやアフリカには、身長が比較的高く、脚も長い集団が暮らす地域がある。[12] 当然、平均から外れているデータや例外はあるものの、アフリカから現生人類が拡散していったという仮説を考慮しても、アレンの法則は十分に成り立つようだ。[13]

高温で乾燥した気候の地域に暮らす人は脚が長く、熱を放散しやすいように体表面積が大きい。いっぽう湿度の高い環境では、蒸発による熱放散の効率が悪いため、体重を軽くして代謝による熱の生産を抑えるのが、暑さに対処するおもな手段となる。現代的な栄養摂取や医療の恩恵をほとんど受けない狩猟採集民の異なる集団を比較すると、このことがよくわかる。ボツワナの砂漠地帯の狩猟採集民クン族の平均身長は男性160センチメートル、女性150センチメートルで、コンゴのイトゥリ熱帯雨林で暮らすエフェ族の平均身長は男性143センチ、女性136センチだ。[14]

もちろん、体温調節の最適化は、人体のサイズとプロポーションを決める複数の要因の1つにすぎない。遺伝学的な研究では、成長や成人の体格のばらつきを左右する数百もの遺伝子が同定されているし、ホルモン、栄養、疾患などによって明確な違いも生じる。ヒト成長ホルモンの受容体に変異が見られる集団もあり、甲状腺ホルモン（日照時間に影響を受け、昼間が短いと分泌量が増える）のはたらきも当然ながら平均身長に影響を及ぼす。甲状腺ホルモンの影響は、日本の都道府県別の研究によって説得力をもって立証された。昼間の時間が短いと甲状腺ホルモンのはたらきが活発になり、身長が伸びる。そのため、北海道（北緯40度より北）の住民は、沖縄（北緯26度）の住民よりも身長が高い。[15]

狩猟採集民のなかには、土地から獲得できる資源が限られていたせいで、体格が大きくならないように自然選択が起こった集団もあるだろうし、東アフリカの牧畜民は非常に多い乳の摂取量の影響で、身長が高くなったのかもしれない。これとは対照的に、子どものころに疾患と栄養不良に見舞われると発育阻害に陥る――いまだに世界の多くの貧困地域で広く認められる望ましくない状況だ。また、人類以外にもさまざまな種で、状況は最良であっても、遺伝的・環境的要因が重なった結果、「調和がとれている」とは見なされない外見が生じる場合もある。

巨大な頭部には不釣り合いなほど下顎《したあご》が小さいマッコウクジラを見れば、それがよくわかるだろう。

## 理想的な人体比率

基準となる（一般的に受け入れられる）プロポーションが古代エジプトで定められ、古代ギリシャで完成したのは、数学やその他の知的分野における数々の「世界初」の例と同様だ。西洋の世界では、理想的な成人の人体比率は彫刻という形で永遠の命を与えられ、その考え方は変わらず支持されてきたが、20世紀初頭に登場した抽象的な絵画や彫刻では、人体比率に関する指針がすべてとっぱらわれた。

紀元前5世紀後半に活躍した古代ギリシャの彫刻家ポリュクレイトスが記した人体比率の記録は失われてしまったが、彼はこの比率を利用して、のちに多くの模倣を生んだ「槍《やり》をもつ男」（ドリュフォロス）という彫刻を完成させた。[16] ポリュクレイトスは、頭部（頭蓋骨のてっぺんから顎まで）の長さを1単位とすると、成人男性の身体は7頭身になるべきで、足の裏から股までの長さは股から頭までの長さと同じであるべきだと考えていた。

また、レオナルド・ダ・ヴィンチの「ウィトルウィウス的人体図」ほど、さまざまな形で再現されている人体のプロポーションのドローイングはないだろう。1人の裸体の男性が両腕を上げて直立していて、脚を少しひらいているところと、両腕を少し上げているところを、円のなかに収めて描いているのだ。[17] 古代ローマの建築家・技師であったマルクス・ウィトルウィウ

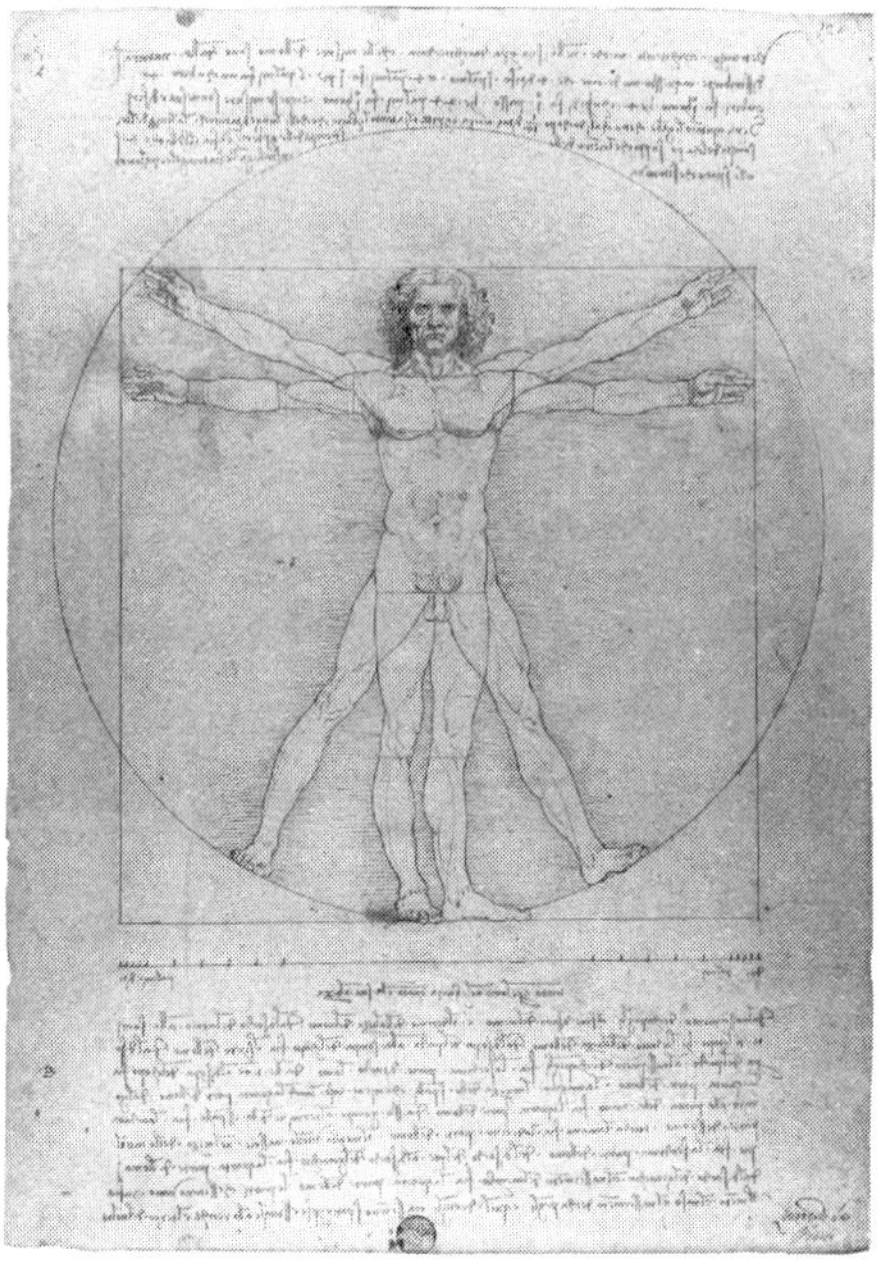

レオナルド・ダ・ヴィンチが1490年ごろにペンとインクで描いたドローイング「ウィトルウィウス的人体図」

ス・ポッリオは、著述家としても知られていて、著書『ウィトルーウィウス建築書』では、人体のプロポーションについて詳細な記述を残している。次に引用するのは、その冒頭部分だ。

> 人間の身体は自然によってしっかりとデザインされている。顎から額のてっぺん、つまり髪のはえぎわまでを顔とすると、その長さは身長の10分の1となる。手首から中指の先まで、すなわちてのひらの長さは、顔の長さと同じだ。また、顎から頭頂までの長さは身長の8分の1であり、乳頭から肩または首、つまりうなじの髪のはえぎわまでの長さは身長の6分の1である。胸の中心から頭頂までの長さは、身長の4分の1である。[18]

いっぽう、レオナルド・ダ・ヴィンチは、へそが身体の中心であるとしたウィトルウィウスの説を修正し、ポリュクレイトスが考えたように、身体の中心を鼠径部《そけいぶ》のあたりとした。

身体のサイズと身体のおもな部位のサイズを利用して算出した比率は多々あり、身長／胴体の長さ、身長／腕の長さ、身長／脚の長さなど、身長と部位との比率もあれば、部位同士を比べた比率もある（胸囲《チェスト》／胴囲《ウエスト》、胴囲《ウエスト》／腰囲《ヒップ》、手／指など）。ここでは、次の3種類の比率を詳しく見ていこう。第一の比率は、股下／身長比で、股下は足の裏（床）から会陰《えいん》までの長さを測定する。第二の比率は、ウエスト／ヒップ比。第三の比率は、手の人差し指／薬指比だ。最初の2つの比率は、調和のとれたプロポーションを追求する画家や彫刻家によって、また理想的な男性と女性のプロポーションの好みを知ろうとする研究者によって、広く活用されてきた。そして少々奇妙に思えるかもしれないが、近年ではほかの人体比率より、第三の比率である人差し指／薬指比の意味するところに関する研究のほうが数多く発表されている。

## 魅力的な股下／身長比とは？

西洋では、身長はずっと魅力の指標の1つであり、長い胴体より長い脚のほうが好まれてきた。西洋の女性を描いた有名な絵画では、股下／身長比はずっと0・5あたりだった（股下が身長の半分）。ルネサンス期のイタリアの画家サンドロ・ボッティチェリが描いた女性のなかで、もっとも有名なヴィーナス（「ヴィーナスの誕生」）と花の女神フローラ（「プリマヴェーラ」）は、アルブレヒト・デューラーが描いたほっそりした女性と同様、股下／身長比はまさに0・5だった。

ところが1950年以降は、これより高い比率がファッション誌における美の指標となった。[19]もっとも背が高いモデルの股下は、身長（当然、平均より高い）の61〜67％にまでなったのである。ある実験では、被験者にさまざまな股下／身長比の女性や男性の画像やシルエットを見せたところ、男女ともに股下／身長比が低い人はあまり魅力度が高くなかった。そして、股下／身長比が平均より高い人は広く好まれたが、あまりにも股下が長すぎると全体的な魅力度が落ちた。非常に短い脚や非常に長い脚は、望ましくない遺伝や健康状態のシグナルかもしれないし、脚が短いのは子ども時代に成長が停滞したからかもしれない。[20]

これらの結論は、アフリカ、アジア、ラテンアメリカの27か国とカナダにおける知覚に関する研究によって確認された。[21]被験者たちは次々にシルエットを見せられ、最初は股下／身長比が0・515のもので、これを基準にした。次にそれより股下が長いもの、最後は短いものを見せられた。シルエットが女性の場合、股下が短いシルエットはどこの国でも好まれず、女性の比率でもっとも好まれたのは股下／身長比が基準か、基準より5％高いもの（0・541）だった。基準より5％高いこの比率は、27か国中17か国（スペイン、マレーシア、ヨルダン、ルーマニア、クロアチア、インドネシアなど）でもっとも好まれた。同様に、男性のシルエットの股下／身長比でも、基準か基準よりやや高い値が好まれた。

アメリカの女性（前出の研究では対象になっていなかった）もまた、男性の股下／身長比では基準、もしくは基準を少し上回る程度を好んだ（腕／身長比は好みにまったく影響を及ぼさなかった）が、日本では男女ともに基準値に近い比率が好まれた。[22]これとは対照的に、イギリスの大学生を対象とした研究では、股下／身長比が非常に高い（約0・7）女性が好まれた。ところが、マレーシアではまったく異なる結果が出て、股下／身長比が女性の場合は基準程度、男性の場合は低いものがもっとも魅力的だと見なされた。[23] つまり、マレーシアの女性の好みは27か国における研究結果とは対照的であり、比較的少数の被験者を対象にした調査の結果は慎重に評価すべきであることを示している。

脚の長さと人間の健康に関しては、興味深い研究結果がある。身長と比べて不釣り合いなほど脚が短い人は、まず血中コレステロール値が上昇し、さらには空腹時高血糖や血糖調節障害、高血圧、血栓ができやすくなるといった症状が生じることにより、冠状動脈性心疾患に罹患しやすくなるなど、健康に悪影響が及びやすくなる。[24] 子どものころに栄養不足を経験すると、成人後に股下が相対的に短くなるだけでなく、代謝疾患に罹患しやすくなる。こうした傾向からも、脚の長さと、過体重や肥満、糖尿病、高血圧、骨粗鬆症《こつそしょうしょう》などの健康リスクには相関があることがわかる。とはいえ、子どものころの栄養不足だけでは、なぜ脚の短い子どもは早い年齢で疾患に罹患しやすいのかという説明にはならない。

女性の場合、脚の短さは予想外の機能と相関があることがわかった。初潮を迎えた年齢は、身長、おもに脚の長さと相関があるが、その影響は集団や時代によって異なる。3000人以上のアメリカの女性（21〜40歳）の集団では、初潮が早いほど脚が短く（身長や座高とは相関がない）、その約3分の2は下腿《かたい》（膝から下）が短かった。[25]

## 健康的なウエスト／ヒップ比とは？

すべての富裕国では栄養状態が改善し、発育阻害がほぼなくなったおかげで、股下／身長比の望ましい値は広範な地域で見られるようになったが、ウエスト／ヒップ比はいちじるしく悪化している。この結論は、17世紀から19世紀にかけて人為的にウエストを細くしたヨーロッパの値と比較して出したものではない。当時はコルセットをきつく締めてウエストを細くしていたが、実際のところ、見た目と同じくらいウエストが細いわけではなかった。当初はファージンゲール〔藤などで腰枠をつくったペティコート〕、のちには幅の広いクリノリン〔クジラのヒゲなどを輪状にした骨組みのあるアンダースカート〕やバッスル〔スカートの後部を膨らませるための腰当て〕など、ヒップとウエストの対比を誇張する衣服のデザインに、ウエストを細く見せる効果があったからだ。[26]

ウエストがヒップより細い成人体型は、人体の発達にとってもっとも望ましい目標でありつづけているが、1970年以降、肥満の波が欧米諸国だけでなく、中国からサウジアラビアにいたる国々に押し寄せ、深刻な懸念をもたらしている。[27] 人口の半数以上が過体重や肥満に当たる国々では、ウエスト／ヒップ比の典型的な値が大きく上昇し、逆転さえ生じている。世界保健機関（WHO）によれば、正常値は男性で0・9以下、女性で0・85以下だが、女性の場合はわずかな増加（0・86を超える）で、男性の場合は比較的大きい増加（1・0を超える）で、健康リスクが高まる。[28] アメリカの70代を対象にした大規模な分析により、ウエスト／ヒップ比はBMI、もしくはウエストサイズとは相関がないが、ウエスト／ヒップ比が高くなると健康リスクが有意に高まることがわかった。[29]

ウエスト／ヒップ比の変化は、ほぼすべての年齢階級で体重の増加を示す1つの指標にすぎない。

1956年から2010年のあいだに徴兵された19歳のドイツ人を対象とした研究は、調査の対象となった人数が非常に多いため（1400万人弱）、近年の比較的急速な身体サイズの変化を示す最善の例の1つだ。この期間のドイツ人徴集兵は、当初は身体が縦に伸びていたのに、近年では横に広がるばかりだ。この期間に身長は6・5センチメートル伸びて180センチになったが、この伸びは1990年代以降頭打ちになっている。いっぽう、平均体重の増加は続いており、その結果、過体重と肥満の割合が増えている。[30] 興味深いことに、ドイツ国内では北部と南部で、また西部と東部でも身長に差が見られる。2002年、最北端にあるシュレースヴィヒ＝ホルシュタイン州の平均身長は、南部にあるバイエルン州より男性で2・5センチ、女性で1・6センチ高く、ドイツ西部の人々はドイツ東部の人々より1・5センチほど背が高かった。[31]

## 人差し指／薬指比が示すもの

いまでは、身体の大きな部分のプロポーション（股下／身長比、ウエスト／ヒップ比）より、もっと小さい部分を比べる試みが始まっている。たとえば、人差し指／薬指比を見てみよう。この比率が着目されるようになったのは、1998年にリヴァプール大学のジョン・マニングと同僚が論文を発表したときだった。[32] 彼らは、指が形成されるパターンがホルモン濃度と関係していると予想し、実際に人差し指／薬指比が男女で異なることを示した。男性には薬指が長い傾向があり（人差し指／薬指比が０・９８）、女性は人差し指と薬指がほぼ同じ長さ（１・０）だったのである。

こうした研究結果への関心は徐々に高まり、やがて、たった１つの数字が人間の健康、疾患、行動に関する数々の事実を明らかにするという考え方が魅力を帯びてきた。ＰｕｂＭｅｄ《パブメド》は世界の主要な医学系雑誌に掲載された約３２００万もの論文にアクセスできる最大の医学系データベースで、人差し指／薬指比に関する医学文献の増加を追うこともできる。この比率を扱った論文は２０００年代初頭から登場し、２０００年末には数本だったが、10年後の２０１０年末には２００本以上、２０２０年末には７００本以上にまで増加している。[33]

最近発表された論文では、人差し指／薬指比と多くの疾患（高血圧、虚血性脳卒中、副腎過形成症、胃がん、統合失調症、うつ病など）、行動障害（子どもの攻撃性、術後痛の知覚など）、一般的能力（アフリカの狩猟採集民の狩猟能力からオリンピック女子選手のパフォーマンスまで）との関係が調べられている。[34]研究者のなかには、この比率を胎児期にアンドロゲン（男性的な発達を調節するホルモン）をどれくらい浴びたかを示す信頼の置ける指標になると考え、アンドロゲンが人差し指／薬指比と医学的・行動学的に相関があると結論づけた者までいる。

だが、これらの結論はどれも弱いエビデンスに頼っている。そもそも、男性と女性の比率差が小さい。イギリスの標本数が多い研究では、右手の人差し指／薬指比が男性で０・９８４、女性で０・９９４ではあるが、平均値は集団によって異なる。[35]こうして研究が進むにつれ、疑念も深まっている。多くの生物学者、生理学者、内分泌学者たちは、人差し指／薬指比に男性ホルモンのアンドロゲンの一種であるテストステロンが関わっているという強力な証拠はなく、この比率の使用には統計学的に問題があり、多くの研究結果は再現できないと結論づけている（現代科学では再現できない研究結果が増え、めずらしくない問題となっている）。

さらに例のごとく、相関関係があるからといって因果関係があるわけではなく、いずれの場合も男女比にわずかな、あるいはごく小さい差しか見られなかった。さらに、この比率の性的二形《にけい》〔性別によって個体の形質が異なる現象〕は、男性は女性より手が大きいことが主因なのかもしれない。[36] また、動物の場合、メスの子犬のアンドロゲン受容体の活性を高めると、人差し指／薬指比が低くなることが示されたが、ハツカネズミを使った実験では逆の結果が得られた。[37] その結果、学術誌『ホルモンと行動（*Hormones and Behavior*）』は、人差し指／薬指比を扱った論文を受理しなくなった。しかし、科学界ではよくあることだが、人差し指／薬指比というトピックに対するこれまでの関心の高さを考えると、この疑念が残る分野の研究に関する発表は、ほかの場所で続けられることになるだろう。[38]

## 絵画の構図に隠された比率

美容外科手術は身体のさまざまな部位のプロポーションを変えるために利用されており、豊胸や乳房縮小の手術、あるいは乳房、腹、尻、鼻、顎の再建手術、さらに脚を長くするために必要な複雑な手術がおこなわれている。生物のプロポーションや部位の比率は進化の産物であり、栄養失調や疾患の影響を受けたり、ときには事故によって影響を受けたりすることもある。しかし、芸術においては、見るものをよろこばせたり、慰めたり、衝撃を与えたり、不快感を与えたりするために意図的にデザインされた作品の重要な構成要素でもある。

古典美術から現代美術まで、油彩画に描かれたプロポーションの変遷《へんせん》を見ると、じつにさまざまなことがわかる。というのも、ある時代から、油彩画は彫刻よりも世間に広く普及していたからだ。実際、近代が始まったころ、原画の所有は新たな富の象徴だった。1660年代には、オランダ(当時の人口200万人弱)の都市部の世帯が約300万点の絵画を所有していた。[39]そして20世紀初頭までは「正しい」プロポーションが買い手や批評家たちから期待され、この種の写実主義から逸脱したものはおおむね見くだされた。

18世紀以前のヨーロッパで活動していたいわゆる大画家《オールドマスター》のなかで、こうした指針から外れて人物を細長く描いた画家もわずかながら存在した。スペインで活躍した画家エル・グレコが描いたキリストや聖人、神話の登場人物たちがその好例だ。ウフィツィ美術館に所蔵されているイタリアの画家パルミジャニーノの油彩画「長い首の聖母」は大きなキャンバスに描かれていて、聖母の首も息子の胴体も不自然なほどに長い。そして20世紀に入ると、イタリアの画家・彫刻家アメデオ・モディリアーニほど、限られた色で女性モデルの頭、首、胴を細長く描き、名声を博した者はいない。[40]

それまで、静物画は適切な遠近法を利用して描かれなければならず、二次元のキャンバスに印象的に三次元の効果をもたらしたければ、だまし絵《トロンプルイユ》の手法を駆使して錯覚を利用した。[41]遠

エル・グレコの「学者としての聖ジェローム」(1609年)とモディリアーニの「*Madame Zborowska*(マダム・ズボロフスカ)」(1918年)

近を傾けたり、構成要素を平面的にしたりする手法は、1887年にフランスの画家ポール・セザンヌが桃や梨を描いた静物画で駆使し、1900年以降はフランスの画家ジョルジュ・ブラックやスペインの画家ファン・グリスが、よく平面的な静物画を描くようになったが、どれもそれまでは考えられない手法だった。[42]風景画は細部まで丁寧に描く必要があると考えられていたからだ。そのため当時の批評家たちは、細部を簡略化しすぎていると印象派の作品を批判した。[43]

スタイルはさまざまだったとはいえ、19世紀以前の絵画には共通して、「完璧であること」の美学と、適切なプロポーションに対する執着があったわけだが、キャンバスのサイズや縦横比についても一定の好みや標準が存在していたのだろうか？　その答えはあきらかにノーで、キャンバスのサイズや縦横比はさまざまだった。

それでも、私たちの眼は両眼単一視なので、眼球を水平方向に動かす回数のほうが多い。よって、横長の画像を見やすいと感じるのも当然なのだ。複数の研究によれば、私たちは顔の画像に含まれる水平方向の情報を分析すると、人の顔を判別しやすいそうだ。ベルギーの心理学者ヴァレリー・ガフォーは、「人間の顔は水平方向に構築された刺激であり、相手が誰かを認識するプロセスは水平方向におこなわれる」と結論づけた。[44]

人間が水平方向の画像処理を優先することは、同じ数の商品を入れた同じ大きさの瓶を店内で水平方向と垂直方向に陳列した場合の実験で確認されている。よって小売業者は商品を陳列する際、この事実を考慮したほうがいいだろう。横に並べられた商品のほうが視覚からの情報を処理しやすく、横の陳列のほうが多様な商品を広範に見られるからだ。[45]

眼球を横に動かすほうが多いことがわかれば、あらゆる時代の風景画には水平方向に描かれているものが多いのも驚くにはあたらない。これについては、西洋の伝統絵画を代表する1万5000点近い絵画を分析した結果、非常に説得力のある証拠が得られている。[46] 1850年より前は、構図の大半が垂直／水平型（例：下半分に道路や草原、右側に縦方向に林が描かれている）を特徴とし、次に多かったのが水平／水平型（例：前景に茂みが横に広がり、その上に陸地と空を隔てる地平線が遠くに描かれている）だったが、1850年以降、水平／垂直型は一貫して減少し、長方形のキャンバスを水平方向に2分割する水平／水平型がもっとも多くなった。ところが抽象画が登場すると、方向やプロポーションを判別しようとする試みは徒労に終わることになった。たとえば18人の被験者に、ほかに垂直／垂直型、水平／垂直型を加えた4つの型で描かれた40枚の抽象画をスクリーンで見せ、もっとも魅力的に思える型、あるいはもっとも意味があると思える型を選ばせたところ、画家が構図的に意図した型と一致したのは48％にすぎなかった。[47]

そして、世界でもっとも有名なキャンバスのサイズとプロポーションは、ルーヴル美術館に所蔵されているレオナルド・ダ・ヴィンチの「モナ・リザ」で、おそらくこれは世界でもっとも有名な絵画でもある。キャンバスは小さい縦長（肖像画に適している）の長方形（77×53センチメートル）だ。[48] ピカソの「ゲルニカ」やボッティチェリの「ヴィーナスの誕生」など、一般的にもっとも有名な、あるいはよく知られている絵画は、これよりもっと大きいサイズで、風景画向きの横長の長方形だ。[49] しかし、ウィーンの美術館に所蔵されているクリムトの「接吻《せっぷん》」は、1辺が1・8メートルの正方形であり、ピカソの「アヴィニョンの娘たち」もほぼ正方形（2・44×2・34メートル、縦横比1・04）だ。また、プラド美術館の最大の見どころであるディエゴ・ベラスケス作「ラス・メニーナス」（3・18×2・76メートル、縦横比1・15）も正方形に近いが、アムステルダム国立美術館のレンブラント作「夜警」（4・37×3・63メートル）は縦横比1・2で、やや正方形から外れている。

額装されたキャンバスの特定の形や全体の大きさが、こうした絵画の底知れぬ魅力にどれほど貢献しているのか、定かなことはわからない。それとも、これらの有名な作品が卓越している理由は、その主題、技法、独自性のみにあるのだろうか。

## ■シンメトリー――どこを見ても左右対称？

現代の「シンメトリー」という単語には「そっくりな半分が2つ」という意味があり、その本質には数学的な考え方がある。だが語源となった古代ギリシャ語の*συμμετρία*《シュンメトリア》という言葉はもともとは調和、つまり均整のとれた、バランスがいい配列を広く意味していて、美と緊密に結びついていた。古代ローマでもっとも有名な土木技師であり建築家でもあったウィトルウィウスは、この本質をとらえ、「プロポーションとは、作品を構成する部分の尺度の調和であり、基準として選ばれた特定の部分に対する全体の尺度の調和である。この結果、シンメトリーの原則が生じる。シンメトリーとプロポーションがなければ、デザインに原則は生じえない」[50]と述べている。

しかし、もっと厳密な、あるいは数学的な意味合いから見ても、シンメトリーはどこにでも存在する普遍的な性質だ。天体物理学的なシンメトリーは多々あるし、私たちが暮らす天の川銀河は、中心の星団の両端から2本の腕が伸び、外側に向かって渦を巻いているように見える。[51]また、自然界におけるシンメトリーは、分子のなかの原子の整然とした配列から、雪の結晶の六角形の対称性、哺乳類の身体の左右相称性まで多岐にわたる。[52]左右相称とは、真ん中に線を引くと左右の形が鏡像になることで、動物ではもっともよく見られる外見のパターンだ（ただし、内臓は左右非対称に位置する）。それに多くの無脊椎《せきつい》動物も、驚くほど複雑な対称性を示している。海を浮遊する放散虫《ほうさんちゅう》（とても小さい単細胞の生物）の骨格は、八面体から二十面体まで異なる数の平面をもつ規則正しい三次元構造になっている。[53] 同じような構造は、単純なものから複雑きわまりないものまで、人間がデザインした人工物の対称性にも見られる。建物の基礎の形状から、イスラムや中国の建築物やインテリアの見事な装飾タイルや天井の模様、彫刻、格子細工にまでシンメトリーがあり、それらを三次元化した構造は結晶の原子の配列にも見られる。[54]

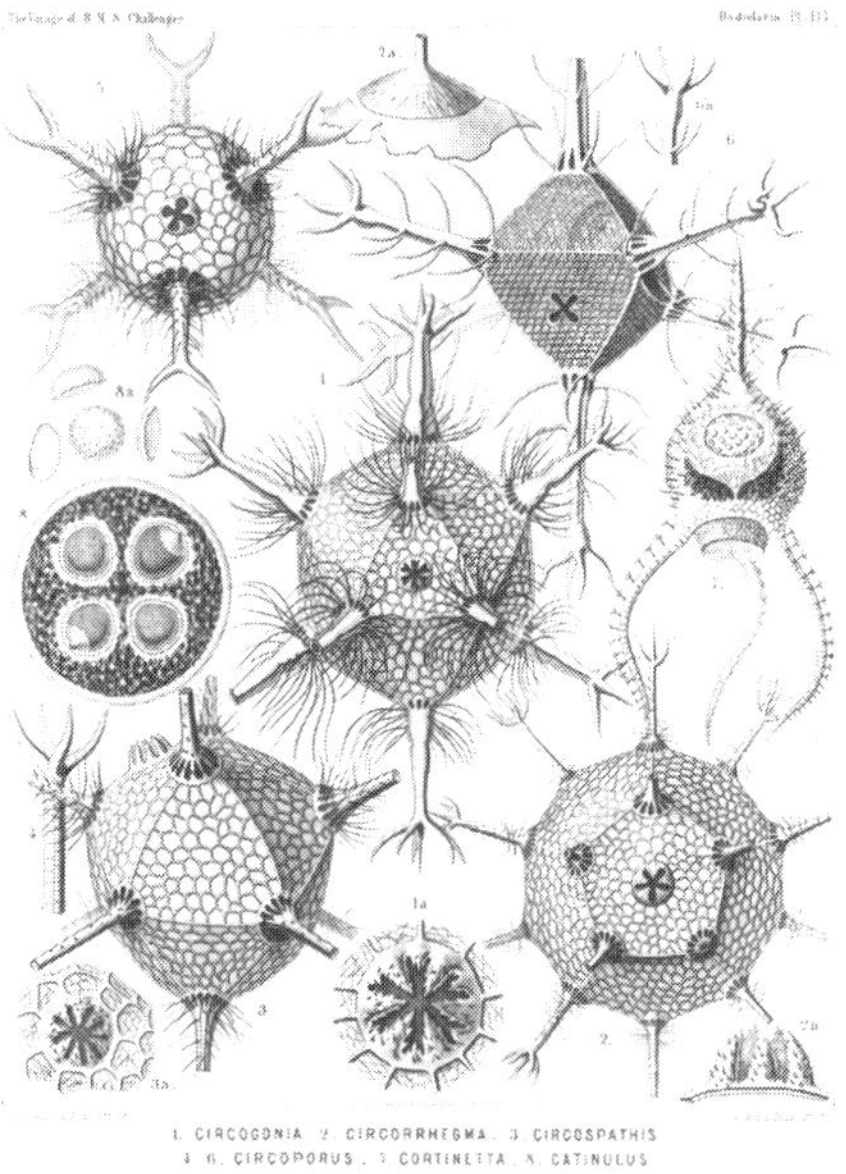


ドイツの生物学者エルンスト・ヘッケルが〈HMSチャレンジャー〉で航海中（1873〜1876年）に採集し、描いた放散虫のスケッチ

宇宙の構造、陸上型生物や人体の組織、人工物にシンメトリーが頻繁に出現する現象は、さまざまな論文がその遍在性や複雑性について説明しているうえ、もともとシンメトリーが自然界の設計に組み込まれているからだとか、この普遍の原則が宇宙全体にゆきわたっているからだとか、科学と芸術の垣根を超えた超原則《スーパープリンシプル》であるからだとかいう説まである。[55] しかし、現在のシンメトリー研究の第一人者が言及してい

るように、シンメトリーを当てはめる範囲をむやみに広げてはならない。「シンメトリーは多くのものを包含している——が、すべてではない」のだから。[56]

とはいえ、シンメトリーが身の回りにあふれていることに疑問の余地はない。たとえば幾何学の正多角形は左右対称で、左右が対称になるように引ける軸（対象軸）の数が違うだけだ。いくつかの代表的な図形の対象軸を数えてみると、二等辺三角形を左右対称に分割する軸は１本だけ。長方形、楕円《だえん》形、ひし形には対称軸が２本。正三角形は３本、正方形は４本と、正多角形は角の数と同じ数の対称軸があり（正五角形は５本、正六角形は６本など）、円は無限の軸をもつ。いっぽう、放射相称（３つ以上の相称面をもち、中心軸で回転させても大きさや形が一致する）は、花や果物に多く見られるが、もっとも華やかな花に数えられるラン（そこまで派手ではないキンギョソウやスイートピーも）の花の形は単純な左右相称だ。

無脊椎動物のなかでは、海綿動物だけがまったく対称性をもたない。すべての刺胞《しほう》動物（ポリプ、クラゲ、イソギンチャク）は放射相称の構造をもつ。軟体動物、節足動物（昆虫、甲殻類、ムカデなど）とすべての脊椎動物は左右相称の構造で、わずかな、あるいは隠れた非対称性《アシンメトリー》があるだけだ。顔の特徴の違い、利き手の違い（両利きの人は１％ほどしかいない）、内臓の位置などは、人体のアシンメトリーの代表例だ。

明確な場合が多い利き手と比べるとあまり意識されないが、利き足もいくつか重要な違いをもたらす。複数の研究結果を分析したあるレビューによると、大腿四頭筋とハムストリングの筋力テストや片足跳びのテストでは、利き足のほうが成績がよく、臨床的に重要な違いが生じることがわかった。また利き足であることは靱帯の損傷の一因にもなりうる。趣味でスキーやサッカーを楽しんでいる女性は、利き足でないほうの靭帯を傷《いた》めやすいが、同じスポーツでも男性の場合は利き足の靭帯を傷めやすい。[57]

## 美しい顔とは

人体のシンメトリーのなかで、ずばぬけて研究され、議論されている部位は、顔だ。もちろん、左右対称だからという理由だけで、美しい顔と認識されるわけではない。顔のプロポーションも同じくらい重要で、その理想は移り変わる。ある研究では、口腔外科手術を受ける予定の患者に、現代の美男美女ランキング上位の男女（アメリカのピープル誌とイギリスのFHM誌の毎年恒例の人気投票による）の顔の写真と、ギリシャ神話に登場する7人の女神と12人の男神の彫刻の写真を比較させた。その結果、理想的な女性の顔は男性の顔よりも縦横比が小さいことがわかった——縦横比が大きい古代の理想とは正反対だったのだ。そして、現代の男性のバランスのいい顔は古代のそれより面長《おもなが》になっている。さらに顔の上半分と下半分のバランスについては、理想的な女性の顔では顔の下半分が全長の45％を占め、理想的な男性の顔ではそれが48％であるのに対し、古代では男女ともに50％だった。また、鼻下から顎先までの長さに対する顎の長さの理想的な比率は、男女ともに70％であるのに対し、古代の基準では66％だった。[58]

こうした比較のあきらかな問題点は、古代の彫刻の顔は特定の小さい集団によってかつて好まれた基準にしたがっているということだ。よって、現代のヨーロッパ、アジア、北米の集団から得た回答が、伝統的な美男美女の魅力とそれほど一致しないのも当然なのだ。さらにピープル誌の「もっとも美しい100人」に選ばれた白人女性40人と黒人女性40人の写真10年分の分析とマッピングをおこなったところ、首に対する顔の下半分の比率、下唇の突き出し方、上唇のプロポーションに関しては、両グループに共通点があることがわかった。この結果から研究者たちは、現代社会は顔の美しさに関する伝統的な見方を変えただけでなく、富裕国の多民族社会でもっとも美しいと判断された女性は、「黒人」と「白人」の顔の特徴をミックスした、似たような顔の特徴をもっているという結論を出した。[59]

とはいえ、やはりいまでも昔と同様、顔が左右対称であれば魅力的と見なされ、社会に受け入れられ、結婚相手にも恵まれやすいと考えられている。この通説は、さまざまな手法で検証されてきた。被験者のグループに実際に相手を見て顔の評価をしてもらう手法のほか、左右非対称の程度が異なる人たち（たいてい有名俳優たち）やコンピュータで生成した人たちの画像を見て評価してもらう手法などが多かった。また、顔の左右対称性の自然な違いが当人の魅力度とどう関係しているかを調べたり、画像の顔を被験者の好みに合わせてコンピュータで「彫刻」してもらったりもした。

すると複数の研究結果が、男女ともに顔の左右対称性が高いほど魅力的だと思われやすいことを示した（左右が非対称なほど、魅力は薄れる）。つまり、自然にそなわっているシンメトリーのばらつきが、当人の魅力度と大きく関係していたのである。そして左右対称性の高い顔の人のほうが、健康状態がいい、社交的、知性がある、いきいきしていて自信に満ちている、精神のバランスがとれていると見なされやすかった（すなわち、左右対称の顔はあきらかに「健康証明書」として機能する）。いわゆるステレオタイプの「魅力」とはべつに、顔が左右対称だと好感をもたれやすいのだ。また、左右対称の顔は人生のパートナーを選ぶ際にも威力を発揮する。進化心理学者たちは、左右対称の顔は人生のパートナーを選ぶ際に遺伝的卓越性の明確な指標になるため、好まれやすいことを突きとめた。

しかし、（二次元の情報である）写真を利用した実験では、シンメトリーの影響はかならずしも再現されなかった。進化の結果、私たちは生物の三次元の顔を見わける際に、微妙な違いを特定できるようになり、いわば名人になったのである。と同時に、左右相称からの逸脱があれば気がつくようになった。[60] 同様に、顔のおもな特徴となる部位であれば、ごくわずかな変化でさえ識別することができる。たとえば、被験者にプラス－マイナス14％の範囲で2％ずつ、目、口、鼻の大きさを変えた一連の写真を見せ、あきらかに最初の写真と異なると思われるものを選ばせたところ、大半の人が8％以上の変化があった場合に気づき、なかには6％の変化に気づいた人もいた。眼球の直径の平均値は2・5センチメートルだから、眼の大きさがわずか1・5ミリメートル変わっただけで、識別できるということだ！　そして男性は女性よりも、眼の大きさの変化を敏感に察知した。[61]

さらに、デジタルで生成された顔の3Dモデルを見せる実験をおこなったところ、好まれる顔は被験者が顔のどの部分に魅力を覚えるかによって違うことがわかった。[62] もちろん、どこに魅力を覚えるかは社会から大きな影響を受けるが、「美」は社会的な価値で決まるとはかぎらない。審美的判断は進化に根ざしていて、「美」を構成するものは特定の文化のなかでだけ高度に一致するわけではなく、異なる文化に属する個人のあいだでもかなりの程度まで一致することを、多くの研究が示している。

また、顔のシンメトリーだけではなく、顔立ちの平均性も考慮しなければならない。肌の健康状態やなめらかさ、髪なども含めて、平均より大きく外れている顔よりも、平均的な顔のほうが好まれるのだ。[63] ほかにも、被験者に顔全体と、顔の右半分か左半分の写真を見せて評価させる単純な実験をおこなったところ、右であれ左であれ、対称性の存在しない「半分の顔」に対する審美的評価が、その「半分の顔」の全体である顔への審美的評価と強い正の相関があった。ということは、人間の顔の美しさを評価する際のおもな判断基準は左右相称だけではないと結論づけていいのかもしれない。[64]

## インフラにおけるシンメトリー

人体の設計におけるシンメトリーは進化に深く根差している。アシュール文化の握り斧（石を削ったもので約150万年前に利用されていた）は、ホミニンが道具に初めて手づくりで対称性をもたらした例となった。そして約50万年前になると、石器にはもっと明確な対称性が見られるようになった。成形プロセスの効率や機能性を重視するだけではなく、魅力的なデザインに対する意識が高まっていたようすがうかがえる。[65]

現代の複雑な構造の機械の操作には、ボールベアリング（玉軸受）の技術が欠かせない。このボールベアリングが長期にわたって問題なく機能するかどうかは、ボールが完璧な真円球であるか否かにかかっている。金属、高密度ポリエチレン、コンクリートといった強靱な材料は、水や天然ガスを家庭に運ぶ配管や、下水管の製造で利用される。配管を数世代にわたって長期に使用するには、半径がどの断面でも完全に一致する（たわまない）ことが重要だ。グラス、皿、調理器具、鉛筆、各種の小さい道具、丸テーブルや植木鉢といった日用品のデザインは放射相称だが、家具、衣服、キッチンオーブン、それに封筒や段ボール箱といった入れ物のデザインは左右相称だ。

船舶の船体、自動車の車体、トラックや列車、航空機の機体などの輸送用機械は、外見は左右相称だが、それぞれ必要性に応じて内側は非対称である場合が多い。現代のすべての民間ジェット旅客機は、外側（翼に付いているジェットエンジンを含む）も内側（一部の航空会社ではファーストクラスのシートも左右対称に配置されているが、厨房《ギャレー》設備やトイレは例外）も、圧倒的に左右対称のデザインが多い。しかし、電車の車両には左右非対称の座席もあるし、将来、完全自律走行車が登場すればハンドルが不要となるだろうが、それまではすべての自動車やトラックの内部は左右非対称のままだろう。

## 建築物のシンメトリー

次に、建築に目を向けてみよう。私たちが儀式や宗教的な目的のために木造や石造の建造物を建築するようになってからずっと、左右相称または放射相称のデザインはもっとも強い印象を与えてきた。このようにシンメトリーの建造物が圧倒的に多い傾向は数千年ものあいだ絶え間なく続き、意図的にアシンメトリーの構造をとっている建造物は、いまでもごくわずかしかない。[66]

左右対称の設計は、古代メソポタミアの聖塔《ジッグラト》や古代エジプトのピラミッド、巨大な石造神殿（ルクソールのカルナック神殿の大列柱室、中央の入り口にラムセス2世の4体の巨像が岩の側面に彫られているエジプト南部の岩窟神殿アブ・シンベル）から始まった。いっぽう、長方形の基礎の上に立つ左右相称のデザインは、古代ギリシャ（パルテノン神殿）とローマ（パンテオン神殿の列柱《ポルティコ》）の象徴的な遺跡の特徴だが、ローマ人はほかにも注目すべき円形（アウグストゥス廟《びょう》やパンテオン神殿のドーム）や楕円形（コロッセオ）の建造物をつくった。

古代のインドや東南アジアの堂々たる建造物は、圧倒的にシンメトリーのデザインが多く、円形（スリランカのアヌラーダプラにある最大の仏舎利塔ダーガバ）から正方形の複雑な集合体（インドのラーナクプルのアーディナータ寺院）、長方形（カンボジアのアンコールワット）まで、多岐にわたる。中国王朝の大宮殿や寺院も同様で、北京の紫禁城《しきんじょう》の城壁内のシンメトリーは、大理石の階段によって強調され、その先にある基壇へと視線を集める効果がある。

シンメトリーは、中世イスラム世界の芸術と建築にも大きな影響を及ぼした。もっとも有名なのは、1238年から1358年にかけて建設されたグラナダのアルハンブラ宮殿だ。[67]また中世も後半になってからのイスラム建築で傑出した例は、タージ・マハル（1632年着工）で、中央のドーム型の墓廟と4本の尖塔が縦長の池の水面に映り、二重の対称性を生みだしている。

　中世の城は、館、塔、城壁をとことん非対称に集めた集合体として構想され、建築された唯一の大型建造物で、息を呑むほどの絵になる例も多い。現存する城のなかでもっとも大胆なアシンメトリーとしては、ドイツのモーゼル川沿いにあるエルツ城、ルーマニアのフネドアラにあるコルヴィン城、スロバキアのオラヴァ城などが挙げられる。[68]

ローマのサン・ピエトロ大聖堂（上：1626年完成）とプラハのティーン（税関）前の聖母マリア教会（下：14世紀後半完成）

　かたやルネサンス建築では、古代ギリシャや古代ローマの例に触発されたシンメトリーが多く、きわめて大きいバシリカ様式の建造物（ローマのサン・ピエトロ大聖堂など）でも、もっと小さい建造物でも、同様の設計がなされている。後者の有名な例としては、イタリアのルネサンス建築家アンドレーア・パッラーディオが設計した数々の邸宅《ヴィラ》、フランチェスコ・ボッロミーニが設計したサン・カルロ・アッレ・クワトロ・フォンターネ聖堂、ジャン・ロレンツォ・ベルニーニが設計したサンタンドレア・アル・クィリナーレ聖堂などが挙げられる。[69] 左右対称のデザインは、ローマ、マドリード、ウィーン、プラハのバロック建築でも優位に立ち、そのまま19世紀を通じて広く利用された。アメリカ合衆国議会議事堂、パリのオペラ座、ミラノにあるアーケード「ヴィットーリオ・エマヌエーレ2世のガッレリア」など、多様な建築物にシンメトリーを見ることができる。

建物のアシンメトリーが普及するようになったのは、ようやく1920年を迎えたころだった。とくにドイツのバウハウスの建築家たちの設計や、アメリカの名建築家フランク・ロイド・ライトが第一次と第二次の世界大戦のあいだに設計した住宅の影響力は大きかった。[70] だが、無謀なまでにアシンメトリーな設計が登場して、極端な時代を迎えたのはつい近年のことで、その好例がアメリカで活躍したカナダ出身の建築家、フランク・ゲーリーが設計した彫像のような構造の建物だ。ビルバオのグッゲンハイム美術館は巨大なクジラを連想させるし、同じスペインのエルシエゴにあるホテル・マルケス・デ・リスカルには鮮やかな色のリボンが風になびいているような屋根がある。そのほかにも、前例がないほどのアシンメトリーとして、イギリス系イラク人建築家ザハ・ハディドの曲線を利用した設計がある。彼女の設計のなかでもっとも強い印象を残すのは、アゼルバイジャンのバクーにある近代美術館だろう。また、北京にある商業ビル、銀河ＳＯＨＯにはめまいがするほど何本もの曲線が並行して流れ、ドバイの複合ビル、オーパス・タワーは流れるような曲線を描く中心部が空洞となっている。[71]

フランク・ゲーリーが設計したホテル・マルケス・デ・リスカル(2006年完成)

それでも、依然として鏡像対称の設計のほうが多く、新しい単独の超高層ビルだけではなく、アルゼンチン出身の建築家シーザー・ペリが設計したクアラルンプールのペトロナス・ツインタワーもこれに当たる。アメリカの建築家フィリップ・ジョンソンとジョン・バギーが設計したマドリードにあるプエルタ・デ・エウローパもやはりツインタワーで、道を挟んで2つのビルが内側に傾いている。またドバイで活躍する建築家ショーン・キラが設計に参加したバーレーン・ワールド・トレード・センターもツインタワーで、左右対称のデザインだ。

## シンメトリーの絵画は少ない?

かたや芸術の世界では、シンメトリーがいちじるしく欠けている分野が1つある。絵画だ。左右対称なデザインで有名な絵画はほとんどなく、レオナルド・ダ・ヴィンチの「最後の晩餐《ばんさん》」(それにサルバドール・ダリの「最後の晩餐の秘跡」)、システィーナ礼拝堂にあるピエトロ・ペルジーノの「聖ペテロへの天国の鍵の授与」など、シンメトリーの要素が盛り込まれている有名絵画はわずかにあるが、肖像画、静物画、風景画、神話画、宗教画、寓意《ぐうい》画といったいずれのジャンルにおいても、シンメトリーに大きな関心が寄せられたことはない。

16世紀から18世紀に活躍したパオロ・ヴェロネーゼやディエゴ・ベラスケス、レンブラントやアントワーヌ・ヴァトー、19世紀後半に活躍した印象派の巨匠たちの作品(クロード・モネが描いた庭、カミーユ・ピサロが描いた大通り、ピエール=オーギュスト・ルノワールが描いた人物、セザンヌが描いた風景や果物、ギュスターヴ・カイユボットが描いた街並みなど)は、いずれも対称性にこだわってはいない。こうした作品の構図、遠近法、向き、フレーミングは、絵画の主題や画家の意図によってさまざまに変化する。レオナルド・ダ・ヴィンチの「モナ・リザ」が名声を博した第一の理由は、モデルが左右非対称の微笑みを浮かべていたからだが、これも偶然の一致にすぎないのだろうか? モナ・リザの微笑みは、巨匠ダ・ヴィンチが「スフマート技法」(柔らかくぼやかす筆使いで繊細な陰影をつけ、柔和な変化をもたらす技法)を活用して完成させたもので、隠れた意味をもつ暗号のように謎めいたメッセージを伝えるための意図的な策略だと解釈されている。数世代にわたって美術史家たちが説明を試みてきたにもかかわらず、いまだにそのメッセージの謎は解明できずにいるのだ。[72]

アシンメトリーは、ほかの巨匠たちの肖像画にも明確にあらわれている。伝統的に、正面を向いて視線をまっすぐ前に向けている肖像画はキリストのみに許されていて、1600年以前のヨーロッパの肖像画には、顔の左側をより多く見せる傾向があった。顔の左側には感情があらわれやすいと考えられていたのだ。しかし、ドイツの画家アルブレヒト・デューラーは、13歳、19歳、26歳のときに描いた自画像では顔の右側を見せており[73]、28歳のときに描いた自画像は数少ない例外の1つとして、自分をキリストのように真正面から描いている。そして1600年以降、女性像では顔の左側を描く傾向が続いたが、17世紀から18世紀にかけてはそうした傾向がなくなり（ただし、オランダの画家ヨハネス・フェルメールの有名な1665年の「真珠の耳飾りの少女」では顔の左側が描かれている）、1800年以降は一部にその傾向が見られるだけとなった。[74]

しかし、絵画以外では、たとえば多くの人工物の外観には、もっと複雑なものが隠れているのではないだろうか？　あきらかに非対称なデザインのなかには、じつに魅力的に思えるものがあるのはなぜだろう？　アシンメトリーという秩序の背景には、いったいなにがあるのだろう？　そして、大勢の歴史学者や数学者たちは、この疑問には説得力のある答えが1つあると考えている。こうしたデザインには、いわゆる「黄金」が隠れているというのだ。次に、その主張について詳しく見ていこう。

## ■黄金比は空想の産物？

多くの分析的観察研究の例に漏《も》れず、黄金比の起源は古代ギリシャにさかのぼるが、この比率を発見した人物についてはさだかではない。おそらく、アレクサンドリアの数学者エウクレイデス（ユークリッド）が『原論』の第6巻で「1つの線分を外中《がいちゅう》比《ひ》で分割する」と定義する何世代も前のことだろう。つまり、黄金比は「$a : b = a : (a + b)$」という等式が成り立つ比率であると定義したのだ。[75] 簡単にいえば、1つの線分をaとbという2つの線分に分けた場合、「2つの線分の比」と「線分全体と長いほうの線分の比」が等しくなるのだ。もっと厳密ないい方をすれば、長さ1の線分を2つに分割すると、$a : a + b = 1 : \frac{1+\sqrt{5}}{2}$となる。

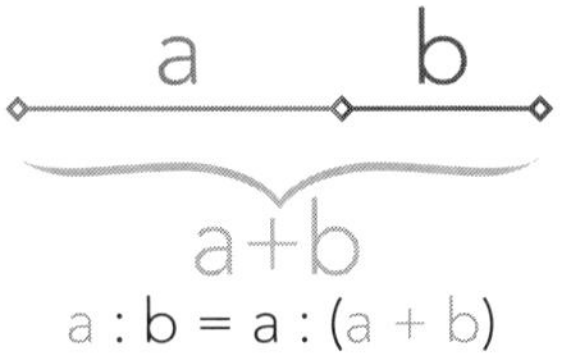


黄金比で分割した線分

この黄金比で長方形を描き、縦の長さを1とすると、横の長さは約1・6180339887となる。この値が無限の桁数をもつ無理数（2つの整数による分数であらわせない数）であるため、「約」が付くのだ。応用数学者のクリス・バッド教授は、いみじくもこう結論を述べている。「黄金比に関してもっとも興味深い事実は、それが比ではないという愉快な矛盾《パラドックス》である」と。[76] 一般的なやり方で小数点第6位を四捨五入すると、この値は1・61803となり、通常ギリシャ文字のΦ《ファイ》で示される。さて、こうした知識を基盤に、このΦなるものの豊かな世界をめぐる旅を始めよう。[77]

## 黄金比はどこにでも見られる?

黄金比の長方形を描くのは簡単だ。まず正方形を描き、それを垂直方向の線で半分に分け、縦長の長方形を2つつくる。次に、右側に新しくできた長方形の左下の点から右上の点に対角線を引く。その対角線を、左下の点を固定して、最初に描いた正方形の底辺と一直線に重なるように右下に回転させる。その右下の点に向けて、正方形の底辺を延長させれば、それが黄金比の長方形の底辺になる。それから短辺と長辺の長さを測定し、比を算出すれば、その値が黄金比になる。

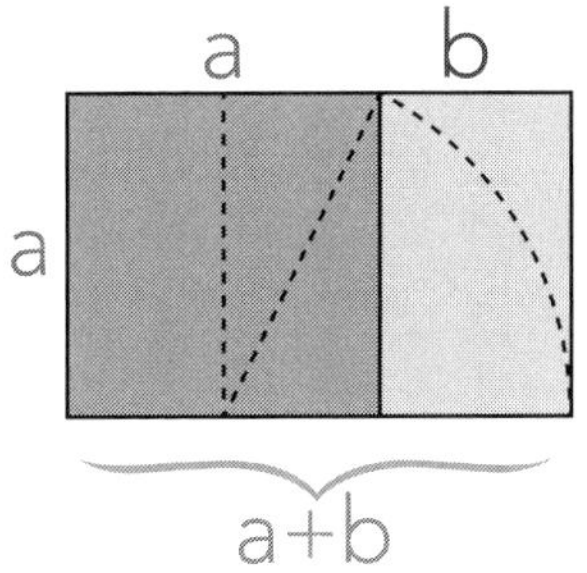


黄金比の長方形を描くのは簡単だが、本当に「あらゆるところに存在する」のだろうか?

いっぽう、黄金三角形は長いほうの2辺の長さが等しく、長いほうの1辺の長さを底辺の長さで割ると黄金比になる。ひし形、楕円、正五角形、そして黄金多面体（正二十面体、正十二面体）や黄金ピラミッドなど、ほかの図形も黄金比をもつ場合がある。

大きな黄金長方形をその短辺を1辺とする正方形と小さな黄金長方形に分割し、小さな黄金長方形をその短辺を1辺とする正方形とさらに小さな黄金長方形に分割する、という操作を繰り返し、それぞれの正方形の1辺の長さを半径とする四分円の弧でつないでいくと、無限に続く渦巻き状の螺旋《らせん》、すなわち黄金螺旋が得られる。

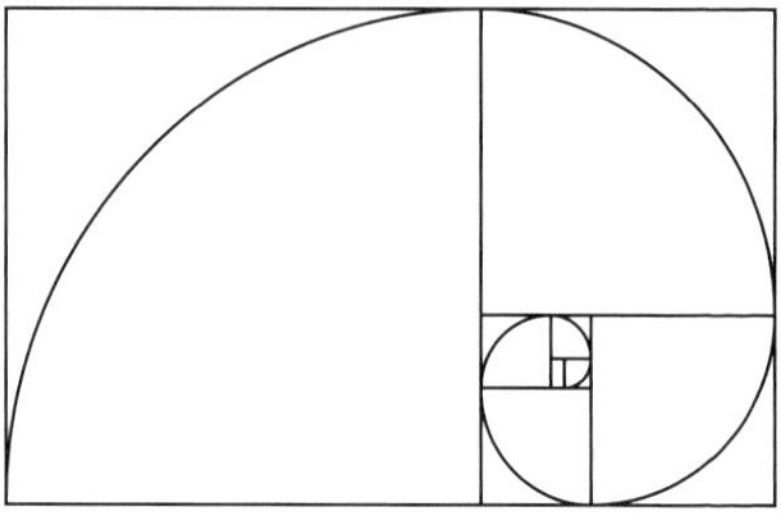

黄金螺旋

黄金螺旋は、対数螺旋〔ベルヌーイの螺旋、等角螺旋ともいう〕の一種である。対数螺旋は自己相似性をもっていて、自然界における対数螺旋でもっとも有名なのはオウムガイ（太平洋やインド洋に生息する軟体動物）の殻だが、動物の角やタツノオトシゴのしっぽにも見られる。[78] スコットランドの生物学者ダーシー・ウェントワース・トムソンが成長に関する長大な著書で説明しているように、「貝殻は、そのなかの生体と同じように、成長すれば大きさは変わるものの、形そのものは変わらない。このように成長に相似性がある、つまり形が変わらずに大きく成長することが、等角螺旋〔巻き軸に垂直な直線を引くと直線と螺旋が一定の角度で交わる〕の本質であり、定義の基盤をなしているかもしれない」のだ。[79]

　さて、黄金比が実際に活用されている証拠をさがしたければ、単純かつ疑問の余地がない事実に目を向けるのがいちばんだ。長方形は、人間がデザインした環境（部屋、ドア、デスク、窓、スクリーン、本、箱詰めされた加工食品）においてもっとも一般的な形である。そうした長方形においても、すべての次元において心地よいものをつくり、見る者の感情に適切な反応を引き起こし、特定の部分に着目させたければ、突出した魅力のある黄金比を使うべしとデザイナーたちは奨励されているのだから、本当に自分が黄金比に囲まれて生活しているのか確認するには、周囲にある長方形の縦横比を調べてみるといい。

もし、それほど黄金比に魅力があるのなら、私自身は工夫の足りないデザインに囲まれて暮らしている。私の身のまわりにある長方形の人工物は、プラス－マイナス2%の許容範囲（縦と横の比率が1・58から1・65）を設けても、黄金比には当たらない。そもそも、黄金比よりわずかに小さい比率の物が多いのだ。たとえば、手元のiPadのスクリーン（280・6×214・9ミリメートル）の比率はわずか1・305、歌川広重が日本の風景を描いた浮世絵（250×180ミリ）は1・388、わが家のプリンターにセットするA4用紙（297×210ミリ）は1・414、私の最新の著書であるペンギン社のペーパーバック（198×129ミリ）は1・535だ。また、黄金比よりわずかに大きい比率の物もある。本書の執筆に使用したデルのノートパソコンのスクリーン（381・89×214・81ミリ）は1・778、1日に何度も使う古いテキサス・インスツルメンツのギャラクシー・ソーラー電卓（152×86ミリ）もほぼ同じ比で、1・767だ。財布からとりだしたクレジットカード（86×54ミリ）だけが許容範囲の1・592で、黄金比の1・61803より2%小さい。[80]

21世紀に入ってからの20年以上がすぎたいま、部屋という境界線を越えて証拠をさがしたければ、インターネットに目を向けることになる。そこで、黄金比に言及しているサイトを確認すると、矛盾する結論が散見することにすぐに気づくだろう。「黄金比を使って華麗なグラフィック・デザインをつくる方法」を説明する長々しい（しかも図解入りの）記事があるかと思えば、黄金比など「まったくのナンセンス」だと一蹴し、「デザインにおける最大の謎」にすぎないと断じる記事もある。[81] さらに検索していくと、反論が次から次へと出てくる。そのいっぽうで、黄金比は普遍的に見られると称揚し、この不朽の比はパルテノン神殿や多くの有名絵画などで活用されているという説明もある。

黄金比の法則に忠実な画家としてよく挙げられるのは、サンドロ・ボッティチェリ（ヴィーナスの誕生）、レオナルド・ダ・ヴィンチ（「最後の晩餐」「受胎告知」）、ラファエロ・サンティ（「牧場の聖母」）、ジョルジュ・スーラ（「アニエールの水浴」「クールブヴォワの橋」）、サルバドール・ダリ（「最後の晩餐の秘跡」）などだ。[82] その反対に、黄金比など都市伝説にすぎないと切って捨てるデザイナーもいれば、どこをさがしても黄金比など見つからないと主張する数学者もいる。

## 黄金比は幻だった⁉

ジョージ・マルコフスキー（IBMトーマス・J・ワトソン研究所の元研究員）は、黄金比が遍在するという説に反論し、誤解されている例をリストにまとめている。彼に言わせれば、大ピラミッドやパルテノン神殿、ニューヨーク市の国連本部ビルの設計には使われていないし、古い絵画にも見られない。そもそも、黄金比は無数にある長方形の比率のなかでもっとも審美的に見る者をよろこばせるものというわけではないし、人体のプロポーションともいっさい関係がない、という。[83] またスタンフォード大学の数学者キース・デヴリンは、これまでの自分の経験（「私個人としては、すべての長方形のなかで黄金長方形がもっとも魅力的だとは思わなかった」）から語りはじめ、黄金比が人々を魅了してきたのは、「人々は、少なくとも大勢の人たちは、神秘的な性質をもつ数字が存在してほしいと切望している」からだと解釈するのが最適だと論じている。[84]

これらの否定説が正しいのであれば、黄金比は人々の願望から生じたものにすぎないのだろうか？　黄金比は実際にアラブや中世ヨーロッパの数学者たちに評価され、活用もされていた。大衆受けする呼び名がついたのは１５０９年のことで、イタリアの数学者ルカ・パチョーリが著書『神聖比例論（*Divina proportione*）』（レオナルド・ダ・ヴィンチの挿絵入り）で「神聖比」と呼んだ[85]（ただし、この呼び方を広めてほしかったわけではない）。その後、「黄金比」「黄金分割」「黄金数」という呼び名が誕生したのはようやく19世紀になってからの話だ。１８３５年、ドイツの数学者マルティン・オーム（兄の物理学者ゲオルク・ジーモン・オームのほうが有名で、その名は電気抵抗の単位として使われている）が著書で、初めて「黄金」という言葉を使ったのである。[86]

その20年後、こんどはドイツの心理学者アドルフ・ツァイジングが初めて体系的に「人体のプロポーションに関する新しい理論の論評」を発表し、黄金比（または「黄金分割（goldener Schnitt）」）を、自然と芸術における美と完全性を説明する普遍的な法則とまでもち上げただけでなく、自分の主張の基盤をなす哲学を披露した。彼の結論がいかに大げさであったかは、黄金比を「それが天体であれ個々の人間であれ、生物であれ無生物であれ、目で見るものであれ耳で聞くものであれ、すべての構造、形、プロポーションにおいて超自然的に卓越した理想である」と述べていることからもよくわかる。[87]その結果、たった１つの無理数が、本当にこれほど多くの現象と関係しているのだろうかという根本的な疑問と向きあうことなく、黄金のような価値のある比率が存在するのだという考え方が広がりはじめた――この比率は万物に宿って

Fig. 40.

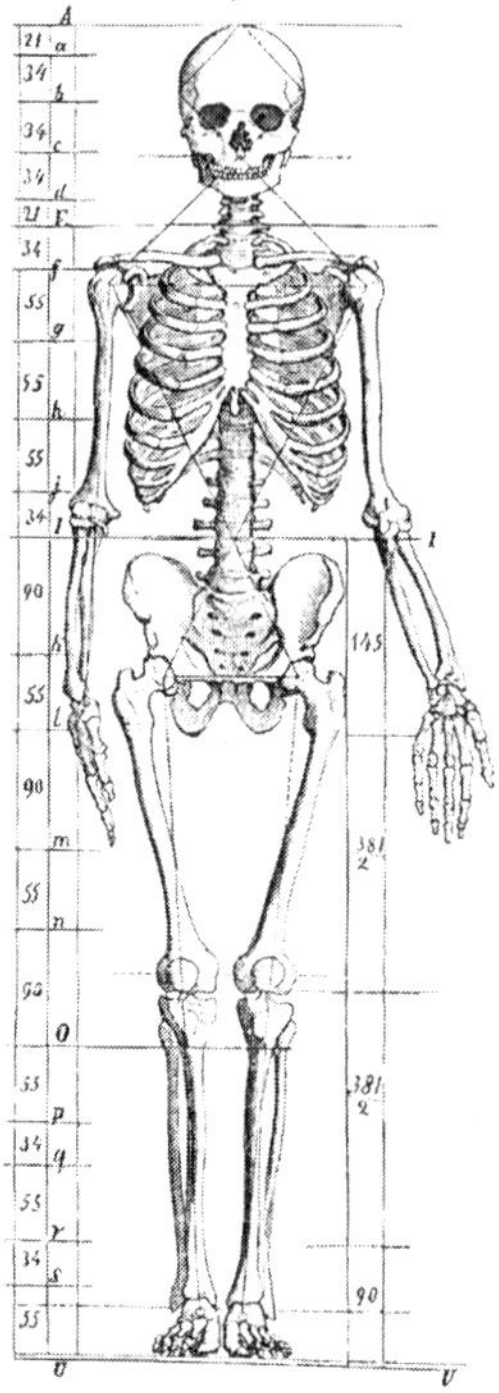

アドルフ・ツァイジングによる「黄金」の比率をもつ骨格。1854年刊行の著書『人体比率の新理論（*Neue Lehre von den Proportionen des menschlichen Körpers*）』より。

いるというツァイジング説よりは、だいぶ控えめにはなっていたが。

1865年、ドイツの物理学者テオドール・フェヒナーは、この比率を使って聖母や戴冠《たいかん》式を描いた有名な絵画を調べ、ツァイジングの説に当てはまらない例を多々見つけたにもかかわらず、すっかり感銘を受け、次のように主張した。「黄金分割の重要性に関するツァイジングの発見が当てはまる例は限定的なことに間違いはないが、それでも、限られた範囲ではあるにせよ、この発見はきわめて興味深く、美学における初めての真の発見とすらいえよう……そして限定的だと主張するより、ツァイジングのように説明するほうが、はるかに創意に富んでいる」[88]。フェヒナーがこう述べたうえで、数多くの例外を記録に残したにもかかわらず、その後も可能なかぎり黄金比をさがそうとする者は跡を絶たなかった。19世紀後半以降、黄金比を身の回りの生物や物に当てはめようとする傾向は、波こそあるものの延々と続き、現在の支持者の評価によれば、黄金比はツァイジングによって高められた地位への復活を果たしているそうだ。[89]

黄金比をもてはやす最新の好例は、2020年にトルコの4人の医師が『国際心臓病学ジャーナル（*International Journal of Cardiology*）』に発表した論文だろう。162人の健康な被験者を調査した結果、心臓の機能を評価する際に利用する、心臓が拍動する時間間隔についての4つの指標のうち2つまでが完全な黄金比に近いことを発見した。そして、ただ値が近いだけであるにもかかわらず、彼らが出した結論は（このテーマで論文を発表するという決断に劣らないほど）驚くべきものだった。「心臓と黄金比を関連づけるのは神秘的な考え方だとか、スピリチュアルなやり方だと思う人もいるだろうが、一般的な認識として、私たちの魂は心臓に宿っているのだから、心臓が黄金比、いわば神の比率で鼓動していても不思議はない」と述べたのだ。[90]さすがにこれは擁護できないほど極端な考え方で、不適切なまでの熱の入れようだ。しかし、定期的に刊行されている科学誌に掲載された調査のなかには、精子の頭部の形から鉄筋コンクリート構造物のひび割れのパターンにいたるまでの比率を調べ、さらにはビザンティン美術、心地よい微笑み、特殊相対性理論までをも黄金比に当てはめようとする試みがあるという。[91]

カナダの心理学者クリストファー・グリーンは、黄金比の出現を立証・反証しようとする動きに対して、思慮深い見解を示している。

黄金分割には美学的な効果が実際にあるのではないかと昔から考えられてきた。もし、そうした効果が実際にあるのだとしても、その効果は不安定なものだ。そんなものは思い込みにすぎないことを実証しようとする努力が続けられてきたが、その多くに対して、黄金分割実在説を復活させようとする努力もまた続けられてきた……よって、最終的な分析をするならば、黄金分割の効果の研究で利用せざるをえない心理学的手法はあまりにも粗雑で、本当に黄金分割なるものが実在すると、懐疑論者を（その意味では支持者も）満足させることはできないだろう。[92]

また人間の顔を分析する研究も繰り返されてきたが、黄金分割された美を好む強い傾向はいまのところ見つかっていない。人間の顔（あるいは、さまざまな方法で全身を分割した一部分）にさまざまな形の長方形を重ねれば、あらゆる種類の比率が割りだせるはずで、その比率の多くは1と2のあいだになるし、なかには1・6に近いものもあるだろう。これに測定誤差が加われば、顔の比率をいくら調べたところで、驚くような発見がないのも不思議はない。このテーマに関して発表された論文のなかには、人間の顔と黄金比に関する幻想を明確に打ち砕いているものがあり、ここでは最新の研究結果を4つだけ紹介しよう。

マレーシアで無作為に選ばれた約300人の大学生のうち、インド系、中国系、マレー系の顔の平均的な縦横比（顔の長さを幅で割ったもの）はそれぞれ1・59、1・57、1・54で、グループのあいだに有意差はなかった。顔の縦横比が黄金比に一致する例は全体の17％程度にすぎず、質問票で尋ねたところ、顔の縦横比が黄金比（1・61803）より小さい学生の大半が自分の外見におおむね満足していた。[93] 同様に、トルコの200人以上の被験者のうち、黄金比に一致していたのは女性のたった8%、男性のたった11%で、女性の92%、男性の81%は顔の縦横比が黄金比より小さかった。また、ミス・コリアのコンテスト出場者たちと一般女性の集団の顔をそれぞれ三次元解析したところ、2つのグループのあいだに大きな違いは見られなかった。たしかに、出場者のほうが面長《おもなが》で、下唇と顎が小さいという違いはあったものの、いずれのグループでも黄金比との有意な一致は見られなかった。[94]

おそらく、顔の美しさの指標として黄金比を用いる流行に対するもっとも説得力のある反論は、美容整形にたずさわるバンコクの形成外科医・再建外科医らが2001年から2015年までのミス・ユニバースとミス・ユニバース・タイの優勝者の顔写真を分析した結果だろう。[95] 彼らは顔に見られるさまざまな縦横比を算出するために、顔から20以上の点を選び、新古典主義〔18世紀後半から19世紀初頭にかけてヨーロッパに広まった古代ギリシャ・ローマの復活をめざした美学上の運動〕の美の基準や黄金比と比較し、誤差の許容範囲を4%まで(1・58〜1・65)とした。彼らの調査と顔の上の点のマッピング分析から、標準的な美の好みと比較して、ミスコンの女王たちは額が長く、上唇の厚みに対して下唇の厚みの比が小さく、目頭同士の間隔に対する鼻の幅の比が大きいことがわかった。そして統計学的な見地からすると、彼女たちの顔に黄金比は見られなかった。ミス・ユニバース優勝者の顔に見られる比のなかで黄金比からもっとも大きく外れていたのは、目頭同士の間隔と鼻の幅の比(わずか1・068)だった。

視覚芸術における黄金比の活用について、黄金比の神秘性を解明しようと努力を続けてきたロジャー・ヘルツ＝フィシュラー（オタワのカールトン大学の元数学教授）は、根拠となる文書がないかぎり、画家が黄金比を基盤にキャンバスをつくったことを示すには、測定値だけでは不十分だと結論を述べている。[96] つまり、1・61803という値には、単純な5/8（1・6の逆数である0・625）と比べて、審美的にすぐれているところなどないのだ。無理数にしたいのであれば、2/πの0・6366198（これの逆数を四捨五入すると1・57）にしてもよさそうなものではないだろうか。

芸術や日常生活に黄金比を見いだそうとする先入観は、法則を基盤にした秩序を好むという人間の傾向から説明できるのかもしれない。つまり人間は、驚くほどシンプルな解法で得られる、もっともらしくかつ魅力的な秩序をさがそうとするのだ。とはいえ、黄金比を利用したと明言する文書がないことや、黄金比に近い、それ自体が黄金比と呼ばれていたかもしれない比の値が複数あることを考慮すれば、黄金比だけが意図的に利用されてきたと主張するのは不可能だ——黄金比という概念にとりつかれている多くの書き手は黄金比を特別視しているが。そうなると、黄金比が本質的に卓越しているからこそ、無意識のうちに利用されてきたという説だけがふたたび浮上してくる。黄金比という概念が出現し、やがて人気を博し、その重要性を主張する努力が続けられてきた歴史と、建築、視覚芸術、過去と現代の製品デザインに見られる黄金比の厳密な検証を比較すれば、結論は明白だ。とんでもなく偏った見方でエビデンスを解釈しないかぎり、黄金比の遍在性と重要性を裏づけるものはいっさいない。

それでも、黄金比に心酔する傾向は続いていて、その最新の実例は、おそらくもっとも高額な例でもある。ドバイ政府は2億3000万ディルハム（6000万ドル以上）を投じて、金色の額縁を模した超巨大なドバイ・フレームを建設した（2018年完成）。「長方形のデザインは、多くの建築家や芸術家が理想的な構造バランスと見なしてきた1・618の〝黄金比〟にインスパイアされた」という。[97] ドバイ・フレームの公式ホームページによれば、このタワーは高さ150メートル、幅95メートルで、比率は1・578だ（黄金比にかなり近い）。ドバイ政府観光・商務局のウェブサイト「Visit Dubai」内の「Dubai Frame」（このページでドバイ・フレームの最上階まで登るチケットを購入できる）では、高さ150・24メートル、幅95・53メートルと説明されている（比率は1・573）。実際の寸法がどうであれ、この建造物が浪費できるだけの金があることを見せつける醜悪な象徴であることには間違いない。

〈ドバイ・フレーム〉――黄金比をもつ黄金色の目ざわりな建造物

　建物を正面から見た外観や絵画、小さな人工物にいちいち黄金比をさがそうとする過剰な努力は、あきらかに見当違いだ。唯一無二の比率などではない1つの比率に固執する必要はまったくないが、疑いもなく重要なのは、どのような規模であれ、適切なサイズのデザインを実現することだろう。

# 第4章 サイズの実用的なデザイン

完璧なシンメトリーや美しいアシンメトリーの追求は、黄金比であろうがなかろうが、ただ見る者の目を楽しませるだけだが、衣服や身のまわりの物に関しては、快適性と機能性にできるだけ配慮してデザインし、手ごろな価格で提供できるようにしなければならない。その前提は昔から変わらなかったはずだが、衣服やインテリアや工業デザインの歴史について少しでも知識があれば、不便なファッション（膨らませる骨組みが付いたフープスカートや高さのあるシルクハットは、ステータスを誇示するためだけに着用された）は機能性などを無視していて、快適さや効率よりも、自己表現や他者に対する印象操作を優先していたのを知っているだろう。[1] 残念ながら、このように機能的でないデザインは枚挙にいとまがない。

世界的に見て、もっとも普及している個人の所有物の1つに、ゴム製のビーチサンダルが挙げられる（その総数は数十億足に達する）。かつては温暖な気候の土地に暮らす貧しい人々の履き物だったが（そのデザインは一説によると古代中東にまでさかのぼる）、いまでは欧米のもっとも豊かな都市でもよく見かけるし、大陸間を飛ぶフライトでは夏にビジネスクラスを利用する乗客の足元の定番となっている。[2] 見るからに小さすぎたり大きすぎたりするビーチサンダルを履いている人も多いが、この手の「靴」では、足にぴったりフィットするサイズは実在しない。足をすっぽりと包み込むわけではないし、適切な靴底《ソール》もないからだが、横方向へのサポートも縦方向への安定性もないため、不自然な形で足を踏ん張らなければ脱げてしまう。長時間使用していれば、バランスが悪い状態で筋肉を酷使した結果、足指の変形、かかとの痛み、足底腱《そくていけん》膜炎《まくえん》（足の裏のかかとの内側から指の付け根までの組織に炎症が生じる）、足裏のアーチの崩れ、扁《へん》平足《ぺいそく》、足首や膝のけが、変形性膝関節症などを招くおそれがある。[3] さらにビーチサンダルには、脱げやすい、つまずきやすい、エスカレーターに巻き込まれやすい、車のアクセルペダルやブレーキペダルと床面のあいだに挟まりやすい（驚くほどよく起こる）など、危険がともなう。

家具のデザインもまた、人体の解剖学的構造や機能を考慮するのではなく、ファッションを優先する例があまりにも多い分野だが、脱工業化社会では室内で長時間座ったまま続ける仕事が多くなり、家具デザインの重要性がますます高まっている。富裕国では、農作物を栽培し、水産物を漁獲し、樹木を伐採し、鉱物を採掘し、建物を建設する人口の割合が確実に減少しているなか、大勢の人たちが就業時間をほぼ室内で座ってすごしている。だからこそ、働きやすい職場や生活しやすい環境を実現するために人体を研究する人間工学は、生活環境をととのえる際に最重視しなければならない。[4]

さらにいままでは、長距離移動中もほぼ座っているようになった。もっとも、人間が自分の足で長距離を歩く習慣が廃《すた》れたわけではない。ヨーロッパでもっとも人気のある巡礼の最終目的地、スペインのサンティアゴ・デ・コンポステーラには、さまざまな地点から出発し、時間をかけて歩く巡礼者がやってきて、2019年に事務所が発行した巡礼証明書は約35万枚にのぼる。[5] しかし、この数字は、相対的に見なければならない。同年、ヨーロッパ大陸の主要な3つの空港(パリ、アムステルダム、フランクフルト)の利用客を合計すると、1日当たり約60万人だったのだから。[6] 調査によれば、アメリカでも日本でも、徒歩で通勤している人はごくわずかで、郊外からの電車や地下鉄での通勤に毎日1時間以上かけている人が一般的だ。ただし日本では、朝、満員の車内で立っていなければならないことも多いのだが。[7]

それに、自宅では電子スクリーンの前ですごす時間が増えていることは、あらためて調査結果を引き合いにだすまでもない。そのため、椅子の座部のデザインは重視すべき課題だが、ひょっとするともっとも議論の対象となっているのは民間航空機のエコノミークラスの座席かもしれない。現代文明ではこのように座りっぱなしの人が多いことを考えれば、本章で座席をテーマに紙幅《しふく》を割くだけの価値はあるはずだ。また、設計技師たちによって意図的に変更されたサイズについても、より総合的な検証をしていこう。

前近代の世界は自然界のサイズに支配されており、記念碑といった象徴的な建造物を除けば、住宅やそのインテリア(椅子やテーブル)、農作業に使われる単純なつくりの道具や器具(金属は高価で限られた量しか精錬できなかったため、熊手からすきにいたる大半の道具が木製だった)は、おもに人体のスケールか、家畜化された動物の大きさや能力に合うようにデザインされていた(馬具、鞍《くら》、農具、家畜が引く乗り物など)。[8] これとは対照的に近代のデザインの発展は、コストや利便性とは関係なく、ひたすら大型化をめざし、ときには極端な大きさまで設計しようとする意図的な試みが連続して生じた結果であり、建物の高さ、橋やトンネルの長さ、産業機械や輸送用機械のみならず、無数の消費財の大きさや重さにおいても新記録が更新された。

ところが20世紀に入ると、デザインの努力は正反対の方向に向かいはじめた。多くの製品の小型化が進み、さまざまなサイズが誕生した結果、まったく新たな（巨大かつ莫大な利益を生みだす）経済的なチャンスと消費習慣を生みだしたのである。こうして私たちは、大型化と小型化という両方の枠組を拡大し、大きな成功をおさめてきたが、当然、自然界のサイズには限界があり（樹木の高さから最大の肉食獣の大きさまで）、私たち人間のデザインにもまた同様の限界があるのだ。

## ■ヒューマンスケール

人体の物理的な大きさ（体重や身長）と、それによる運動機能（手が届く範囲、歩行や動きのスピード）に加えて、人間の五感や知的能力との関係においてデザインされた物や環境（日用品、家具、インテリア、建物、居住地、都市景観）のサイズやプロポーションを「ヒューマンスケール」と呼ぶ。私たちは、さまざまなサイズ、形、色に刺激を受けたいとは思っているが、圧倒されたいとは思っていない。なかでも騒音に対しては我慢できる限度があり、過度に、あるいは絶えずうるさければ抑えようとする。それに、働いていようが休んでいようが、快適に感じる気温の範囲も限られている。

　個人が使用する頻度の高い物（道具、調理器具、食器、電子機器）のデザインに欠かせない条件は単純明快だ。こうした物は、人間の能力と調和していなければならない。手になじみやすく、扱いが簡単で、機能に信頼が置けることが必須条件だ。前章で触れた人類最古のアシュール文化の握り斧には優美なシンメトリーがあり、ホミニンが進化した初期の時代にこうした条件を満たした傑出した例である。[9]

## 人間工学の重要性

　現代においては、パソコンのマウスが、これらの応用のもっとも普及している一例だ。ためしに、アメリカの発明家ダグラス・エンゲルバートとコンピュータ技術者ウィリアム・イングリッシュが１９６３年にデザインした世界初のマウス（7×8×10センチメートルの小さな木製の箱のような物で、上面の角が丸く、赤いボタンが1個あり、基部に薄い車輪《ホイール》が垂直方向と水平方向に１つずつ埋め込まれている）と、人間工学を駆使した最新のマウスを比較してもらいたい（次ページ図）。現代のマウスはわずかに下部が細くなっていて、側面はゆるやかな曲線を描き、上面も湾曲していることがわかるはずだ。[10]
　インテリアに関しては、デザインをめぐる問題がもっと複雑になる。入手しやすく、扱いやすくするにはサイズを小さく抑えなければならないし、親密な雰囲気をかもしだし、調和と快適さをもたらすには、適切なプロポーションを実現しなければならない。たとえば、これ見よ

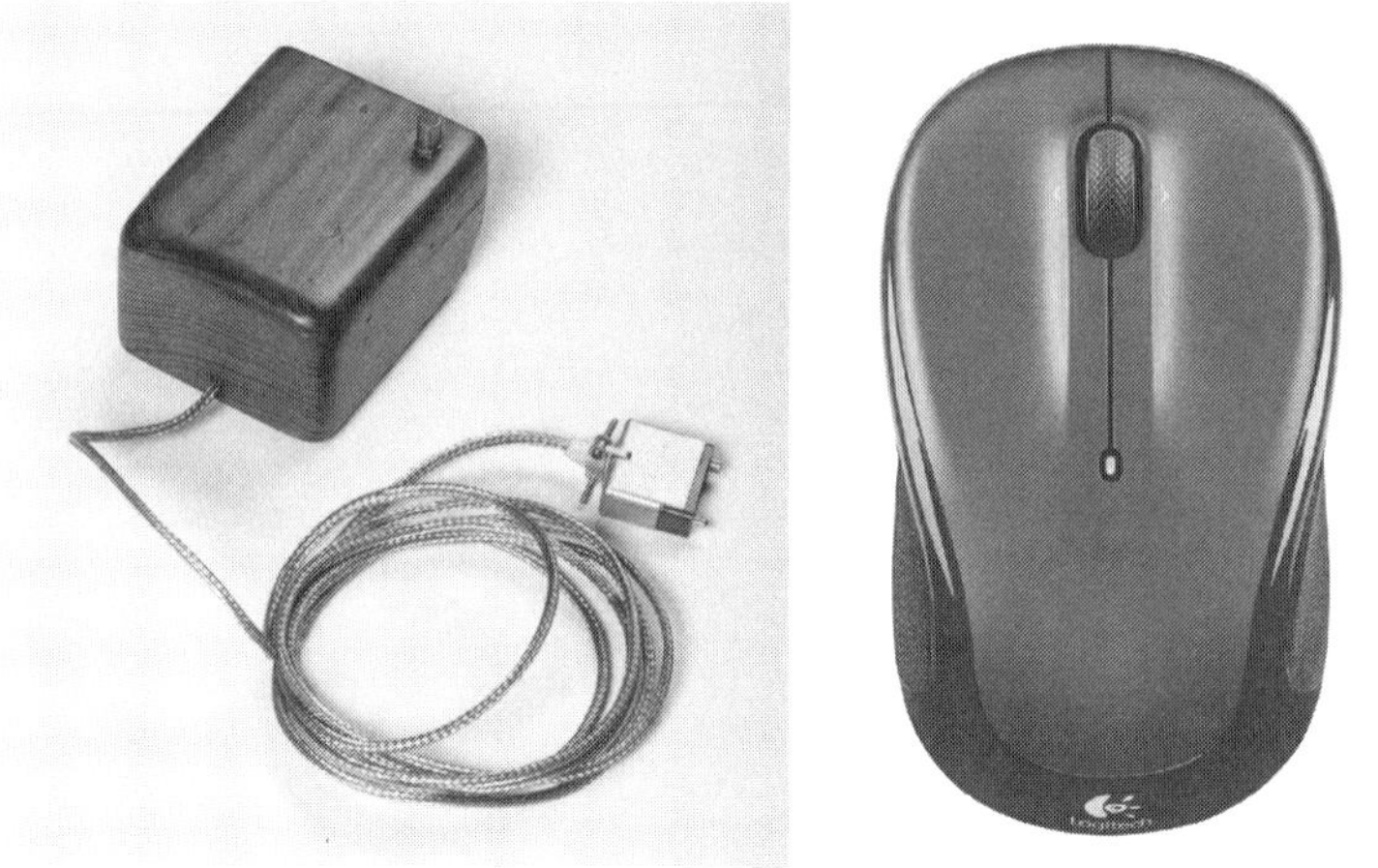

ワイヤレス機器の進歩:［左］アメリカの発明家ダグラス・エンゲルバートが設計した世界初のマウス。木製でボタンが付いている（1963年）。［右］著者が本書の執筆時に使用したロジクール社製マウス（2020年）。

がしに派手なつくりの現代の住宅には、公共スペースかと思うほど天井が高いリビングルームも散見するが、高すぎる天井や広すぎる部屋はヒューマンスケールにそぐわない。ブラジルのリオデジャネイロ、ナイジェリアのラゴス、インドのコルカタに見られる安アパートや長屋、スラム街のような狭苦しい空間とは対照をなすようだが、ヒューマンスケールに合わないという点では同じなのだ。

　こうした現状から、2つの重要な課題が見えてくる。室内には自然光を最大限に取り入れること、できるだけ天然素材（木材や石材）かスチール、ガラスを利用するのが望ましいことだ。合成物質に比べて、天然素材は製造コストが安く、リサイクルしやすく（スチールやガラス）、廃棄に問題が生じない（木材は最終的に腐敗し、石材は環境を汚染しない）という利点があるからだ。建物や居住地域に関しては、ほかにも課題がある。いちばん簡単な指針を設けるとすれば、とんでもない大きさの建物をつくらないことだ。過剰に広い空間は、その空虚さで人間を矮小《わいしょう》化するし、建物と建物のあいだを時間をかけて歩かなければならないことになるからだ。そして、もっぱら自動車のためにあるような都市を設計しないことだ。[1-1]

都市の人間工学は、人々と周囲の環境との相互作用の質の向上をめざすべきであり、その道のりに障害物を置いてはならない。当然、歩きやすさは考慮すべき主点である。[1-2] ところが、人口密度の高さ（その結果、高層の建物がいっそう増える）や現代の大規模な輸送機関の必要性から見ても、歩きやすい町づくりは本質的に困難だ。本書の読者の大半は都市部に住んでいるはずだ——2021年の都市化率〔全人口に占める都市人口の割合〕はEUで75％、北米で83％、日本で92％なのだから。つまり、完全にデザインされた環境で暮らしているわけだ。[1-3] 総合的に見て、都市部はヒューマンスケールを考慮せずに進化を遂げてきたが、それでも多くの点で不可避的にヒューマンスケールの影響を受けている。

もちろん、都市部にも自然の要素はあるが、街路樹でさえ人間にとって望ましい特徴をそなえている樹木が選ばれており（背の高い針葉樹は植えないし、プラタナスの木は冬になるとばっさり剪定《せんてい》して、望ましい高さに保つのが一般的）、公園や池の大きさはウォーキングや運動を楽しむ人のためのスペースを考慮して設計されている。[1-4] また、多くの構造物がヒューマンスケールを超えて巨大化してしまったが（超高層ビルや多層高速道路は、その代表例）、私たちの身体と部位のサイズによって決まるデザインの要素も数多く存在する。

たとえば、人口密度が高い都市部の集合住宅は、ヒューマンスケールを無視してどんどん高くなっている。香港の公営住宅には40階建ての棟まであり、画一的なデザインの部屋が並び、向かい側の棟の住人と会話ができるくらい密接している例も少なくない。[15] それでも、ヒューマンスケール（および、それに適した家具のスケール）は考慮されているはずだ。たとえば出入り口には最小限の幅と高さが必要で、ベッド、ソファー、テーブルを運べるだけの空間をつくらねばならない（残念なことに、窓は望ましいサイズよりもはるかに小さくできる）。エレベーターの積載荷重は安全基準を満たさなければならないし、寝室にはベッドの数に見合うだけの広さが必要だ。[16]

道具のデザインにはとくに厳しい基準がある。初めて道具をつくったと推定される約330万年前から、私たちは道具が自分の手になじむよう工夫を重ねてきた。最初に単純なつくりの叩き石《ハンマーストーン》、礫器《れっき》〔周囲や一部を打ち欠いて刃とした石器〕、剝片《はくへん》石器をつくりだし、のちにはもっと大きくて鋭い打製石器や鉈状《なたじょう》石器、両面に刃がある手斧をつくりだし、動物を殺したり骨を砕いたりする際に利用した。[17] 産業化以前ではあるが比較的複雑な社会でつくられた木製や金属製の道具でも、私たちは同様の作業をしなければならなかった。作物を栽培する文明が登場すると、鍬《くわ》、鋤《すき》、鎌が普及するようになり、こうした道具類を人体の解剖学的構造に適応させる必要も生じた。人体にまつわる数値から唯一外れて発展したのは、畑仕事で利用する使役動物や、襲撃や戦争に使う馬をつなぐ道具だった。こうして、使役馬に適した馬具（馬の首にかける首当て《カラー》をはじめとして、都会人にはわけのわからない名前がついている——くびき《ヘイム》、尻がい《クルッパー》、小手綱掛《テレット》、胸《むな》がいなど）が必要となり、戦場では馬を守らなければならなかった(精巧なつくりの重い鎧《よろい》を着せることもあった)。[18] かたや、人間が利用する物のデザインはすべて、身体の寸法にあわせなければならない。また、筋肉や腱が一定の位置にとどまろうとすることも考慮しなければならない。さらに人間の視力の鋭敏さも重視する必要がある。伝統的なデザインは、入手可能な材料や製造プロセスによって制限されることが多かった。18世紀の高価な大型四輪馬車には細かい彫刻がほどこされ、木製の座席にはクッションが置かれていたが、舗装されていない道の凹凸の衝撃を吸収する鋼鉄製のばねはなく、何時間も続く激しい揺れで乗客を苦しめた。その後は鉄道の登場により、移動するスピードは桁違いに速くなり、その結果、以前より長い旅をする人が増えた――しかし、都市間を移動するあいだは木製の硬いベンチに座っているしかなく、以前より長時間、不快な揺れに耐えねばならなくなったのである。[19]

19世紀のうちに人体測定学の研究をもとに日用品が慎重に設計されるようになり、人間の寸法に関する経験的な理解が進んだ結果、人間のあらゆる努力の例に漏れず人間工学という新しい科学分野の基盤が形成された。ギリシャ語の語源ἔργον《エルゴン》(「仕事」の意)からもわかるように、人間工学《エルゴノミクス》はもともと労働の改善と最適化をめざすもので、ドイツ語やフランス語由来の言葉と思われがちだが、この言葉を考えだしたのはポーランド人科学者ヴォイチェフ・ヤストシェンボフスキである。彼は1857年に「自然に関する知識に基づく労働の科学」をテーマにした初の著書を発表し、そこで「エルゴノミクス」という新たな言葉をつくった。[20] そして20世紀には、この知識を利用しておもに労働環境の最適化がはかられ、生産性も向上したが、可処分所得の増加と消費社会の台頭により、ついには職場以外の場所にも目が向けられるようになった——つまり自宅にいるときや移動中も快適さを追求するようになったのである。[21] 人体測定学を基盤にした人間工学の原則は、いまでは職場環境（大型トラクターの運転席やジェット旅客機のコックピットなども含む）の設計においても、電化製品、家具、マウンテンバイクなどのデザインでも活用されている。前述したように、いまでは長時間座って仕事をする人の割合が圧倒的に高く、家庭にも電子デバイスが普及しているため、私たちは人類史上前例がないほど座りっぱなしで身体を動かさなくなっている。そのため意外ではないが、米疾病予防管理センター（CDC）によると、1日8時間以上座っている人の3分の1以上が、さまざまな筋骨格系障害に苦しんでいるという。[22]

## 航空機の座席

適切なデザインの座席の重要性はこれまで以上に高まっているが、この努力にはつねに課題がつきまとい、限界もある。前近代的な木製のベンチやスツールが多種多様な布張りや革張りの椅子、プラスチック製の椅子に置き換わったところで、座り心地の悪い椅子が消えたわけではない。快適な座席の大量生産がいかに困難であるかを説明するには、航空機の座席を詳しく見ていくのがいちばんいいだろう。座席のデザインを検討する際には、座り方を想定したうえで、座高、肘の高さ、臀部から膝までの長さ、腰・肘・肩幅などの寸法を測り、まず座面や背もたれのサイズを決めなければならない。このうちの1つでも短すぎたり長すぎたりすれば、長時間の着席は我慢比べになりかねない。[23]

自宅であれば椅子の設計が悪くても、立ったり歩いたり、ほかの椅子を選んだりすれば状況を改善できるし、電車を利用した旅行でも、限度はあるものの、ある程度の自由はきく。ところが大勢の乗客が詰め込まれる現代のエコノミークラスのフライトでは、そうはいかない。数十年前、まだ航空規制緩和法が制定されず、マスツーリズムも台頭していない時代には、搭乗率はいまよりはるかに低く、とくに長距離便で低かった（アメリカでは1970年代初頭にはフライトの座席は半分しか埋まっていなかったが、新型コロナウイルス感染症が世界的に流行する直前には世界中のフライトの座席の80％以上が埋まっていた）。[24]

本来、長距離フライトの座席のデザインは快適さだけを目的としているわけではない。よって、高齢者、高血圧の人、心血管系や消化器系に問題のある人などが長時間動かずに同じ姿勢をとっていると、深部静脈血栓症や肺塞栓症（いわゆるエコノミークラス症候群）や胃腸の不調を起こす危険がある。[25] そのため、とくに6時間を超えるフライト（直行便の最長の定期便であるニューヨーク－シンガポール間のフライト時間は18時間40分）では、座席は可能なかぎり広々とゆったりしていて快適であるべきだが、この目標は、乗客数の増加をめざして激しい競争を繰り広げている大量輸送機関の利潤追求という目的と衝突する。事実、新型コロナウイルス感染症が世界的に流行する前は、年間旅客数と有償旅客キロは、10年間着実に右肩上がりを続け、新記録を達成していた。[26]

そもそも、エコノミークラスの座席は、乗客と航空会社のサイズに対する要求（「もっと大きくしろ！」「もっと小さくしろ！」）の両方に応じるのは不可能であり、その結果、大勢の人たちの快適さが犠牲になっている。それでも、座席の最小限の寸法は明確だ。座面には脚を直角に曲げて座れるだけの高さ、おとなが座れるだけの幅が必要であり、シートピッチ（座席のある一点から前の座席の同じ点までの長さ）は、最低でも脚を曲げて座ることができ、べつの乗客が移動できるスペースを確保しなければならない。そして航空機での移動が大規模化してきたことを考えれば、この条件を満たすには、乗ろうとする人が１００人いる場合、95人は座席に座れるデザインにしなければならない。

ただし、床から座面までの高さだけは譲歩の余地がない。標準的な高さ（普通の椅子と同様の46センチメートル）があれば、とびぬけて長身の人以外には問題がない。だが、座席の幅、足元の空間、シートピッチについては話が違ってくる。住宅で使用される一般的な椅子の幅は43〜46センチ。世界初のワイドボディ・ジェット旅客機の46センチという幅が最低基準となり、その後、わずかに広くなって、航空規制緩和法が１９７８年に制定されるまでは、アメリカの航空会社の航空機に48センチ未満の座席幅は存在しなかった。[27] しかし、競争の激しい大量輸送の新時代が幕を開けると、幅43センチしかない座席が登場し（短距離路線用エアバスやボーイング７３７）、わずか42センチという座席も出てきた[28]（アメリカン航空ボーイング７３７ＭＡＸ）。最近のオランダの人体測定調査では、幅44・７センチの座席からはみでずに座れるオランダ人男性は10％未満だったが、タイ人では約半数の男性が座れることがわかった。[29]

しかし、乗客の不満のおもな原因はシートピッチで、レッグルームと呼ばれる足元のスペー

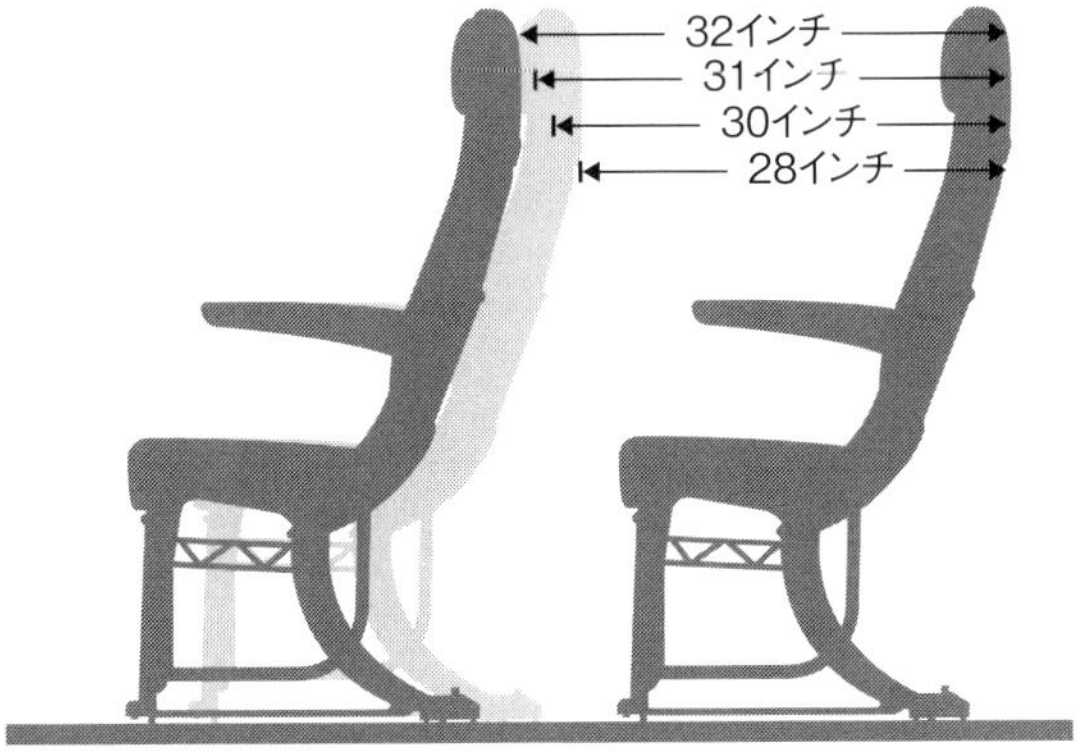


32インチ（約81センチ）：ジェットブルー航空（エアバスA321、エンブラエルE190）、ヴァージン・アメリカ（全機種）
31インチ（約79センチ）：アラスカ航空（ボーイング737-700）、サウスウエスト航空（ボーイング737-700）
30インチ（約76センチ）：アメリカン航空、デルタ航空、ユナイテッド航空（国内線の大半）
28インチ（約71センチ）：フロンティア航空、スピリット航空（全機種）

アメリカの航空会社が利用している航空機の最小シートピッチ

スが狭くなってきていることだ。シートピッチの範囲はたいてい81・3〜96・5センチ（32〜38インチ）だが、アメリカ国内の短距離用航空機の座席の平均シートピッチはたったの78・7センチ（31インチ）しかなく、もっとも狭いのはいまでは約71センチ（28インチ）で、アメリカのフロンティア航空やスピリット航空、スペインのイベリア航空、TAPポルトガル航空などのエアバスにはこのようにシートピッチが狭い座席がある。[30]また、座席をリクライニングすれば、スペースはいっそう狭くなる。だが、近年はリクライニングできる幅をわずか5センチ（2インチ）ほどにまで減らしたシートや、あらかじめわずかにリクライニングされている固定式の「プレリクライニング」シートまで登場している。

航空機の座席の問題は、1970年以降に肥満の人が増えると、当然のことながら悪化した。

主要国のなかで、この変化を先導してきたのがアメリカだ。かつてはＢＭＩが25から30未満の過体重の人と、ＢＭＩが30以上の肥満の人を合計しても成人全体の36％近くに達する程度だったが、２０１８年には肥満に相当する成人だけで42・４％に達し、40％の大台を世界で初めて超えた。[31] これに加えて人口の約31％が過体重であることを考慮すると、２０２０年にはアメリカの４人に３人近くの体重が、ＣＤＣが定義する健康的な体重の範囲から外れていることになる。

そのうえＢＭＩが40を超え、肥満が病気のレベルにまで達する例も増えつつある。２０２０年には１５００万人以上のアメリカの成人が病的肥満となり、そのせいでベッドや椅子だけでなく、「肥満用」のストレッチャー、救急車、ベッド用リフトなどの新たな設計が必要となっている。[32] ベッド用リフトは、病的肥満の人を自宅のベッドから病院のベッドに移動させるときだけではなく、ベッドから特別に設計された車椅子、トイレ、浴室への移動の補助にも欠かせない。頑丈なベッド用リフトは現在、５００〜１０００ポンド（最大４５４キログラム）の体重に対応できる。[33] また、体格が大きくなりすぎる傾向は、ほぼ世界共通のものとなっている。ＷＨＯによる２０２２年の推計では、過体重の成人は25億人近くに達し（成人全体の40％超）、それよりさらに重い肥満の成人は８億９０００万人とされ、ティーンエイジャーや子どもたちのあいだでも過体重が増えていることが指摘されている。[34]

極端な体格は例外としても、過体重の人が増えれば、これまで標準とされてきた航空機の座席のサイズはすべて不十分になってしまう。[35] ビジネスクラスの座席はもう少しゆったりしており、2022年の時点で、さらにゆったりとしたファーストクラスを用意している航空会社は20社ある。北米には1社もないが、ヨーロッパにはエールフランス、ブリティッシュ・エアウェイズ、ルフトハンザドイツ航空、スイス航空が、オーストラリアにはカンタス航空があり、ほかにもアジアに10社、中東には5社ある（ドアを閉じると完全個室になるファーストクラスを提供している航空会社もある）。平均的な体重の乗客がエコノミークラスでも比較的ゆったりした席を確保したければ、約800の航空会社が利用している航空機のシートマップ（座席表）、座席の寸法、座席レビューを掲載している「SeatGuru」のサイトを参考にするといい。[36]

だが、いまのところ、エコノミークラスの座席が改善される気配はない。2017年、乗客の権利団体であるフライヤーズ・ライツはアメリカ連邦航空局（FAA）にシートピッチの最低基準を定めてほしいという嘆願書を提出したが、新型コロナウイルス感染症のパンデミック前には基準が定められず、議論が立ち消えになってしまった。[37] それに、シートピッチが狭くなる傾向だけで、乗り心地の悪化が終わるわけではなさそうだ。2014年、フランスの発明家ベルナール・ゲランはエアバスの代理人として「前方に折りたためる背もたれ付きの座席装置」の特許を申請した。管に穴をあけ、そこに小ぶりな自転車用のサドルを挿し込んで並べて、低い背もたれをつけただけの代物だが、それにしてはたいそうな名称だ。[38]

もっとひどいことに、2010年、アイルランドの格安航空会社ライアンエアーは「立ち乗り席」の導入を検討していると発表した。詰め込まれた乗客は、垂直に近い（わずか数度の傾斜しかない）薄いベッドにベルトで固定されるのだ。[39] ライアンエアーは、運賃が半額になる

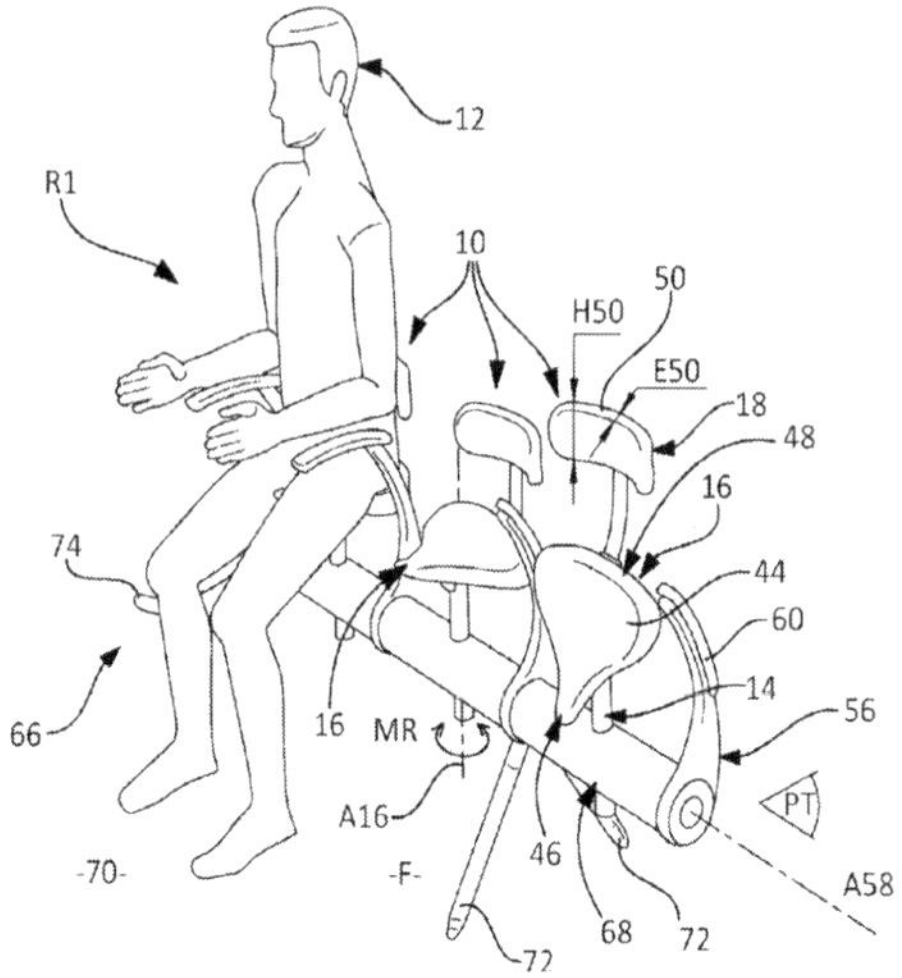


エアバス社が2014年に特許を出願した「前方に折りたためる背もたれ付きの座席装置」の説明図

なら立ったまま縛られて飛行してもかまわないと、乗客の10人に2人が回答したとまで主張した。また、2段ベッドのように座席の上に座席を設けて、もっと乗客を詰め込もうとするダブルデッカー（2階建て）方式のデザインまで提案されている。

それでも、熱烈な航空ファンなら、いくつか吉報もあると指摘するかもしれない――なかでも希望がもてるのは、イギリスのデザイン会社レイヤーがエアバスのために開発した短・中距離フライトにおける新しいエコノミークラス用座席の試作モデルだ。網目状の軽量フレームに高機能繊維が張られていて、付属のコントローラーで座席の細部を自分の好みに調整できるという。しかし、試作モデルの大半がそうであるように、そしてデジタル技術を駆使した新製品がそうであるように、そのような座席が実際に、少なくとも数百機のジェット旅客機に搭載されるかどうか、注視しなければならない。そして、もっとも重要なことは、実用機でどの程度のシートピッチが設定されるかということだ。[40]

## ■サイズを変える

ここまで、デザインされた物の着目すべき例を説明し、人間工学を利用してよりよい成果を挙げる方法を見てきた。こうした成果はすばやく商品化することも可能だ――電子機器を利用したデザインの進歩、そして迅速に試作品をつくれるようになった（3Dプリンターを使用する例もある）現状を見れば、マウンテンバイクや航空機の新しい座席のデザインを思いついたら、ほんの数か月で市場に出すことも可能だろう。じつに簡単な話だ。だが現実を見れば、そう簡単に事が運ぶとはかぎらない。次に、もっと複雑なデザインのサイズ変更について見ていこう。

### エネルギーのサイズ変化

それほど昔ではない1800年でさえ、世界の大部分は都市ではなかった。アジアやアフリカの大半の社会では、人口の90％以上が農村部に暮らしていた。アメリカでもその割合は約90％だったが、ヨーロッパではイギリスが例外で、人口の33％ほどが都市部に暮らしていた。[41]そして近代以前がそうであったように、近代に入ってからも当初は人口も経済も変化は徐々にしか進んでいなかった――農村や都市の規模はあまり変わらず、大きくなったとしても、その差は微々たるものだった。高い出生率は高い死亡率に打ち消され、農作物の収穫量が想定外に減ることもあったからだ。長期的な人口増加の推移を見ると、増加率はたいてい非常に小さく（18世紀までは0・2％未満）、食糧不足（ときには飢饉《ききん》）が続いた時期が何度もあり、ヨーロッパや日本でさえ、19世紀まで食糧難は解消されなかった。ヨーロッパ最後の飢饉は１８４５年から１８５２年にかけてアイルランドで起こり、日本の最悪の飢饉は１８３３年から１８３７年まで続いた。[42]

同様に、国民１人当たりの所得の上昇はまったくない状態か、あってもわずかな状態が続き、陸上を長距離移動できる輸送手段がなかったため、大半の人にとって移動できる範囲は厳しく制限されていた。つまり、所得が少なく、交通手段も限られていたため、それぞれの人にとっての「世界」のサイズにほとんど変化が生じず、同じ習慣を繰り返していたのである。昔ながらの主要作物の収穫量（小麦の収穫量は１ヘクタール当たりわずか０・５トンほど、米の場合は１トン弱）、作物の栽培方法（輓獣《ばんじゅう》に牽引させる、手で種を蒔《ま》く、大鎌や小鎌で刈る、荷車を使う、殻ざおで脱穀する）や農民個人の所有物（予備の服、共用のベッド、わずかな台所用品、椅子ではなくベンチ）は当然、いずれも貧弱なままで、それと同時に教育の機会もわずかなものだった。[43]

帝政初期（紀元前20年ごろ）のローマ帝国の１人当たり国民総所得を推定したところ、４００セステルティ（２０２０年の貨幣価値で約１０００ドル）弱であり、近年の推定によれば、その１０００年後のイングランドでも、紀元１５００年の明朝の中国でも、たいして変わらない。[44]経済が停滞している状態は、長期にわたる１人当たり国民総所得の推移を見ればよくわかるだろう。スペインでは１２７０年から１８５０年までほとんど変動がなく１年当たりの増加率が０・０３％、１３００年から１９１３年までのイタリア中央部と北部では増加率がゼロ、１０２０年から１８５０年までの中国の増加率はマイナス０・１％である。[45]つまり経済は不活発で、人々は慣れ切った営みを続け、社会は予測可能な状況に支配されていたのだ。

もちろん、いつの時代にも、冒険を好む個人や小集団はいたし、遠方の地を征服すべく出陣する軍隊もいた。しかし、大半の人間は徒歩や乗馬の速度、あるいは馬や牛が引く荷車、または乗用の馬車や牛車のペース（徒歩の平均時速は約5キロメートルで、馬に乗った使者は1日に１５０キロメートル以上走れたが、悪路を進む牛車は1日に15〜20キロメートルがせいぜいだっただろう）で移動できる範囲でしか行動できなかった。[46]

だが、近代を迎えて顕著に大きくなったサイズもいくつかあった。目立つのは、ヨーロッパの人々が発見のための旅を始めたことである。まずは15世紀後半にポルトガルとスペインの人々が開始し、のちにオランダ、イングランド、大英帝国、そしてフランスといった主要国があとに続き、未知の土地を徐々に減らし、地図に描ける世界を着実に拡大していった。１８００年には、まだ名付けられていない大地はもはや北極と南極にしかなくなっていた。そして19世紀、とくに後半の40年になってようやく、前例のない画期的な変化が起こり、前近代の長引いた停滞と遅々とした進歩に代わって、科学と工学の進歩が発展を推進した。そして新たな経済、社会、業績が急速に誕生し、新たな期待が生まれたのである。[47]

20世紀に入ると、2度の世界大戦で恐怖心が蔓延《まんえん》し、後退を強いられ、国内・国家間の暴力をともなう内紛が繰り返されたにもかかわらず、この前例のない速度での広範な変化は続き、賞賛すべきものからありがたくないものまで多種多様な成果が生まれた。１８６０年以降、技術革新に牽引された人工物のデザインや生産プロセスは多様化し、エネルギー変換器（エンジンやタービン）や重工業のプロセス（冶金《やきん》、化学品の大量生産、工場労働の機械化）から、大量生産（化学品、医薬品開発、電化製品）を担う企業の台頭や、新たな輸送機械と必要なインフラ（道路、鉄道、橋、トンネル）の整備にいたるまでの変化も、詳細に論評されるようになった。[48]

機械や生産プロセスのサイズの変化により、どれほど大きな恩恵が得られたのか、ぴんとこない人も多いだろう。よって、こうした進歩を説明するには、現代文明を築く基盤に目を向けるのがいい。自然界に存在するエネルギーを力学的エネルギーに変換し、機械類の動力源とする原動機の馬力や、食料生産、産業、輸送、家庭における原動機の利用に着目するのだ。産業化以前の社会では、おもに動く生物からエネルギーを得ていた。すなわち、あらゆる年代の人間（児童労働はごく普通におこなわれていた）と、畑仕事や運搬に用いる家畜が原動機のはたらきを担っていたのだ。また水車は、生物以外のエネルギー変換器としてもっとも普及していた。[49]

18世紀末になっても、水車はもっとも効率のいい設計でさえ、まだ馬力が小さく、16馬力ほどしかなかった。だが19世紀半ばには、水車の馬力は５倍以上に増え、無生物のなかではもっとも重要な原動機となり、小型蒸気機関の２倍以上のエネルギーを供給できるようになった。第一次世界大戦後は、おもに蒸気機関が産業と輸送のエネルギー需要に応じるようになり、内燃機関、蒸気タービン、ガスタービンの３種類の原動機がエネルギーを大量に出力できるようになった。

現在では、ガソリンを燃料とするエンジンがもっとも普及していて、小型車に搭載されたエンジンでも１００キロワット以上、すなわち１３０馬力以上（１馬力＝０・７５キロワット）に相当するエネルギーを出力できるようになった。いっぽう、アメリカの自家用車の最高出力の平均は135〜150キロワットで、アメリカ国内で高い割合を占めるSUVやピックアップトラックでは200〜250キロワットだ（アメリカでもっともよく売れている乗り物であるフォードF－150ではモデルによって220〜335キロワット）。[50]ということは、10億を超える人々（現在、世界の自動車保有台数は約15億台）が、19世紀半ばに大型の製粉所や繊維工場で利用されていた工業用水車より1桁多いパワーをもつ機械を、個人で操作している計算になる。

比較としてもっと適切な例もある。輸送と産業の分野で民間利用されている、現代における最大のエネルギー変換器に目を向けてみよう。輸送の分野では、大型外航船（石油タンカー、鉱石・セメント・穀物を搭載したばら積み貨物船、おもに鋼鉄製のコンテナに入れた製品を運ぶ貨物船）を動かす2ストローク・ディーゼルエンジンと、旅客機を音速に近い速度で航行させるガスタービン（ジェットエンジン）が、2つの最大内燃機関である。[51]現在、最大の船舶用ディーゼルエンジンの出力は80〜90メガワットで、ボーイング747の離陸に必要な出力は約90メガワットである（巡航時に必要なエネルギーははるかに少ない）。

つまり、大型船の船長やワイドボディのジェット旅客機の機長は、複雑な電子回路を利用して、フォードのピックアップトラックF－150の300倍、さらに、19世紀半ばの小さな町の製粉所で利用されていた水車のほぼ1万5000倍もの出力を制御しているのだ。また、初期の工業用水車と、船舶や飛行機よりもはるかに出力が大きい蒸気タービンやガスタービンを比較すると、同じくらいの差がある。発電所の蒸気タービンの最大出力は1000メガワットを超え（１７００メガワットを超える例もある）、一般的なものでも５００メガワット以上ある。いまの時点で、最大の据置型ガスタービンも５００メガワットを超えていて、これはなんと19世紀半ばの小型水車のおよそ10万倍の出力だ。[52]

　原動機の出力が桁違いに大きくなったおかげで、私たちは過剰なまでの食料と手ごろな価格の消費財を生産できるようになり、情報にアクセスしやすくなり、べつの場所に効率よく移動できるようになった。こうしたサイズの変化でもっとも根本的な変革をもたらしたのは、農作物の生産の分野だろう。原動機が登場しなければ、大半の人は十分な食料を生産するために同じ土地にとどまるしかなく、近代的な工業生産の勃興に必要な都市部への人口流入は妨げられていただろう。[53]

　１５０年ほど前、犂《すき》や馬鍬《まぐわ》を馬力のある4頭の馬に引かせても（１８００年代後半では一般的な耕作法）、出力はせいぜい3キロワットであり、全労働者の半数ほどが農場労働者だった。だが、北米でよく売れている同じ作業を担うためのジョンディアのトラクターの出力は、ここ数十年で１２０キロワットを超え、２０２０年には必要な農業従事者の割合はわずか１・３％になった。[54]ということは、この１５０年でトラクターの動力が増えた割合（120÷3＝40）は、ほぼアメリカの農業労働力が減った割合（1.3÷51.3＝0.025）の逆数になる。必要な農業労働力の相対的な割合は、機械の動力の相対的な増大に反比例して縮小したのである。

　材料製造におけるサイズの拡大もまた目覚ましい。１８００年から２０２０年のあいだに、近代的な高炉の内容積は約60倍に、１日当たりの生産量は３０００倍に増加し、鋼鉄が安価で豊富に製造できるようになった。[55] 化学肥料の原料となるアンモニア合成の規模の拡大はさらに目覚ましく、1世紀余りで1000倍に増加した。[56] その結果、農作物の収穫量が増え、食料価格が下がり、飼料作物の栽培に多くの土地を割けるようになったおかげで、乳製品、卵、肉などの動物性タンパク質の消費量が増えた。[57]

## 服のサイズと道路の変化

長期的な発展をたどるには、製品の大型化や小型化の推移に目を向けるだけではなく、状況に適応するために生じた変化に着目するといい。こうした変化の個人レベルでの代表例は、以前よりも身長が高く体重が重い人の体型にあわせて、大きいサイズの衣料品や靴を市場に供給する必要性が生じたことだ。さらに、アメリカの婦人服の場合、この変化は購買者が自分の身体により自信をもてるようにするための「バニティ・サイジング」によって複雑化した。たとえば、1958年のマリリン・モンロー(バスト約86センチメートル、ウエスト約64センチメートル)の服はサイズ12(イギリスではサイズ16)だったが、2011年のサイズ12はバストが約13センチ、ウエストが約18センチ大きい女性に適したものになっている。[58]

また現代では、どの国に旅行をしても、舗装道路(アスファルト舗装か鉄筋コンクリート舗装)の導入と大規模な拡張が、手ごろな価格の自動車生産によってもたらされたもっとも重要な変化であることがわかる。社会は、道路ができる前に自動車が存在しているという問題に対処すべく、前例のない規模で道路建設計画を立てて、それを実行しなければならなかった。190

8年、世界初の大量生産車であるT型フォードが発売されたとき、アメリカ国内で舗装道路の割合は10％に届かず、そのなかで十分な質の舗装道路はさらにその10％に届かなかった。[59]

アメリカ初のコンクリート舗装の短いハイウェイは、1913年にアーカンソー州に建設された。そして第一次世界大戦後、長年にわたって、あの有名なルート66（シカゴからサンタモニカまで）の大半は砂利道のままで、アスファルト舗装された区間の道幅はたったの3メートルと狭かった。この国で初めて全区間がコンクリート舗装されたハイウェイとしてペンシルベニア・ターンパイクが開通したのはようやく1940年のことで、当時、国内では3200万台以上の自動車が保有されていた。[60] アメリカの州間高速道路網は1956年に建設が開始され、2021年時点の総延長は約7万8000キロメートルであり、中華人民共和国の中国国家高速公路網の総延長約16万キロメートルの半分にも満たない。さらに、この中国国家高速公路網の総延長は、2035年には50％長くなっている予定だ。[61] それでも、ゆくゆくは、こうした増加傾向のペースが遅くなり、限界に達し、なかには後退する例もでてくるだろう。それが世の常である。

## ■サイズの限界

成長に関する研究とは、必然的に、サイズの限界に関する研究でもある。[62] 宇宙は膨張を続けていくのかもしれないが、地球におけるすべての成長はいずれ終わりを迎える——成長する生物、地形（山や水域）、人為的なプロセス（農耕、建設、生産）が非常に多様であるため、自然においても人為的なものにおいても、成長の限界もまた多様なあり方をするのだ。生物の場合は、ここまでは大きくなれるという最大サイズと標準的なサイズが進化によって決まる。光合成をする植物の場合、限界に達するかどうかは、日光、水、必須の多量栄養素と微量栄養素、さらには害虫やウイルス、カビ、細菌による病気の有無によって決まる。動物や人間の場合は、三大栄養素である炭水化物、タンパク質、脂質、それにビタミン、ミネラル、水が十分に供給されているかどうか、身体が衰弱するような病気にかかっていないかどうかで決まるのだ。

## 巨大すぎた乗り物

人工物については、単純な道具から複雑な機械にいたるまで大きさに限界を設ける要因として、おもにどんなものが挙げられるだろう？　もっとも明確な物理学的観点から見れば、私たちがデザインする物のサイズは、それをつくるための材料によって限界が生じる。だが、歴史をさかのぼれば、ゆきすぎたサイズをつくりだした例には事欠かない。

古代のガレー船の一種である五段櫂船《かいせん》には300人の漕ぎ手が乗ることもめずらしくなかったが、その後、フィロパトルことプトレマイオス4世の治世（紀元前222〜紀元前204年）には、より大型のテサラコンテレスというガレー船が登場した。この船には4000人を超える漕ぎ手と3000人近い兵士を乗せることができたが、その重量（重い投石器を含む）のせいで、事実上、動かすことはできなかった。[63]

［上］スプルース・グース飛行艇（1947年に1度だけ飛行）と、［下］エアバスA380（2002年から2021年にかけて生産）

同様の運命をたどったのが、世界最大の木造飛行艇スプルース・グース〔「トウヒ製のガチョウ」の意〕で、8基のレシプロエンジン〔ピストン運動を回転運動に変換してエネルギーを得る〕を搭載し、翼幅《よくふく》は98メートルもあった。アメリカの億万長者ハワード・ヒューズは、1947年11月2日に1度だけ、この飛行艇を1分ほど飛行させた。[64] また、2002年に生産が開始された総2階建ての超大型機エアバスA380は最終的に15の航空会社が購入し、飛行させたが、ハブ空港間の飛行ではない直行便が主流の時代にはあまりにもサイズが巨大で、疑問視されていた。そして結局、新型コロナウイルス感染症の世界的な流行が始まると、早々と生産を終了した。一部の航空会社はいまでも運航を継続しているものの、生産されたのはわずか251機だった。[65]

　これとは対照的に、市場を制したサイズの乗り物も誕生した。1969年に生産開始となった大型ジェット旅客機ボーイング747によって、手ごろな運賃で大量の乗客を乗せる時代が到来し、2022年まで1600機近くが生産された。また、フォードF－150はピックアップトラックのベストセラーとなっただけでなく、アメリカの自動車全体のベストセラーにもなった。そして、マクドナルドのビッグマックは、アメリカ人が大好きなファストフード帝国を象徴する商品となっている。[66]

## 生物のサイズの限界

工学の歴史はたいてい、新素材を導入し、新たな方法で展開することで、物理的な制約を回避しようとする努力の積み重ねだった。それによって、驚異的な大きさを実現すると、いずれはまた限界に直面することになるのである。もちろん、人類の発明は、それまで応じられなかった要求に応えるために、新たな構造や素材を導入してきた自然界における進化という偉大な先例に倣《なら》っている。生物の進化における素材のイノベーションの有名なものとしては、サンゴが骨格に炭酸カルシウムを利用するようになったおかげで、巨大なサンゴ礁を形成できるようになった例が挙げられる。また、あらゆる樹木の幹のほぼ4分の1を占めるリグニン（天然の高分子化合物）を導入したおかげで樹木は強度を保てるようになり、鳥類は羽根に螺旋状のタンパク質を導入したおかげで飛べるようになった。また人間の皮膚は、コラーゲン線維が網目状に交差しているおかげで引っ張られる力に対する強度を保っており、皮膚の引張《ひっぱり》強度（材料に引張力が加わったときの材料の強さを単位面積あたりで測定したもの）は、引っ張る力にもよるが、15～21メガパスカルと高い。これに比べれば、コンクリートの場合はわずか2～5メガパスカルだ。[67]

このような進化上のイノベーションや調整の例を挙げていこうものなら、本書のかなりの割合を占めることになるだろうが、こうした進化もやがてはほかの限界によって行く手をはばまれる。たとえば、近年の発見によれば、約９５００万年前に生息していた白亜紀の翼竜《よくりゅう》（アランカ）の脊椎は非常に軽く、骨格全体の重量がかなり軽減されたものの、頚椎《けいつい》を傷《いた》めずに比較的重い獲物をつかみ、運ぶことができた――翼開長が４～６メートルもある大型の翼竜であったにもかかわらず、だ。[68] 史上最大級の歯がない翼竜ケツァルコアトルス・ノルトロピは長く硬い首をもち、翼を広げるとその幅がアランカの2倍にもなったが、白亜紀に数百万年もの進化を経ても、もっと身体を大きくして飛べるような進化を構造的にも力学的にも遂げることはできなかった。[69]

絶滅してから久しい翼竜とは違い、樹木のサイズは構造的な限界を簡単に検証できる。樹木の幹の木質部はおもにセルロース（グルコースの天然高分子化合物）、ヘミセルロース（同じく天然高分子化合物だが、低分子量の多糖類）、リグニン（木材の質量の約4分の1）で構成されている。世界最大の樹木といわれるジャイアント・セコイアやダグラス・ファー、それにユーカリ・レグナンスは、１１０～１２５メートルもの高さがあり、マンハッタンの超高層ビルの平均的な高さに当たる。[70] 力学的にも（樹木が自重を支える仕組み）、水分通導（樹木内部の水の通り道）の面からも、樹木が伸びる高さには限界はあるだろうが、それは進化的に寿命を延ばしたり、できるだけ巨大化することよりも、生存し、繁殖することを重視して最適化してきた結果かもしれ

ない。[7-1]

形態学者たちが樹木の成長の限界に関する研究を始めるよりもはるか前、ガリレオ・ガリレイ（彼の観察については、スケーリングを扱う次章でも触れる）は、1638年に発表した『新科学対話』のなかで、樹木は高くても140メートル程度でとどまるだろうと指摘し、「高さ200キュービット〔指先から肘までの長さの単位。20 0キュービットは約100メートル〕のオークの木が、普通の高さの樹木と同じような枝ぶりであったなら、枝を支えつづけることはできなかったはずで、それはよくおわかりのことでしょう」と述べている。[7-2]

## 超高層ビルの課題

人工物では、進化における限界は、当然の話ではあるが工学的な成果の最大値に対応する。現代の超高層ビルが500メートルをはるかに超える高さになったのは、引張強度が向上したからだ。メガパスカルに換算した引張強度は、鋼鉄では400〜800だが、木材では70〜140にすぎない。[7-3] 世界一高いビル（ドバイのブルジュ・ハリファ）はすでに800メートルを超えており、サウジアラビアのジッダ・タワー（2018年に建設が中断されたが、技術的な問題が生じたからではない）の高さは1000メートルに達するよう設計されている。エッフェル塔のように空洞がある基礎をもち、骨組の中核を控え壁で補強する構造にすれば、これらよりはるかに高いビルも可能である。[7-4]

このような設計の建物であれば高さが2000メートルを超えることも可能だろうが、その基礎部分には高さに見合うだけの大きさが必要となる。１９９０年代に日本で構想された高さ４０００メートルのビルX－Ｓｅｅｄ《エクシード》４０００は標高３７７６メートルの富士山より高く、空洞のある基礎の面積は約１０００平方キロメートルに及ぶ（１辺が40キロメートル近い正方形。ちなみに９００万人以上が暮らす東京23区の面積はこれより狭い６３０平方キロメートル弱だ）。このような高さの建物が実現されていないのは、建築材料の構造的な特徴以外の要因があるためだということは一目瞭然である。

　そもそも、これほど巨大な基礎部分に、どうすれば自然光を取り入れられるのだろう？　構造物の内部にどれほどのスペースがあれば、まだ発明もされていない、スーパーエレベーターなるものを組み込めるのだろう？　人間だけではなく、食料や物資も移動させなければならないのに？　現在のエレベーター・システムでは６００メートルが最高であり、それ以上は延ばせていない。よって、高さが１６００メートルほどのビルの最上階に上がるには、エレベーターを２回、乗り換えなければならない。そして、おそらく最大の問題は、そのようなビルの建設に必要な土地の購入と、必然的に長期にわたる建設の費用を、誰が調達するかだ。個人投資家では、先行投資に対して利益を出せる見込みは立たないだろうし、かといって、一大都市の誕生に等しい垂直の建物の建設に、政府が財源を投入するとも思えない。それに、この巨大建造物に保険をかけたら、いったいいくらになるのだろう？――火災や地震に見舞われたとき、迅速に避難できるようにするには、どんな対策を講じなければならないのだろう？

## 巨大なタンカーと風力タービン

こうした財政的・社会的・組織的な課題は、なにも超々高層ビルの建設にかぎった話ではない。サイズの拡大が、材料の特徴や技術的解決策の欠如によってではなく、投資利益率の減少、資本コストの増大、応用性の低下によって制限を設けられる例は多い。このような理由で成長に上限が設けられるのはよくあることだが、ここではとくに重要な例を３つ挙げたい。１つは、海上輸送される原油の上限価格だ。原油は人間の生活水準をかつてないほど高めた化石燃料であり、その資源はそろそろ底をつくという大げさな予想があったにもかかわらず、今後数十年にわたって主要な一次エネルギー源でありつづけるだろう。

石油がこれほど広く普及したのは、輸送しやすく、用途が広いからだ。原油産出国が中東（サウジアラビア、イラン、イラク、クウェート、アラブ首長国連邦）に過度に集中しているため、輸出は大型タンカーに頼らざるをえない。現在、タンカーは原油輸出量の3分の2ほどを担っており、残りはパイプラインを経由する。[75] タンカーのサイズは、積載可能な総重量である載貨重量トン数（ＤＷＴ）で表示するのが一般的で、原油タンカーの最大サイズは、第二次世界大戦後の約2万ＤＷＴから、１９５９年には10万ＤＷＴに増え、１９７０年代初頭には30万ＤＷＴを超えるまでになった。最終的には１００万ＤＷＴ級のタンカーが建造されるのではと予想されていたが、１９７５年に進水した〈シーワイズ・ジャイアント〉はのちに大型化されて56万４７６３ＤＷＴとなり、これまでに建造された最大のタンカーとなった。[76]

では、なぜ75万ＤＷＴや１００万ＤＷＴのタンカーが建造されなかったのだろう？　第二次

## 世界最大のタンカーの載貨重量トン数

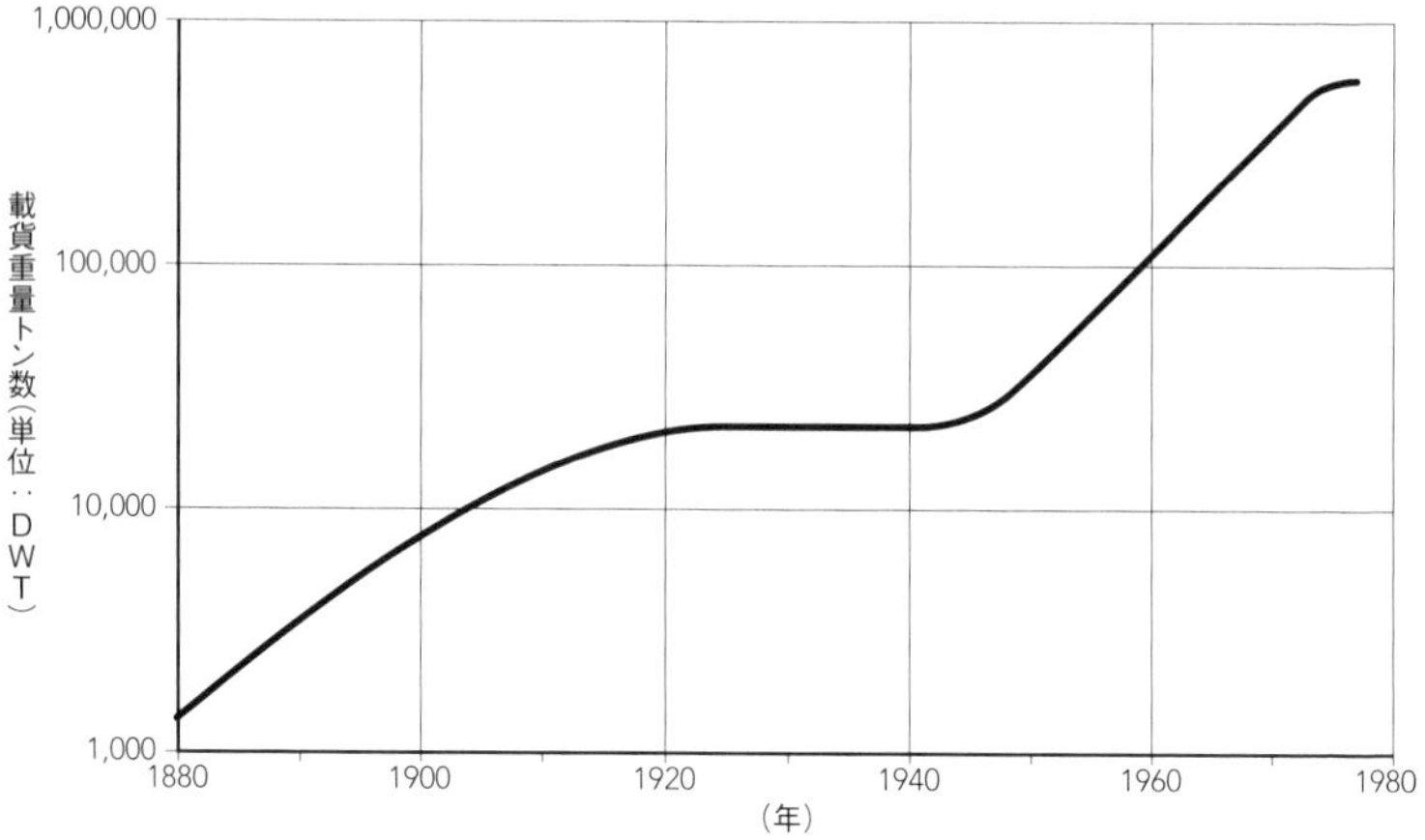


原油タンカーの最大載貨重量トン数の推移（1880〜1980年）

世界大戦後の経済成長により、タンカーの大型化に拍車がかかったため、50万DWTでは止まらず（船が大型化すれば、単位距離当たりの原油1トンの輸送コストが下がる）、まだ技術的な障壁もなかった。50万DWTのタンカーでも、これまでと同じ建造技術が活用されており、もっと大規模なメガサイズのタンカーの建造にも同じ技術が応用できそうだった。強力なディーゼルエンジンを利用すれば、停泊せずに数千キロメートルの航行も可能だと思われていたのだ。

しかし、これから繰り返し出てくるように、サイズが着実に大型化すれば、どうしても投資に対するリターンは減少する。日本がタンカー製造のトップに君臨していたころ、サイズを6万DWTから12万DWTに倍増させれば、建造コストを30％削減することができた。しかし、その後も倍増させて24万DWTにすれば、15％しかコストを削減できず、それほどの大型タンカーでは用途が限定されることを考えれば、30万DWTを超えるサイズのものはいずれも、非効率的になりかねない。その理由を説明していこう。

大型船は、喫水《きっすい》〔船が水上に浮かんでいるときの水面から船底までの垂直距離〕が深くなるため、航路や寄港先が制限される。50万DWTもの超大型船が寄港できるだけの水深がある港はごくわずかしかなく、このサイズの船舶はパナマ運河やスエズ運河を通ることもできない。というのも、スエズ運河は拡張されたとはいえ、喫水20・1メートル以下、20万DWT以下の船舶しか通れず、パナマックス（パナマ運河を通過できる最大船型）は喫水12メートル、6万5000DWTだからだ。また、マラッカ海峡ルート（中東から極東への最短航路）は浅いところの水深が27メートルしかなく、30万DWTまでのタンカーしか通れない。[77]

巨大な船は利用できる港や航路に関して融通性に欠けるだけでなく、操縦には危険がともなう。緊急時には、停船するにも方向転換をするにも、長い距離を要する（〈シーワイズ・ジャイアント〉は最高速度から停泊までに9キロメートルも航行しなければならず、180度旋回するあいだに横に3キロメートルずれてしまう）。さらに保険料も高く、この問題は1983年に南アフリカで起こった〈カストロ・デ・ベルバー〉の炎上と、1989年にアラスカで起こった〈エクソン・バルディーズ〉の座礁という2つの出来事による世界最大規模の原油流出事故により、懸念がいっそう深まった。とくに後者の事故では、原油除去、罰金、違約金、損害賠償支払いの和解金などで、保険会社には70億ドルもの支払いが発生した。[78]

世界初の石油タンカーは1886年に進水し、この驚くべき機械の成長は90年後に終わりを迎えた。いったい、世界最大のタンカーになにが起こったのだろう? 1988年、〈シーワイズ・ジャイアント〉はイラン・イラク戦争で攻撃され、損傷を負った。その後、修理されて1991年に〈ヤーレ・ヴァイキング〉に改名して再就航した。のちに引退して〈ノック・ネヴィス〉に改名し、カタール沖で海上石油・ガス貯蔵施設として利用されたが、2009年にインドの船舶解体業者に売却され、最後に船名を〈モント〉に改名し、グジャラート州のアラン・ビーチに向かい、そこを終焉《しゅうえん》の地とした(つまり、そこで中身をからっぽにされ、解体され、スクラップになった)。[79] フランスは、〈シーワイズ・ジャイアント〉とほぼ同じ大きさの船を他にも4隻建造した。1976年から1979年にかけて進水した55万5000DWTのバティラス級と呼ばれるスーパータンカーだ。これらのタンカーの寿命はさらに短く、3隻は1986年までに、最後の1隻は2003年にスクラップにされた。[80] 巨大な原竜脚下目《げんりゅうきゃくかもく》の恐竜のように、超巨大タンカーはこの世から永久に姿を消したのである……。

エネルギー産業におけるサイズの限界のもう1つの好例は、風力タービンだ。この巨大な3枚のブレードをもつ機械は、化石燃料に依存する現代文明に終止符を打つ主要な手段と考えられていて、大型化するローターに対応すべく、着実に高さを増している。というのも、地上からの高さが増すにつれ、風速も増すからだ。タービンのハブの高さが地上150メートル(世界最大級の設計であるGE社のハリエイドXの場合)であれば、ハブの高さが50メートルの風力タービンより、年間平均風速が最大20%上がる。[81] さらに、タービンの出力はブレードの長さの2乗に比例して増大するため、ブレードの長短だけで比較すると、長さ107メートルのブレードのGE機は40メートルのブレードのタービンの約7・2倍の電力を発電することになる。

風力タービンの発電量を増やしたければ、ブレードを長くして、背の高い風力タービンを建設すればいいわけだが、ここでもやはり規模の拡大と重力という避けられない問題にぶつかる。大型の風力タービンのブレードに、小型のそれと同じ材料、同じ形状、相対的に同じ厚さを用いる場合、その重量（$M$）は必然的に3乗（$M^3$）のスケールになる。つまり、ブレードの長さを2倍にすると、重量は8倍になるのだ。そうなれば、実用的ではない重さのブレードになる。それでも、構造設計と材料設計の進歩により（世界最軽量の木材であるバルサ材やプラスチック複合材を利用して）、重量が増大する指数を3乗より低く抑えることができた——なんと2・1乗にまで下げたのだ。[8-2]

こうした努力の結果、ブレードの長さを2倍にしても重量は4・3倍にしかならなくなった（$M^{2.1}$）。GE機の記録破りの設計では、長さ107メートルのブレードの重量は55トンで、これよりサイズが大きくなろうものなら重量が致命的な懸念事項となる。よって、GE機よりもブレードが3倍も長い風力タービンは、けっして実現しないだろう。そうなれば重量は10倍（ブレード1枚の重量が約550トン）となり、ナセル（運動エネルギーを電気エネルギーに変える装置を収納する流線型の容器で、ハブに直結している）やタワーに大きな負荷がかかるからだ。

## 小型化競争

次に、サイズを縮小する方向での限界に着目しよう。ごく小さいシリコン製のマイクロチップに、できるだけ多くの部品を搭載しようとする努力は繰り返され、そのたびに記録を更新してきた。1965年に提唱された「ムーアの法則」は、半導体回路の集積密度はおよそ2年ごとに2倍となる増加率が続く〔当初は毎年2倍と予測し、1975年に2年ごとに2倍に修正〕と予測し、たしかに20世紀末まで、この予測は当たっていた。[83] マイクロチップに搭載された部品の数は6桁増え、たった1個のマイクロチップに100億を超える部品が搭載されるようになったのだから。[84] その結果、マイクロエレクトロニクスのコストは着実に削減され、現在のように手ごろな価格で入手できるようになり、いまでは自動車から携帯電話までありとあらゆるものを動かしている。[85]

しかし、限りのある面積に搭載する部品を永遠に増やすのは不可能だ。そして、この「法則」はすでに限界に達している。後述するように、長い年月をかけて築きあげられたマイクロチップの製造技術だけでは、将来のコンピュータの性能向上に対応するのが困難になり（そして大変なコストがかかるようになり）、「ムーアの法則」の終焉を予想せざるをえないだろう。限界に近づいていることを示す最初の明確な兆候は、2008年、世界でもっとも高性能のコンピュータのトップ500のなかでもっとも速度の遅いスーパーコンピュータが、予想されていた処理速度を実現できなかったことだった。[86] そして、その5年後には、トップ500すべてのシステムの性能向上は頭打ちになった。いわゆる「デナード則」（比例縮小則）によって、微細化を進めることが困難になったのだ。デナード則とは、トランジスタが小さくなるにつれて回路全体の消費電力を増やさずに処理速度を上げられることを指し、1974年、IBMのロバート・デナードと同僚らが気づいた経験則だ。[87]

こうしてついに、トランジスタの小型化による利益は得られなくなった。トランジスタが過熱するようになり、処理速度の上昇を妨げはじめたからだ。その結果、CPUの性能を示す1つの指標である動作周波数は、1994年の100メガヘルツから、2004年に3000メガヘルツ（3ギガヘルツ）まで上昇したあと、大半が3・5ギガヘルツ前後に落ち着くようになり、5ギガヘルツが上限となった——デナード則が続いていたら可能になったスピードをはるかに下回っているのだ。[88]そして、コンピュータの性能のもう1つの限界は、マイクロチップ製造にまつわるものだ。フォトリソグラフィ（シリコンの基盤に光を照射して回路パターンを描く工程）はこれまで、どんどん薄くなるトランジスタに回路図を転写してきた。当初のトランジスタの線幅は80マイクロメートルだったが、2020年時点では最小のトランジスタの線幅はわずか5ナノメートルで、1万6000分の1にまで縮小されている。[89]もう1つの驚くべき比較は、5ナノメートルというトランジスタの線幅は、シリコン原子約25個分の幅しかないということだ。

トランジスタの線幅を狭くするたびに、新たな技術開発に巨額の資金を投入しなければならず、そのコストは数百万ドルから100億ドル以上へと上昇した。[90]この製造プロセスのパイオニアであるインテルでさえ、途方もなくコストのかかる小型化競争に見切りをつけ、この分野を台湾のTSMC、韓国のサムスン電子、アメリカのグローバルファウンドリーズに委ねた。だからといって、これで小型化の流れが終わったわけではない。2019年、グローバルファウンドリーズは7ナノメートル設計の開発をすべて中止すると発表し、残るはアジアの2社の

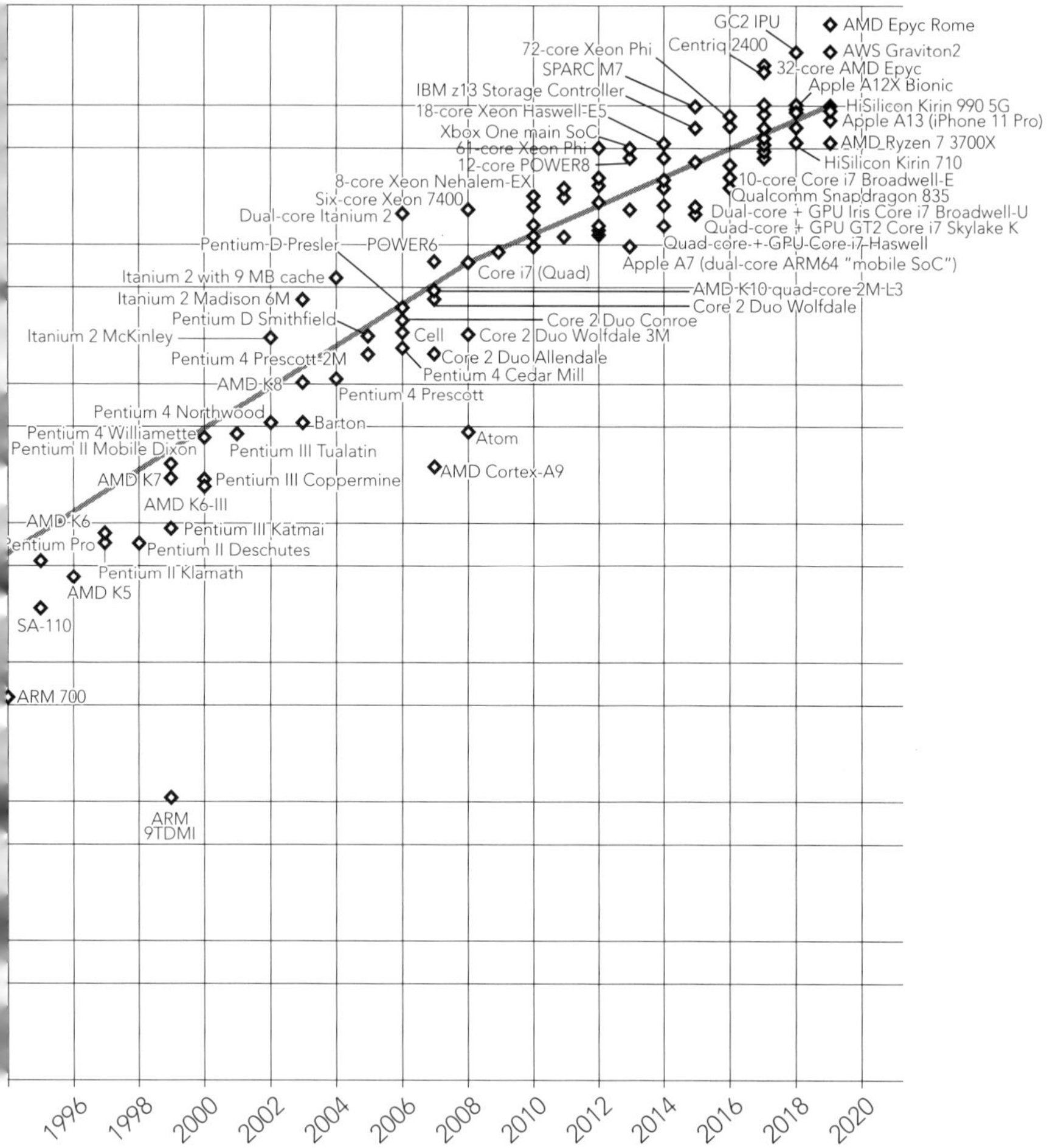


マイクロチップの各製品が発売された年

## マイクロチップ1個に搭載されるトランジスタ数の推移

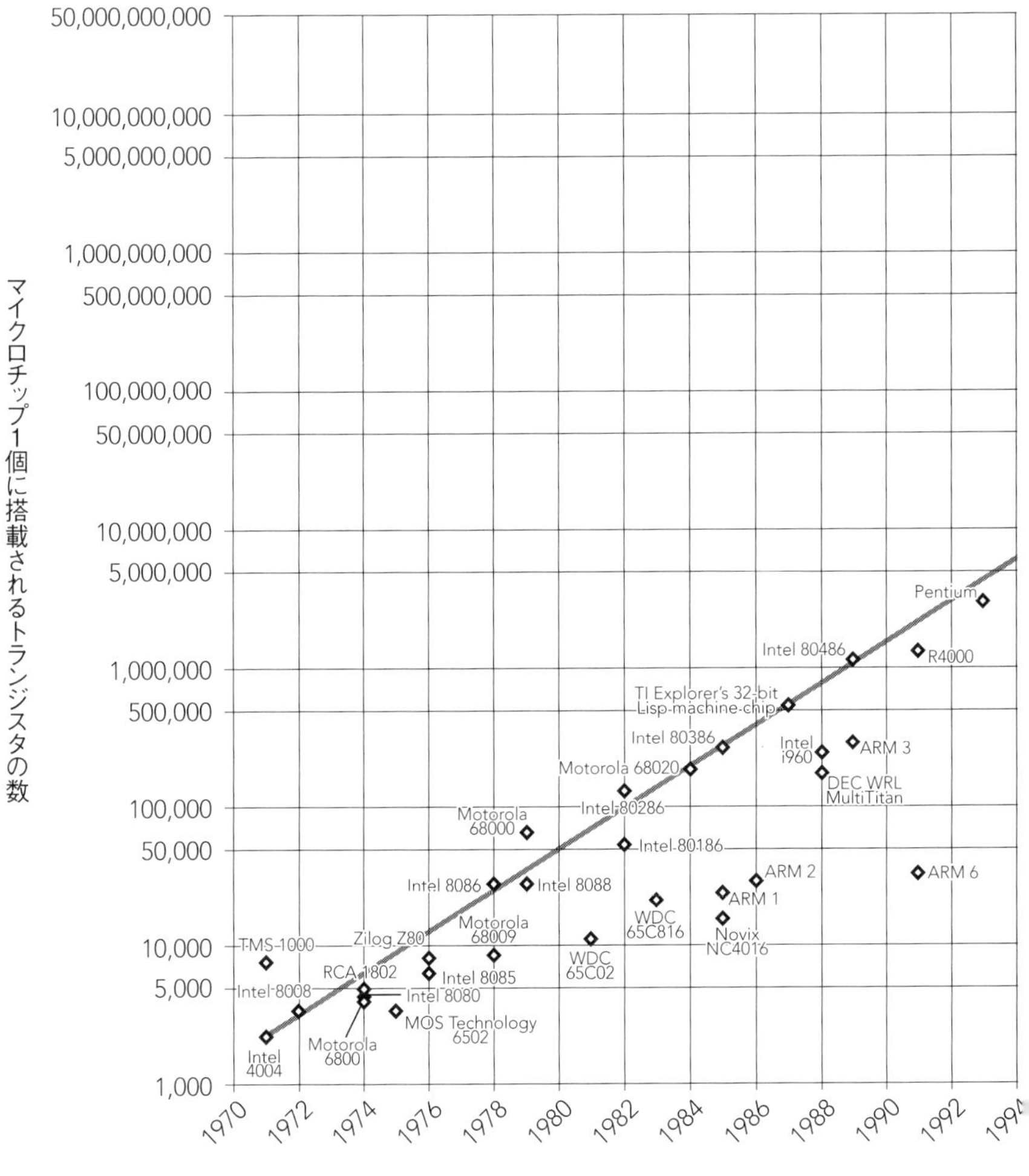


マイクロチップ1個に搭載されるトランジスタの数は、かつては2年ごとに2倍に増えていたが、2008年以降は明確に失速が認められる。

みが10ナノメートル未満の実現に向けて開発を続けているが、2021年、IBMは自社の2ナノメートルの設計であれば、7ナノメートルの製品よりも性能が45％向上し、消費電力を75％節約できると発表した。[9-1]

本章では、現代の人工物のデザインにおける2つの主要な難題について説明してきた。第一に、私たちは人体スケールにもっと注意を払うべきであり、人間工学的な理解をできるだけ広範に活用すべきであるということだ。第二に、すべてのサイズには限界があるため、現代文明における多くの難題を解決するデザインを設計することはできないということだ。だが、勇気づけられることに、この2つの現実には共通点がある。すなわち、合理的な調整が必要なこと、そして常識的な限界のなかにとどめることだ。もちろん、過去に何度もそうしてきたように、こうした問題を無視して突き進むこともできるが、これらの難題にもっと真剣に取り組むこともできるのだ。

# 第5章 スケーリングをめぐる思い込み

身体のサイズが変わるにつれ、生物はどのように変化するのだろう？　体重が75キログラムの女性は、体重が50キログラムの従姉妹《いとこ》より、心臓や肺のサイズが50％大きいのだろうか？　体表面積や血液量も50％多いのだろうか？　長身で筋肉質の体重100キロの男性は、小柄で痩せている体重50キロのティーンエイジャーの男性の2倍の量の食べ物を摂取する必要があるのだろうか？　こうした疑問の答えを知りたいのは、興味をそそられるからだけでなく、できるかぎり答えを出さなければならない現実的な必要があるからだ。

たとえば、自宅で火事に見舞われた女性がいる場合、治療に当たる専門医は、体表面積の何割が熱傷を負っているのか知りたいと思うだろうし、その計算をするためには、体表面積そのものを把握しなければならないだろう。それに、怪我を負った相撲《すもう》の力士が長期にわたって入院し、リハビリに励む場合は、回復のために十分な量の食事をとらなければならない――そのためには栄養士が1日に必要な栄養摂取量を心得ている必要もある。さらにいえば、交通事故で命を落とした小柄だが健康な十代の少女の心臓を、平均的な体重の50歳の男性に移植できるものだろうか？

　こうした疑問に答えるのは、搾乳《さくにゅう》用のウシやヒツジ、肉や脂肪を食用にするブタなど、人間以外のすべての生物にとっても同様に重要だ。もっとも体格のいいウシには、その半分しか体重がないウシの倍量の餌《えさ》を与える必要があるのか？　デンマークでベーコン用に飼育されている超大型のブタは、カナダでできるだけ脂肪分の少ない赤身肉用に飼育されている小型のブタよりも、身体の大きさに比例した多くの量の餌を与える必要があるのだろうか？　一般的な表現で言い換えると、動物の骨格、体表面積（皮膚または皮）、血液量、内臓（脳、心臓、肺、肝臓、腎臓）、生体の主要機能（代謝、心拍、呼吸）は、体重の変化に正比例して変わるのだろうか？　それとも、比例するわけではないのだろうか？

　こうした疑問について、すでに答えを知っているものもあるだろう。小鳥を手に乗せたことがある人なら（私がこのまえ小鳥を手でくるんだのは、季節外れに冷えた9月の夜、死にかけていたハチドリを温めたときだった）、その心臓の鼓動が自分よりずっと速いことに気づいただろう。それに、リスが食料を求めてつねに動きまわっていることも知っているだろう。タンザニア北部セレンゲティ大平原のライオンたちが、殺したばかりのバッファローの肉を腹いっぱい食べたあと、点在する木陰でまどろんでいるようすも見たことがあるかもしれない。このライオンたちは、おそらく数日間はなにも食べなくても平気だろうし、1週間、肉にありつけなくてもやっていけるだろう。[1]　ということは、すべての小型動物は心臓の鼓動が速く、すべての大型動物は断続的に食べれば生きていけるのだろうか？　また、あきらかに不均衡なスケーリングがあるのなら、身体のサイズが大きくなるにつれて、身体全体の重さに対する割合が大きくなるのはどの臓器で、小さくなるのはどの臓器だろう？

それに、非常に小さい生物、あるいは非常に大きい生物は、体重がその中間に当たる生物とまったく同じ経験をして生きているのだろうか？ 1713年、ダブリンの聖パトリック教会の首席司祭に就任したジョナサン・スウィフトは、このテーマをストーリーに盛り込もうと考え、のちに傑作として世に知られるようになった『ガリバー旅行記』の執筆に着手したが、そもそもの前提が間違っていた。つまり、体格が大きくなったり小さくなったりして、身体のサイズが激変しても、人間の機能や行動はまったくそこなわれることがないと考えたのだ。よってスケーリングという魅力的なテーマを探検するには、レドリフ（架空の町）在住でありながら、一所《ひとところ》に腰を据えて暮らせない性分《しょうぶん》の船医で、のちに船長になっ

ジョナサン・スウィフトが1726年に発表した傑作『ガリバー旅行記』の扉絵に描かれた主人公レミュエル・ガリバー

た主人公レミュエル・ガリバーのこの冒険記を引き合いに出すのが打ってつけであるはずだ。スウィフトは、１７２６年に出版し、不朽の名作となったこの「世界の諸僻地《しょへきち》への」旅行記のなかで、小人が暮らすリリパット国や巨人が暮らすブロブディンナグ国に主人公ガリバーが旅した顚末《てんまつ》を語っているのだから。[2]

あらかじめ伝えておくが、スウィフトがスケーリングを正しく理解していなかったからといって、この傑作の輝きが陰《かげ》ることはけっしてない。『ガリバー旅行記』に対する批判としては、イギリスの代表的文人サミュエル・ジョンソンの言葉（「小人と巨人を思いつけば、あとは誰にだって書ける作品だ」）がよく引き合いに出されるが、[3]これは賢明な芸術的選択に対する不当なこきおろしであるだけでなく、とんでもなく大きくなったり小さくなったりするサイズの変化が内包する深意へのジョンソンの無理解をあばきだしている。スウィフトのスケーリングの間違いを訂正して、ジョンソンがこの物語を語りなおしたところで、そんな話がはたして面白いだろうか？　スウィフトの想像の旅行記は容赦なく辛辣《しんらつ》でありながら、魅惑的な散文であり、私の愛読書だ。スウィフトが「世間を慰撫《いぶ》するためではなく、いらだたせるため」にこの作品を執筆したことを、私は知っている。[4]

そこで、首席司祭を務めていたスウィフトのあら探しをするようでしのびないが、まずは基本的な事実から説明していこう。スウィフトは、ブロブディンナグ国（巨人だけが暮らしている国）への旅行記のなかで、ガリバーの身長が「せいぜいスプラックナック（この国に棲息《せいそく》する優美な姿の動物で、体長6フィートほど）」くらいだと描写している。6フィートは約１８２センチ

［お詫びと訂正］

〈NHK 出版〉

『SIZE——世界の真実は「大きさ」でわかる』をお買い上げの皆様へ

上記書籍に、以下の誤りがありました。

お詫びして、訂正いたします。

《誤》（p.132 上図　黄金比で分割した線分）

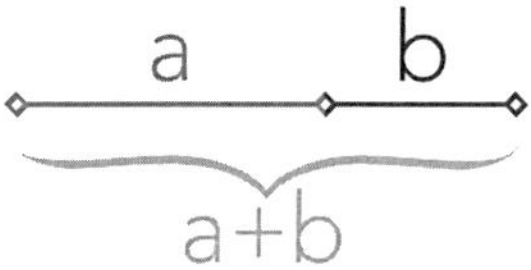


$a : b = a : (a + b)$

《正》（p.132 上図　黄金比で分割した線分）

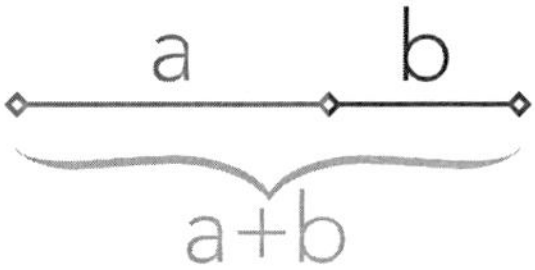


$a : b = (a + b) : a$

《誤》本文 4 行目〜 5 行目

つまり、黄金比は「$a : b = a : (a + b)$」という等式が成り立つ比率であると定義したのだ。

《正》本文 4 行目〜 5 行目

つまり、黄金比は「$a : b = (a + b) : a$」という等式が成り立つ比率であると定義したのだ。

メートルで、18世紀イングランドの男性の平均身長はこれより低かった（170センチほどだった）ため、ガリバーの身長は175センチと仮定しよう。[5] この小説の最初のほうでは、リリパット国（小人の国）で数学者が「四分儀を使って私〔ガリバーのこと〕の身長を測った」ところ、リリパット国民の身長とは「12対1」の比で自分の身長のほうが高かったと記されている。つまり、小人たちの身長は約15センチ（万年筆や短めの歯ブラシ程度の長さ）であり、ブロブディンナグ国ではその比が逆なので、巨人の身長は21メートルほどになる――7階建てのビルか、そこそこの大きさのトウヒ〔エゾマツの変種〕と同じくらいの高さだ。体格については、リリパット国の数学者たちは「身体つき自体は似ているので、私〔ガリバー〕の身体は、少なくともリリパット人1724人分に相当すると考えた」のだった。

1803年、風刺画家ジェームズ・ギルレイは、ブロブディンナグ国の国王をカラーエッチングで描いた。国王の頭部やガリバーの身長などの比較から推測するに、国王の身長はおそらく国民の平均身長（21メートル）には届かず、15メートル強あたりだろう。

## ■スウィフトの間違い

さて、先の文章には、間違いが2か所ある。1つめは、代数のちょっとした計算違い、2つめは根本的な仮定の誤りだ。まず、簡単な計算違いは、12の3乗（12×12×12）が1724ではなく、1728であること。スウィフトはガリバーの体重を明記していないが、現代の人体測定学では身長が175センチメートルで中肉中背の成人男性の体重は64〜70キログラムであることがわかっている。[6] ガリバーの体重が67キログラムだと仮定すると、リリパット人の体重はわずか39グラム弱で、トガリネズミ〔世界最小の哺乳類〕よりもわずかに重い程度だ。その反対に、ガリバーの1728倍であるブロブディンナグ人の成人男性の体重は11万5776キログラム、すなわち116トン弱という計算になる——史上最大の恐竜よりも重いうえ、さらに根本的な違いがある。ブロブディンナグ人の場合、直立の二足歩行の身体でその体重を支えているのだ！

### 大きすぎて歩けない

スウィフトがみずから仮定を立てて、この怪物ほどの体重を実際にはじきだしたのかどうか、正確なところはわからない。もし、スウィフトが計算していたとするなら、このとんでもない体重に躊躇《ちゅうちょ》を覚えたはずだ——が、多少の違和感は無視したのかもしれない。つまり、この架空の旅行記の執筆を続けるには、ほかの条件が同じでサイズだけが違うという仮定を守らなければならなかったのだろう。1948年、動物学者のフローレンス・モーグは、「あれほどの巨躯《きょく》を、人体のプロポーションの枠組みに入れて動かすのは無理なことくらい、鋭い観察眼がなくてもわかる」と痛烈に言い放ち、ブロブディンナグ人の体格が大きすぎることを指摘し、続いて脚の長さについても分析している[7]。たとえば、ガゼルのすらりとした脚の長さは、体高（地面から肩までの高さ）の3分の2ほどだ。ウマは身体が重く、脚の長さは体高の半分程度。そしてゾウの身体を支える丸みを帯びた脚の長さは、体高の3分の1にも達しない。そこで、モーグはこう結論を述べている。「ゾウの前脚の周囲を1周した長さが体高の2分の1もあるという動物園の飼育員の計算方法を利用すれば、ブロブディンナグ国では女性の足首の優美さなど関心の対象ではなかったのはあきらかだ」と。

もっと言えば、それほど巨大な生き物がはっきりと首とわかるようなものをもつのは構造的にかなりむずかしく、人間のようなアーチ状の足裏で歩くこともできないはずだ。というより、そもそも、直立歩行ができないだろう。だが、以上のような指摘は実際には意味をなさない。というのも、ガリバーの身長の12倍、あるいは12分の1の生物がいたとしても、スウィフトの描写ほどには重くもならなければ、軽くもならないからだ。こうした曲解は、スウィフトの大きな勘違いから生じた。体重（$M$）は、身長（$L$）の3乗に比例するという仮定、「$M \sim L^3$」（~は比例をあらわす記号）が間違っていたのである。この比例が当てはまるのは、生命のない完璧な立方体や球体だけであって、体温を一定に保つ複雑な代謝をおこなう複雑な形の三次元の生物である哺乳類には当てはまらないのだ。

スウィフトが『ガリバー旅行記』を出版してから約１５０年後、ベルギーの数学者・統計学者アドルフ・ケトレー（彼の功績は第7章で詳述する）は、体重と身長に関する多様なデータを用いて、「身長が異なる成人の体重は、身長の2乗に比例することがわかるだろう」と結論づけた。[8] つまり、人体の実際のプロポーションは「$M \sim L^2$」となる。体重は身長の2乗（3乗ではない）に比例するのだ。この事実は１８３３年から知られていたが、スウィフト説の誤りを分析する近年の出版物のなかには、不可能な「$M \sim L^3$」説にいまだに固執しているものがある。たとえば、リリパット人の脳組織には人間の１７２８分の１（０・０６％未満）のニューロン（神経細胞）しかないので、人間のような知性があるはずがないと指摘しているのだ。[9] 人間のような知性があるはずがないという結論は正しいが、脳の容積の計算は（後述するように）間違っている。

ケトレー指数（$M \sim L^2$）は、アメリカの生理学者アンセル・キースが、食事（とくに脂肪とコレステロールの摂取量）と心血管疾患による死亡率に関する有名な疫学研究をおこなった際に確認された。１９７２年、キースはケトレー指数をボディマス指数（ＢＭＩ）と改名し、以来、多くの富裕国で過体重や肥満の人の割合が増加していることから、この指標が広く使われるようになった。[10] この肥満度をあらわす指標を計算したければ、体重（キログラム）を身長（メートル）の2乗で割ればいい。標準の（肥満でも低体重でも栄養失調でもない）範囲は18・5～24・9。たとえば、身長１・６メートルの女性の体重が55キログラムの場合、ＢＭＩは望ましい範囲のほぼ完全な中央となる（$55 \div 1.6^2 = 21.5$）。

ガリバーのＢＭＩも同様に健康的な範囲（21〜22）であったと仮定すると、体重は約67キログラム（$22\times1.75^2=67.4$）になる。平均的なリリパット人（ここでもＢＭＩは22と仮定）の体重はきっかり５００グラム、あるいは１キログラムの半分をわずかに下回る程度だろう。適切にスケーリングすれば、成人のリリパット人の体重は、スウィフトの誤った推定値の10倍以上となり、小さなトガリネズミと同じくらいどころか、トウブハイイロリスや、白黒の見た目が愛らしいワタボウシタマリン（コロンビアの樹上で暮らすサルの一種、体重４００〜４２０グラム）より少し大きい程度になる。[1-1] その反対に、ブロブディンナグ国の成人男性の体重は９７０２キログラムになるだろう（スウィフトが計算間違いした体重の10分の1未満）。たしかに10トンに近い体重にはなるが、大型のオスのアフリカゾウならそのくらいの体重がある。ただし、直立二足歩行が可能な身長よりは、はるかに背が高い。

## 強さは大きさに比例しない

リリパット人の体重については、身長の３乗から割り出すよりも、０・５キログラムほどと見積もるほうがはるかに現実的ではあるが、それでもいくつか疑問が残る。体重は身長の２乗に比例するというケトレーが発見した法則は、成人の体格のみから導きだされたものだが、これはすべての霊長類にも当てはまるのだろうか？　霊長類の体重は１００グラム未満（アフリカの小型原猿類ガラゴなど）から１８０〜２００キログラム（最大のオスゴリラ）まで、大きな幅があるというのに？　ガリバーの体重はおそらくリリパット人より１３４倍ほど重く（１７２８

倍ではない)、この比は最小と最大の霊長類の体重差の比よりも小さいため、ガリバーとリリパット人の体重のスケーリングの範囲は妥当といえるだろう。これとは対照的に、巨人ブロブディンナグ人に近い身長と体重で陸上を二足歩行する哺乳類は、いまだかつて存在したことがない。なにしろ、ガリバーの約145倍(1728倍ではない)も身体が重く、その身長(21メートル)は、もっとも身長が高い霊長類より7倍は高いのだから。[12]

21世紀に入ると、スウィフトの計算(体重は身長の3乗に比例する)は、すぐに見なおしを迫られたはずだ。恐竜に関する知識がある人間なら、そんな生物が存在しているとするなら、いったいどんな行動をとるだろうと疑問に思うからだ。スウィフトの計算によれば、ブロブディンナグ国の成人男性の体重は、かのティタノサウルスの分類群に属する四足歩行の竜脚下目と同じくらいあることになる。それにもかかわらずスウィフトは、小人たちも巨人たちも、歩く、跳ぶ、ウマに乗る、軍隊で訓練を受ける、帆船を操縦するなど、人間とまったく同じ行動をとれると仮定した。これが、スウィフトが犯した第三の——そして二番目に重要な結果をもたらす——誤りだった。なぜなら、これほど劇的にサイズが変われば、その極端なサイズの生物の解剖学的構造、代謝、行動にも重大な変化が生じないはずはないからだ。

このちょっとした誤りでスウィフトを非難するのはフェアでないだけではなく、見当違いというものだ。なんといっても、彼がケンブリッジで短期間受けた教育は神学であり、彼は卑下して「神学の重鎮ではない」と自己評価しているのだから。[13]それに数学者でもなく(統計学は学問の一分野としてまだ登場していなかった)、生物学者でもなかったからだ。『ガリバー旅行記』

の初版が刊行されたのは、カール・フォン・リンネのかの『自然の体系（*Systema Naturae*）』が刊行される9年前のことだった。さらに、チャールズ・ダーウィンが種の起源に関する説を発表する1世紀以上前のことである。スウィフトが執筆において意図したのは、無慈悲なまでの風刺であり、人間の愚かさをあばきだすことであった——まだ誕生していないスケーリングという科学のレッスンを授けるつもりなどなかったのだ。

しかし、注目すべきことに、スケーリングに関する勘違いは、『ガリバー旅行記』の88年前に刊行されたガリレオ・ガリレイの『新科学対話』を読む機会に恵まれていれば、避けられたかもしれない。[14] この作品の第1日目の対話の冒頭で、3人いる対話者の1人サグレド（ガリレイの友人にちなんで命名された一般人）はこう言う。「力学の基盤は幾何学にあり、そこではたんなるサイズは意味をなしません……大きな機械が、小さな機械とまったく同じ比率の部品でつくられたとしましょう。小さい機械の部品が十分な強度を保つように設計されていれば、大きな機械もまた、どれほど厳しく破壊的な試験にも耐えられるのではないでしょうか」と。

これに対して、サルヴィアーティ（対話者3人の2人目。ガリレイの分身である学者）は、「一般的な考え方は、ここでは完全に間違っています」と即答し、同じ材料でつくられ、全体に対する部品の大きさの比率が同じである機械は、外部からどれほど力をかけられても同じだけの（あるいは比例した）強さで抵抗できるという考え方を捨てなければならないと、サグレドに進言する。「大きな機械が小さな機械よりも、大きさに比例して強いわけではないことは、幾何学によって証明できます。突き詰めて考えれば、すべての機械と構造には、それが人工のもの

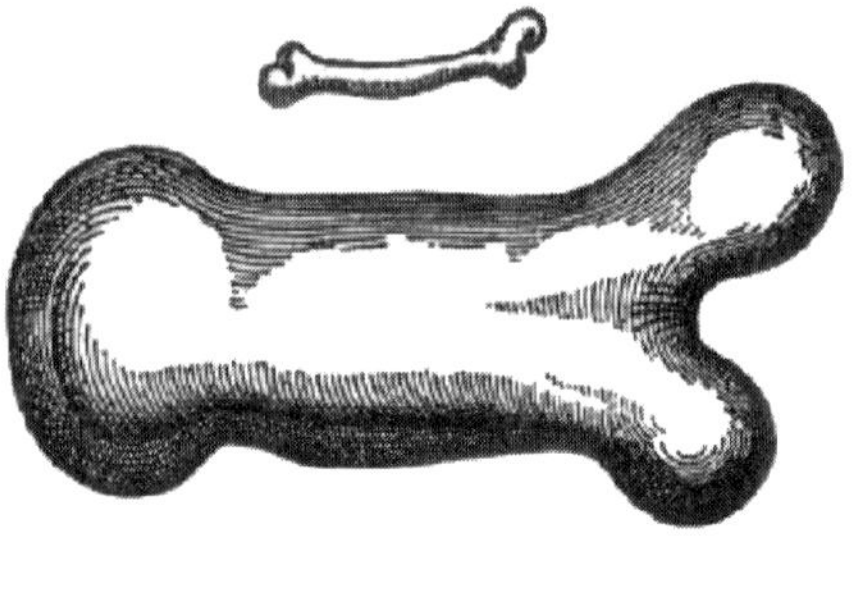

サルヴィアーティが骨格の強さについて説得力のある説明をする際に、比較のために描いた2本の骨の絵

であれ自然のものであれ、超えられない限界がかならず設けられているのです」と。

機械に当てはまる限界は、すべての生物にも当てはまり、サルヴィアーティは続けて、人間の骨の3倍ほど大きいサイズの骨の絵を描く。大きいほうの骨はグロテスクなまでに巨大だ。そして、サルヴィアーティはこう説明する。

普通の人間と同じプロポーションの手足を巨人にもたせたいのであれば、骨にはもっと硬くて強い素材を用いなければならないでしょう。それができなければ、巨人は普通の体格の人間と同じような骨格の強さを維持できないことを認めなければなりません。というのも、背丈がとんでもなく伸びれば、巨人は自重で倒れ、つぶれてしまうでしょうから。いっぽう、背丈が低くなった場合、骨格の強さは同じ割合で弱まるわけではありません。実際には身体の寸法が小さくなるほど、骨格は相対的に強くなるのです。よって、小さいイヌなら同じ大きさのイヌを2匹も3匹も背中に乗せられるでしょうが、ウマは同じ大きさのウマを1頭も乗せられないでしょう。

## 極大と極小の違い

スウィフトの根本的なプロポーションの誤解に対して、先のサルヴィアーティの説明ほど明確で説得力のあるものはないだろう。ここでは、人間に似た生物が縮小・拡大化した場合、どんな影響が及ぶのかを考えてみよう。人間の体表面積は身長の2乗、体積は身長の3乗に比例するため、サイズが小さくなるほど、体積に対する体表面積の比率が大きくなる。そのため、小さい動物は大きい動物より、体熱を早く放出する。熱損失は体表面積に比例するのだ。最小の哺乳類といわれるコビトジャコウネズミやキティブタバナコウモリ——どちらも体重たった2グラム、体長3～5センチメートルで最小哺乳類に数えられる——よりもサイズが小さい恒温動物は存在しない。リリパット人の場合、体重はこうした最小哺乳類の200倍ほどあるが、身長は3～5倍ほどしかないため、それほど急速に体熱を放出しないだろう。それでも、非常に小さい動物の例に漏れず、人間よりはるかに速く熱を失うため、頻繁に食べなければならない——「決められた時刻に1日に3度」より、間違いなく回数が多いのだ。

極小であることの、もう1つの避けられない帰結は、濡《ぬ》れると大きな負担がかかることだ。体積に対する体表面積の割合が大きいため、水中から出たり大雨でずぶ濡れになったりすると、体格と比較して大量の水が小さな身体に付着する。人間の成人男性であれば、その量は体重の1％ほど（取るに足らない量）ですむが、リリパット人にとっては体重の10～15％に相当し、ずっしりとした冬の厚手のコートを着ているような負荷がかかる。アメリカの物理学者フィリップ・モリソンは、1968年、マサチューセッツ工科大学のクリスマス講演でこう話した。

「リリパット人はしょっちゅう腹をすかせていて、せわしなく動きまわり、活動的で礼儀正しいが、小雨に打たれただけでずぶ濡れになってしまう。こうした特徴は、ハツカネズミなどの多くの小型哺乳類に見てとれる」と。[15]

では、ブロブディンナグ人の場合はどうだろう？　ケトレーの指数によって算出すれば、それでも体重が10トン近くあるため、熱に関してリリパット人とは逆の問題が生じるだろう。巨体の内部で過熱が生じると、活発な行動によりさらに過熱するからだ。歩行に関していえば、すべての哺乳類の限界はおもに骨の成分によって設けられる。とはいえ、どれほどの体重に耐えられるかは、最大のオスのアフリカゾウ程度まで大きくなった人類を想像すればいいだろう――ただし、身長はいまの4倍以上高く、二足歩行するだけではなく、走ったり、ウマの鞍に飛び乗ったり、ウマを走らせたりできる能力が必要なものとして。[16]

ガリバーの記述から推測すると、ブロブディンナグ国のウマの体重は70～75トンとなり、いまのところ史上最大の恐竜と考えられているアルゼンチノサウルスと同じくらいの重さがある。アルゼンチノサウルスの体高は21メートルほどで、ブロブディンナグ国の軍馬と同じくらいだ。[17]軽快な足取りで歩く普通のウマと同じプロポーションで巨大化したウマ、つまりアルゼンチノサウルスほどの大きさのウマが、後ろ脚で立ったり、人間を乗せたり、くるりと回転したり、全速力で走ったりしているところを想像するのはむずかしい。

集団遺伝学の開拓者の1人に数えられるイギリスの生物学者J・B・S・ホールデンは、ジョン・バニヤン著『天路歴程』に登場する、昔は教皇と異教徒だったという2人の巨人（身長は18メートルほどで、ブロブディンナグ人よりわずかに低い）の例を引用して、同様にスケーリングの問題点を指摘した。この巨人たちの骨は、人間の骨の単位面積当たりで10倍の重さを支えなければならないと、ホールデンは考えた。だが、人間の大腿骨は人間の体重の10倍もの負荷がかかると折れてしまうので、この2人の巨人は、想像を絶するほどの大きさ（恐竜と同じくらい）のウマと同様、「1歩歩くたびに、腿《もも》の骨が折れるはずだ」と。[1-8] 地球上でこれほどの体重を維持し、支え、動くための唯一の方法は、水生動物になることだろう。哺乳類で地球最大のシロナガスクジラの成体は、体重が100トンを超え、200トンに迫るものもある。[1-9]

サイズによって差が生じるもう1つの顕著なものは、重力の効果だ。サイズが小さくなるにつれ、重力の影響も小さくなり、空気抵抗と粘性力が重要となる。逆さになって葉っぱにくっついて這いまわったり、天井に貼りついたりできる昆虫は重力を無視できるが、濡れないように気をつけなければならない。そして、生物が落下したり転倒したりした場合、その先の運命を左右するのはサイズだ。空気抵抗の大きさは動く物体の前面の水平断面の面積に比例する。小さい生物では体重に対するこの面積の割合が大きいため、大きい生物よりも空気抵抗がはるかに大きくなる。また昆虫は、灌木《かんぼく》から地面に落下した衝撃でつぶれる危険はまったくない。よって、リス程度の大きさであるリリパット人は、小動物の大半がそうであるように、だいぶ高いところから落ちたとしても、たいした怪我はしないだろう。だが人間は、それほど高くないところから落ちても、骨折する危険がある。同様に、同じくらいの高さから大型動物が落下しようものなら、確実に命を落とすだろう。言わずもがなではあるが、ブロブディンナグ国のウマが深い立坑に落ちたら、原型をとどめないほどつぶれてしまうはずだ。

## サイズのみを変えることはできない？

ホールデンはまた、サイズと複雑さの関係についても基本的な見解を述べた。極端に小さい蠕虫《ぜんちゅう》はなめらかな皮膚を通じて必要な酸素をすべてらくらくと吸収できるし、その原始的な腸はまっすぐで短い。かたや、大型動物は複雑な内臓を必要とする（人間の肺の表面積は空気を吐きだしたときで30〜50平方メートル）。よって、ホールデンは次のように適切な対照法を用いて、記憶に残る指摘をした。いわく、「高等動物が下等動物より大きいのは、より複雑な構造をしているからではない。より大きくなったから、どんどん複雑になっていったのだ。同じことは植物にも当てはまる」。

もっとも単純な植物（最小の藻類《そうるい》）は、水中の、あるいはさまざまな物の表面に付着した、丸い細胞でしかない。いっぽう、最大の植物である樹木は、太陽の放射エネルギーを吸収する広範な表面（すなわち葉）を頑丈な幹で支えなければならない。だから、スウィフトの「サイズ以外、万物の構造はすべて同じである」という基本的な想定は、彼の考える、並外れて小さかったり大きかったりする世界で育つ穀物にはまったく当てはまらない。ためしに、サイズの変化がもたらす結果のもっともわかりやすい例として、ガリバーの時代における主要な農作物である小麦で説明してみよう。

現代の春まき小麦の短稈《たんかん》品種は、地上部バイオマス〔小麦の場合は葉や茎を合算した量〕の減少を目的に数世代にわたって改良を重ねた成果として、たいてい高さが70センチメートルほどに抑えられている。[20]現代の品種では、小麦の約半分が穀物として収穫され、残りの半分は茎と葉である。これとは対照的に、この一年草の昔ながらの品種は背が高く、1・5メートルを超えるものもめずらしくなく、穀物の重量の4倍もの藁《わら》が出ていた。[21]ガリバーの時代のイングランドの小麦の高さを1・3メートルと仮定すると、リリパット国では比例して小麦の高さが11センチメートルに届かず、ブロブディンナグ国では15メートルを超えて5階建ての家の高さに相当する（ちなみにアメリカの樹木の高さの平均は23メートル）。

一年草の主食穀物は、1シーズンの成長を終えると茎がすっかり乾いてしまうため、それほど背が高くはならない。大規模に栽培されているもっとも背が高い穀物であるアメリカのトウモロコシでも、その高さは真夏で平均2・4メートルだ。[22]植物の背が高くなるにつれ、葉を茂らせるために割り当てられる乾燥重量〔植物が吸収・蓄積・生産した水以外のすべての物質を指し、ここでは植物それ自身を成長させる栄養素の意味合い〕の量が減り、構造的な部分、とくに茎へと割り当てられる量が増える。これが、サイズが大きくなることの代償である。個々の植物が日光、土壌の養分、水分を確保しようと競争するうちに、葉の面積が広くなると、光合成のための新たな表面を支えるために必要な構造組織の重量も比例して増えなければならないのだ。小麦が高さ15メートルになれば、藁になる茎で支えることはできず、竹のように太い空洞がある、背の高い多年性植物にならざるをえないだろう。

また、ブロブディンナグ国の巨大なスケールで、小麦のような密度で植物を栽培するのは不可能だろう。小麦の標準的な栽培方法では、1ヘクタール当たり350万本の茎を育てられる品種がある（1平方メートル当たりの茎数350本、小麦1株当たりに要する面積は5平方センチメートルほど）[23]が、成長するにつれ、単位面積当たりの小麦の茎数を減らす「自己間引き」（生存競争によって生育の悪い個体が枯死する現象）を迫られ、背の高い茎の成長が阻まれる。現代の匍匐《ほふく》型の多様な品種（高さが20センチ未満）では1ヘクタール当たり1000万本以上の茎数がある。高さ70センチの小麦は、前述の通り1ヘクタール当たり約350万本の茎数、高さ2・5メートルのトウモロコシでは1ヘクタール当たり平均7万5000株だ。しかし、竹林では1ヘクタール当たり400本ほどしか成長しないだろうし、竹のように巨大な小麦を想定しても同じことが言える。[24]

「サイズ以外はすべての構造が同じ」という推論の誤りを示すための計算は、まだまだ続く。ブロブディンナグ国のウマは恐竜よりも背が高いとした場合、そんなウマの頭部に血液を送り込むには、どれほどの力が必要になるのだろう？　あるいは、竹のような茎（直径が15センチはある）をもつ高さ15メートルもの巨大小麦を刈るには、どれほどの力が必要になるのだろう？そもそも、こうした作業に耐えられる心臓などあるのだろうか？　巨大小麦の刈り取りに必要な大きさの鉄製の鎌を扱うことができるのだろうか？　このように、スウィフトの空想上の旅行記を読んでいると、数々の疑問が頭によぎるし、いちいち誤りを訂正したくなる。もちろん、フィクションとしてはわくわく楽しめるが、現実にはそぐわない。それでも私たちは、巨大な世界と極小の世界でのガリバーの経験を「サイズのみを変えることはできない」という事実を学ぶ機会として利用することができる。サイズが変われば、ほかの条件もすべて変わらざるをえないのだ。

よって、私たちは首席司祭だったスウィフトに二重の感謝を捧げるべきだろう――彼が正しく理解していたことと、誤解していたことの両方に。『ガリバー旅行記』はまた愉快な冒険譚、風刺画、政治的な寓話《ぐうわ》、社会批評、容赦ないまでの分析、そして人間性に関する深い洞察で、いまなお私たちを魅了する。そのうえ、意図してはいなかったものの、生物におけるスケーリングの影響と結果を軽視しようものなら、どんな誤りを犯すことになるのかを的確に説明する例をふんだんに提供しているのだ。

さらに、スウィフトはもう1つ、根本的な計算間違いをしている。まずは、サイズの変化によるスケーリングのもっとも重大な結果――体重の変化にともなう代謝の変化に着目してみよう。この誤りを訂正しようとする道のりは、一連の新たな科学的探究の旅から始まったのである。

## ■アロメトリーの歴史

生物に不可欠の構造（骨など）や機能（皮膚、内臓など）の特徴は、サイズの変化に対して、どのような割合で変化するのだろう？　こうした関係を体系的に調べはじめたのは、いつの時代なのだろう？　人体の器官や内臓のスケーリングを定量化する最初の試みは、ほかの数々の新たな科学的探究と同様に19世紀後半のドイツで始まった。１８７９年、ドイツの医師カール・メーは、体表面積を体重の関数として定量化する試みを記した長大な報告書を発表した。[25] 報告書が長大なものになったのは、検死解剖の際に内臓の重さや容積がかなり容易に測定できるのに比べて、皮膚の総面積を測定するのは19世紀にはとてつもなく困難だったからだ。

## 体重と脳のサイズ

メーは、体表面に単純な図形の印をつけ、その図形をトレーシングペーパーで写したあと、幾何学を利用して、あるいは紙の重さを量って体表面積を計算した。円筒上の部分（脚、腕、胴体）に関しては、ミリメートル幅の短冊状の紙ですっぽりと包むという手法をとった。彼が調査したのは、生後6日から66歳までのたった16人（子ども10人、成人6人）で、あきらかにサンプルの数が少なすぎるため、確固たる結論を導きだすことはできない。それでも、彼が発案した、体重との相関関係から体表面積を割り出す公式（体表面積は体重の2/3乗に比例する）は、150年近くたった現在でも使われている。1915年には、2人のアメリカの医師デュボア兄弟が、体重と身長の両方の値から体表面積を割りだす計算式を発表した。注目すべきことに、1916年から2010年までの期間に、ほかにも20以上の計算式が発表されたにもかかわらず、デュボア式はいまでも利用されている。[26]

1892年、こちらもやはりドイツの医師であったオットー・スネルが、体重の増加に対して不釣り合いな増加しか認められない臓器のスケーリングの研究に初めて取り組んだ。[27] データが入手可能であったため、スネルが研究対象に選んだ臓器は人間の脳だった。すると、体重の増加に対して、すべての臓器のなかで、脳がもっとも増加率が低いことがわかった。このことは哺乳類の身体が重くなるほど、身体全体に占める脳の割合が小さくなることを示している。スネルは20種の哺乳類と25種の鳥類のデータを示したが、そこから一般論を導きだすことはしなかった。彼が調べた哺乳類では、予想どおり、体重が重いものほど身体全体に占める脳の割合が小さくなり、最大がトガリネズミの23分の1、最小はホッキョククジラの2万2000分の1だった。

5年後の1897年、オランダの解剖学者ウジェーヌ・デュボアは、脳のサイズと哺乳類の身体のサイズとの関係について、長い報告書を発表した。そして非常にシンプルな一般式「$e = cs^r$」を発案した。$e$は脳の重さ、$c$は脳化係数（身体全体の大きさと脳の大きさのあいだにある一定の関係を示す係数）、$s$は体重、$r$は相関係数である。[28] この式は科学者が実際に「べき乗則」（指数が自然数の場合は「累乗」、自然数とは限らない場合は「べき乗」と呼ぶ）を使用した最初の例だった。つまり、ある量が変化すると、もう1つの量がどのような割合で変化するかを計算したのである。べき乗則のもっともわかりやすい例は、正方形の拡大だ。1辺の長さ$x$を2倍にすると、その面積$y$は「$y = x^2$」で、4倍になる。

そのわずか1年後、フランスの若き生理学者ルイ・ラピック（1866〜1952年）がデュボアの式を用いて、同一種内（イヌから調べはじめた）と異種間で、体重に対する脳の重さの割合の比較を始めた。1907年、ラピックは近縁種（齧歯類、草食動物、霊長類を含む）の脳重量と体重の関係を描いたグラフを発表した。このグラフは身体の大きな動物がそれと比例して大きな脳をもつわけではないことを明確に示している。[29] こうしてデュボア兄弟はサイズの従属変数を割りだす「べき乗」の計算式を、ラピックは脳の重さと体重のスケーリングを明示したグラフを作成し、現代のスケーリング研究の基盤を築いたのである。

## 等成長と相対成長

科学の進歩の歴史ではよくあることだが、デュボア兄弟とラピックはともにフランス語で報告書を執筆したので、スケーリングの歴史を英語で綴る記述ではまず取りあげられない。いっぽう、チャールズ・ダーウィンの有力な支持者であったトマス・ヘンリー・ハクスリーの孫で、キングス・カレッジ・ロンドンで実験動物学の名誉講師を務めたジュリアン・ハクスリーの研究は、大きく取りあげられている。ハクスリーが初めてスケーリングに関する研究を発表したのは1924年のことで、シオマネキというカニのオスの片方のはさみが異常に大きく成長する現象を短い論文で取りあげ、この現象を「不等成長」と呼んだ。[30] ハクスリーは、成長する甲羅の大きさと、肥大した片方のはさみの長さを測定し、2つの値の対数の散布図を描いたところ、その線は直線に近くなり、はさみが甲羅よりも速く成長していることを明示した。はさみの成長を示す線の傾きが、甲羅の成長を示す線の傾きより大きかったのだ。

1932年、ハクスリーは相対成長《アロメトリー》の問題に関する長い論文を発表した。というのも、その前に発表した論文は内容にまとまりがないと考えたからだ。[31] 彼の名前が「べき乗則」を用いるスケーリングと強く結びつけられるようになったのは、その4年後、フランスの動物学者ジョルジュ・テシエと共同でネイチャー誌に発表した短い論文で「アロメトリー」(allometry の allos

には古代ギリシャ語で「他者」、metronには「尺度」の意味がある）という言葉を使い、この新たな研究分野にいまも残る名前をつけたからだろう。[32]
　オスのシオマネキの場合、はさみが身体のほかの部分よりはるかに速く成長するため「優成長」となる。これとは反対に、ある器官が全体よりゆっくりとした速度で成長する場合は「劣成長」となる。[33]

オスのシオマネキのはさみ（片方だけ大きく成長している）

　しかし、ハクスリーが示したアロメトリーのスケーリングの例は、カリフォルニア農業試験場に勤務していたスイス人生物学者マックス・クライバーが、ハクスリーの著書と同じ1932年に発表した報告書で代謝と動物の体重の関係を定量化したものほどには有名にならなかった。[34]
　代謝スケーリングは次章のテーマなので、本章の残りのページでは質量（体重）に関連するその他の構造的・機能的な変数について見ておこう。なぜ、重さに目を向けるのか？　サイズに関する変数は多々あるが、高さ、長さ、幅、円周といった線形的な尺度は、それぞれ独自の定義を必要とする。たとえば、ウマの体高は地面から頭のてっぺんまでではなく、肩甲骨のあいだのもっとも高い部分に当たる「鬐甲《きこう》」までを測定する。いっぽう、ほかの多くの動物の場合、体長は尻尾を含めるか含めないかを明確にしなければならず、たいてい、体重より確認するのがむずかしい。

そのため、アロメトリーに関する研究ではつねに、多くの生理学的な変数(のちにはさまざまな生態学的な変数も)と、測定がそれほど困難ではない変数、つまり体重との相関を調べてきたのだ。ある臓器の重量(容積)が、体重の変化と同じ割合で変化する場合、これらの変数の関係を散布図にすると、直線が得られ、等成長となる。

たとえば、体重1キログラムの動物に10グラム(体重の1%に相当)の臓器がある場合、10キログラムの動物(10倍重い)でも臓器の割合が全体の1%で、臓器の重さが10倍(100グラム)になる、というようなことだ。だが、このような等成長〔体重と同じ比率で変化する〕は一般的ではない。必要不可欠な臓器のうち、肺の重量、肺活量(せいいっぱい空気を吸い込んだあとで吐き出すことのできる呼気の最大容量)、血液量、そしていくつかの研究によれば心臓の重量と体脂肪量だけが、体重と等成長であるか、それに近い。前述したように劣成長とは、臓器や機能が変化する割合が体重変化の割合より小さいことを意味し、これに比べればまれな優成長では、その逆の現象が生じ、体重が変化する割合よりも臓器の重量が変化する割合のほうがわずかに大きくなる。

脳はいまでもスケーリング研究の対象として重宝されている。哺乳類約1500種を対象にしたもっとも包括的な調査によると、脳のスケーリング指数〔生物の身体全体や特定の器官の大きさの数値と、その変化に伴って変化するべつの器官や機能の数値との関係を数式で表現する際に帰納的に出てくる値〕は最小で0・70、最大で0・81で、平均は0・75だった。そうなると、体重が10キログラムから20キログラム(コロブス属のサルとアメリカビーバーの体重の差に相当)へと2倍に増えても、脳の重量は1・68(2の0・75乗)倍にしかならない。ラピックが初めて散布図を作成したように、アロメトリーのスケーリングは魅力的で有益なグラフになる。横軸が体重、縦軸が臓器の重量の散布図を作成すると、劣成長ではなだらかに下方に曲がる曲線となり、臓器の重量が体重よりも小さい割合で増加していることがわかる。だが、これらの値をすべて対数であらわし、２つの対数軸で散布図を作成すると、図のような直線となる。

　現実には、ある器官や機能の実際のサイズが示す特定の対数の値が、アロメトリーの計算式で割りだした直線とぴったり重なる、あるいは非常に近くなる場合もあれば、その線よりいちじるしく上や下にあるデータが存在する場合もある。カール・メーが体表面積の研究の先駆者となってから１５０年近くが経過し、生物のスケーリングについての科学はより広範に、そしてより深く研究されてきたが、後述するように、まだ複雑な経験的証拠を一般化する式に当てはめようとする努力を続け、例外や不確実性に対処している段階にある。

### アロメトリー（相対成長）のスケーリング

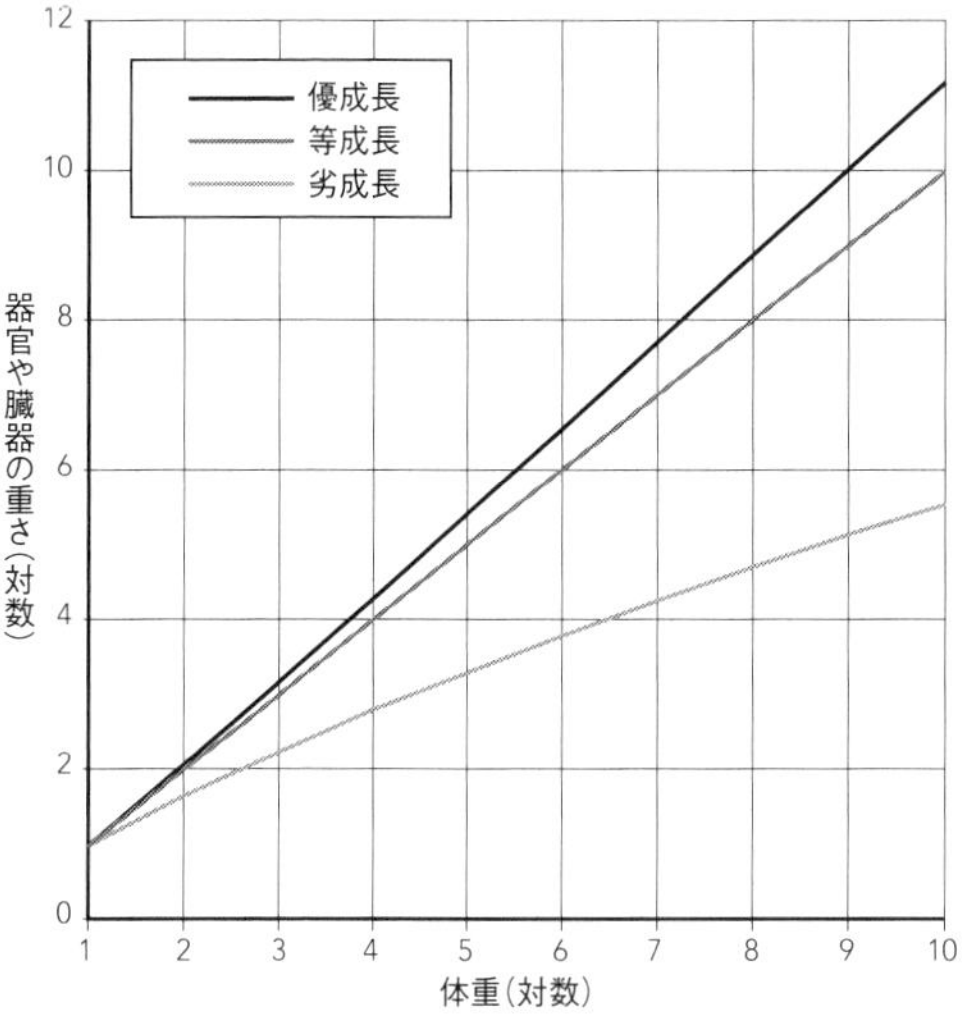


体重に対する器官や臓器の等成長（1:1）と優成長（>1）はめずらしい。よく観察されるのは劣成長（<1）だ。

## ■臓器のスケーリング

身体が大きいほど、臓器も大きくなるのはあきらかだが、脳の重量は体重よりも小さい割合で増えるというラピックの発見は、すべての臓器に当てはまるのだろうか？ それとも、体重とまったく同じ割合で、あるいは体重より大きい割合で増える臓器もあるのだろうか？ 計算式で体重から体表面積を割りだす方法は、不確実性がつきまとう好例の１つだ。いまのところ、体表面積を算出するうえでほぼ同等の信頼度をもつ計算式は数種類あり、そのスケーリング指数は０・３８～０・６６と範囲が広く、非常にあいまいだ。その結果、体表面積を算出した結果が十分に一致するのは体重のごく限られた範囲にとどまるうえ、どの計算式がいちばん正確かを判断することさえ不可能だ。[35]

この問題が重要なのは、がんの化学療法、移植手術、火傷や中毒性表皮壊死《えし》症の治療の際には、体表面積をできるだけ正確に知る必要があるからだ。スケーリングの計算式で算出した体表面積は、一般的な成人の体重（50～１００キログラム）と身長（１５０～１７０センチメートル）についてはかなり一致するが、子どもと体重の重い成人については、許容できないほど大きな差（20～30％）が生じる。もっとも差が大きいのは身長が低い場合で、身長が非常に高い（２メートル）場合も絶対差が大きい（０・５平方メートルほどの差が出る）。

それでも、体表面積を計算するにあたって、式があいまいであることは、もっとも根本に関わる不確かさではない。体表面積の研究すべてにおける「皮膚はたいらである」という暗黙の了解——あたかも皮膚には毛穴や毛包《もうほう》〔毛根を包み込んでいる部分〕など存在せず、体表面積とは無関係であるかのような前提——に由来する不確かさに比べれば。だが、もちろん、毛穴や毛包は存在するし、単位面積当たりの毛穴や毛包の数も、成人か子どもかによって、また集団によって異なる。さらに、皮膚では代謝も活発におこなわれていて、毛穴は水分を蒸発させて冷却するうえで主要な役割を担っている。そのため、体重の値を利用する、あるいは体重と身長の値を利用する現在の計算式は、いずれも不完全なのだ。

## 脳の重量

では、脳はどうだろう？　脳の重量と体重の対数グラフを作成すれば、どの動物が相対成長の予想よりも脳が大きいのか、あるいは小さいのかを確認できる。哺乳類では、霊長類、一部の肉食動物、チスイコウモリなどの脳が高等脊椎動物の相対成長直線で予想される大きさよりも大きく、霊長類（とくにヒトとチンパンジー）は直線のだいぶ上にある。[36]　いっぽう、モグラ、ライオン、そして最大の哺乳類であるシロナガスクジラの脳は期待値より小さい。

人間の脳のサイズについては、これまでにも何百冊という書籍、科学誌に掲載された数万本もの論文で取りあげられてきた。[37]　人間の脳は、体重の範囲がチンパンジーやライオンと近い哺乳類としては予想以上に大きい。そして当たり前の話ではあるが、脳は人間が進化してきた成果の頂点だ（二足歩行、器用な手、それほど大量の水分を必要としないが発汗量は多い、という見

## 霊長類の脳の重量

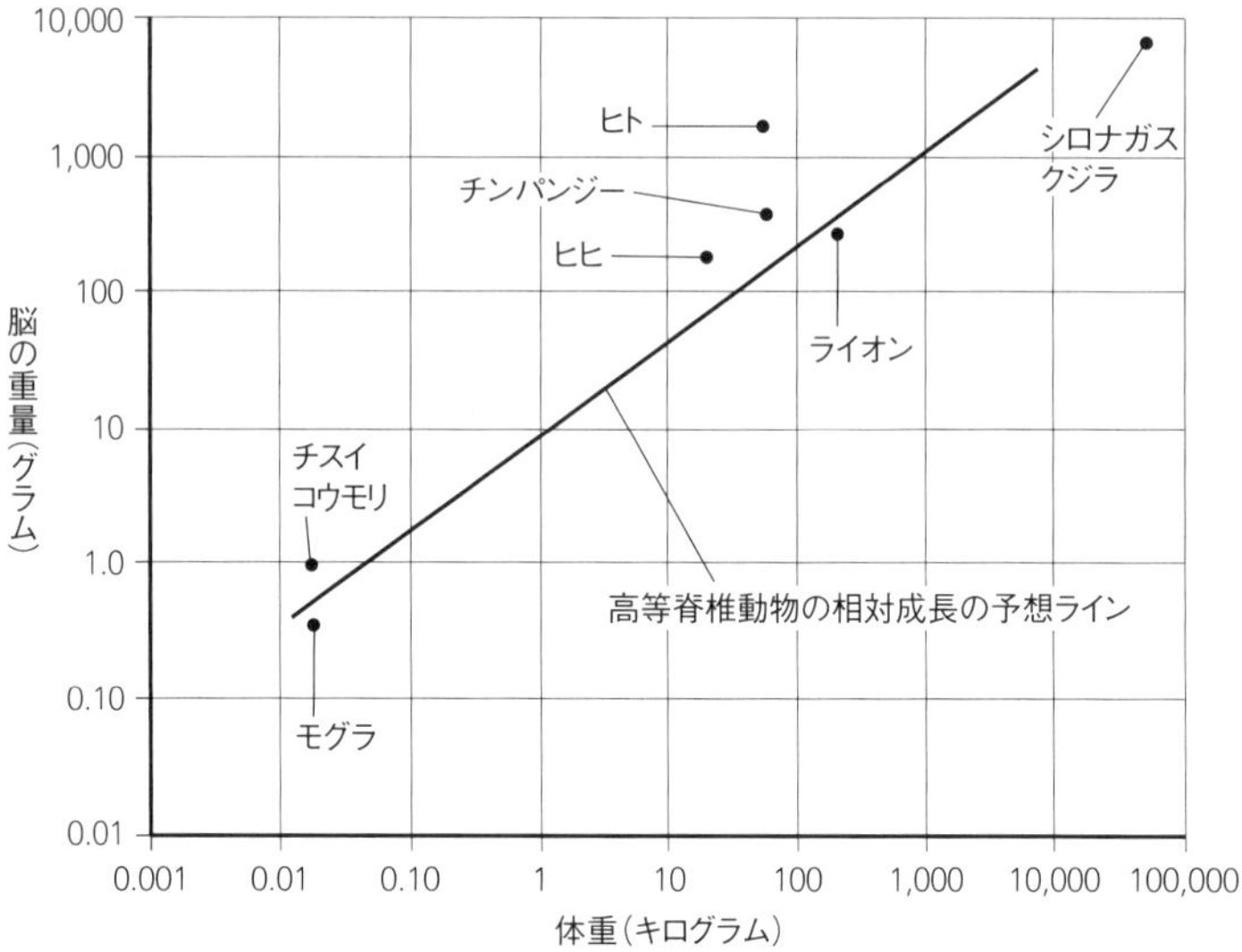


霊長類の脳は、脊椎動物の脳の予想重量の平均値よりもかなり重い。同じことはチスイコウモリにも当てはまるが、モグラ、ライオン、シロナガスクジラの脳は、体重の増加に比べて大きくなるスピードが遅い。

事な組み合わせで暑い環境にも順応できる能力と並んで)。ライオンの成体の脳の重さは250グラム程度、成体のチンパンジーでもせいぜい450グラムだ。かたや、成人男性の脳の平均重量は1407グラム(外傷により突然死した18~35歳の男性の調査より)で、測定値の95%が1179~1621グラムの範囲に分布していた。[38]

しかし、脳のように複雑な臓器を進化という長いスパンで見る場合、単純な説明ですませるわけにはいかない。霊長類全般、とりわけ人間はほかの哺乳類より大きい脳をもっていて、しかも、ほかの哺乳類の同じくらいのサイズの脳と比較しても、ニューロンの数がはるかに多い。そして、哺乳類の知能はニューロンと、ニューロン間の接合部であるシナプスの数や情報を処理するスピードと強い相関関係にあることもわかっている。人間の脳には800億個以上のニューロンがあり（チンパンジーはその10％未満）、その接点には約100兆ものシナプスがある。[39] いっぽう、鮮新世《せんしんせい》が終わるころ（258万年前）からホミニンの一部の種の脳が約3倍に大きくなったのは、火を使いこなし、より精巧な人工物（石器。のちに槍、弓、矢）を使うようになった時期と一致しているが、だからといって脳が大きくなったことが知能の向上を示す直接的な指標であると見なすべきではない。

オーストラリアの解剖学者・人類学者であるマチェイ・ヘンネベルクが指摘しているように、ウマ科の動物の脳も同じ時期に3倍の大きさになったが、それに比例してウマの知的行動が増えたわけではなかった。[40] ホミニンの場合、身体全体が大きくなるとともに、脳のサイズも大きくなった。そして、約3万年前の更新世後期から脳は10％縮小し、ここでもやはり、身体全体のサイズも小さくなった。しかし、ほかの哺乳類と同じ大きさの身体に、より大きな脳を収めるのに適応すべく、ほかのどこかで変化が生じたに違いない。私たちの種では、身体に占める脳の割合が例外的に大きく、これはおもに消化管とそれを支える筋骨格系の縮小によってもたらされたのかもしれない。このトレードオフは、肉が多く栄養面ですぐれた食事と、以前より小さくなった消化管で代謝できるよう加工された（加熱されたり、粉状にされたりした）口当たりのいい食べ物によって可能になった。したがって、私たちの知能は解剖学的な進化を遂げた結果というより、機能的な進化のおかげで向上したのかもしれない。

さて、ガリバーの世界では、脳はどう描かれているのだろう？　身体に占める脳の割合が人間と同じくらいだと仮定した場合、リリパット人の脳は10グラム程度だろう。人間の脳には約860億個のニューロンがあるが、リリパット人のように小さい脳には8億個ほどのニューロンしかないため、認知機能も学習機能も人間の0・9%ほどしかない計算になる。[41] そのような脳が、人間社会と同じように複雑で興味をそそる社会を形成することができるだろうか？ その答えは明白だ。これとは対照的に、ブロブディンナグ国の成人の場合、その巨大な脳の重さは200キログラム近くになるだろう。ここで浮かびあがってくる疑問は、それほどの脳にはどれほどすぐれた推論能力があるだろうということではなく、それほど巨大な臓器を収めるのに必要な頭蓋骨の重さ、上半身全体の骨格、首の太さ、そしてそれほど重いものを直立させ、首ごと回転させるために必要な筋肉の強さである。

## 心臓・筋肉・眼のサイズ

ほかの主要臓器はどうだろうか。心臓の大きさは身体と等成長であることを示す研究もあれば、トガリネズミからゾウにいたるまで、哺乳類全般に等成長は見られないことを示す研究もある。[42] たとえば、シベリアン・ハスキーの成犬の心臓の重量が体重に占める割合（約0・7%）は、人間の場合（0・4%）よりも大きい。かたや、南アフリカに棲息するレイヨウ類の場合、体重12キログラムの小型のレイヨウの心臓が体重に占める割合（約0・6%）よりも、体重500キログラムの大型のレイヨウの場合（0・4%弱）の方が小さい。[43]

哺乳類の心拍出量〔1分間に心臓から送りだされる血液の量〕に関しては、話がもっと複雑になる。体重10キロまでの小型哺乳類では体重と比例するが、中型哺乳類（10〜100キロ、ここに人間も含まれる）では、アロメトリー式の指数が0・71に低下し、大型哺乳類では、さらに0・67に低下する[44]（それぞれ体重の0・71乗、0・67乗に比例するということ）。哺乳類のサイズが大きくなると、単位体重当たりの心拍出量は減少するが、収縮期血圧はサイズが変わってもそれほど変化しない（ハツカネズミでもウマでも120mmHg）。

人間の心臓（0・25〜0・35キロ）の大動脈の直径は3センチメートル。哺乳類最大の心臓（シロナガスクジラのもので、450キロ）は人間の心臓の1300〜1800倍の重量だが、大動脈の直径はそのおよそ8倍（23センチ）にすぎない。つまり、大型動物の場合、心臓は比較的細い大動脈で全身に血液を送りだしているのだ。[45] このことによって、哺乳類の身体のサイズにはあきらかに制限が設けられる。そして、水中で横になって浮いている100トンもの重量がある動物が陸上に上がり、同じサイズで二足歩行することも、あきらかに不可能だろう。スウィフトが独自の計算によってこのくらいだろうと表現したブロブディンナグ人の身体のなかにある心臓は、機能的なスケーリングから考えられる範囲をはるかに超えた大きさになるのだ。

すべての動物は、一生の総心拍数がほぼ同じだ。となれば、心臓が小さくて短命な小動物は、大型動物よりも心拍数（1分間に心臓が拍動する回数）がはるかに多い（体重から心拍数を算出するアロメトリー式の指数はマイナス0・25）（心拍数は体重の4分の1乗に反比例するということ）。心拍数は、小さなトガリネズミで1000回を超え、もっとも大型のオスのゾウでは30回未満、シロナガスクジラにいたっては10回未満だ。[46] 人間の心拍数の平均は72回（60〜80回が正常範囲）であり、同じくらいの体重がある哺乳類のうち、人間の平均より心臓がわずかに大きいブタの成体の、心拍数の少ない部類と重なっている。ちなみにブタの心臓は、心臓外科医が手術の練習をする際に、人間の心臓の代わりとしてよく利用している。[47]

では、本章の冒頭でも少し触れたけれど、心臓移植の適合条件に関する疑問についてはどうだろう？ 移植する心臓のサイズが最適でない状態は、あきらかに望ましくない。現在の基準では、臓器提供者と移植希望者との体重差が30％未満であることが条件になっているが、成人男性の心臓は女性の心臓より平均して35％ほど重い。心臓移植の記録に関する最大規模の研究によれば、女性の心臓を移植された男性は、男性の心臓を移植された場合と比べて、術後1年以内に死亡する確率が32％高い。その原因は、小さい心臓に過剰な負担をかけたからで、移植の際に心臓のサイズ選びが最適でなかったことに起因していると考えられる。[48]

肝臓、腎臓、消化管は頻繁に研究されている臓器で、相対成長《アロメトリー》は（等成長と考えられる個体を完全に除外することはできないが）、通常は劣成長（体重の増加よりも低い比率で変化する）である。エネルギー消費量の多い内臓が劣成長であることから、必然的に全身の代謝も劣成長となる。心臓、腎臓、肝臓、脳は、エネルギー消費量の多い内臓である。この4つの臓器の重量の合計は、成人の体重全体から見るとわずか5・5％（それぞれ0・4〜0・5％、0・4％、2・6％、2・2％）だが、安静時代謝量〔消費エネルギー〕全体の60％近くを占める（それぞれ8・7％、8・2％、21・6％、20・2％）[49]。つまり、成人の体重のおよそ94・5％を占めるほかの構成要素は、安静時基礎代謝全体の40％程度しかエネルギーを消費していないということだ。重量の内訳は、肥満でない成人男性で骨格筋量が約40％、脂肪組織が21％、その他が33％で、それぞれ対応する安静基礎代謝はおよそ22％、４％、16％である。

皮膚の総重量の指数は（分析に使用した哺乳類のデータにもよるが）体重に対して０・８４まで小さくなるが、指数が1より大きい優成長になる場合もある。優成長は哺乳類の骨格筋量についても当てはまる。これまで見てきたように、大型動物が同様の構造的な強さを維持するには、より大きな骨を必要とするため、骨格筋量も増えることが予想され、スケーリング指数を１・０９〜１・１４の範囲としている研究も複数存在する。[50] スケーリング指数が１・１４の場合、体重１００キログラムの動物の骨格筋量は50キログラムの哺乳類の2倍ではなく、少なくとも２・１５倍は重くなり、家畜のブタの10倍の重さのカバの骨格筋量は12倍以上重くなる。体脂肪の重量についてもよく似たスケーリングが見られ、報告されている指数は１・１４〜１・１９と見積もることができる。すなわち、ここまでの流れを要約すると、より小さい動物は比較的皮膚の表面積が広く、比較的大きな脳、心臓、腎臓、肝臓をもち、いっぽう、より大きい動物は骨が重く、脂肪が比較的多いということになる。

哺乳類は筋肉量にかなりのばらつきがある。哺乳類の目《もく》によって、体重に対する筋肉量の割合は22〜61％で、霊長類はこの範囲の低いほう（22〜49％）に当てはまる。しかし、このように大きな差があるにもかかわらず、哺乳類では筋肉量と体重は等成長の関係にあり、霊長類はそれ以外の哺乳類よりスケーリング指数がわずかに高い（霊長類１・０５、それ以外の哺乳類０・９９）。[51] 筋肉量の男女差はあきらかだ。18〜88歳の成人を対象とした調査では、骨格筋量は男性が女性よりも絶対的にも相対的にも有意に多かった（男性33キログラム、女性21キログラム。

全体重に占める骨格筋量の割合は男性38％、女性31％）。その差は下半身よりも上半身で大きく、骨格筋の絶対量のいちじるしい減少は50代の終わりごろから始まる。[52]

最後の主要な臓器として挙げる眼は、劣成長だ。[53] 眼が大きいと、解剖学的にいえば眼軸長《がんじくちょう》も長くなる。眼軸長とは角膜（前方で眼球を保護する膜）から網膜（眼球の奥にある光を感受する膜）までの距離のことで、これが長ければ受け取る画像のサイズが大きくなるため、食料を見つける際にも捕食者から逃れる際にも有利となる。よく知られているように、猛禽《もうきん》類はとんでもなく眼がいい。ある物体が見える距離が人間で4メートルだとすれば、ワシは20メートル離れたところからでも確認できる5倍の視力があるうえ、色も鮮やかに見え、紫外線まで感知できる。

脊椎動物すべてを対象とした分析と、魚類、爬虫類、鳥類、哺乳類を対象とした個別の分析によると、鳥類と霊長類の眼は比較的大きく、齧歯類と爬虫類の眼は比較的小さく、魚類の視力はさまざまなので一般的な結論を出すことはできない。さて、ガリバーが旅をしたブロブディンナグ国では、巨人がその巨大な頭部に大きな眼をつけていても問題はないだろう（相対的な眼の大きさは身体のサイズより小さくなる）が、リリパット人が人間と同じような視力をもつには、顔に対して不釣り合いなほど大きな眼をもつ必要があり、そうなれば小さめのリスやモルモットというより、外見はガラゴ（アフリカに棲息する小さい哺乳類で眼が大きい）のように見えるだろう。

### 行動圏のサイズ

1950年代以降、野生の動物の行動を細かく観察した結果、動物生態学という新たな科学の領域が飛躍的な進歩を遂げ、生物学者は身体のサイズが生存における重要な媒介変数として影響を及ぼすと考え、定量化を試みるようになった。生存にとってもっとも重要なのは行動圏の広さだ。行動圏とは、その動物が生き延び、繁殖するために必要なすべての資源が備わっている空間のことである。[54] 500種以上の脊椎動物の行動圏を包括的に調査したところ、ある程度、予想通りの結果が得られた。猛禽類の行動圏がもっとも広く、肉食の哺乳類は草食動物よりも遠くまで歩きまわる必要がある。魚類の行動圏は、身体のサイズと比べてもっとも狭い。肉食性の哺乳類の行動圏は体重とのスケーリングが優成長で、草食性の哺乳類よりも体重に対するグラフの傾きが大きい（次ページ参照）。体重1キログラム（ヨーロッパケナガイタチや小さいフェネックの体重）の肉食動物の行動圏は、同じ体重の草食動物の約14倍も広い。[55]

同様に、肉食の鳥（小さいハヤブサから大きいコンドルまで）の行動圏は、草食性の鳥よりも体重とのスケーリング指数が大きく、グラフにすると傾きも大きい。また、行動圏の広さを決める主因は移動様式であり、体重だけの比較ではわからないような、種による違いを移動様式によって説明できる。たとえば体重が同じだとすれば、餌を獲得する戦略（待ち伏せ攻撃を仕掛ける、絶えず巡回を続けるなど）と連動して、行動範囲は変化する。ほかの条件がすべて同じであれば、もっとも足の速い動物がもっとも広い行動圏をもち、泳ぐ能力のある動物と比べて、飛ぶ能力のある動物は100倍、走る能力のある動物は10倍の行動圏をもつと考えられる。

陸生哺乳類はもっぱら走って行動圏を利用するが、分析によると、小さい動物（1キログラム未満）とそれより大きい動物（1キログラム以上）の走りは明確に二分される。それぞれのグ

脊椎動物の行動圏

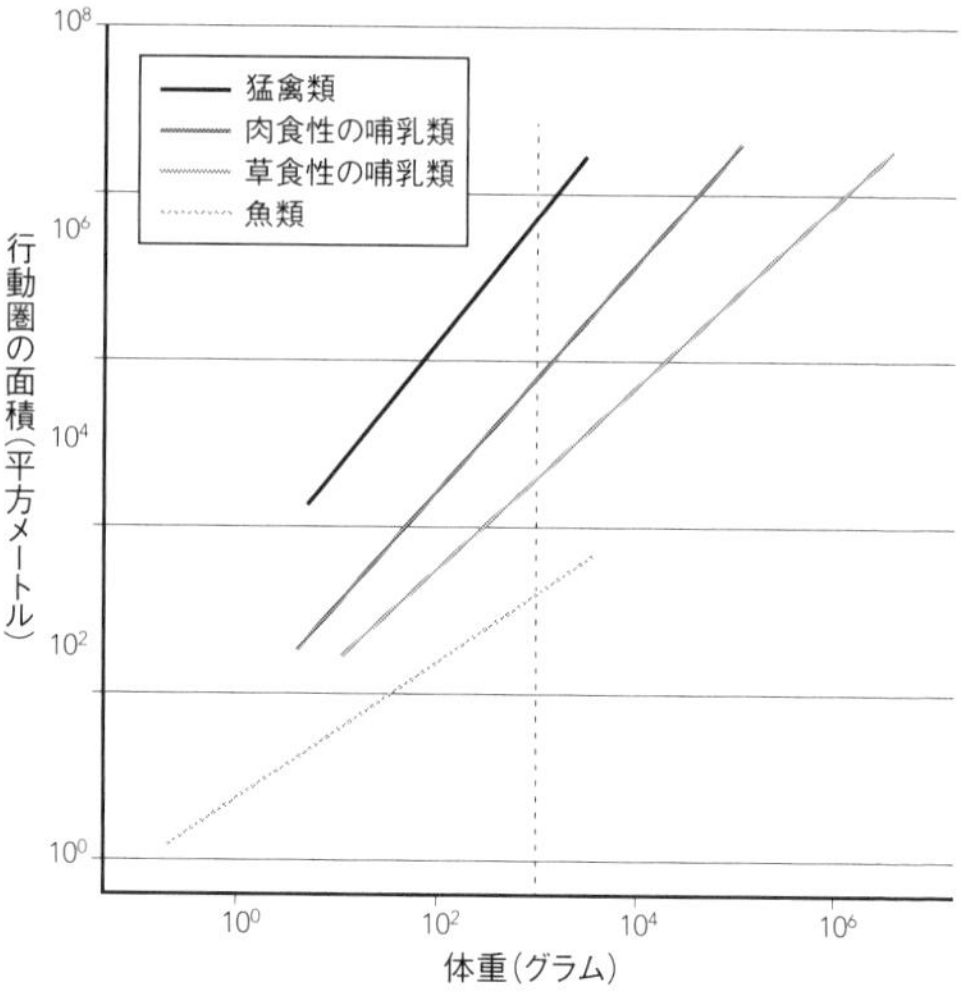


猛禽類は体重に対してはるかに行動圏が広く、最大の面積を飛翔する。陸上で暮らす肉食性と草食性動物の行動圏は中間であり、体重に対する行動圏は魚類がもっとも狭い。

ループ内では、体重に対するスケーリング指数に有意な差はないが、小さい動物はおおむね大きい動物よりも走る効率が悪い。[56]なぜ小動物の走る効率がこれほど悪いのか、その理由はまだ完全には解明されていないが、大きい動物の走る効率がいいのは、短時間で溜めた弾性エネルギーを再利用しているからだ。カンガルー、インパラ、マラソンランナーはいずれも、足で地面を踏み込んで運動エネルギーに変えているが、その大半は永久に失われるのではなく、弾性ひずみエネルギーとして一時的に腱に蓄えられ（腱はひびが入ることなく10％も伸長できる）、その弾性収縮によって高い効率（90％以上）で反作用を引き起こす。セレンゲティ大平原のレイヨウが、追いかけてくるライオンやチーターから逃げているとき、地面を蹴る反動で高く跳ねている光景を見たことがあるだろう。ところが、この有益な能力をもてる動物は、はっきりとサイズによって限られている。ゾウのように巨大だが二足歩行をするブロブディンナグ人の腱が、2メートル近いフェンスを軽々と飛び越えるオリックスやオジロジカのように弾性の高い腱であるとは、想像できないはずだ。

もうスケーリングとサイズの話は十分、お腹いっぱい、と思う読者もいるだろう。本章では、有名な空想小説をひもとき、魅力的ではあるものの、18世紀に著者が意図してはいなかったであろうスケーリングの講義を披露した。それに、大勢の著名な科学者の研究も紹介した。ひょっとすると、こうした探求の結果、導きだされたもっとも重要な結論は、すべての生物は体重によって決められた限界のなかで工夫して活動しているということなのかもしれない。

とはいえ、スケーリングの話をここでおしまいにするつもりはない。次章では、もっとも重要なアロメトリーのテーマを取りあげよう。代謝（生存、繁殖、成長、活動に必要なエネルギー消費）は、身体のサイズが変わるとどのように変化するのだろう？　この代謝のスケーリングは生物以外にも当てはまる。多くの機械も生物と同様、スケーリングによる狭い境界線の影響を受けているのだ。炭水化物、脂質、タンパク質が生物のエネルギー源となるように、化石燃料や電力は内燃機関や電気モーターのエネルギー源になる。こうした無生物のエネルギー変換器の「代謝」のスケーリングは、哺乳類の代謝のスケーリングと似ているのだろうか？　それとも、人工物のスケーリングはまったく異なるのだろうか？　それに、エネルギーの使用量と経済の規模の関係についてはどうなのだろう？　次章では、こうした疑問に答えていこう。

# 第6章

# 代謝スケーリング

すべての生物の成長、生殖、機能は、エネルギー摂取があるからこそ可能となるが、それによって制限も受ける。そのため、体重との関係において、代謝スケーリングは研究するだけの価値があるもっとも根本的なものだ。

エネルギー摂取量は、摂取したエネルギーの量（単位時間当たりのジュールやカロリーなど）だけで見積もることも、体重との関係（体重1グラムまたは1キログラム当たりのジュールまたはカロリーなど）で見積もることもできる。いっぽう、代謝を調べるうえでの変数はいくつかある。まずは下限となる基礎代謝量（注意深く定められた条件下での測定によって決定され、安静時代謝量とも呼ぶ）に始まり、典型的な1日におけるエネルギーの必要量（野生動物の調査ではたいていフィールド代謝量と呼ぶ）を経て、一定時間継続する代謝量の上限に及ぶ。代謝量の上限とは、林業や漁業など肉体的負荷の大きい仕事をする人たち、または激しい運動やフリークライミングなど瞬間的なピークのある活動をする人たちなどの代謝量を指す。

ガリバーが旅をした空想世界は、代謝に関してもまた有益な例を提供している。スウィフトが、ガリレオ・ガリレイの著書『新科学対話』を読んでいなかったために、ありえない状況を描いてしまったことはすでに説明した。きわめて小さいリリパット人と、巨大なブロブディンナグ人が人間としてまったく同じように行動するものと描写してしまったのだ。ここで私は、ダブリン出身の聖職者であったスウィフトが、体重と必要な代謝量（食物の摂取量）を不適切な比率で相関させており、スケーリングの前提も同様に誤解していたことを指摘したい。とはいえ、前章で説明した身体の部位や臓器、それに行動圏とのスケーリングとは異なり、代謝スケーリングを勘違いするのは無理もないことなのだ。スウィフトがこの一風変わった旅行記の執筆を始めたのは1720年代初頭だったが、科学界が代謝スケーリングの体系的な調査を始めるまで、それから1世紀以上の時間が流れる必要があったのだから。ガリレオ・ガリレイがスケーリングに関する前述の著書を1638年に発表したことを、スウィフトはまず知らなかっただろうし、そもそもガリレイの著書は代謝についてではなく、身体の素材や構造（動物や人間の骨や筋肉など）に関して説明しただけだった。1720年代初頭のアイルランドでイタリアのガリレイの記述を簡単に参照できたはずはないし、スウィフトが文通していたイングランドの友人がアイルランドに送れるような文献も存在しなかっただろう[1]。

さて、以下のことを思いだそう。主人公レミュエル・ガリバーの身長を175センチメートルと仮定すると、平均身長はリリパット人が15センチメートルほど、ブロブディンナグ人が21メートルほどになる。さらに、ガリバーの体重を約67キログラムと推定すると、平均体重はリリパット人がわずか500グラム、ブロブディンナグ人が97002キログラムほどになる。スウィフトの大きな誤りは、代謝が体重に比例すると思い込んでいたことで、体重／身長の比を非常に大きく仮定したため、ガリバーにこう説明させてしまったのだ。「皇帝お抱えの数学者たちは……身体つき自体は似ているので、私の身体は少なくともリリパット人1724人分に相当すると考えた。よって、私にはそれだけの人数のリリパット人に必要な食料がいるという結論を出した」と。

残念ながら、この結論は誤った仮定から導きだされているため、正しい比で計算していれば、リリパット国の人々は食料を節約できたはずだ。前述したように、まずは単純な計算ミスがあり、実際には1728倍であったのだが（1724倍ではない）、このささやかな違いからは、それほど大きな差は生じない。というのも、実際のところ、ガリバーは皇帝お抱えの数学者たちの計算よりも、はるかに少ない量の食事をとれば十分だったからだ——同様に、ブロブディンナグ国の巨人たちもまた、スウィフトの思い込みよりはるかに食事量が少なかったはずだ。とはいえ、『ガリバー旅行記』を読んだ人の大半は、この間違いに気づかないだろう。それも当然の話で、現代社会を生きる人たちは食べ物や食生活に大きな関心を払っているようだが、科学的な検証は苦手という人も多いからだ。

## ■生きるのに必要なエネルギー量とは

哺乳類の代謝は（そしておそらくは、人間のような姿をしていて、小さかったり大きかったりする空想上の生物の代謝も)、体重の3乗($M^3$)には比例しない。体重の2乗($M^2$)にも、体重そのものにも比例しない。平均的な1日を送るだけなら、体重が100キログラムでがっしりしたカナダの林業従事者は、同じようによく働く体重50キログラムのフィリピンの同業者の2倍の量の食べ物を必要としない。人間やすべての哺乳類が体重に応じて必要とするエネルギー摂取量を決定する実際のスケーリング指数は、1・0よりかなり小さい。では、どのようにして実際の指数を割りだしたのかを知るために、代謝スケーリングの歴史をざっと振り返ってみよう。

## 体重と基礎代謝量の関係

その始まりは、1838年、数学教授ピエール・フレデリック・サラスと医師ジャン・フランソワ・ラモーが、医学アカデミーに提出した論文中の短い記述にまでさかのぼる。彼らは「同じ性質の身体であれば、例外なく、体表面積に比例する量の熱を、毎秒、失っている」と述べたのだ。[2] つまり、三次元で構成されているもの(体重や容積)が放出する熱量は体長($L$)の3乗に比例し($M \sim L^3$)、二次元で構成されているもの(体表面や体表の特定のエリア)が放出する熱量($A$とする)は体長($L$)の2乗に比例するのだ($A \sim L^2$)。動物の体表面積においても同じことが当てはまるので、放出する熱量と必要なエネルギー摂取量は、体重の3分の2乗($M^{2/3}$)に比例する。同時に、身体の熱産生をもたらす酸素を摂取するための呼吸は、生物のサイズが大きくなるにつれて3分の2乗に比例して減少するはずだ。よって、ガリバーは人間の成人の例に漏れず、1分間に12~18回は呼吸したはずであり、ブロブディンナグ人はその回数がわずか5回で、リリパット人は150回以上に及んだだろう。
　この2/3べき乗則が初めて実験で確認されたのは、1883年、ドイツの生理学者マックス・ルブナーが、わずか7頭のイヌの代謝を測定して立証したときだった。[3] 体重に最大10倍もの差があったにもかかわらず（いちばん小さいイヌはわずか3・2キログラム、いちばん大きいイヌは31・2キログラム）、単位体表面積当たりの熱損失、つまり必要なエネルギー量はほぼ同じだったのだ。これは恒温動物すべてに当てはまるかもしれない法則の存在を強く示唆するものだったが、たった1種類の動物のわずかなサンプルでは統計的にも体系的にも、このスケーリングを一般化するに足るだけの信頼の置ける基盤にはならなかった。そして1901年、ドイツ生理学の権威であるカール・フォン・フォイトが、7種の動物の基礎代謝量（BMR）を小さな表にまとめたところ、ウマ、ブタ、ヒト、イヌ、ウサギ、ガチョウの基礎代謝量はすべて、体表面積1平方メートル当たり、1日に1000キロカロリーに近いことがわかった。[4]
　この法則があまねく当てはまるかどうかについては疑問も残ったが、代謝と体表面積に関するルブナーの「法則」は基準でありつづけ、1932年、生物学者のマックス・クライバーが恒温動物の13の個体（2頭のオスの子ウシ、1頭のメスのウシ、人間の女性1人と男性1人、1頭のヒツジ、2頭のイヌ、2匹のラット、1羽のメンドリ、1羽のハト、1羽のジュズカケバト）の基礎代謝量のデータを使用して、それぞれに必要なエネルギー摂取量が体重の3分の2乗ではなく、4分の3乗に比例することを示した。[5] しかし、ある動物の基礎代謝量の代表値を得るには、測定する環境の条件を一定に保ったうえで、個体差をできるだけ小さくするために、何度も測定を繰り返す必要がある。

基礎代謝量は生命維持活動だけではなく、食べた物の消化や周囲の温度変化によっても増減するため、消化を終えたあと長時間横になり（少なくとも10〜12時間の絶食が必要だが、できれば24時間が望ましい）、温度管理された（暑くも寒くもない温度で、寒さに震えたり発汗したりすることがない）部屋で、精神的にリラックスしている状態で測定しなければならない。想像がつくだろうが、この条件下でおこなうわけだから、謝礼を支払って志願者を募るほうが、はるかに簡単に測定できる。そのため、こうした研究では乳幼児や高齢者よりも、大学生が被験者となる例が多い。当然、すばしこく動く小動物や、大きくて扱いにくい哺乳類の多くの種の代表値を得るのはいっそう困難となる。

クライバーは異なる動物の基礎代謝量の比較につきまとう問題がいくつかあることに気づいていて（「最後に餌をやってから24時間後の基礎代謝量は……オスの子ウシと、メンドリやラットで同じ意味をもつわけではない」）、自身がおこなった測定のすべてが同じ条件下で得られたものではないことを認めた。それでも、自身の測定によって得られた結果に十分な自信をもっていて、「体表面積の法則は、体重のべき乗則に置き換えられるべきだ」と述べ、「体重のべき関数は、基礎代謝量を測定するうえで、単位当たりの体表面積よりも、よりよく定義されたものとなる」と、正確な結論を導きだしている。

クライバーが動物の13の個体を測定して得た体重の値を横軸、測定結果から計算した基礎代謝量（すなわち1日当たりに必要なエネルギー摂取量）を縦軸として散布図を作成すると、右肩上がりの曲線が描かれるが、途中から傾きがなだらかになる（次ページ上のグラフ）。よって、体重の増加と比較すると、代謝量が増加する割合が小さくなることがわかる。現代の電子機器（計算機やエクセル）を使えば、このアロメトリーの先駆者が研究した足跡を簡単にたどることができる。クライバーが調査したもっとも重い動物（オスの子ウシ）の体重は679キログラムだったので、この値を入力して「ｌｏｇ」キーを押せば常用対数（10を底とする対数）が2・83（次ページ下のグラフの横軸における10の指数）だとわかる。オスの子ウシは1日当たり8274キロカロリーを必要とするので、この値の常用対数は3・92となる（下のグラフの縦軸における10の指数）。クライバーが測定した唯一の人間の男性は体重が64・1キログラム、1日当たり1632キロカロリーを必要としたため、それぞれの常用対数は1・80と3・21である。最後に、ジュズカケバト（クライバーが測定したもっとも軽い動物）でも同じ計算をすると、体重が0・15キログラムなので常用対数はマイナス0・82、1日当たりに必要なエネルギー摂取量が19・5キロカロリーなので常用対数は1・29となる。

ここまで計算して得られた、オスの子ウシ・人間の男性・ジュズカケバトの3つのサンプルについて常用対数の散布図を描くと、ほぼ完璧な直線が得られる。これは、ハトからオスの子ウシにいたる代謝スケーリングを描きなおしただけのものである。その傾きは4分の3（0・75）に非常に近い。すなわち、動物の代謝量は体重の0・75乗に比例して増加するということだ（$M^{0.75}$）。グラフ上では、体重が対数目盛で4増えるごとに、基礎代謝量（1日に必要とするエネルギー摂取量）が対数目盛で3増えることになる。

## クライバーが測定した13の脊椎動物が1日に必要とするエネルギー摂取量

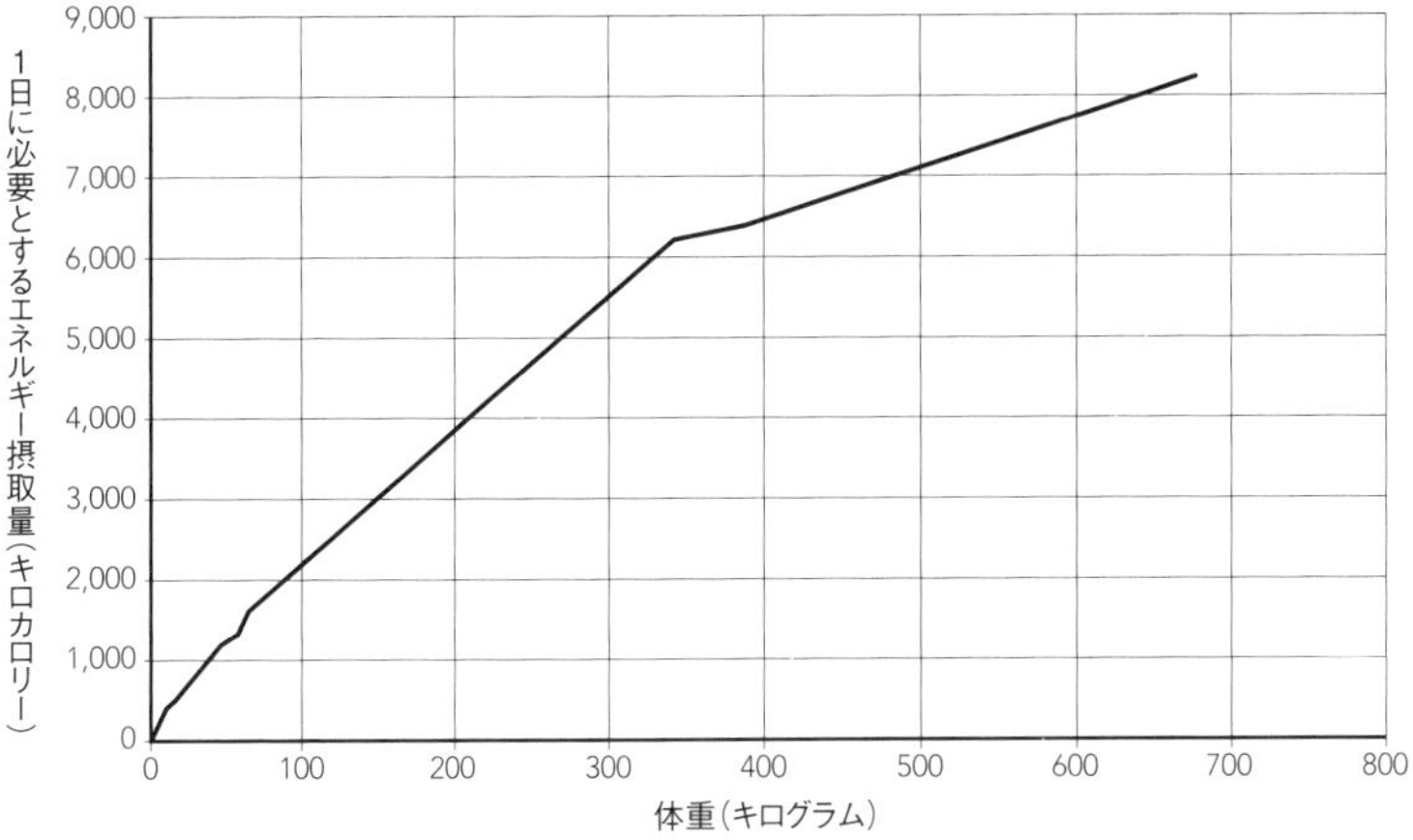


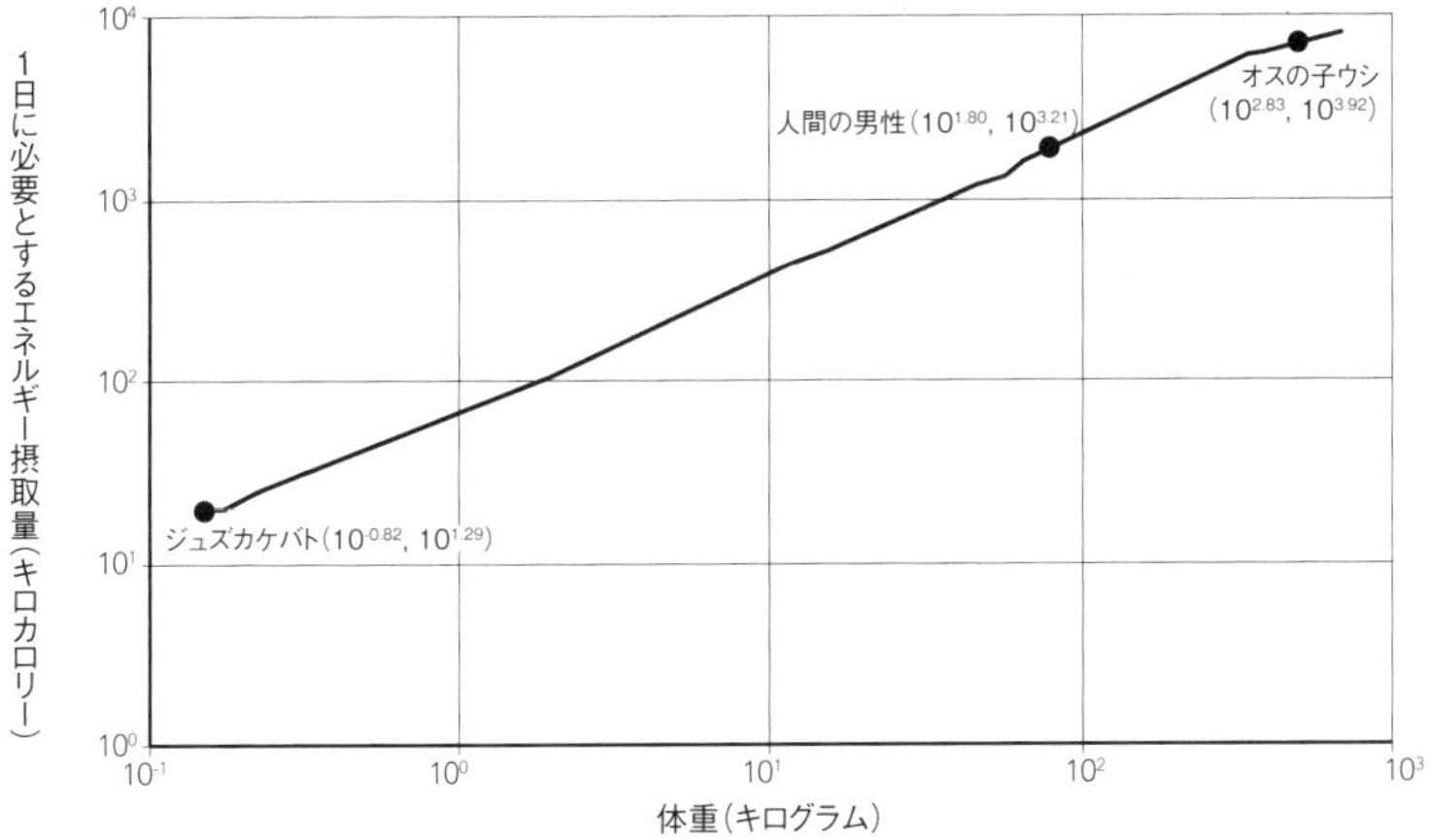


マックス・クライバーのデータの体重と1日に必要とするエネルギー摂取量を線形目盛(上)と対数目盛(下)で表示したグラフ〔上は目盛が等間隔、下は1つ目盛が増えると10倍になる〕。

クライバーの調査ではわずか13のデータしかなかったが、それでもすべての値がちょうど直線上に位置するわけではない。彼が手書きで書いたグラフでさえ、メンドリの値は直線よりわずかに下にあったし、オスの子ウシの値は直線より上にあった。調査対象の動物の数が増えれば、散布図にはおそらくもっとばらつきが出るだろう。ばらつきがそれほどなく、散布図の点がそれほど多くなければ、できるだけ多くの点をなぞりながら、直線の上と下にくる点の数が同じ（もしくはほぼ同じ）になるように直線を引けばいい。統計学者たちはこれをおこなうもっといい方法を利用しており、あきらかにばらつきがあったとしても、大量の測定値にもっとも近似する直線を見つける方法を最小二乗法と呼んでいる[6]。実際、クライバーの手書きのグラフでは直線にいちばん近似したのは体重の0・74乗だったが、最小二乗法によって最終的にわずかに指数が大きい0・75乗にグラフの傾きが決まった。

より信頼の置ける代謝量の測定法が利用できるようになると、クライバーが調査対象とした動物はマウスからゾウまでと幅が広がっていった。体重4トンのゾウは、実験室の体重20グラムのマウスより20万倍も重いが、1日当たりの代謝量はマウスの1万倍にも及ばない。つまり小さいマウスは単位体重当たりで換算すると、標準的な大きさのゾウの20倍以上のエネルギーを摂取する必要があるのだ。その後、爬虫類や鳥類を含む数百種の動物の代謝量のデータが、クライバーのごくわずかだったデータに追加され、最終的には20桁以上の差がある体重の動物にまで拡大され、この「法則」は生命科学においてもっとも頻繁に引用されるスケーリング則の1つとなったのである。

## 3/4乗則と安静時代謝量

クライバーが導きだした動物の代謝量は体重の3/4乗に比例して増加するという3/4べき乗の「法則」は、成人の安静時代謝量にもよく当てはまることがわかった。1日当たりに必要なエネルギーの摂取量をキロカロリー単位で知りたければ、体重を3/4乗した結果に70を掛ければいいことが実験結果からわかっている。すなわち、「エネルギー摂取量（キロカロリー）＝$70M^{0.75}$」だ。1日当たりの代謝量をワット単位で求めたければ、体重を3/4乗した結果に3・38を掛ける計算になる（1キロカロリーは1・163ワット時）。つまり、体重を67キログラムと仮定したガリバーの基礎代謝量は1日当たり約1640キロカロリー（$70\times67^{0.75}$）で、約80ワット（$3.38\times67^{0.75}$）だ。以上から、成人男性の基礎代謝量は、標準的な100ワットの白熱電球が消費するエネルギーより20％少ないことになる。

あなたが必要とする実際の1日当たりのエネルギー摂取量を求めるには、基礎代謝量に典型的な「身体活動レベル」（PAL、日常生活の活動の強度を数値で表したもの）を掛ければいい。成人男性の場合、活動度が低ければ1・55、活動度がふつうなら1・78を掛ける。[7] ガリバーの活動度——未知の世界を探検し、歩きまわり、フェンシングの腕前を披露して現地の住民を楽しませる——は、この2つの活動度のあいだに入るだろうから、1日に必要なエネルギー摂取量は2500〜2900キロカロリーとなる。かたや、リリパットの成人男性の安静時代謝量は1日当たり約40キロカロリー（$70\times0.5^{0.75}$）にすぎないが、より活動度が高い生活を送らざるをえないことを考慮すれば（基礎代謝量は少なくとも2倍になる）、1日当たり80キロカロリー近いエネルギーを必要とするはずだ。

この計算から推察するに、活動量の少ない日であれば、ガリバーはリリパット人の約30人分の食料を摂取すれば十分だろう。活動量が非常に多い日――海のなかを歩いたり泳いだりしながら進んでいき、島国であるリリパットへの侵略を試みたブレフスキュ国の軍艦すべてを網で束ね、引っ張って戻ってくるような日――でも、リリパット人40人分ほどの食料があればいい。

いずれにせよ、スウィフトが代謝スケーリングを誤解して、1日に必要なエネルギー摂取量を体重の3乗で計算した結果に比べれば、ほんのわずかな食料ですむ。ということは、ガリバーがたまたま一時的に滞在することになったからといって、リリパット国全体の作物の備蓄が逼迫《ひっぱく》する心配はない。結局のところ、リリパット国の首都ミルデンドは「50万人が暮らすことができる」のだから、30〜40人（最大でも人口の0・01％未満）分の食料の消費が増えたところで、まったく問題ない。スウィフトがこうしたスケーリングを正しく把握していれば、ガリバーにはリリパット国の1728人分の食事が必要だと仮定することはなく、よって「家の周囲に建てられた便利な小屋に、私に飲食物を提供するために300人のコックを住まわせていた」とか、「食事のたびに、私はてのひらに20人の給仕を乗せ、テーブルに上げてやり、さらに床では100人の給仕が待機していた」とかいった描写をすることはなかっただろう。

ガリバーが散歩したり小用を足したりと、ただ日常生活を送っているだけでも、リリパット国の小さな住人が彼のブーツや洪水のように流れてくる尿に近づきすぎれば危険が及ぶ。それでも、このちっぽけな王国に永住したとしても、ガリバーが皇帝の財政に負担をかけるような事態にはならないだろう。なんといっても、リリパット国にとっての脅威であるブレフスキュ国を見張るという、ガリバーのサイズがあるからこそ可能になる貢献は、その食い扶持《ぶち》よりずっと価値が高いのだから。その反対に、適切なスケーリングで考えれば、リリパット人のほうが一緒に生活していて気が休まらない相手となる。1日当たり80キロカロリーのエネルギーを必要とするリリパット人は、一時滞在している巨人と比較して単位体重当たり4倍以上のエネルギーを摂取する必要があるため、食べ物を調達しては食べるという行為にしょっちゅう時間を割かなければならないからだ。

リリパット国に引き続き滞在することを認められていたのなら、ガリバーは出発を延期していたかもしれず、そうなれば巨人の国で冒険をすることにはならなかったかもしれない。そして、巨人が暮らすブロブディンナグ国では、ガリバーと住民の大小の比率が逆転するが、ガリバー自身が必要とするエネルギー摂取量は変わらない。ブロブディンナグ国の家具職人が箱を利用してつくった携帯可能な寝室で休んだり、少し散歩したりするだけなら、エネルギーは1日当たり2500キロカロリーも必要としないだろう。それでも、スピネット〔ピアノの前身となる鍵盤楽器〕に似た楽器ではあるものの、幅が約18メートルもある鍵盤の上を全速力で走りながら、棍棒のような棒で鍵盤を叩き、国王と王妃のためにイギリスの調べを奏でた日には、1日当たり3000キロカロリーほどを必要としただろうが。

3／4という代謝スケーリングの指数は、哺乳類ではおおむね合理的に当てはまるようなので、この法則をブロブディンナグ人にも当てはめてみよう。巨人の成人男性であれば基礎代謝量（体重を9・7トンとする）は、1日当たり6万8400キロカロリーほどになるだろう。これは、ガリバーの基礎代謝量の約27倍だ。ここでもやはり、スウィフトが巨人の体重の3乗で計算した数値よりも、必要なエネルギー摂取量ははるかに少ない。このように、スウィフトの計算よりはるかに基礎代謝量が少ないのだから、当然、ほかの要素も変わってくる。その影響の興味深い例を紹介しよう。

スウィフトの描写によれば、ブロブディンナグ国の王妃は「小食」であるにもかかわらず、「英国農民の1回の食事の12人前ほどの料理をひと口で食べてしまう」ので、ガリバーはしばらく「その光景を見るたびに吐き気に襲われた」という。だが、少しばかり計算をすれば、この描写が間違いであることがわかる。18世紀初頭のイギリスの農民であれば、1日に畑仕事や家畜を扱う仕事で身体を激しく使っていただろうから、たくさん食べなければならず、1日当たり3000キロカロリーはエネルギーを必要としただろう。つまり、1回の食事に1000キロカロリーは必要としたはずだ。その農民が12人いれば、1回の食事に1万2000キロカロリーを要することになるため、これをスウィフトの仮定に当てはめれば、王妃（基礎代謝量はブロブディンナグ人の成人男性並みとする）は1日当たりせいぜい6口（68,400 ÷ 12,000 = 5.7）、すなわち、1回の食事でたったのふた口しか食べられないことになるのだ。このように適切に計算すれば、王妃が料理を頬ばっている光景は、たしかに強い印象を与えはするだろうが、吐き気をもよおさせるほどではないだろう。それに、ブロブディンナグ国の農民にとって、適切にスケーリングされた巨人たちの食生活を支えるのはそれほど困難ではなかったはずだ。体重の3乗に比例する量の食事は必要ないのだから。

このように考察していくと、いくつか疑問が浮かんでくる。私たちは3/4乗則をどう説明すればいいのだろう？　この法則は自然界に遍在しているのだろうか？　3/4乗則はすべての動物に当てはまるのか？　それとも、哺乳類にのみ当てはまるのか？　それとも、3/4乗則はさまざまな現象に当てはまるという主張は、黄金比があらゆるところで「見られる」という説と似ているのだろうか？　3/4乗則を利用して人間が必要とする食事の量を合理的に定量化できるのなら、体重だけを拠り所にして、自分には具体的にどのくらいの食べ物が必要かを割りだせるのだろうか？

## ■代謝理論

なぜ、一般にべき乗則、とくに3/4乗則のスケーリングが、生物の器官（や機能）の相対的なサイズの研究において頻繁に出現するのだろう？　調査対象とした生物の体重には何桁にもわたる差があるというのに？　1970年代に入ってから、3/4乗則の背景にある生物学的な構造を説明しようとする試みが重ねられたが、その努力が50年近くつづけられたにもかかわらず、普遍的に当てはまると納得できるだけの因果関係は説明されていない。もっとも注目を浴びた説は、植物にも当てはまるもので、アメリカの3人の科学者、物理学者のジョフリー・

ウェスト、それに生物学者のジェームズ・ブラウンとブライアン・エンキストによって一連の出版物で報告された。[8]

## 3/4か2/3か？

ウェストらは、生物の有機的構造の全体を、資源を分配したり老廃物を排出したりするために進化した管のネットワークとして説明した。人間や動物の場合、これらのネットワークは動脈、静脈、毛細血管で構成され、酸素、栄養素、ホルモンを運搬する血液と、毒素や老廃物を排出するリンパ液を循環させている。かたや、植物には2種類の管がある。道管が束になっている木部は水やそこに溶けているミネラルを根から吸いあげる。そして、師管が束になっている師部は、光合成の産物を葉などから分配する。こうした分配のネットワークは、すべての生物のあらゆる器官に巡らされ、個々の細胞に到達しなければならないため、最終的に到達する枝（人間や動物の場合は毛細血管）は同じサイズにする必要があり、分配全体のプロセスでは、循環に必要な総エネルギーを最小限にする必要もある。

彼らはこうした条件を踏まえて複雑な数式を駆使した結果、すべての生物の代謝は、体重の3/4乗でスケーリングするはずだという結論を出し、普遍的なスケーリングの法則を定式化することに成功したと宣言した。植物であれ動物であれ、すべての生物種の生物学的な構造と組織を統一して説明できる理論の基礎を築いた、と。しかし、この説は例外なく受け入れられたわけではなかった。[9] あきらかに、枝分かれして分配する構造は、代謝をスケーリングする1

つの要因なのだろうが、カナダの生物学者シャルル＝アントワーヌ・ダルヴォーと同僚らが指摘するように、複雑なシステムのはたらきを説明する際には、単一の原因によると決めつけるのではなく、その機能（この例では代謝スケーリング）に関わる多くの要因を考慮するほうがつねに望ましい。[10]

　これに続く植物に関する研究では、すべての代謝に3/4乗則が当てはまることを裏付ける結果は得られなかった（等成長のスケーリング則を強く裏付ける研究結果もいくつかあった——この場合、指数は約1となる）。[11] ほかの物理学者や生物学者たちは、3/4乗則を裏付けるもっと簡潔な解釈を主張しているが、そのいっぽうで、もっと適切に実施された新たなスケーリングの研究は、0・75という数値から大きく外れたスケーリング指数を示している。600種以上の哺乳類（その体重差は5桁の範囲に及ぶ）を対象とした分析では、基礎代謝量だけを扱い、体温の差を考慮したところ、0・675という指数がはじきだされ、前述したルブナーによるイヌたちの研究から導きだされた計算結果が正しいことを裏付けたのだ。[12]

　ルブナーが導きだした2/3という指数は、鳥類

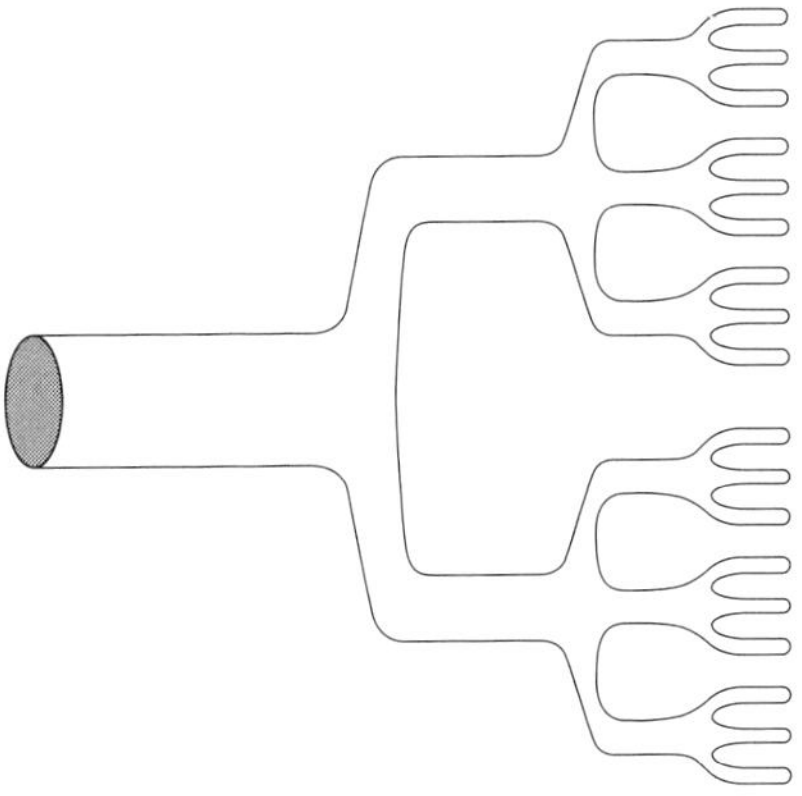

この簡略化した図は、大動脈から毛細血管までの枝分かれを、たった3つの階層で示している。

の大規模調査でも確認された。かたや、個々の哺乳類の目《もく》の分析では、指数は食虫動物の０・５８から肉食動物の０・７７までと幅があった。[13] 根本的な観点から見れば、フィールド代謝量（ＦＭＲ）——典型的な生活条件下で長期にわたり必要なエネルギーの最適な指標——を測定するほうが、もっと明確なデータが得られるのかもしれない。フィールドにおける代謝は、基礎代謝や安静時代謝より、たいてい顕著に高い。フィールド代謝量は、１９４０年代後半、ミネソタ大学のネイサン・リフソンらが発明して発展させてきた独創的な手法によって測定できるようになった。水分の損失を測定する際には、２つの重い同位体（質量は異なるが、化学的性質は同じ原子）、すなわち水素（重水素、$^{2}$H）と酸素（酸素18安定同位体、$^{18}$O）を標識とする二重標識水法を利用して、水分の損失を測定するのだ。[14]

これらの同位体が身体の外に出て、水分の大半を構成する軽い同位体（$^{1}$Hと$^{16}$O）に置き換わると、水分の損失量だけでなく、呼気中の二酸化炭素の量も測定できるので、エネルギー代謝に使われた酸素の消費量も測定できる。この手法を使うことで、数時間から数日間の全エネルギー消費量を非常に正確に記録できる。この手法で２００種以上の哺乳類、鳥類、爬虫類のフィールド代謝量を分析した結果、指数は有袋《ゆうたい》類の０・５９からトカゲの０・９２までばらつきがあり、３／４乗則を強く裏付ける結果にはならなかった。[15]

哺乳類と鳥類には大きな違いがあり、有袋類の代謝量はほかの哺乳類より30％ほど低い。大半の時間を空ですごし、長距離にわたって大洋を横断する渡り鳥（アホウドリ、ウミツバメ、ミズナキドリ）は、体重に対するエネルギー消費量が非常に多い。かたや、砂漠で生きる哺乳類は、

## 陸生脊椎動物のフィールド代謝量[FMR](両対数グラフ)

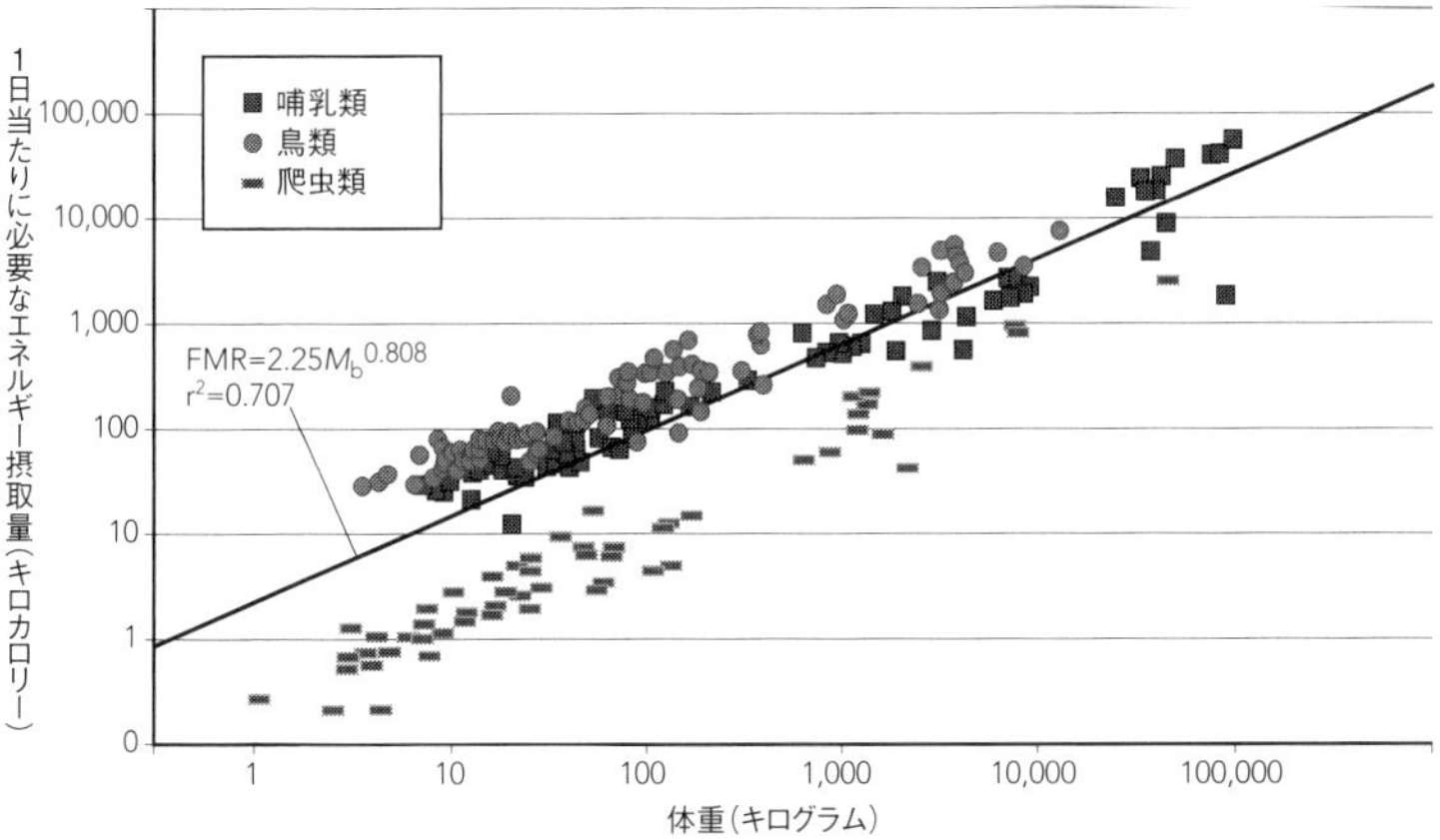


陸生脊椎動物の平均フィールド代謝量の体重に対するスケーリング指数は0.8($M^{0.8}$)ほどだが、変温動物である爬虫類の代謝量はその計算で得られた値より小さく、鳥類や、走る能力がある大型哺乳類の種の代謝量はそれより大きい。

たびたび食料や水が不足する環境に適応しているため、代謝量が体重に対して少ない。そして、動物によってはたとえサイズが同じでも、生活の仕方や食べ物の入手の仕方などの違いにより大きな幅がある。たとえば、ホッキョクギツネとノドチャミユビナマケモノの体重は3・5キログラムほどで同じくらいだが、肉食でよく走る生活を送っているホッキョクギツネの代謝量は、草食のノドチャミユビナマケモノの2・1倍もある。[16]

また、ほかの研究で、爬虫類、両生類、鳥類、哺乳類について、体重で6桁に及ぶ違いがあるデータを厳密に選別したうえで分析したところ、これら4綱《こう》の脊椎動物のスケーリング指数はまったく異なるという結論が出た。[17] そして、おそらくもっとも説得力がある研究結果は、127の異なる種のアロメトリー指数をメタ分析したところ、代謝のアロメトリーについて普遍的に当てはまる指数を裏付ける結果が見つからなかったことだろう。[18] つまり、すべての生物に共通する単一の値にこだわるよりも、スケーリング指数には幅があると考えるほうが、より納得がいくのだ。よって、代謝スケーリングについては、ある程度までは、単一の値をさがすアプローチと、幅があると考えるアプローチの両方の観点から見るべきだろう。

これまでのところ、あらゆる種類の生物を対象としたもっとも包括的な研究は、ウサギや齧歯類の感染症の原因となる極小の細菌（重さ10のマイナス14乗グラム）からアジアゾウ（体重4×10の6乗グラム）にいたる20桁を超える重さの差がある３００６種を対象におこなわれ、その結果、スケーリングに普遍的な因果関係があるという可能性は排除された。[19] とはいえ、主要な分類群における平均代謝量は体重1キログラム当たり０・３〜９ワットの範囲におさまっていて、実験用の小さいマウスがもっとも上の範囲に属し、体重４トンのゾウはもっとも下のほうであることがわかった。たしかに、最小値と最大値には30倍もの差があるものの、地球上の生物の多様性は広範であり、その質量には20桁以上もの差があるという現実にかんがみれば、30倍は非常に狭い範囲といえるだろう。

体温調節をしない生物としてはもっとも種が多い昆虫に関して、約４００種を対象にしたある調査では、代謝スケーリングの指数は０・７から１・０であるという結論が出たが、０・７５の法則に一致する分析もある。[20] また、ハキリアリ（植物の葉を切りとって地下の巣に運び、そこでキノコを栽培していわば農業をいとなむ熱帯の働き者）を対象にした研究によって、集団で生活している社会性昆虫の代謝スケーリングに関する新たな興味深い洞察が得られた。[21] 食料を得るうえで個体にかかる負担は、ハキリアリの数が増えてもわずかしか減少しないが、歩いた距離の長さによって食料の獲得量に限界が生じ、巣の拡大と繁殖に必要な資源にも限界が生じる。歩く距離の長さが50%長くなると、得られる食料の量は半減し、アリの巣のサイズが大きくなっても克服できない代謝の限界が生じるのだ。

## 少ないカロリーでOKの人も

想像がつくだろうが、サイズに応じて変化する人間の代謝量もまた、完璧な秩序にのっとっているわけではない。基礎代謝量は、性別・身体のサイズ・身体組成・年齢によって変わるため、固定値ではなく、1日当たりに必要なエネルギー摂取量の約45〜70%の範囲に散らばっている。最新の国際的な発表によれば、1日当たりのエネルギー消費量の最小値と最大値は2000キロカロリー弱から4000キロカロリー超と範囲が広い。1日当たりのエネルギー消費量（TEE）は、基礎代謝量（BMR）と適切な（そして、おおよその）身体活動レベル（PAL）の積であり、TEE＝BMR×PAL（すなわちPAL＝TEE/BMR）となる。[22]

だが、たとえば年齢別での平均値を、実在の個人に対してかならずしも当てはめることはできない。1940年代後半、エルシー・ウィドウソン（現代栄養学の草分けであり、戦時中はイギリスの食糧配給の責任者を務め、イギリス国民の健康状態を戦前より改善した女性）は、きわめて根本的な疑問を投げかけたにもかかわらず、それから約80年あとの時代を迎えても、まだ完璧な答えは得られていない。その疑問とはこうだ。なぜ、人によっては、ほかの人の半分ほどのカロリーを摂取するだけで生きつづけることができるのだろう？　そのうえ、いわば完璧に効率のいい機械として、そうした人の身体は機能しつづけるのだろう？[23]

一般に、肥満度が高いと、さらに話が込み入ってくる。食品によるエネルギー摂取量の推奨値が過度に高くなるのを避けるため、肥満の人の場合は、1日に必要な摂取量を計算する際に、実際の自分の体重ではなく、適正体重という比較的狭い範囲の値を使うべきである。しかし、この問題は肥満の個人にとどまらない。数十年も前から、標準的な予測よりも効率よく食べ物のエネルギーを利用している集団があることがわかっていたのだ。1970年代初頭、イギリスの栄養学者ニコラス・ノーガンと同僚らは、パプアニューギニアの妊娠中や授乳中の女性が、それ以外の女性に比べて、とくにエネルギー摂取量が多いわけではないことを発見した。通常の予測では、妊娠中や授乳中はエネルギー摂取量が多くなるはずなのに（妊娠中期には1日当たり360キロカロリー、後期には1日当たり475キロカロリーを追加したエネルギー摂取が推奨されている）〔日本では厚生労働省が妊娠中期で1日当たり250キロカロリー、後期で1日当たり500キロカロリー追加して摂取することを推奨〕[24]。

また、沿岸部に住むカウル族の成人が必要とする1日当たりのエネルギー摂取量は、男性では基礎代謝量より27％しか高くなく、女性では13％しか高くなかった（つまり、身体活動レベルはわずか1・13）。予想される身体活動レベルは最低1・5、大きければ2なので、大きく外れた値である。1980年代にはイギリスの研究者グループが、西アフリカのガンビアに暮らす妊婦の代謝量が予想より少なかったという記録を残した。彼女たちは、大半の時間を安静にしていたと仮定して予想されるエネルギー消費量より、かなり少ない量しかエネルギーを消費していなかったが、実際には毎日重労働に従事していた――よって、あきらかに少ないエネルギー摂取量のままで活動していたと考えられるのだ。[25]

1990年代には国際的な比較がおこなわれ、基礎代謝量の標準的な計算で、熱帯地域に暮らす成人の値を過大に見積もっていたことがわかった（スリランカの男性で約22％、インドの女性で13％近く大きかった）。[26] 結論はあきらかだ。すべての成人に当てはまる、安静時代謝量の唯一の値は存在しない。個々の身体のサイズを、必要なエネルギー摂取量のおおよその目安にするしかないのである。必要なエネルギー摂取量を割りだす計算式を使うと、欧米人の集団（予測式を導きだす際に利用した代謝量の観察データの大半を提供した男女）においてさえ、必要なエネルギー摂取量が10～15％ほど多く算出される傾向があり、欧米人以外の多くの集団（とくに南アジアや東アジア、サハラ以南のアフリカ）においては、20～30％ほど多く算出される傾向があった。

## なぜブタ肉が好まれるのか

生命体とその複雑な機能の多様性を熟知している生物学者にとって、こうした不確実性や不規則性にぶつかるのは意外でもなんでもない。生命の豊かな現象を物理学の法則という厳密な枠のなかに押し込めるのが無理であることは、これまでにも繰り返し立証されてきた。それでも、生命の複雑性のなかには予測可能なパターンが存在するという考えが好奇心を刺激するだけではなく、スケーリングは多くの有益かつ実用的な教訓を授けてくれる。たとえば、なぜ私たちは食肉を得るために非常に小さい動物を家畜化しなかったのだろうと、これまで不思議に思ったことはないだろうか？　なぜブタ肉は世界で群を抜いて大量に消費されている哺乳類の肉なのだろうと、疑問に思ったことは？　ブタの体重の範囲は私たちの体重の範囲と一部が重なる。いっぽう、小型のヤギのなかには10～15キログラムしかないものもあるし、小型のウサギは1キログラムに届かない。アンデス地方の多くの家庭の台所で飼われているモルモットも体重は1キログラムほどで、生ごみを与えられたり、放し飼いにされたりしたあとはさばかれて、食肉となっている。[27]

　本書をここまで熱心に読んでくださっている方なら、なぜ私たちがネズミ（あるいはラット。多くの地域で食用にされているが、飼育されてはいない）を家畜化しなかったのか、その理由がすでにおわかりだろう。ではここで、数字を挙げてその理由を説明していこう。クライバーが発案した代謝のべき乗則に、平均的な体重（小型のブタで50キログラム、小型のヤギで10キログラム、ウサギやモルモットで1キログラム、ラットで250グラム、小型のネズミで20グラム）を当てはめると、この狭い範囲の動物でさえ、小型のネズミはモルモットの3倍近く、小型のヤギの5倍近く、小型のブタの7倍近くもの飼料を、単位体重当たりで必要とすることがわかる。そのいっぽうで、畜牛は閉じ込めて飼育するには大きすぎるうえ、手っ取り早く食肉を得るには成長するまでに時間がかかる。

　それに、ほとんど身体を動かさなくても、単位体重当たりでブタの7倍もの飼料を食べる小型のネズミを大量飼育したところで、食肉生産で利益が出るはずがない。とくに最終生産物（ここでもスケーリングが避けられない！）における皮の割合がブタより多い〔可食部が少ない〕となればなおさらだ。もちろん、ほかにも考慮すべき点はある。ブタがまさしく雑食性であること（なんでも食べるので、餌やりが簡単。かたや、小型のネズミは穀類を好み、食品廃棄物からつくった液体状の飼料では育たない）、ブタは体脂肪率が比較的高いため、肉の風味がよく、満腹感をもたらしやすいという望ましい特質があることだ。モルモットとウサギは小型のネズミよりエネルギー変換の効率はいいが、それでも大規模な食肉生産として商業化するには効率が悪すぎる。いっぽう、ブタは人間に近い大きさ（たいてい75〜150キログラム）で、理想的な体重であるため、現在では世界各地で毎年15億頭近くが食用肉となっている（その約半分は中国産）。やはりここでも、サイズが重要なのだ。

## ▪人工物のスケーリング——機械の代謝

人間がつくりだした物のスケーリングにも、生物と同じ「べき乗則」を当てはめてみるのは、興味深い試みだ。機械において生物の「代謝」と同じ意味をもつのは、化石燃料や電気を運動エネルギーに変える「変換」だ。こうした無生物のスケーリングの検証にいちばん適しているのは、おそらく内燃機関を見てみることだろう。電気モーターとともに、内燃機関は現代文明における主流のエネルギー変換機器であり、エネルギーを機械的仕事に変換して動力を生みだす原動機でもある。[28] 内燃機関のおもな2つのカテゴリーは、ピストン内部で燃料が燃焼するレシプロエンジンと、圧縮した空気を燃焼器内に送り、燃料を噴射して燃焼させるガスタービン

（ジェットエンジン）だ。

## エンジンの出力と重量の関係

ガソリンを燃料とするエンジンを大量に採用するようになったのは、車社会化《モータリゼーション》が進み、手ごろな価格で自動車を買えるようになってからだ（1908年にT型フォードが発売されたことに端を発する）。その後すぐに、ドイツのエンジニア、ルドルフ・ディーゼルが発明した効率のいいエンジンが普及し、トラック、機関車、大型船舶などで広く使用されるようになった。現在、ガソリンおよびディーゼルを燃料とする内燃機関を積んだ路上走行車の数は、世界で約15億台となっている。これには乗用車（近年では重量のあるSUVも増えている）、ピックアップトラック、トラック、バスなどすべての四輪車が含まれる。世界最大のディーゼルエンジンは、世界最大のタンカー・ばら積み貨物船・コンテナ船に搭載されている（こうした船舶は現在5万隻以上が運航している）。据置型の内燃機関は、送電網がない地域や緊急時のバックアップとして、おもに給水ポンプや発電機で利用されている。合計すると、世界にはガソリンとディーゼルを燃料とするエンジンが25億基近くある。その出力は、世界最小の模型飛行機用エンジン（Tee Dee .010）のわずか5ワットから、バルチラ社製の最大の船舶用ディーゼルエンジンの80メガワットまでと幅広い。[29] この出力の範囲は最小から最大までで7桁の差があり、哺乳類（トガリネズミからシロナガスクジラまで）の体重差の範囲と同じである。

エンジンを、より効率的な電気モーターに置き換えていこうとする流れを阻んだのは、バッテリー性能の限界だった。こんにちで最高性能のバッテリーの容量（1キログラム当たりおよそ300キロワット時）でさえ、エネルギー密度は炭化水素燃料（1キログラム当たり1万2000キロワット時を超える）のせいぜい40分の1しかない。[30] 航空機用の最初のガスタービンは1930年代後半に設計され、軍用機での使用に続いて、1950年代には民間機でも急速に採用されるようになった。ターボジェットエンジンは、ついにはターボファンエンジン（圧縮された空気の大半が燃焼器をバイパスする）に取って代わられ、新型コロナウイルス感染症が世界的に流行する前には、乗客と貨物を乗せ、2万機以上のジェット旅客機が運航していた。[31]

内燃機関のスケーリングは、航空機（固定翼機と回転翼機）と自動車、両方のエンジンについて詳細に研究されてきた。1980年代初頭、トーマス・A・マクマホンとジョン・タイラー・ボナーという2人のアメリカ人科学者が、出力が約330ワットから21メガワット、重量が135グラムから102・3トンまでのあらゆる種類のエンジン（自動車・航空・船舶用）を40基近く調査した結果、最大出力がエンジンの重量とほぼ同じ割合でスケーリングすることを発見した。[32] フォード、ホンダ、カワサキ、スバルを含む自動車の4ストロークエンジン（吸入－圧縮－燃焼－排気の4工程で作動するエンジン）に関する最近の研究では、最高出力がエンジン重量の0・95乗でスケーリングすることが確認された。[33] そして、予想されるように、航空機のピストンエンジンのスケーリングもほぼ等成長だ。1・5キログラムの超小型飛行機を動かすエンジンから、アントノフAn－22（旧ソ連の戦略輸送機で重量250トン）の4基のターボプロップエンジンまで、50基以上のエンジンのデータを調べた結果、出力はエンジン重量の0・9乗、速度の0・8乗でス

**エンジンの出力と重量（両対数グラフ）**

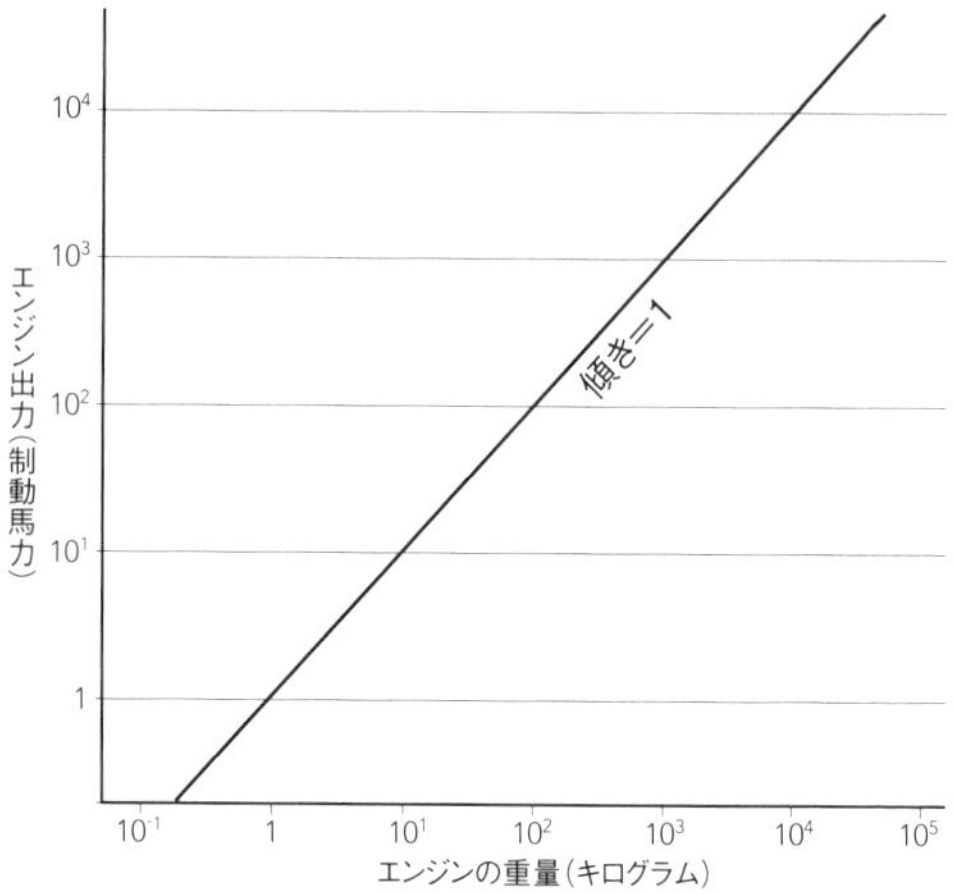


最小のサイズを除いて、内燃機関の出力（ここでは制動馬力）はエンジン重量と等成長でスケーリングする。

ケーリングすることがわかったのである。[34]

さらに推力のスケーリングにおいても、じつに興味深い関連性があることを注記しておきたい。2002年、アメリカの生物学者ジェームズ・マーデンとリー・アレンが、モーターの基本的な特質を示したのだ。[35] 彼らは「モーター」という言葉を幅広い意味で解釈し、「運動を可能にする器官や道具、またはその組み合わせ」であると考え、あらゆる種類のモーターの重量と最大出力に関するデータを集めた。よって「モーター」として集められたデータには、筋肉の収縮に関わるモータータンパク質（ミオシンやキネシン）や大腸菌を移動させる鞭毛《べんもう》（極小の毛のような細胞小器官）から、飛ぶ・泳ぐ・走る動物、さらにはピストンエンジンやジェットエンジン、ロケットまで多岐にわたる。こうして分析したところ、モーターの出力は異なるスケーリングをもつ2つのカテゴリーに分けられることがわかった。

第一のカテゴリーには、単一分子、筋細胞、すべての筋肉、巻き上げ機《ウィンチ》や上昇するロケットが含まれる。これらの最大出力はモーター重量の約2/3乗（$M^{0.69}$）でスケーリングしている。

## 最大出力とモーター重量

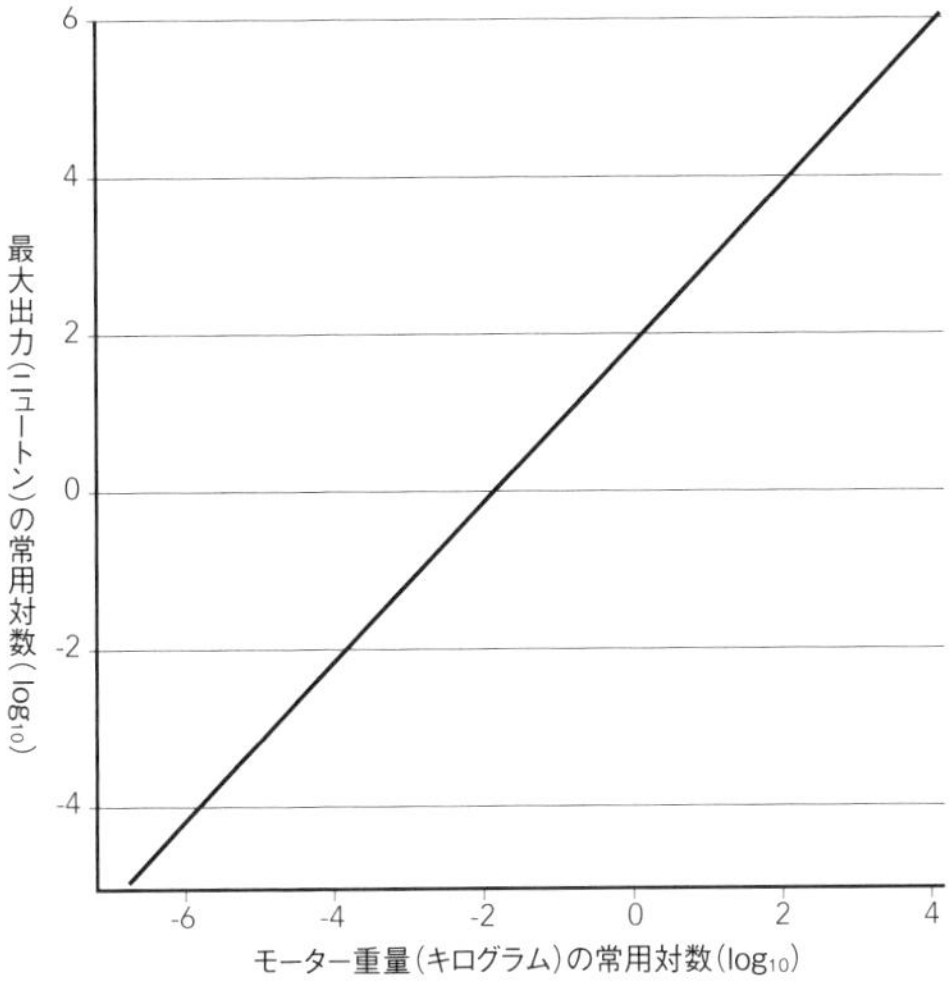


すべてのサイズにおいて、最大出力は重量の増加にともない、ほぼ1:1の割合で増加する。

第二のカテゴリーの「モーター」はもっと数が多く、第一のカテゴリーの「モーター」がシンプルに荷物を直線的に押したり引いたりするだけなのとは異なり、もっと複雑なやり方で動く生物や機械の仕組みを含む。この第二のカテゴリーのモーターには、飛翔能力のある昆虫やコウモリから、鳥類、走ったり泳いだりする哺乳類、それに電気モーターやピストンエンジン、ジェットエンジンまでが含まれ、最大出力には10桁もの差がある。それでも、これらのモーターの最大出力は重量とほぼ正比例し（$M^{1.0}$）、スケーリング指数は、回転型の電気モーターとコウモリで1・08、飛翔能力のある鳥類と航空機のタービンで0・96、走れる動物で0・95だ。

スケーリングが等成長、すなわち正比例する場合は、単純な掛け算をすればいい。最大出力を2倍にするには、モーターの重量を2倍にすればいいのである。そのモーターが鳥やコウモリの筋肉であろうと、レシプロエンジンであろうと、大型ターボファンエンジンであろうと同じことだ。よって、最大離陸推力が2倍のジェットエンジンが欲しければ、重量を少なくとも2倍にしなければならない。１９７０年、プラット・アンド・ホイットニー社製のＪＴ９Ｄターボファンエンジン４基が、世界初のワイドボディ機でもあった超大型機ボーイング７４７就航時に搭載された。エンジンはそれぞれ定格推力（モーターが連続して出力できる推力）２５０キロニュートンで、重量は４０４４キログラムだった。そして１９９６年以降は、ゼネラル・エレクトリック社のターボファンＧＥ90が世界でもっとも強力なエンジンとなり、その１１０Ｂバージョンの最大離陸推力（５１２・９キロニュートン）はＪＴ９のおよそ２・０５倍、重量はおよそ２・１６倍の８７６２キログラムだ。[36]

それでも、より大きくなったエンジンの推力／重量比（1キログラム当たり58・5ニュートン）は、半世紀前に導入されたタービン（1キログラム当たり61・8ニュートン）とほぼ同じである。この１対１のスケーリングは、巨大な第二のカテゴリーに属するモーター全体に当てはまる。重さには大きな差があるし、形も驚くほど多様であるうえ、運動の仕方もバラエティに富んでいるにもかかわらず、昆虫、鳥類、コウモリ、魚類、哺乳類、電気モーター、ピストンエンジン、ジェットエンジンには、重要な共通点があるのだ。単位質量に対する正味推力は見事なまでに一定で、「モーター」の質量1キログラム当たりの推力は大半が43～71ニュートンで、平均値は約57ニュートンである（記録破りの大きさのＧＥ90ターボファンエンジンでさえ、推力／重量比は平均値にきわめて近い）。こうした現実があるため、当然、サイズには制限が生じる。エアバス３８０の2倍の大きさの航空機なら２０００人近い乗客を運べるだろうが、そのためには推力と重量を2倍にしたエンジンが４基必要となり、エンジンだけで５万４０００トン近く重量が増えることになる。これは、燃料を満タンにして最大積載量を積んだ小型機ボーイング737－600の最大離陸重量と同じくらいの重量だ。

こんど、青い空を背景にはるか上空を飛ぶジェット旅客機の後ろにたなびく白い飛行機雲を目にしたら、そして、たまたま、その11キロメートルほど下で羽ばたくガチョウやカモメを見かけたら、生物と人工物が意外なほど類似点をもちつつ共存していて、それでいて種々さまざまな形態をとりうることに思いを馳せるのもいいかもしれない。なにしろ、鳥と機械は「モーター」としてはまったく異種でありながら、単位質量当たりの出力がほぼ同じなのだから。もちろん、明確な共通項はある。出力が質量と慣性質量に打ち勝たなければならないのだ。それでも、単位質量当たりの最大出力の範囲が比較的狭い（平均値からわずかプラス－マイナス25％程度である）のは、やはり驚くべき結果だ。

## 都市の代謝

しかし、代謝スケーリングの考え方を、たんに個別のものだけでなく、個の集合体に当てはめた場合、代謝スケーリングはどう機能するのだろうか？　まずは、都市部に目を向けてみよう。都市部は全世界のエネルギー消費量のうち、不釣り合いなほど大きな割合を消費している。都市部に住んでいるのは人類の約55％程度だが、全エネルギーの70％近くを消費し、温室効果ガスの70％以上を排出している。[37] 都市代謝という新しい科学は、都市におけるエネルギーと物の流れを研究してきた。また二酸化炭素の排出量は、食べ物の消化によって生じる人間の排出物と同様に、代謝効率をあきらかにする指標として利用できる。では、都市のエネルギー消費量は経済とスケーリングしているのだろうか？　1999年から2008年までのアメリカの主要都市の二酸化炭素排出量を調査したところ、大きい都市のほうが小さい都市よりも代謝効率がよいという予想に反して、二酸化炭素排出は都市の規模に比例して増加していることがわかった。[38] そのスケーリング指数は1・0よりもわずかに7％低いだけだった。つまり、人口が1％増加するごとに、二酸化炭素排出量は0・93％増加するのだ。

代謝をもっと狭い範囲でとらえて、動物が必要とする食物の量と定義しようと、あるいはもっと広く考えて、動く物体によるすべてのエネルギー変換と定義しようと、その根本の機能には共通点があることがわかっている。たとえば空を飛べる生物や機械は、単位質量当たりの出力の値が非常に近い。そのいっぽうで、同じ重さの動物でも代謝率は大きく異なるなど、予想される「ルール」から外れている例も多い。これは多様な生活条件や環境への適応があることのあらわれで、生物学者の昔ながらの格言を裏付けている——生命の複雑性を単純化し、物理学者が定めたすべてを包含する法則に強引に当てはめて数学的な正確さを求めるのは、しょせん、無理な話なのだ。

サイズと代謝のスケーリングが単一かつ不変のルールに従わないのであれば、生物と人工物のサイズ、それらの部位や部品のサイズもまた、予測可能で容易に定量化できる形で分布しているわけではないのだろうか？　この問題については、次の2つの章で考えていこう。

# 第7章

# 平均値とサイズの分布

ここまでたどってきた（それなりに体系化を試みた）寄り道の多い旅は、あらゆるもののサイズという魅力的な風景を眺めながら進み、知覚や錯覚から釣り合い《プロポーション》やデザインへ、基本的な測定から身体・器官・人工物のスケーリングへ、そしてサイズにまつわる関数の1つでありながら、いまだに議論が続いている代謝スケーリングの問題へと話を広げてきた。では、残りの紙幅で触れておくべきテーマはなんだろう？　これまでのところ、自然界や人工物の世界でさまざまなサイズが出現する頻度については、いっさい触れてこなかったが、これは重要なテーマだ。サイズは極小から極大までと幅が広く、桁数が大きく違うものもある。自然界と人工物の世界で、サイズはどのように分布しているのだろう？

たとえば、ある種の生物において、生まれたばかりの子と成体のサイズが大きく異なる場合、そこにはどの程度の差があるのだろう？　それに、もっとも一般的な値からの逸脱には、なんらかの規則性があるのだろうか？　アマゾン川流域に生息するトンボが翅《はね》を広げたときの幅、東京都に暮らす7歳児の身長、カリフォルニア州で起こる地震の震度、フランスの都市の人口、個人の資産のサイズ（富裕国であれ、世界の最貧地域であれ）といったものの分布には、なんらかの規則性が見られ、それほど大きいばらつきがないのだろうか？　ある程度は予測できる分布があって、それを基盤に見通しを立てたり、指針として利用したりできるのだろうか？　そうであるなら、私たちの手元には、成長の結果を予測したり、異常な発達に留意したりするための強力なツールがあることになる。

もっとも起こりそうな可能性を図示して説明するのは簡単だ。サイズは、次ページのグラフ①のように、平均値——この場合は中央値（データを小さい順に並べたときに真ん中にくる値）であり、最頻値（出現した数がもっとも多い値）でもある——を中心に、ほぼ左右対称な形で分布する場合がある。極端に大きかったり小さかったりする値は徐々に減り、大きく外れている値はない。そのいっぽうで、グラフ②のように左右非対称に分布する場合もあり（この場合は平均値、中央値、最頻値が一致しない）、山のピークが右側、または左側に偏っている。またグラフ③のように分布の山のピークが明確に2つに分かれる二峰性《にほうせい》のものもある。ほかにも極端な分布が2種類ある。グラフ④のように、ほぼ一様に分布しているパターンで、平均値から大きく外れているサイズがないものだ。そして、もう1つはグラフ⑤のように、いちばん小さい値がもっとも多く、いちばん大きい値が非常に少ないなど、分布に極端な偏りがあるパターンだ。

このようにデータの分布には複数のパターンがあるにもかかわらず、グラフ①の分布のパターンが一般的であること、自然界の性質や現象は平均値を中心に左右対称に分布している例が多いこと、そして、統計学の講義を受けたことなどなく、サイズの分布について明確に定義

グラフ①

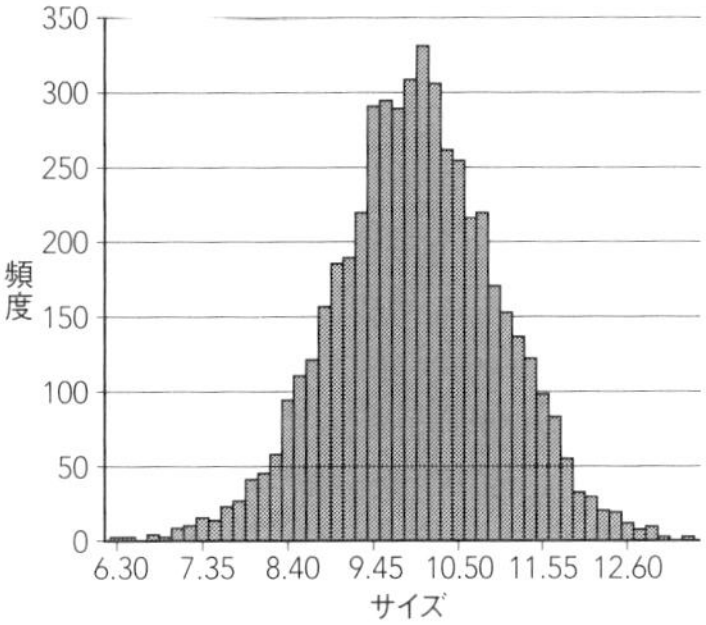


グラフ②

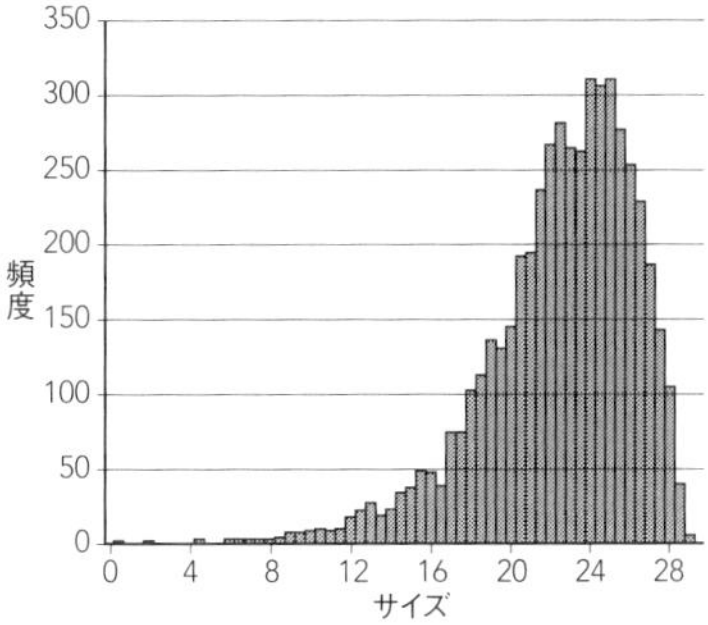


グラフ③

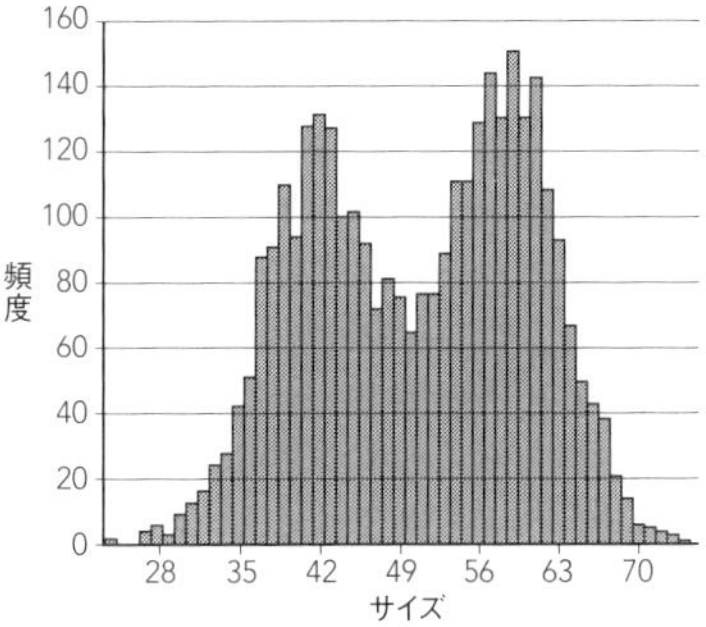


グラフ④

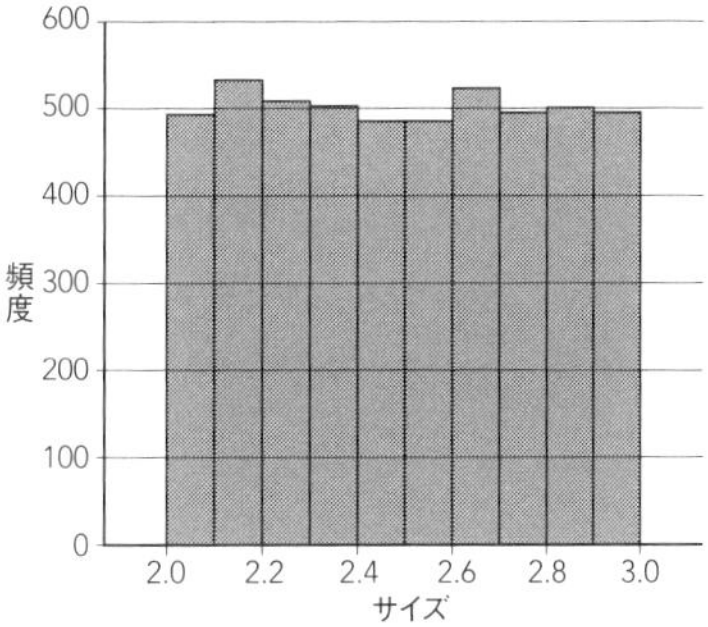


グラフ⑤

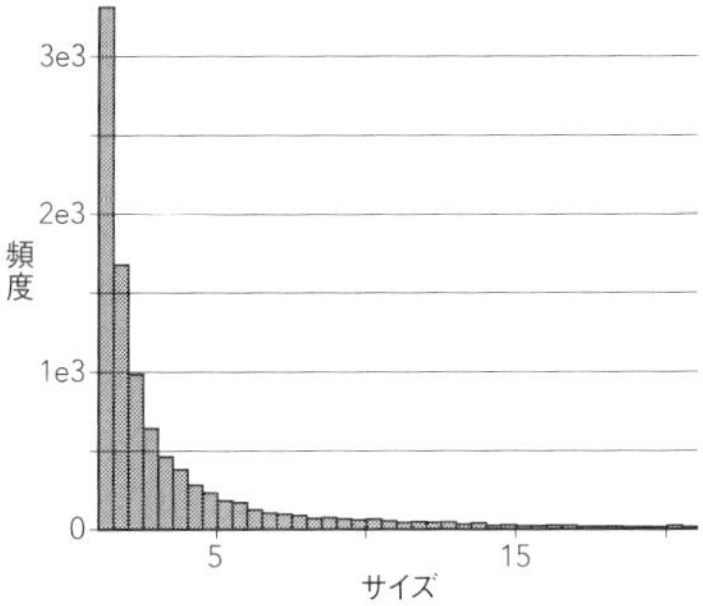


グラフ①　平均値を中心に左右対称に分布しているパターン
グラフ②　左右非対称のパターン(平均値が右側にある)
グラフ③　二峰性のパターン(山が2つある)
グラフ④　一様分布に近いパターン(頻度がいずれもほぼ同じ)
グラフ⑤　分布に非常に偏りがあるパターン(小さいサイズが圧倒的に多い)

された用語など知らない人でも、無意識のうちに、この分布がいたるところに見られるのは当然だと思っていることに着目すると、じつに面白い。どれほどサイズ分布の幅が広くても極端な値が少なく、平均値のあたりに分布が集中している例を実際に見てみたければ、都会の混雑した歩道を歩く、学校が終わって校門から外に出てくる子どもたちの集団に目を向ける、夏、満開になって咲き誇るヒマワリの畑に車中から目をやるといった、日常生活でごくありふれた経験をするだけでいい。

現代の都市化が進んだ世界では、ミラノであろうがマニラであろうが、歩道を歩くのがいちばん手っ取り早いだろう。ヨーロッパの成人男性の身長では175〜180センチメートルが大きな割合を占めるため、それよりだいぶ背が高い人（あるいはだいぶ背が低い人）がいればすぐに気づくだろうし、東アジアではヨーロッパより10センチメートルほど低い範囲（165〜170センチメートル）から外れている身長の人がいれば目にとまるだろう。[1] 同様に、学校が終わって校門からどっと出てくる小学生の一団や、黄色い花を頭のように揺らすヒマワリ畑を目にしたら、人間や植物のサイズにはよく似ている点があることに気づくだろう——どちらの集団を観察しても、ほぼ似たような高さの個体がいちばん多いのだ。

同じ学級の児童のなかで、おおかたの子よりも頭1つ背が高い、あるいは背が低い子どもは、とてもめずらしいはずだ。同様に、ほかのヒマワリよりも首を突きだしているヒマワリはめずらしいし、ほかのヒマワリにすっかり埋もれているヒマワリもやはりめずらしい。[2] もちろん、背丈に差はあるものだが、その差は比較的狭い範囲におさまっていて、そこから大きく外れる値はかなりめずらしい。大勢の小学3年生の身長や、たくさんのヒマワリの高さを測定したら、平均値から外れている値があったとしても、たいていその差はごくわずかで、平均値を中心に左右対称に分布していることがわかるだろう――わずかに低い値、わずかに高い値があったとしても、ほかの値と腰を抜かすほどの極端な差はないし、極端な値に近づくほどその差は減っていくはずだ。ただし、1つ、留意すべき点がある。調査する母集団の大きさが重要なのだ。信頼度が高く、誤差の少ない結果を出したければ、小さい母集団であれば標本《サンプル》の1つ1つを確実に測定しなければならないし、大きい母集団であれば十分な数の標本を選ぶ、つまり「抽出」して、測定しなければならない（広大な畑のヒマワリ1本1本の高さをすべて測定するのはあまりに手がかかるし、そもそも不要である）。

注意深い人なら、測定値、つまり標本の数がほんの少ししかないと非常に偏った結果が出かねないことを承知している。では、信頼の置ける結果を得るためには、私たちはどのくらい調べればいいのだろう？　適切なサンプルサイズ〔母集団から抽出する標本の個数〕を決める方法は多々あり、オンラインで利用できる計算式もある。一般的なルールとしては、母集団が100未満である場合は、すべての個体を測定する必要がある。だが、母集団が100万を超える場合、そのなかから400程度の標本を選んで測定すれば、ある程度、信頼の置ける結果〔許容誤差5%程度〕を得られる。

適切に測定された値の正規分布は、平均値を中心に左右対称のさまざまな釣鐘形になるため「ベル」曲線と呼ばれている（前出の①のグラフが例の1つ）。こうした分布は頻繁に目にするので、無意識のうちに見る者の頭のなかに組み込まれる。そして、ごく普通のこととして認識するため、そうした分布が標準《ノーマル》であると思うようになるので、統計学者たちは、この左右対称の分布を「正規《ノーマル》分布」と呼ぶようになった。それだけではなく、正規分布を無意識のうちに期待するため、めったに見かけることがないものにまで、この予想を当てはめてしまう。たとえば北米の鳥類学者や野鳥観察の愛好家でもなければ、飛んでいるアオカケスの翼開長の平均値など知らないだろう。だが、この美しい鳥を短時間ではあるにせよ何度か見れば、大半の人が、一回り大きいアオカケスがいれば、すぐに気づくはずだ。[3]

結局のところ、自然界や社会におけるサイズが規則的に分布するパターンに関して確実な結論を出したければ、厳密な定量分析を実施するしかないのだが、基本的な計算さえできれば、この問題の根本的な部分は把握できる。サイズが左右対称に分布しているという驚くべき規則性によって、新生児医療から熱帯地方の生態系にいたるまで、さまざまな分野で、普遍的な、あるいはおおむね有効な結論や予測を導きだすことができるのだ――それに、衣料品メーカーに対して、特定の市場向けに生産するシャツやパンツのサイズの相対度数分布をアドバイスすることもできる。そして、やはり驚くべきことに、この理解にいたるまでの道のりは、数世紀も前、はるか彼方の天体観測から始まった。

## ■よく見られる分布が正規《ノーマル》になった経緯

完璧でくぼみがない釣鐘型の曲線がエレガントな軌跡を描くグラフは、連続型確率分布〔身長や体

## 正規分布の曲線

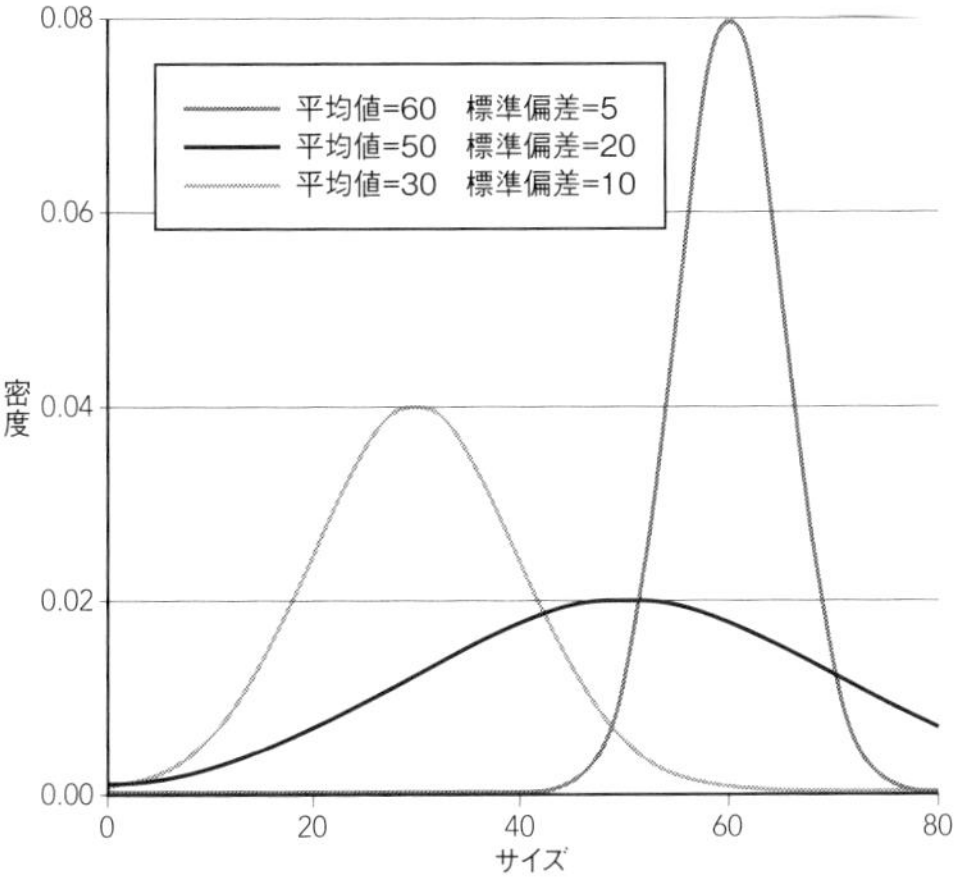


異なる平均値と標準偏差をもつ正規分布の曲線

重のように連続する値の分布」をあらわしていて、教科書や科学読み物や論文によく登場する。と同時に、正規分布の関数が当てはまる確率分布の曲線のなかにも、釣鐘型を描かないものもある。曲線が描く山の幅がもっと狭く、急な傾きで（舌のように）突きだしているものもあれば、もっとゆるい傾きで、釣鐘というよりなだらかな丘のような形のものもある。

「正規《ノーマル》」分布と呼ぶのであれば、平均値を中心に整然と数値が分布しているのが当然で、それ以外の分布は異常であり、普通ではなく、例外的なものに思えるかもしれない。だが、そうではない。すでに注記したように、左右非対称に分布しているサイズも多く、その結果生じる曲線や、対数グラフにしたときに示される直線を「異常」と呼ぶことはない。では、なぜ、このように誤解を招きかねない「正規」という用語を採用し、いまだに使いつづけているのだろう？　その理由を知りたければ、これに相当する用語の天文学・数学・統計学の歴史をざっと振り返ればいい。「よく見られる《ノーマル》」分布が「正規《ノーマル》」分布と呼ばれるようになった経緯がわかるはずだ。

## 天体観測から生まれた正規分布

なめらかに山の形を描いてピークに至り、やがて降下する曲線には、300年近い歴史がある。まずは初期の望遠鏡による観察の精度を向上させようという手探りの努力から始まり、観察した結果の初歩的な数式化まで前進し、明確な定義を定める段階に到達し、最終的には当初の目的をはるかに超え、さまざまな生物や現象の測定に活用できるようになったのである。[4]

このように明確に定義された分布の探求は、サイズの順序付けではなく、天体観測における誤差を理解し、その確率を計算しようとする試みから始まった。望遠鏡を利用した近代天文学の初期の世代では、こうした誤差が生じる理由は個人の観察能力の差だったり、完璧とはいえない条件下でのさまざまな装置の不備だったりした。そして1600年を迎えようとするころ、デンマークの天文学者ティコ・ブラーエ(1546〜1601年)が天体の正確な位置を把握するために、赤径《せっけい》、すなわち東西の位置を示す座標(天球の経度のようなもの)を繰り返し測定してまとめる試みを始めた。当時、赤経は惑星や恒星の位置を測定するために利用されていたのである。[5]

そして、この問題に関して初めて明確な結論を発表したのが、ガリレオ・ガリレイ(1564〜1642年)だった。「それでも地球は動く」という永遠に人々の記憶に刻まれた言葉を残し、身体の適切なスケーリングを説明した(本書の第5章を参照)ガリレイは、測定者や測定器が原因となって、すべての測定で誤差が生じること、小さな誤差は大きな誤差よりよく生じること、測定誤差は左右対称に分布することを指摘したのである。しかし、この問題を数学的にどう扱うべきかまで示唆することはなかった。[6] 測定結果に生じる誤差を分析するには、次の2つの値のどちらかを基盤にする。平均値（測定値の合計を測定した標本の数で割ったもの）か、中央値（データを小さい順に並べたときの中央の値）だ。測定誤差の定量化は、フランスの数学者アブラーム・ド・モアブル（1667〜1754年）によって、初めて体系的におこなわれた。そして1733年、彼は長年の研究の結果、「実験に与えられるべき同意の程度を評価するためのいくつかの実用的な規則」を推論するにいたり、その手法に関する論文を発表した。[7]

この研究は、やがて正規曲線の原型として認められるようになった。しかし、ド・モアブルの研究の成果は、誤差の左右対称の分布の代名詞となった2人の数学者が登場すると霞《かす》んでしまった。フランスのピエール＝シモン・ラプラス（1749〜1827年）は数学や統計学だけではなく工学や哲学にも貢献し、いっぽうドイツのカール・フリードリヒ・ガウス（1777〜1855年）はもしかすると歴史上、もっとも偉大な数学者といえるのかもしれない。この2人の登場によって、統計学やその他の科学分野の多くの出版物で、左右対称の分布は「ガウス分布」または「ガウス＝ラプラス分布」（ラプラスがフランス人なので、フランスでは「ラプラス分布」または「ラプラス＝ガウス分布」）と呼ばれるようになった。

1774年、ラプラスが初めて誤差に確率論の原理を適用したが、1809年にガウスがその性質について論じると、左右対称の分布はガウス分布として広く知られるようになった。彼は数学的に証明する際にラテン語の *normalis*《ノルマリス》（直角の、垂直の）という用語を使ったことから、のちに誤解されて「正規《ノーマル》」分布と呼ばれるようになったようだ。それからほどなく、誤差の分布を分析するうえで、ラプラスが数学的により堅牢な基盤を築いた。[8]

## 人体測定への応用

次の段階は、平均値から左右対称に頻度が減っていくことが、地球上のさまざまな自然界の変数にも統計学的に当てはまるという理解を深めることだった。その段階に初めて進んだのは、ベルギーの統計学者・数学者・天文学者であるアドルフ・ケトレー（1796〜1874年）だった。彼は天文学の測定誤差を評価するために利用していた分布を、大規模な人体測定で応用することにした最初の科学者である。当時、社会科学の定量的研究が始まったことで、人体測定のデータを利用できるようになっていたのだ。

1835年に刊行されたケトレーの「社会物理学」に関する著書（1842年に『人間とその能力の発達について――あるいは社会物理学に関する見解（*On Man and the Development of his Faculties, Or Essays on Social Physics*）』というタイトルで英語に翻訳された）は、西欧の複数の人口集団においてさまざまな身体的・精神的特徴を調べ、「平均人」という概念を編みだした。[9] その11年後、彼は以前、家庭教師を務めていた若きザクセン＝コーブルク＝ゴータ公に宛てた手紙のなかで、多数の測定値に基づく人間の特徴が正規分布に当てはまるという最初の2例を初めて示した。[10]第一の例は、1817年のエディンバラ・メディカル・アンド・サージカル・ジャーナル誌に掲載された例で、5738人のスコットランド兵の胸囲の測定値を分析したものだった。ケトレーは、これらの測定値が「標準的《ノーマリー》」に分布している——つまり、平均値を中心に左右対称に分布していると述べたのである。

実際のところ、その頻度をあらわした棒グラフは完全な左右対称からはほど遠いものだったが、ケトレーの研究意欲をかきたてるには十分だった。彼は次に、１８１７年の徴兵検査におけるフランス人男性10万人の身長の数値を分析した。その結果、作成したグラフでは、もっとも背が低い層（１５７センチメートル未満）の人数が多かったうえ、その上の層（１６０セン

ピエール=シモン・ラプラス（上）とカール・フリードリヒ・ガウス（中）は、正規分布の理論的基盤を築いた。アドルフ・ケトレー（下）は、公共のデータを初めて利用して統計学的な分析をおこなった。

チメートル未満）の人数がそれより少なかったので、正規分布に当てはまらなかった。しかし、先入観によって偏った理想を追い求めていたケトレーは、157センチメートル未満の男性は兵役を免除されるため、この層の人数が予想より多かったのは不正がおこなわれた証拠であるとして、この問題を片づけようとした。

ケトレーはまた、左右対称のサイズ分布が自然界でも頻繁に見られることにも着目し、さまざまなデータに正規曲線を当てはめる試みを続けたが、結果にはばらつきがあった。それでも彼の研究は、大きなデータセットの分布を整理・評価・説明するために統計モデルを利用する道を切り拓《ひら》いた。そしてついに、ド・モアブル、ラプラス、ガウスが研究に寄与した誤差曲線は、現在では広く知られる「正規分布」と呼ばれるようになった。アメリカのC・S・パースは1873年に、ドイツのヴィルヘルム・レキシスは1879年に、イギリスのフランシス・ゴルトンも同じく1879年に、それぞれ「正規分布」という言葉を独自に提唱している。

## 典型的な左右対称

フランシス・ゴルトン（1822〜1911年）は複数の科学分野で活躍した学者で、遺伝の研究で有名になった（「優生学」という用語をつくったため、優生学の生みの親として悪名が高い）。彼は正規分布の曲線の利用をもっとも熱心に広めようとした人物であり、これに関する彼の雄弁な評価は長々と引用するだけの価値がある。次の引用文を読めば、彼が正規分布を手放しで褒《ほ》めていることがわかるだろう。

思うに、「誤差の頻度の法則」によって表現される宇宙の秩序というすばらしい形ほど、想像力をかきたてるものはないだろう。この法則を古代ギリシャ人が知っていたならば、おそらく擬人化し、神とあがめていただろう。この法則は、はなはだしい混乱のなかでひそやかに平静を保ち、世界を支配している。暴徒が多いほど、無秩序が激しく見えるほど、その支配は完璧になる。まさに理性を惑わす究極の法則だ。混沌とした要素が含まれる多数の標本を大きい順に並べていくと、予想もしなかった美しい形で規則性があらわれ、これまでずっと身を隠していたことがわかるのだ。整理された列の頂点を結ぶと、一定の比率で流れるような曲線が描かれる。そして、1つ1つの要素がしかるべき場所に分類されると、あたかもあらかじめ最適の場所が定められていたかのように、曲線にぴったりと重なるのだ。[11]

ゴルトンは「逸脱によって変化する状況」を「きわめてわかりやすい方法」で再現するための「誤差のばらつきの法則の原理を説明するための器具」まで設計し、ガラス製の模型をティスレー&スピラー社に依頼して製作させた。[12] ゴルトンはこの装置に「クインカンクス」と命名し（サイコロの5の目のような配置でピンを並べたため。「クインカンクス」はサイコロの5の目形のこと）、上から落とした球はピンに当たって右か左に跳ね、下に落ちていく。すると、「何度、この実験を繰り返しても」、下の仕切りに溜まった球の高さは正規分布に近い曲線を描いた。こ

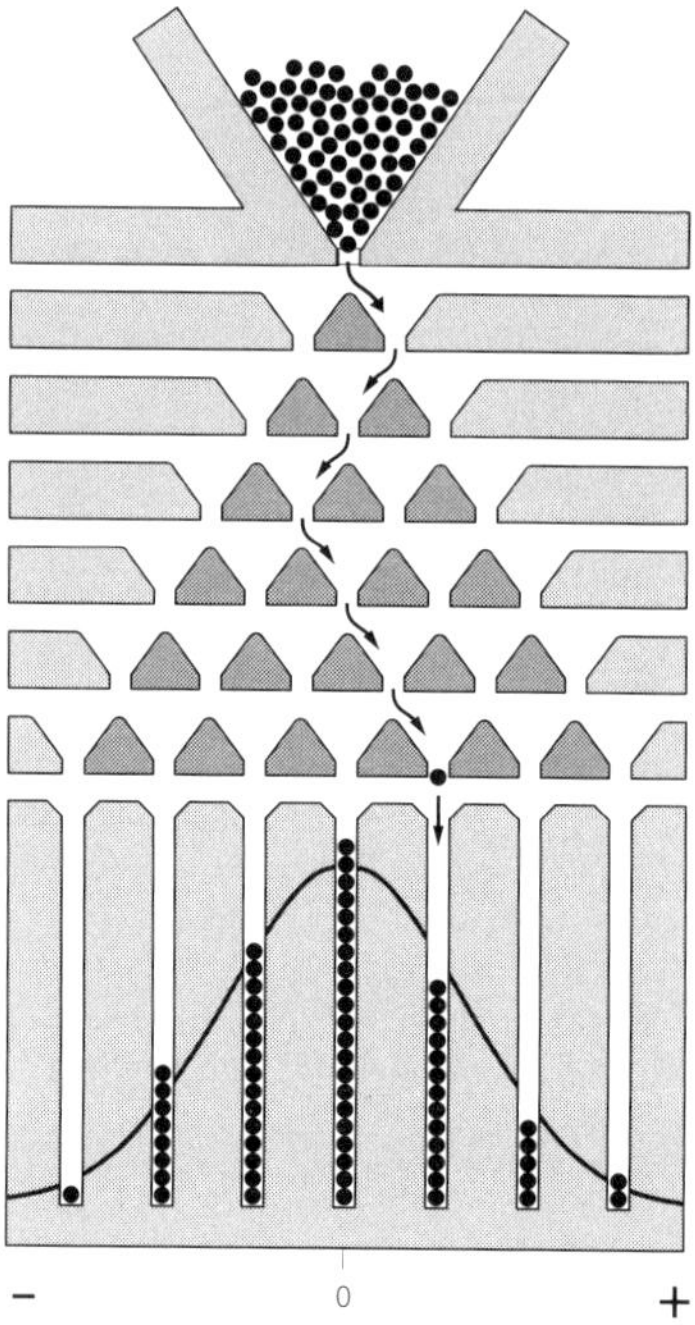


正規分布を描くゴルトンの「クインカンクス」

のクインカンクス装置（「ゴルトン・ボード」または「豆の機械」とも呼ばれる）の大型模型は一般公開用に製作され（ボストン科学博物館に展示されている）、もっとモダンなデザインの小型版も販売されている。[1-3] 自分で製作することもできるし（板や厚紙に木釘を打ち込み、なんらかの小さい球を使えばいい）、購入することもできる。そして、実際にしばらく遊んでみれば、正規分布を正確に再現することができるだろう。

20世紀初頭の数十年間、当時の統計学の第一人者であるロバート・E・チャドックやレイモンド・パールらが、とくに生命科学における正規分布の重要性を説き、教科書にも掲載したため、整然としていて、予想可能な配置を見せる典型的な左右対称の分布はいっそう広く普及していった。[1-4] 誰もがこぞって「正規」という用語を使ったわけではなかったが、分布とは左右対称なものだと広く認識されるようになり、それが自然の法則であるかのようにもちあげられれはじめた。もちろん、その規則性は強い印象を与えるが、実際にさまざまなサイズを散布図で描くと、クインカンクスが示したように完璧な、ほれぼれと見とれるような曲線にはならない場合も多い。

## ■正規分布と標準偏差

棒グラフ（連続しない数量を棒の高さで比較するグラフ）であれ、ヒストグラム（データを区間ごとに区切って棒の高さで比較するグラフ）であれ、サイズ分布が山あるいは釣鐘のような形をとっていれば、鮮やかな左右対称を描く正規曲線に近い場合は多い。それでも、散布図を作成したところ、正規曲線から外れたところに数値があるのはよくあることだ。前述したように、ケトレーが兵士の身長や胸囲のデータからグラフを作成したところ、完璧な正規曲線を描かないことのほうが多いとわかった。では、完璧な分布とはどのようなものなのだろう？　限られた範囲のなかではデータはどのように分布し、現実世界ではどのように正規分布から外れたデータを目にするのだろう？

### 正規分布を作成する

数学的な訓練を受けたことがない方にとっては、正規分布の確率を求める計算式は、おそろしく難解に思えるかもしれない。だが、この正規曲線の性質と条件ならすぐに理解できる。正規曲線は、たった２つの媒介変数《パラメータ》によって完全に定義される。その２つの変数とは、平均値（たいていギリシャ文字の$\mu$《ミュー》で表記する）と分散（平均値を中心としたデータの広がり）だ。そして、標準偏差（ギリシャ文字の$\sigma$《シグマ》）は、平均値からのデータのばらつきを示す指標である。これらの指標を計算するのは簡単だ。平均値とは、すべての標本の測定値（正確に測定されたデータであれ、おおまかに推定されたデータであれ）の合計を、標本の総数で割ったものだ。そして、標準偏差の計算はもう少し複雑だ。標準偏差は分散に対する正の平方根だ。この分散を求めるには、まず、各データの値から平均値を引く（これを「偏差」と呼ぶ）。この各偏差を２乗し、２乗した値を合計し、その合計を標本の総数で割ればいい。

あらゆる正規分布において、平均値とは、その中央値（データを小さい順に並べたときに真ん中にくる値）と同様に、母集団となるデータのなかでもっとも目にする頻度が高い唯一の値だ。平均値が高くなると（「紅玉」と「ガラ」という品種が混じったカゴであれば、平均値は１５０グラムに届かないかもしれないが、「ジョナゴールド」という品種のリンゴがカゴいっぱいにあった場合、１個の重さの平均は２００グラムを超えるだろう）、正規曲線は右側に水平移動するが、山の形自体は変わる場合もあれば、変わらない場合もある。標準偏差とは、このように分布の水平方向の幅（ばらつき）をとらえるので、標準偏差が異なれば曲線の形も変わってくる。標準偏差が小さい正規曲線では、山が高く、頂上がより尖った形になる。いっぽう、標準偏差が大きい正規曲線は傾きがゆるやかになり、釣鐘型というよりもなだらかな丘のような形になる。

代表的な確率分布を作成するには、十分な数の標本を集めなければならない。そして、どの

## 正規分布のグラフ

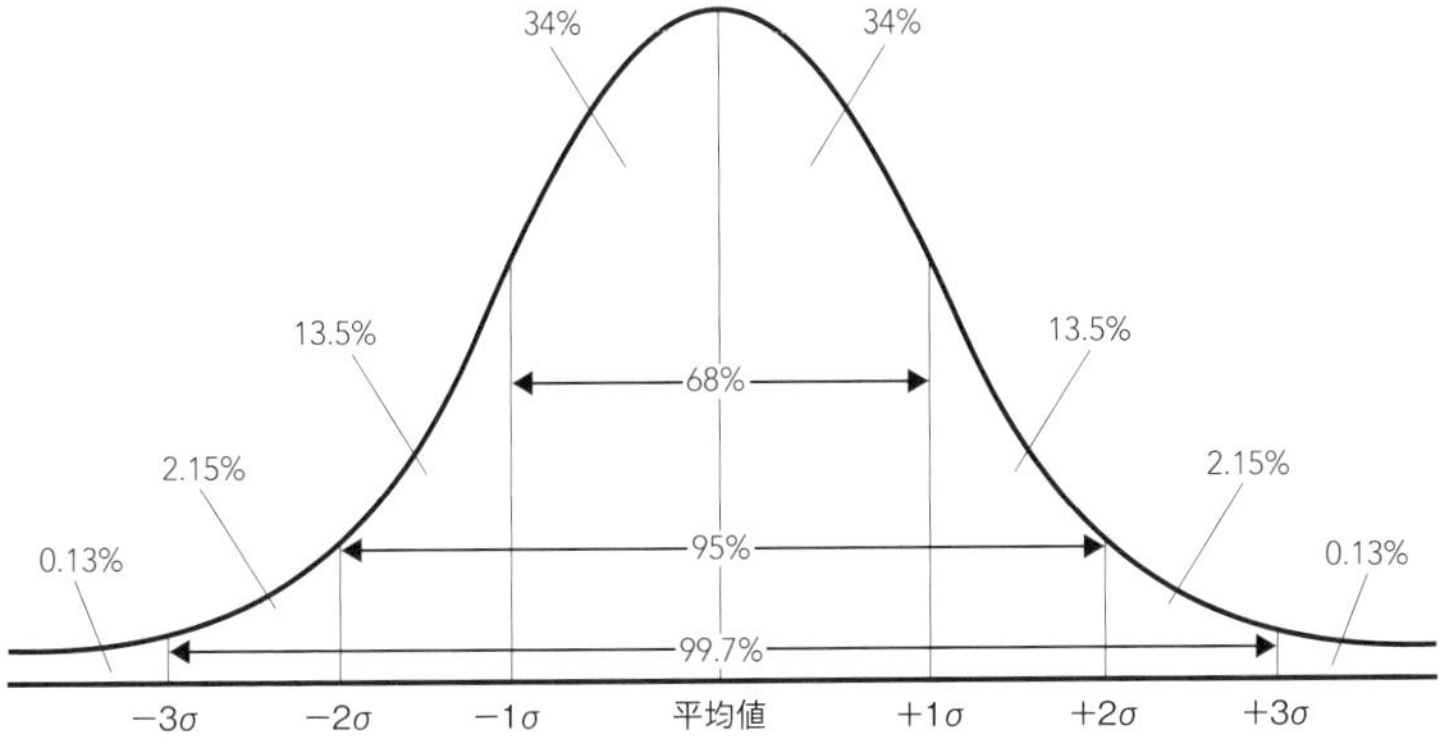


標準偏差（σ）によって、その範囲に含まれる測定値の割合が異なる。

くらいの数の標本を集めるか（サンプルサイズ）は、どのくらいの精度が必要かによって変わってくる。そしてサンプルサイズを決める際には、厳密に定められた方法がある。サンプルサイズの最小値を1つの数値に定めるのは、疑問が残る手法ではあるものの、これまで繰り返しおこなわれてきた。容認できるサンプルサイズの最小値は20で、一般的には30とされている。理想的には、すべての（「ある国のある都市に生まれたすべての新生児」や「大都市で暮らすすべての成人」といった）データを入手して、分析すべきだ。完璧な正規分布である場合、平均値から左右それぞれ標準偏差1個分の範囲に、測定値の68・27%が含まれる。また、平均値から左右それぞれ標準偏差2個分の範囲には、測定値の95・45%が含まれる。そして平均値から左右それぞれ標準偏差3個分の範囲には99・74%が含まれ、そうなれば事実上、測定した集団全体にほぼ等しくなり、標準偏差3個分から外れた左右の極端な範囲に含まれるのはわずか0・26%となり、測定3850回当たりに1回しか出現しない。

往年の統計学者たちは、こうした標準偏差の詳細な表（標準正規分布表）を印刷して手元に置き、必要な計算をする際に参照した。いまではウェブから標準正規分布表をダウンロードして、必要に応じて確認できる。[15] この表では、測定値が平均値からどのくらい離れているかを標準偏差を用いて示したZ値という値を利用する。Z値は、測定値から平均値を引き、その値を標準偏差で割ったものである。すなわち、Z＝（測定値－平均値）÷標準偏差だ。この計算からも、平均値のZ値は0となる。

標準正規分布表を掲載しているウェブサイトでは、対応するグラフも掲載しているところが多い。標準正規分布表があれば、平均値とZ値から分布の確率が簡単にわかる。つまり、測定値がZ値の範囲に入る確率と、範囲から外れる確率の両方がわかるのだ。[16]

## 平均値と極端な値

標準偏差を理解すれば、私たちが目にするサイズがどのくらい一般的であるのか、あるいは例外的であるのかを評価するうえで非常に役に立つ。たとえば日常生活において、私たちの好みはたいてい平均値に引き寄せられるものであり、極端な値については歓迎することも、おそろしく思うこともある。そのため、おおむね平均的なものが出現するという予想を立てる。降水量であれば、長引く干ばつや繰り返し洪水を引き起こす豪雨ではなく、ごく平均的な降水量を期待する。健康診断の結果であれば、血圧から血中コレステロールにいたる検査結果のすべてが狭い正常範囲内におさまることを望む――高比重リポタンパク、つまり「善玉」コレステロールの値が血液1デシリットル当たり40〜60ミリグラムの範囲にあってほしいと願うのだ。また平均的な身長の人は服や靴を選ぶ際に、サイズが6XLの人よりもはるかに選択肢が多く、楽に買い物ができる。さらに本章で後述するように、似たような体格の仲間を選ぶときにも有利だ。

　自分を支持してほしいというアピールの最大化のために、欧米の政治家たちは平均的な有権者に向かって公約を掲げる——つまり、それほど簡単には定義できない「中流階級」なるものに属する、平均的なサイズの家に住み、平均的な額の給料をもらっている有権者を対象にしているのだ。それに新しい命を授かる親は、妊娠28週の早産で、新生児の平均よりはるかに体重が少ない子どもが生まれる事態を避けたいと思う。現代の医療の進歩からすれば、そうした未熟児が生き延びる確率は相当高いものの、正期産に当たる妊娠39〜40週〔日本では37〜41週〕で生まれた新生児に比べると、将来、発達に遅れが出やすいかもしれない。[17]身長に関しても、平均よりずっと低い身長を望む人はごくわずかであることがわかっている。

　意外な話ではないが、このように分布の両極端にある比較的めずらしい外《はず》れ値《ち》は、不釣り合いなほどの注意や関心を向けられたり、高く評価されたりすることが多い。自然界の場合、私たちは世界一高い木に驚嘆する。ベイマツは高さ110メートルまで育ち、オーストラリアのユーカリ・レグナンスは125メートルほどの高さがある巨木だ。[18]シカ狩りをする人は、枝角《えだつの》がもっとも長いシカをしとめようと、シカ狩りコンテストで競う。さらにアメリカのビジネスマン、ジョゼフ・フェナコヴァイは1955年にアンゴラで射殺した世界最大のゾウを、スミソニアン協会の国立自然史博物館に寄贈した。1959年からずっと、剥製となったこの巨大なゾウは博物館の円形の吹き抜けの中央に立ちつづけている。[19] そして自然界のサイズ範囲の反対側のほうでは、私たちは世界最小のハチドリが翼を広げた姿を可愛らしいと思う。体重が5グラム弱で、キューバに棲息するこのハチドリ（アンナハチドリ）は、世界最小の動物のリストでよく見かける（世界最大の動物のトップに君臨するのは、体重が200トン近くあるシロナガスクジラだ）。[20]

人間に関していえば、過去には、もっとも身長が低い子ども、青年、成人が宮廷で特別な扱いを受けていた時代があった。1626年、イギリスのバッキンガム公爵夫妻は身長がわずか45センチメートルの（現代の男子新生児の平均身長より低い）7歳のジェフリー・ハドソンに小さな甲冑《かっちゅう》を着せ、大きなパイのなかにしのばせて、王妃ヘンリエッタ・マリアに献上した。ジェフリー・ハドソンはその後、王室が寵愛《ちょうあい》した極端な身体のサイズをもつ巨人や小人のコレクションに加えられた。[21] また、小人は巨匠たちが描く名画にもたびたび登場するほど、宮廷では一般的な存在で、ベラスケスは5人の小人（ファアン・カラバサス、フランシスコ・レスカーノ、ドン・アントニオ・エル・イングレス、ドン・ディエゴ・デ・アセド、セバスティアン・デ・モーラ）の肖像画を描き、ほかにも2人の小人（マリア・バルボラ、ニコラ・ペルトサート）の姿を、1656年に完成させた代表作「ラス・メニーナス」に描いている。[22]

17世紀から18世紀にかけて、ヨーロッパ全土で極端なサイズの身体の人々を見世物にするという慣習が見られるようになった。そして19世紀から1920年代にかけては「奇形《フリーク》ショー」

という残酷な名称で、大西洋の両岸、とりわけヴィクトリア朝時代のイギリスとアメリカで一般的な娯楽となった。ヴィクトリア女王は1844年、6歳児と称していた身長62センチメートルのチャールズ・ストラットン（アメリカの興行師P・T・バーナムが「親指トム将軍」と呼び、宣伝していた）の芸を宮廷で大いに楽しんだ。宮廷服に身を包んだストラットンは、バーナムに教わったようにナポレオンの真似をし、部屋から出ていくときには小さな杖を使って女王の愛犬プードルを攻撃するしぐさを見せた。女王陛下はいたく感銘を受け、日記に「夕食後、わたくし自身、いえ、ほかの誰もが目にしたことがない、じつにめずらしい見世物を楽しんだ。すなわち、とてつもなく小さい小人を」と記している。[23]

アンソニー・ヴァン・ダイク作「王妃ヘンリエッタ・マリアとジェフリー・ハドソン卿の肖像」（1633年）

19世紀から20世紀初頭にかけて、特別に背が高い（そして比較的短命の）男性たちがこうした見世物に加わるようになった。アンガス・マッカスキル（2・36

メートル）、エドゥアール・ボープレ（2・41メートル）、ジョージ・オーガー（2・50メートル）といった面々だ。[24] リングリング・ブラザーズ・アンド・バーナム・アンド・ベイリー・サーカス（「地上最大のショー」が謳い文句）は2017年に興行を終えたが、人を見世物にする風潮は続いており、いまでは身長ではなく体重が注目され、巡回する見世物小屋のあとをケーブルテレビが引き継いでいる。近年のアメリカのテレビ番組では、極端なサイズの人たちの特集が組まれていて、普通の肥満の域を超えて病的な領域にまで達した人たちが登場する番組には「ヘビー」「ヒュージ」「私の600ポンド（約270キログラム）の人生」「ザ・ビゲスト・ルーザー」などがある。

また、人間の知能の「サイズ」を自慢しようとする風潮もすたれることはないだろう。世界でもっとも賢い階層の人たちの仲間入りをしたいと熱望している方は、少額の料金を支払えば、テストを受けることができる。1946年にイギリスで創立された国際的グループ「メンサ」には世界に多くの支部があり、すぐれた知性の持ち主であることを証明する会員証を手に入れるには（あるいは、会員証を手にした自分の写真をウェブで公開したければ）、入会テストに合格しなければならない。あるいは、標準偏差15で平均点が100点になるように標準化された、メンサが認証したIQテストで98パーセンタイル以上を獲得するという方法もある（正規分布の場合、98パーセンタイル以上、すなわち上位2％以内を獲得するには最低131のIQが必要）。[25]

とはいえ、実際に料金を支払い、メンサ入会に必要なテストを受ける人はごくわずかだ。自分の意志で試験を受けるシステムのため、会員数が少なく（全世界で15万人未満）、メンサは非常に排他性が強いという誤解を招いている。しかし、人間の知能（より正確に表現するなら、「番号がつけられた子ネコたちが紛失したミトンの総数に、アメリカの選挙権年齢を掛けると、その答えは？」といった質問で測定できるもの）に正規分布が当てはまるのなら、アメリカ人全員がテストを受けた場合、600万人以上にメンサの入会資格があり、世界全体では1億5000万人以上に達する計算になる――ロシアの人口よりわずかに多く、バングラデシュ（世界で8番目に人口が多い）の人口よりわずかに少ない人数だ。

## アスリートのサイズ分布

正規分布を有意義に利用すれば、自分の将来の見込みを把握することもできる。たとえば、成功する（フォーチュン500社のCEOになる、長身のスーパーモデルと結婚する、ハンガリーのメンサの会員になる）見込みが自分にどれくらいあるかを判断できるのだ。つまり、正規曲線のどのあたりに自分が存在するかがわかれば、目覚ましい成功をおさめるだけの能力があるか否かがわかるし、失敗する運命にあるという現実を甘受する心構えもできる。そして残念なことに、私たちは多くの場合、自分が分布のどのあたりに位置するかを把握する際に必要な、分布の全体像を知らない。たとえば、武漢市の切手収集家が、自分の切手コレクションは中国の上位10％に入っていると自慢できる見込みは低い（そのためには、まず中国全体の代表的な切手コレクションのサイズを知る必要がある）。

そのいっぽうで、たとえばあなたがコロンビアの若いバスケットボール選手で、アメリカでのプレーを熱望しているのであれば、自分の身長さえわかればいい。インターネットにアクセスできれば、アメリカで活躍できる確率が確認できる。というのも、アメリカではバスケットボールという競技に大衆が多大な関心を寄せており、選手が得られる報酬も高いため、選手の身長の分布が正確に（かつ継続して）記録されているからだ。得点につながるプレーと身長の分布の関係は、アマチュアの全米大学体育協会（NCAA）とナショナル・バスケットボール・アソシエーション（NBA）の双方が公開している。[26] そして、どちらのデータも統計学的に分析すると、予想どおりの結果が出る。身長はバスケットボールチームのパフォーマンスにおいて重要な要素なのだ。[27] 大学のバスケットボール選手の身長は、あきらかに身長の正規分布で平均より右側に属している。NCAAでもっともレベルが高いディビジョン1には約350の男子チームがあり、5500人超の選手がいる。そして、この特殊な小集団の身長分布が、アメリカの同年代男性の身長の平均値よりかなり右側でほぼ釣鐘型を描いているのも意外ではない。

次ページの棒グラフでは、身長をフィートとインチで表示している。身長を1インチごとの階級で区切っているため、このままメートル法に換算せずに話を進めるが、ざっと目安を説明しておこう。1フィート（12インチ）は30・48センチメートルに当たるので、センチメートル単位で四捨五入した場合、6フィートは約183センチメートル、7フィートは約213センチメートルとなる。NCAAの平均身長（6フィート5インチ弱）は、当然、一般集団の平均を大きく上回っているが（もっとも多く出現する最頻値はさらに高く6フィート7インチ）、全体の分布（5フィート5インチから7フィート4インチまで）はほぼ正規分布となっている。ただし、

## NCAA ディビジョン1のバスケットボール選手の身長

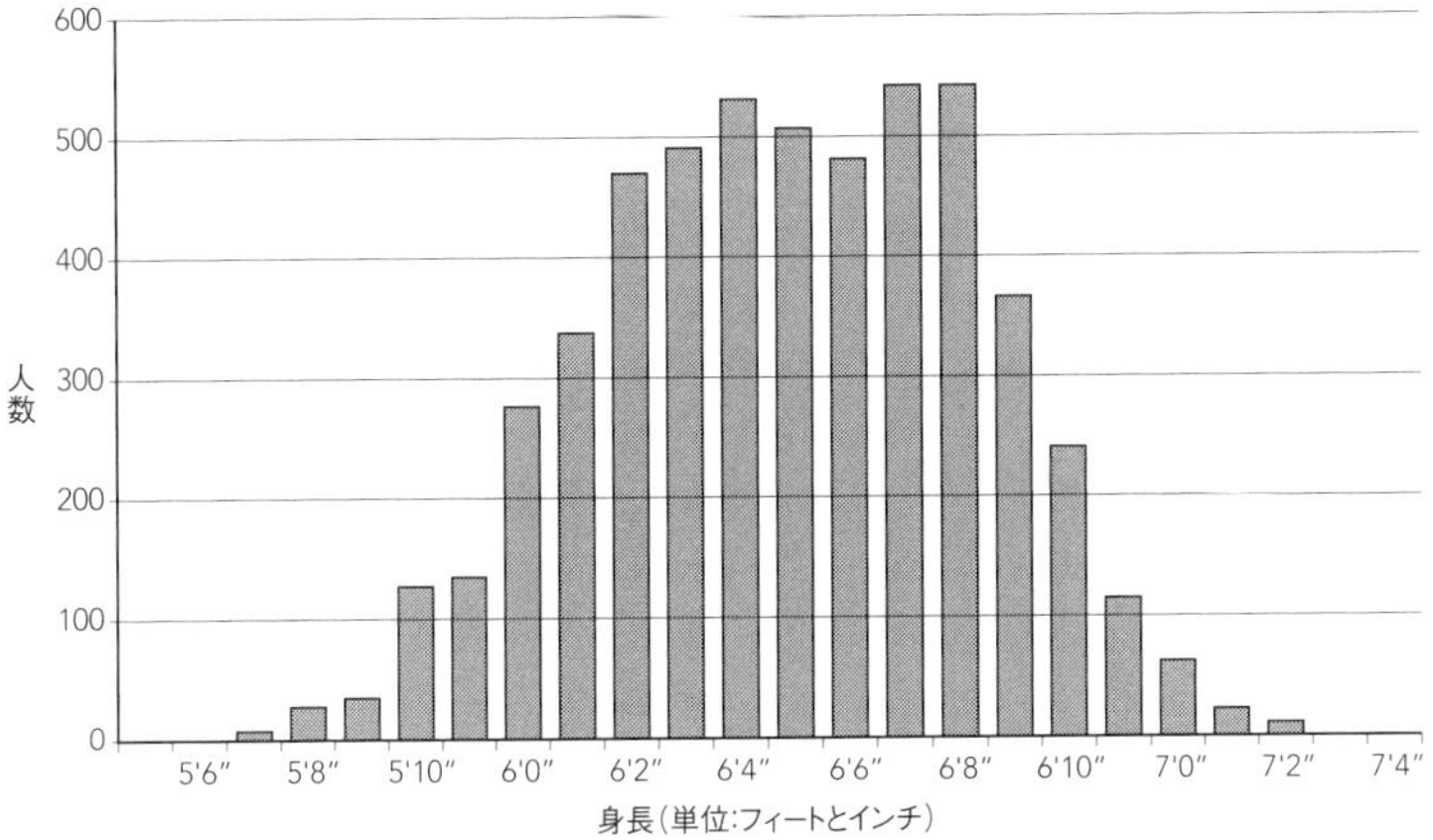


2016〜2017年のシーズンのNCAAバスケットボール選手の身長。6フィート7インチ（約200.7センチメートル）と6フィート8インチ（約203.2センチメートル）の人数が、正規曲線よりだいぶ上にある。

正規分布と比較すると、5フィート11インチの人数がわずかに少なく、6フィート7インチと6フィート8インチの人数が多い。[28] また、これも意外な話ではないが、全体の15%にすぎない外国人選手が、身長6フィート9インチ以上の人数で占める割合が不釣り合いに高く、7フィート以上では人数の半分近くを占めている。

さらに、NBA選手の身長分布がNCAA選手ほどには正規分布に近くないのも、意外な話ではない。[29] NBA選手の総数ははるかに少なく（NCAAディビジョン1の登録メンバーの10分の1弱）、2022年の平均年俸は850万ドル（ただし中央値は〝わずか〟437万ドル）で、野球、アメリカンフットボール、アイスホッケーのリーグ選手の平均年棒をはるかに上回る。よってNBAは巨額の年棒を支払うに足る選手を獲得するべく、はるかに厳しい選別をおこなっている。こうした条件があるため、1950年代初頭から入手できるN

## NBA選手のプレー時間と身長の関係

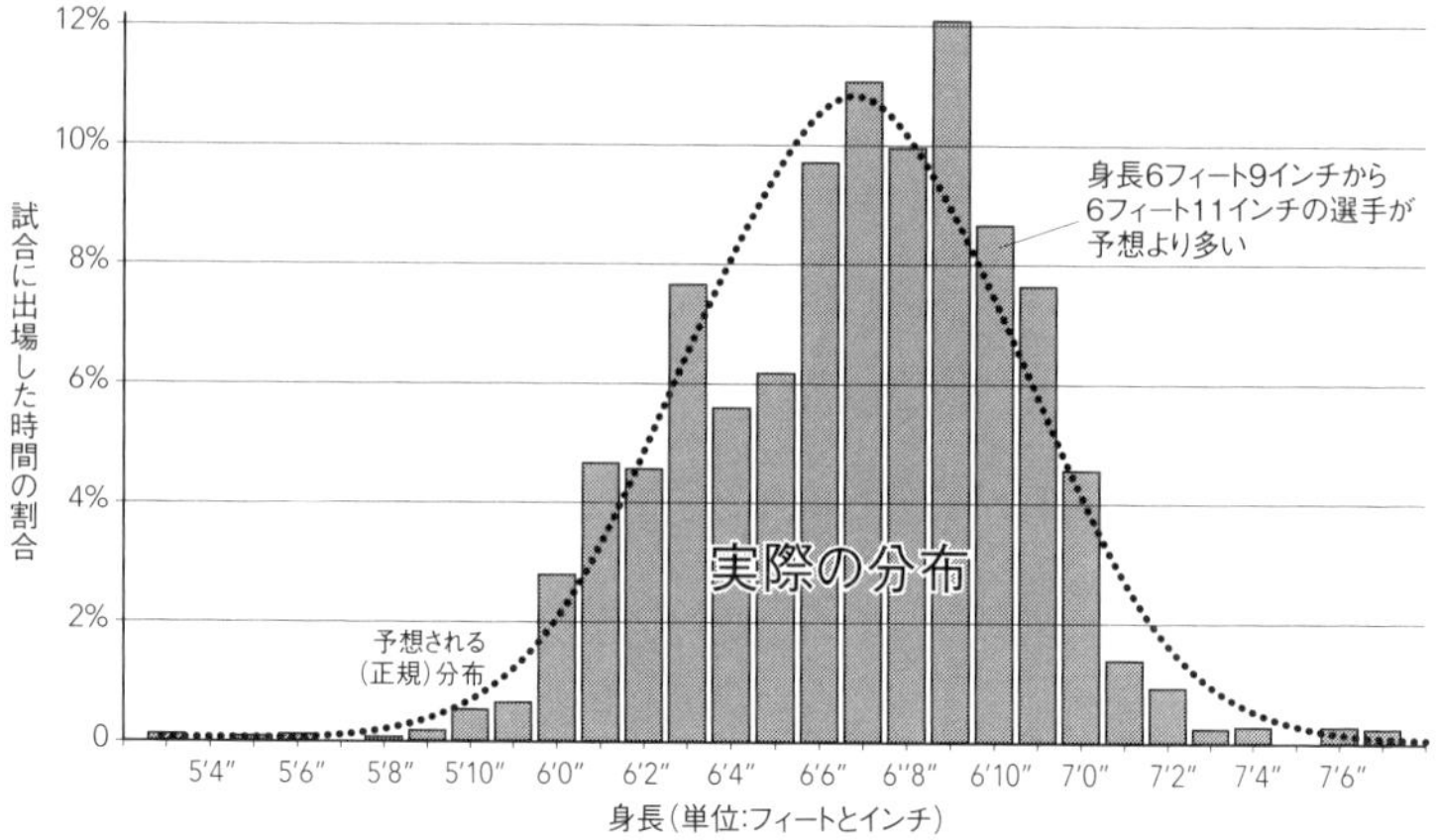


身長6フィート9インチ（約205.7センチメートル）の選手は、これより身長が高い、あるいは低いチームメイトよりも試合に出場した時間が長い（2010年代）。

BAの身長分布が正規分布になるはずはないとしても、普通に考えれば、釣鐘型から外れている値があることは想像しにくいかもしれない。だが、NBAには7フィート以上の長身選手がごろごろいるわけではないし（2020年には8人しかいなかった）、6フィート未満の選手を締めだしているわけでもない（2020年には7人いた）。

1950年以降のデータを見れば、個人の身長が試合結果にどのような影響を及ぼしたかを推測することができる。1950年代の10年間のデータの平均を見ると、選手たちの身長の分布は正規分布に近く、最頻値は6フィート2インチだった。そして、この身長の選手がコートに立つ回数がもっとも多く、6フィート1インチから6フィート11インチまでの身長の選手のプレー時間が全体の87・8％を占めていたのに対し、身長が6フィート以下の選手がコートに立っていた時間は総プレー時間の11・4％、7フィート以上の選手はわずか0・8％だった。その後、選手の平均身長は伸び、1987年がピークだったが、選手の平均体重は2011年まで上昇を続けた。[30] 前述のとおり、1950年代には、身長6フィート2インチの選手が総プレー時間において相対的にもっとも多くの時間、出場していた（10・2%）。2010年代になっても、総プレー時間におけるある身長の選手の出場時間が相対的にもっとも多い割合はほとんど変わらなかったが（10・4%）、その身長は6フィート9インチだった。

## NFL選手の体重分布

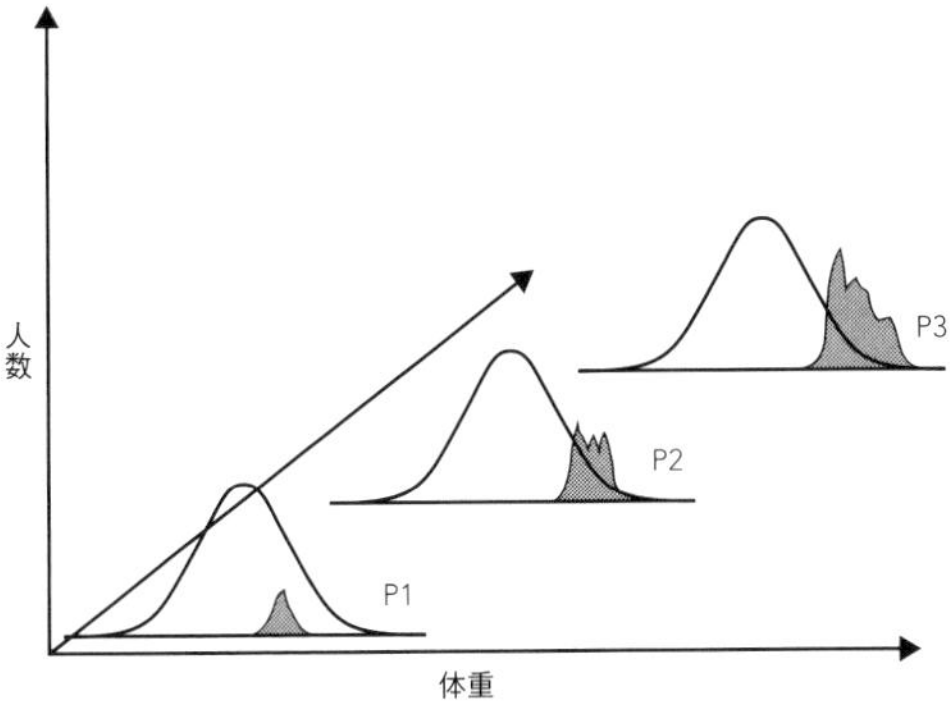


1949年（グラフのP1）まで、NFLの選手たちは、平均より少しばかり体重の重い男性の集団だった。その後の30年間で、選手たちの体重はますます重くなった。2011年（P3）には、一般の平均値とはかけ離れた体重をもつ集団となり、オフェンスラインの選手の体重は145キログラム弱——これは1950年の選手たちの平均値より約45%、アメリカの成人男性の平均値より60%以上も重い。

サイズの分布に見られる変化は、NFL（ナショナル・フットボール・リーグ）の選手の体重に如実にあらわれている。[31] 予想されるように、1920年から1949年にかけて、選手の平均体重は一般の平均体重よりもだいぶ右にあったが、正規分布に近い形で分布していた。つまり一般の男性より一回り体格がいいさまざまな選手たちが、それぞれの持ち場でプレーしていただけだった。ところが1950年から1979年にかけて、選手の体重の分布はさらに右側に移動し、正規分布ではなくなった。曲線が歯のようにギザギザになり、90キログラム、105キログラム、115キログラムのところに同じようなピークが見られるようになったのである。そして1980年から2011年にかけて、体重の分布はさらにもっと右側に移動した。一般の正規曲線のもっとも右側の範囲に重なるようになり、分布はあきらかに非対称となり、95キロが明確な最頻値となり、110キロ、120キロ、140キロでもそれと近いピークをもつようになった。NFL選手の体重の平均値が一般の平均値からますます離れていくにつれ、体重分布の幅がいっそう広くなり、最頻値と平均値はより高くなったのである。

## ■正規曲線からわかること

ある測定値の大きなデータセットにおいて実際の平均値と標準偏差がわかれば、相当の自信をもって、そのデータに関連するさまざまな疑問に答えることができる。とくに重要な答えが得られるのは、人間の成長、子どもたちのウェルビーイング、親の心配事に関する疑問だ。正規分布を調べる場合、分布の両極端に着目すると、非常に有益な手がかりを得られる。

### 新生児の体重からシカの枝角まで

新生児にとって、身体が小さすぎるのはいいことではない。低出生体重児（生まれたときの体重が2・5キログラム未満）は、正常体重の新生児（2・5キロ以上、4キロ未満）に比べ、周産期死亡率（出生直前から出生後4週間までの死亡数から算出（日本では「妊娠満22週以降の死産数と生後1週未満の早期新生児死亡をあわせた数から算出」））が高く、成人後に心血管疾患、糖尿病、喘息に罹患したり、聴力・視力に障害が出たりする確率も高い。[32]全国規模で測定された出生体重の分布は、ほぼ完全に正規分布であり、曲線の山の左端に入るわずかな割合（全体の2〜5％）の低体重は、ほぼ早産によって占められている。しかし、出生体重の分布の平均値や標準偏差が、乳児死亡率の絶対的に正しい指標となるわけではない。

メキシコ系アメリカ人の乳児の体重を見れば、それがよくわかる。アメリカ人の乳児の平均体重の分布と比べて、分布の山が左側にある（平均値が低い）のだが、生後1年までの生存率は全体的にアメリカ人の平均より高い（乳児死亡率が低い）。[33]アメリカの疫学者アレン・ウィルコックスは、長期的な分析に基づくもう1つの驚くべき発見を説明している。アメリカ人の平均出生体重は、長期にわたって、さまざまな人口集団で適正な出生体重（死亡率がもっとも低くなる体重）より数百グラム低いままなのだ。平均出生体重が増えると、同様に適正な出生体重も増えはするのだが、ほかのすべての値が変わらなければ、平均出生体重が増えてもアメリカの乳児死亡率に正味の影響は及ばないのである。さらに、周産期死亡率を国際的に比較したところ、出生体重にかかわらず、パキスタンの周産期死亡率はノルウェーより高く、ベトナムではもっとも周産期死亡率が低い地域が、もっとも平均出生体重が低い地域と一致している。したがって、平均出生体重は周産期死亡率を予測する指標としては不十分であり、平均出生体重だけにこだわるのは、周産期死亡率を改善する最善の方法とはいえないのかもしれない。[34]

新生児の体重と身長はほぼ正比例しており、乳児の体格は成長するにつれ、ばらつきが大きくなる。たとえば、あなたの生まれたばかりの娘の身長が50・5センチメートルで、平均

(49・1センチメートル)より少し高いため、うちの子は背が高くなるのではと期待しているのなら、あなたは現実を把握していないことになる。もっと正確に言うなら、新生児の身長の正規分布の範囲が非常に狭いことがわかっていないということだ。身長50・5センチの女児は、女児の新生児の約70%よりも背が高いが、女児の出生時身長の極値(5パーセンタイルと95パーセンタイル)間の身長差は7センチほどにすぎない。2歳を迎えるころには、その差が12センチほどになり、18歳を迎えるころまでには、その差は20センチほどに広がる。[35]

乳幼児に関しては身長や体重が詳しく調べられているため、「うちの生後3か月の娘の体重が5キログラムしかなくて、友人の赤ちゃんの体重より1キログラムも軽い」と心配しているフランス人の母親を安心させることができる。医師なら「おたくのお子さんの体重は同じ月齢の女児の75%より軽いですが、平均値からこの程度外れていること自体を心配する必要はありませんよ」と説明できるだろう。これとは反対に、正常な成長についての理解も進んでいるため、体重が40キロしかない15歳の娘をもつ両親には、早急になんらかの治療をする必要があることをしっかりと伝えなければならない。この体重は、15歳で予想される平均体重より2標準偏差以上少なく、彼女には拒食症という診断がくだされる可能性が控えめに見ても高い。[36]

また同時に、新生児に関して徹底した調査がおこなわれた結果として、これまで考えられていたよりも、母体の構造による制限で大きなばらつきが生じることがあきらかになった。健康な新生児の頭囲の平均値は35センチメートルで、頭囲に関してはここから大きく外れる値が出にくい。ところが、5大陸のデータを用いた新しい研究の結果、いわゆる「産科ジレンマ説」

――効率よく二足歩行するために狭くなった骨盤と、出産時に十分な幅がある骨盤とを両立できず、仕方なく妥協したのが現在の産道であるという説――は誤りであり、産道の形には大きなばらつきがあることがわかったのだ。そしてそのばらつきは、サハラ以南のアフリカとアジアの女性のほうが、北アフリカ、ヨーロッパ、アメリカ大陸の女性よりも大きい。[37]とはいえ、当然のことながら、そのばらつきにも限界がある。近年のアメリカの研究では、頭囲が平均の95パーセンタイル以上である新生児の約60％が経膣分娩〔膣を通り生まれてくる分娩〕だった。また新生児の頭囲が大きいことは、出生時の体重が重いことよりも、予定外の帝王切開や器械分娩と強い相関が見られる。[38]

もちろん、これらはすべて専門家による研究の結果であるが、正規分布は日常生活において、自尊心を高めることから現実を甘んじて受け入れられるようになることまで、さまざまな場面で利用できる。さらに「美しさ」とは異なり（見ている人の感覚によって美の認識は変わってくる）、身長は簡単に測定できるうえ、比較しやすく、正規分布・平均値・標準偏差がわかれば、自分がどんな身長のカテゴリーに分類されるかを評価できるし、生まれたばかりのわが子の行く末について予測を立てることもできる。このように、基本的な人体測定によるデータの確率分布を見れば、役に立つことも、意外に思うこともあるだろうし、気落ちすることも、安心することもあるだろう。

オランダのハーグ生まれの男性の身長が１８０センチメートルなら、国の平均をわずかに下回っている。オランダ人男性の平均身長は世界一高く、１９０センチを超える身長が全体の約11％を占めているからだ。対照的に、フィリピン人男性（平均身長161・9センチ）の場合、99・992％が身長190センチ未満で、190センチ以上の男性は成人男性1万3116人に1人しかいない。[39] 男性は女性より平均身長が高いことは周知の事実だが、アメリカの成人女性のうち、アメリカの男性の平均身長（約176センチ）より背が高い人は2％ほどしかおらず、女性の平均身長（162センチ弱）より背が低い男性は4％ほどしかいないことを、どれほどのアメリカ人が自覚しているだろう？　よって、身長に条件を設けてパートナーを選ぶのはむずかしいかもしれない。たとえば、あなたがポルトガル人男性で身長180センチなら、ポルトガルの成人男性の約5分の4の人たちより背が高いことになる。でも、同じくらいの身長の女性と結婚することにこだわる場合、それくらいの身長がある女性はポルトガル人女性265人に1人しかいないため、候補となる女性の数は気が遠くなるほど少なくなってしまう。

それに、恥をかきたくなければ（関連のある統計のデータを誰かが調べているかもしれない）、ハロウィン用に庭で育てたカボチャの大きさを自慢する前に、カボチャのサイズの正規分布を入手できないか、調べてみるといい。あなたから見れば巨大なカボチャも、秋に実るウリ科植物のなかでは中央値程度のサイズにすぎないかもしれない。同じことは、あなたが釣りあげた魚の大きさにも当てはまるし（40パーセンタイルにしか入らず、平均より少し小さい程度かもしれない）、銃でしとめたシカにも当てはまる。シカの大きさは、枝角の主軸の長さ、2本の枝角の最大の内側幅、第3枝の長さ、根元の周囲長などを測定し、成長異常があればそれを考慮したうえで、すべての測定値を合計する。シカの頭部を剝製にして壁に飾る人や、そのサイズを自慢したい人にとっては、この合計値が重要なのだ。

アメリカのオジロジカの枝角の合計値の記録は300インチ〔約7・5メートル〕を超えるが、それほど大きいサイズのシカは非常にめずらしい。[40]テキサス州南部の私営狩猟牧場での10年にわたる調査により、シカの枝角は正規分布しているという予想が裏付けられた。大半のオスの枝角は平均的で、非常に小さいサイズや大きいサイズはめずらしい。シカは余分な餌を与えられることなく飼育され、合計値を点数化したものの平均は130点台前半、1標準偏差（68％）の範囲は115〜151点、2標準偏差の範囲は97〜169点だった。[41]これを知っていれば、あなたのシカが獲得できそうなトロフィーについて現実的な見込みを立てることができるし、当然ながら、牧場の群れのなかの1頭の雄ジカが合計値190点を獲得したら、特別に高い価格で販売できるだろう。

## シックスシグマの達成

しかし、正規分布の実用的な使い道は、シカの枝角の評価以外にも多々ある。標準偏差は、現代の工業生産を、高い品質と並外れた信頼性の高さという望ましい方向に導くうえで、非常に役に立っている。私たちの大量消費社会では、製品の品質のばらつきを可能なかぎり抑えて、毎年、事実上まったく同じ商品を数百万、数十億と提供することを至上命令としている。たとえそれが、現在、5大陸の100か国以上で販売されているベル・グループのフランス産プロセスチーズ〈ラ・ヴァッシュ・キ・リ〉の扇型チーズの形状であろうと、世界各地のノートパ

## シックスシグマとエラー率の関係

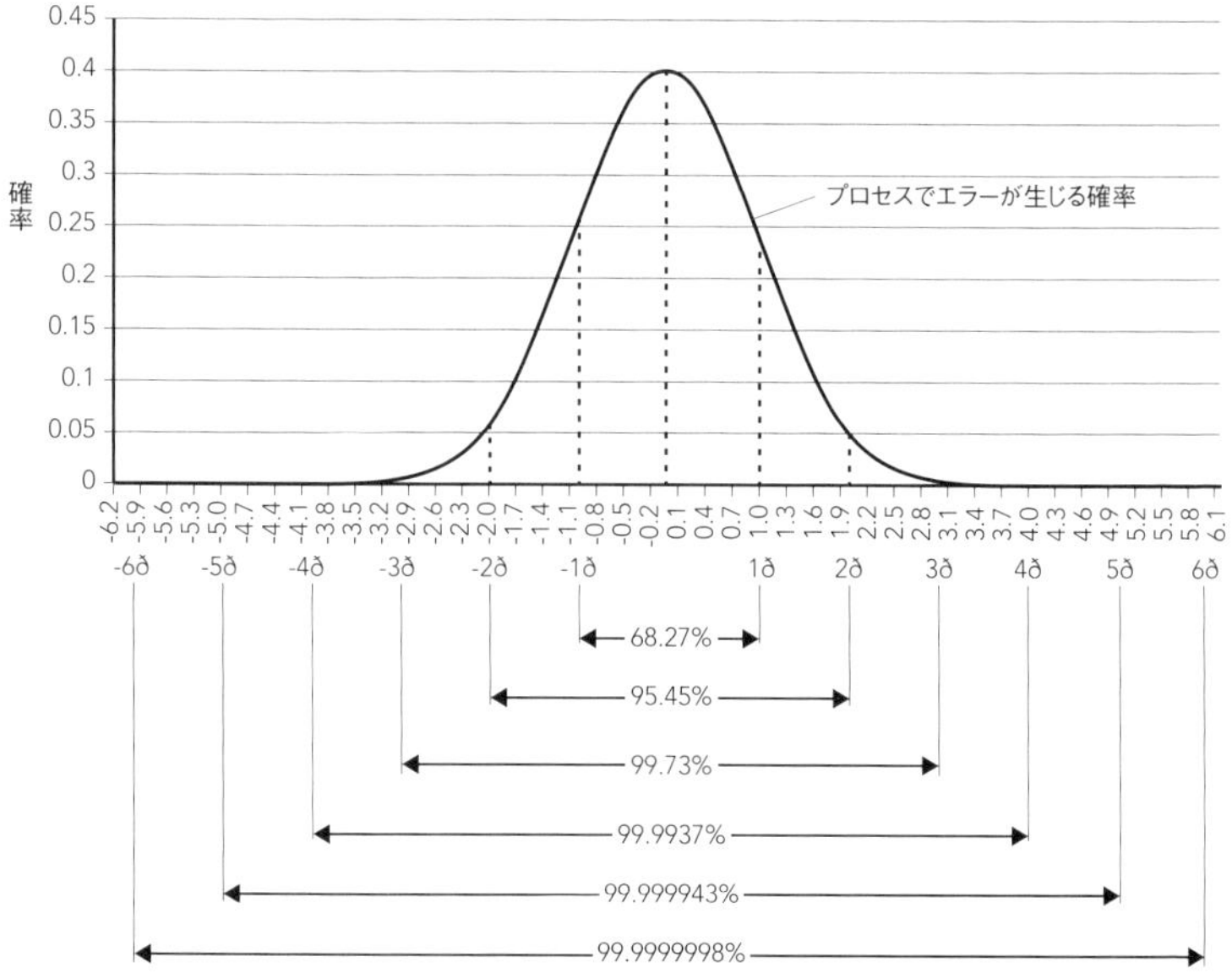


ソコンを動かすインテルのマイクロチップであろうと、同一でなければならないのだ。

　この完璧に近い均一性を達成するべく、機械には非常に精密な性能が求められる。加工された部品、鋳造《ちゅうぞう》部品、あるいは3Dプリントされた部品の長さ、厚さ、直径といった特定の寸法を取り扱う場合、その実際の値は設定した値のあたりに集中し、製造の精度は3標準偏差〔99・73%〕をはるかに超える必要がある。実際、もっとも望ましい機械の性能レベルは、いわゆる「シックスシグマ」の品質を維持することだ。1980年代後半にモトローラによって導入された6σ《シグマ》の性能目標(「シックスシグマ」という名称は1993年に同社が特許を取得した)は、現在では広く受け入れられている——日常的に達成すべき実際の目標ではないとしても、少なくとも向上させるための目標として、世界の一流企業の多くが受け入れているのだ。[42]

シックスシグマの品質を達成するとは、100万個当たり0・002個（10億分の2の確率）の不良品しか出さないことを意味し、この100万個あたりの不良品の数をDPMOと呼ぶ。当然、このような厳密さ（わずか0・0000002％の不良率）の達成は容易ではなく、また実際にはパフォーマンスが変わるため、長期的にこの品質管理を維持するのはさらに困難となる。このため、長期的な不良率に対する実際的なアプローチは、予想される（そしてたいていは単純に避けようがない）機械の性能の低下を考慮している。実際の長期不良率の目標は6σより1・5σ低い4・5σに設定され、これに対応する標準偏差3・4（0・00034％）のDPMOが、多くの場合公表された品質目標として提示されている。このレベルを維持するということは、部品メーカーであれば出荷可能な製品を99・9966％の確率で製造することを意味する。また、べつの企業であれば、材料損失、試料汚染、衛生規則違反などを可能なかぎり抑え、同様に完璧に近いレベルを実現することを意味するのだ。

DPMOを最小化する重要性は、年間、数十億個もの製品を生産する企業にとっては自明の理だ。2020年、ザ・コカ・コーラカンパニーは1日当たり約19億杯分もの飲料を販売した。[43] ほかにも、年間の販売数がギガ単位（10億個以上を販売）の加工食品には、焼き菓子、乳製品、カット肉のパック、卵、スナック菓子、チョコレートなどがある。だが、サプライチェーンが複雑化すれば、さまざまな問題が起こりうる。食品加工では、焼き加減の不均一、洗浄が足りない充塡機、不完全な低温殺菌、金属やプラスチック小片の最終製品への混入などを防ぐため、絶え間ない品質管理の実行を通じて、とりわけ高いレベルでの警戒が必要となる。

消費者からの高評価を維持するためには、通常であれば立派な標準偏差といえる3σのレベルでも許容されない。3σでは不良品が出る確率が0・2699％だが、1日当たり100万個が生産される商品であれば、2700本の缶入り清涼飲料水に不良品が出る、あるいは2700個のクリームチーズが殺菌不足、あるいは2700個のチョコバーが食べられない（あるいは歯が折れる）ことになる。また、ライバル社との比較でいえば、シックスシグマ（実際には4・5σ）で携帯電話を年間1億台生産する企業の場合、年間340台しか不良品を廃棄しないが、実際のところ3σしか達成できない競合他社の場合、年間26万9900台の携帯電話を廃棄することになる。

正規分布があちこちで見られることや、その帰結については、大半の人が意識していない。それでも、私たちの人生は正規分布の影響を、しばしば驚くほどまで高い頻度で受けている。自分が（あるいは自分たちが製造した商品が）正規曲線のどのあたりに位置しているかで、その帰結が変わってくるからだ。たとえば、遺伝子のルーレットが回った結果、自分の身長が平均より高くなるのか、あるいは低くなるのかが変わってくる（身長が正規曲線のどのあたりに位置するかが、人生で重要な意味をもつことにどれほど相関しているかについては、これまでにも説明してきた）。それに、大量生産される製品で100万個当たりに出る不良品の数も変わってくる（慎重に目標として設定された不良率が損益を分ける場合も、あるいは、そこそこの利益をあげられるか、巨額の利益をあげられるかを左右する場合もある）。サイズは重要であり、サイズの分布もまた重要なのだ。

サイズのデータが入手しやすくなったことで、純粋なる好奇心を満たしたり、生産性を向上させたりできるようになった。だが、それだけではない。20世紀初頭のイギリス人があらゆるたぐいの人体測定の結果と相関に夢中になったことで、珍妙な事実が判明した。ロンドン警視庁中央測量局は、イングランドとウェールズの主要な刑務所で服役している常習犯の男性と、軽犯罪を犯した男性の身体測定の結果を保存していた。そして、生体認証《バイオメトリクス》の初期の研究者であるW・R・マクドネルは、頭囲と身長のサイズがほぼ正規曲線を描いて分布していることを発見したのである。[44] 数年後、化学者・統計学者であり、ギネス社の醸造責任者でもあったウィリアム・シーリー・ゴセットがロンドン警視庁のデータを分析した結果、イングランドとウェールズの犯罪者の左手の中指のサイズが正規分布していることを発見し、「学生《ステューデント》」というペンネームで研究結果を発表した。[45]

このように、いたって実用的で収益性の高いものから、一風変わったもの、珍妙なもの、むしろ役に立たないものまで、正規分布はあらゆる分野に見られるのだ。

# 第8章

# 左右非対称《アシンメトリー》の支配

左右対称《シンメトリー》の分布であれば、平均値は最頻値と一致する。このことは、たとえばスイスにおける10歳の男児の身長のように、ほぼ正規分布するものの場合、平均値が140センチメートル弱であることがわかっていれば、男児たちの身体によくフィットした服をデザインする、男児たちに十分な量の栄養摂取を推奨するなど、実用的な面でいろいろと役に立つということを意味する。

サイズの分布の仕方のなかには、これとは対照的に、平均値や代表値からは全体の分布がどのようになっているかわからないものも少なくない。非対称性が強いサイズ分布には、極値がたった1回しか観測されない例から、極値が多数ある例まで、かなり大きな、莫大といってもいいくらいの値の広がりがある。その代表例として挙げられるのが、日本の市町村だろう。人口が4000万人に迫る世界最大のメガシティである東京圏があるいっぽうで、日本の山間部には過疎化が進む小さな村が数多く存在しているのだ。

所得の分布も同様に偏っている。つまり、平均所得を算出してもあまり参考にならないということだ。たとえば、所得格差が激しい熱帯の島に1万11人が住んでいて、そのうち1万人が低所得者で年収が1000ドル前後だとする。残りのわずか11人のうち10人が島の経済活動をほぼ独占し、その10人の平均年収は100万ドルに達している。さらに、そのなかの1人の外国人が島最大の岬全体の土地を購入したとしよう。そこに淡水プールと海水プール、ヘリポートを備えた広大なリゾート施設を建設し、絶景を望む大きな窓がついたコテージに客を宿泊させて10億ドルもの所得を得ている場合、島の平均年収を算出すれば10万ドル強となるが、実際にこれほどの金額を稼いでいる者はごくわずかにすぎない。そして10万ドルという金額は、住民の99・89%の平均年収1000ドルという最頻値と2桁の違いがある（100倍も大きい）。

このような極端な現象を見たいからと、なにも空想上の島へと旅をする必要はない。日々、ニュース番組を見たり、記事を読んだりしていれば、そうした現象の報道にたびたび触れられる。たとえば標高8000メートルを超える世界の山々をすべて制覇した登山家のニュースは（いまでは驚くほどの短時間で登頂に成功しなければ注目されない[1]）、アマゾン川に関するテレビ番組と同じくらい、よく目にする。地球上の最高峰はチョモランマ（エベレスト）で8848メートルに達するが、8200メートルより高い山はわずか5座、8000メートルより高い山はわずか14座、7200メートルを超える山は100座強である。ところが、そのいっぽう、世界のあらゆる丘陵地帯の眺望からわかるように、低山はいたるところにある。田園地帯に囲まれたわずかに標高が高い山や、平坦な地域にある、周囲の平地より土地がわずかに高く盛りあがっている無数の突起のことだ。そして、人々を惹《ひ》きつけるのはどこにでもあるわけではない極端に標高の高い山なのだ。人々は名もない丘陵に登るために列をなすわけではない。毎年、春になると、世界でもっとも標高の高い氷雪地帯をめざし、シェルパとともに列をなすのだ――高い費用がかかるうえ、生命に危険が及ぶかもしれないのに。

そして、世界的に類のない流量と流域面積を誇るアマゾン川は、唯一無二の存在である。同様に、アメリカのミシシッピ川（アニシナベ族の言葉で「偉大な川」を意味するMisi-Ziibi《ミシジービー》が語源）も唯一無二の存在ではあるが、こちらは無数の小川や細流になぞらえることができる。たくさんの支流がここに流れ込んでいるのだ。[2] 同様に、グリーンランドは世界最大の島として唯一の存在で（面積は200万平方キロメートルを超える）、50万平方キロメートル以上（100万平方キロメートル以下）の面積がある島でさえ、4島しかない。グリーンランド島の周囲には数千もの居住に適さない小さい島があり、さらに引き潮のたびに、小岩や砂で形成されたごく小さい、あるいは極小の無数の島が一時的に姿をあらわす。

では、なぜ、あきらかに正規分布から外れたサイズのものは、現代の統計学の創始者たちにそれほど大きな感銘を与えなかったのだろう？　前述したように、統計学者たちがすでに正規分布に夢中になっていたからだろうか？　前章で述べたことだが、天体観測が統計理論の始まりであり、宇宙でもっともはっきり見える星である恒星の見た目のサイズが、じつに非対称なパターンで分布していることを考えれば、いっそう解せない。さらに、左右非対称の分布は、左右対称の正規曲線よりも簡潔な式であらわせる。いったい私たちはこれをどう考えればいいのだろう？

## ■サイズ分布の双対《そうつい》性

第二次世界大戦直前、チェコスロバキアの統計学者・人口学者ヤロミール・コルチャク（1895〜1989年）は、カロリヌム大学教授で、私の恩師の1人だった。彼は「統計分布における2つの基本的なタイプ」（原題はフランス語で *deux types fondamentaux de distribution statistique*）に関する論文を執筆し、統計分布には平均値を中心に集まるものと、偏りの大きいものがあり、そのサイズ分布のあいだには大きな相違があると述べ、その相違を定式化した。[3]

1938年、ヤロミール・コルチャクは、統計分布の双対性を定式化し、自然界と人間にまつわる現象のデータには、左右対称の分布と左右非対称の分布があることを示した。

これまで説明してきたように、平均値を中心に集まる分布は、植物、動物、人間など自然界に遍在し、生物そのもののサイズや、生物の器官・部位・機能（アンテロープの脳、トルコで収穫される小麦の粒、トップアスリートの心拍数）のサイズにも見られる。これとは対照的に、自然界で物理的な力が支配する現象（地殻変動、地形、大気）においては、左右非対称の分布が優勢である。

　左右対称と左右非対称という2種類の分布が自然に生じる現象は、狭い統計学的な観点からだけでなく、もっと広範な意味をもつ問題としても重要で、どこにでも存在し、妥当性があることは否定できない。これを正しく理解すれば、自然界全体だけでなく、私たちの知能、経済、社会、芸術が生みだすものを理解するうえでも役に立つ。魅力的で壮大な理論の例に漏れず、より詳しく調べてみると、統計分布の、左右対称と非対称の双対性はそれほど明確なものではないことがわかる。実際には、生物の形質に見られる左右対称の分布と、物理的な世界に見られる特徴やプロセスの左右非対称の分布とのあいだに引かれる境界線ほどには、はっきりしていないのだ。

## 川や地震のサイズ

コルチャクは、サイズの分布で強い非対称性がある場合は外的要因、強い対称性がある場合は内的要因によるものだと考えた。1960年代初頭、コルチャクの講義で初めてこの分類法に触れたとき、私はそのシンプルな理論と普遍性に感銘を受けた。コルチャクが強調したように、地形にまつわるさまざまな物のサイズは、ほぼ例外なく、きわめて非対称に分布している。彼はこの法則の遍在性を、ヨーロッパの島々・湖・河川流域の大きさ、また河川の長さや湖の深さに関するデータを引用して説明した。前述したように、世界的に見れば、河川の流量はもっとも評価しやすいデータの1つだ。さらにアマゾン川の膨大な量の水が大西洋へと流れ込んでいることは、多くの人が知るところであるため、説明を受けた側もその評価を理解しやすい。

アマゾン川の河口から大西洋に流れ込む水量は、コンゴ川から流れ込む水量の5倍である。

そして、コンゴ川に近い水量がある川は、ほかに2本（ガンジス川とオリノコ川）しかないが、河と川、川と小川、小川と細流を分ける定義によっては、ほかにも数十万、数百万、数億もの流れが存在する。[4]地球の表面における同様の極端なサイズの非対称性には、地震、火山噴火、津波による暴力的な突然のエネルギー放出といったダイナミックな地殻構造の変動などがあり、宇宙の現象にまで話を広げれば太陽フレアの強さ、地球に衝突する天体の大きさといったものにも見られる。

20世紀を通じて、リヒター・スケールにおけるマグニチュード9を超える地震は2回（１９６０年のチリ地震が9・4〜9・6、１９６４年のアラスカ地震が9・2）しかなかったが、多数の小さい振動は環太平洋火山帯《リング・オブ・ファイア》の地震活動が活発な沿岸地域に暮らすすべての人々に恒常的なリスクをもたらしている。日本やカリフォルニア州の人々は、一般に微小地震（地震計では検知されるが、地震活動が活発な地域の住民はほとんど気づかない）が頻繁に生じることに慣れていて、真に壊滅的な地震という相対的にまれな出来事を受け入れるまでに至った。１９００年代以降の日本では、１９２３年に関東大震災が、１９９５年に阪神・淡路大震災が起こり、２０１１年には東日本大震災により巨大な津波が発生した。

カリフォルニア州では毎年1万回ほど地震が発生しているが、その大半（マグニチュード1や2）は住民に感知されない。[5]マグニチュード3の揺れは１００回ほどしかなく、住民は感知するが、被害はほとんどないか、まったくない。そして２０１０年以降、カリフォルニア州ではマグニチュード5以上の地震は6回しか起きていないが（２０１９年7月5日のリッジクレスト地震の7・1が最大)、住民を動揺させ、おびえさせるには十分なエネルギーを放出し、局所的ではあるものの、人口密度の高い地域にはかなりの被害をもたらした。

ここで説明しておくと、マグニチュードの数字は地震のエネルギーを1000の平方根を底とした対数で示したもので、マグニチュードが1増えると、地震のエネルギーは約32倍になり、マグニチュードが2増えると、エネルギーは32×32で約1000倍になる。よってリッジクレスト地震のマグニチュード7・1は、まれに起こるマグニチュード5の地震よりマグニチュードが2・1増えているので、1・42倍ではなく、1000倍以上のエネルギーがあったことになる。[6] また、1815年にインドネシアのスンバワ島で起こったタンボラ山の大噴火によって噴出したテフラ(大気中に放出された火山性の堆積物)の量は30〜50立方キロメートルほどに及び、この量に匹敵するほどのテフラを噴出した火山噴火は、過去500年間、例がなかった。[7]

## 人間社会における非対称な分布

非対称な分布は、自然界でも人間にまつわる事柄でもよく見られる。個々の種《しゅ》(そのサイズ、臓器、機能はたいてい正規分布を示す)から離れて、複雑な生態系に目を向けると、植物の高さの分布においては、高さ100メートルを超える樹木はまれで、短い葉をもち、茎の高さがほんの数センチメートルの草が数において圧倒的な優位を占めている。また機能においても、非対称な分布が多い。肉食性で捕食者のヒエラルキーのトップに立つ動物は、小さい草食動物よりもはるかに広範な地域を縄張りにしている(ライオン対トガリネズミ、ワシ対スズメ)。人間に関していえば、私たちの身体と脳（そしてIQ。実際のところ、なにを測定しているのかはともかくとして）のサイズの分布には正規分布が当てはまる。しかし、特定の年齢や性別の集団で対称性の高い分布が見られたからといって、人間が創造し、蓄積し、享受してきたものにも同様の対称性が多く見られると期待するのは、人間社会の実状を知らない、ほかの銀河系に暮らす生命体ぐらいかもしれない。人間の営みにおいてはどの領域においても、豊富に見られるのは平均値ではなく、極端な値なのだから。

　地球人なら誰でも、統計学の講義など受けたことがなくても、観察眼さえあれば無意識のうちに、間違いなく、この事実を把握している。また、人間の営みに関するデータについては、もっとも多い平均値を挟んで鏡像を描く分布はほとんどなく、おおむね左右非対称の分布が見られる。年収[8]や純資産（実際には負債がある人の多くがマイナスの値になる）、年次GDP（アメリカと中国はほかの諸国と比べて突出している）や企業の時価総額ランキング（石油会社ではエクソンモービルやBPほどの規模の企業の数は多くないし、家具小売業ではIKEAほどの規模の企業は10社もない）、そして都市（東京ほどの規模の都市はほかになく、東京都市圏の人口はカナダの人口と同じくらいだ）もまた左右非対称の分布だ。それに、サイズ分布のなかには非対称性が高いものがあることなど知らない人でも、最新の億万長者ランキングの記事を目にすれば、大きな格差があるのは一目瞭然だろう。億万長者は、全人口のなかでほんのわずかな割合しか占めていないのだ[9]。

　このように直感的に理解できる度数分布——平均値を中心に左右対称に分布している「正規《ノーマル》」分布と、あきらかにサイズ分布が非常に偏っている左右非対称の分布——はいずれも、

## イギリスの平均可処分所得の偏った分布（2020年）

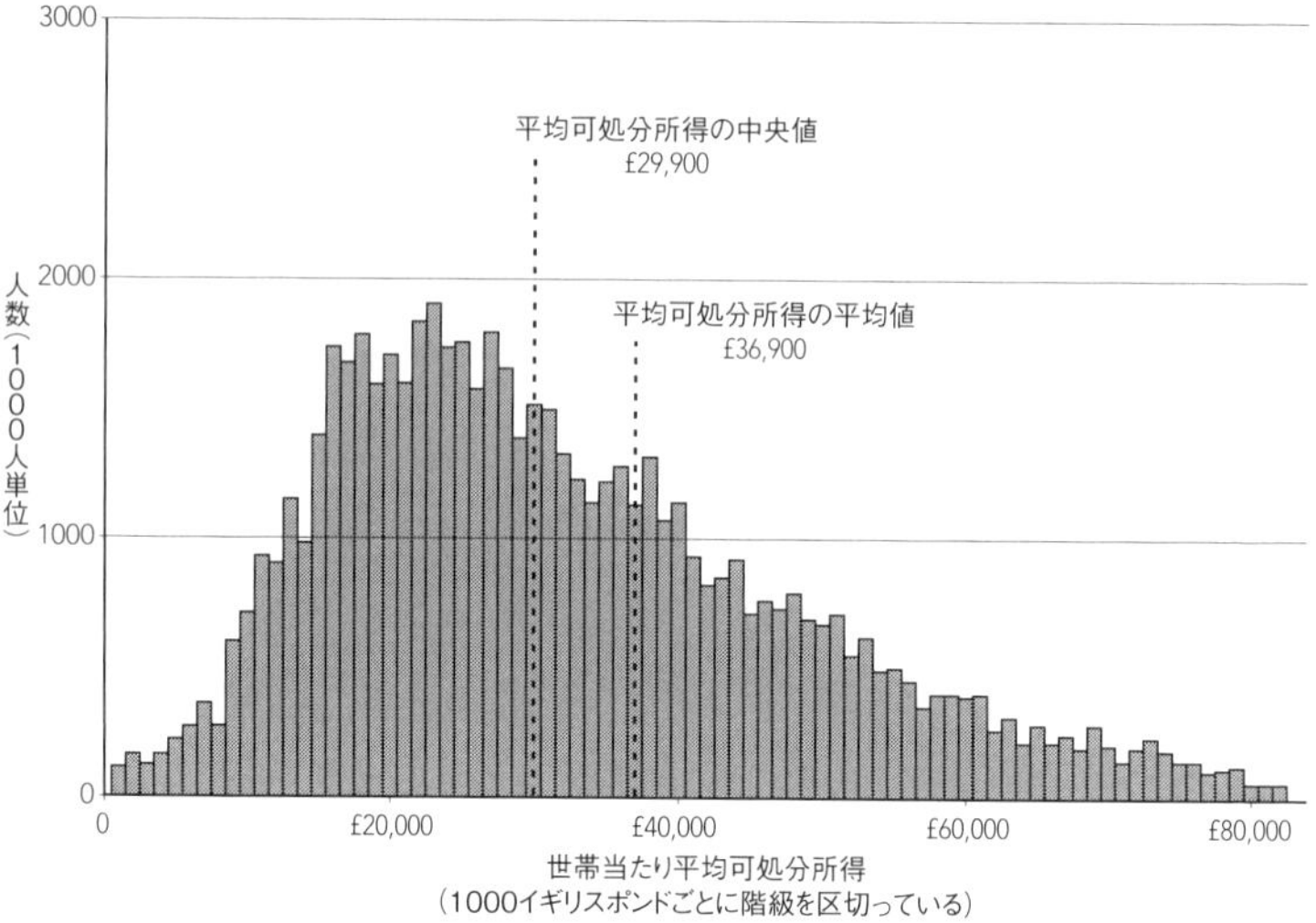


いまでは詳細な分析や統計的研究の対象となっていて、堅牢な定量的エビデンスを用いて多様かつ有益な結論を出せるが、その信頼度はそれぞれ異なる。

たとえば、人体測定の豊富なデータがある母集団では、健康な母親が正常な妊娠を経た場合、新生児の体重がどのくらいになるかを、かなり確実に推測できる。これとは対照的に、新型コロナウイルス感染症の世界的流行が示したように、次にまた新たなウイルス感染症が流行した場合、その影響の大きさを明確に予測することはできない。ある１年間のインフルエンザ流行（たとえば15万～57万５０００人が命を落とした２００９年の新型インフルエンザのような世界的流行）より、わずかに影響が大きいだけですむのだろうか？　それとも、第一次世界大戦末期に流行し、少なくとも５０００万人の命を奪った現代史における最悪のパンデミックを引き起こしたインフルエンザ〔いわゆるスペイン風邪〕[10]よりも、はるかに大きな悪影響を及ぼすのだろうか？

## ■まれなデータと豊富なデータ

19世紀末に正規分布が価値のある分析ツールとして活用されるようになると、ほどなく、正規分布の普遍性が疑問視されるようになった。フランシス・ゴルトンの肩入れとは裏腹に、宇宙はそれ自体が「正規《ノーマル》」な秩序を保っているのではなく、無秩序な大量のサンプルが、正規ではないがやはり美しい、非対称な分布をしているのではないか、と。そして、ゴルトン自身も、正規分布の規則性と「べき乗則」に感嘆してはいたが、正規分布に万事を当てはめようとするのは無理であることをよく理解しており、まったく当てはまらない場合もあると指摘した最初期の専門家の1人だった。ゴルトンは「誤差の頻度に関する通常の法則は、計算によって得られる平均値を基盤にしており、生命現象や社会的現象で観察される事実に十分に対応しているため、統計学者にとって非常に便利ではある。しかし、学者が求める条件をすべて無視して、大きく逸脱した値も含めてしまえば、愚かな結論を導きかねない」[1-1]と述べている。

### 歴史を左右する「標高」

このように平均値からかけ離れた値は、地球のあちこちで見られる。なかでも、もっとも根本的な(まさに地球の基盤にある)ものは、標高の大きな違いだ。海面から、もっとも標高が高いヒマラヤ山脈の最高地点まで、その差は9000メートル近くもある。大陸の標高の世界的

## オランダとスイスの面積高度曲線

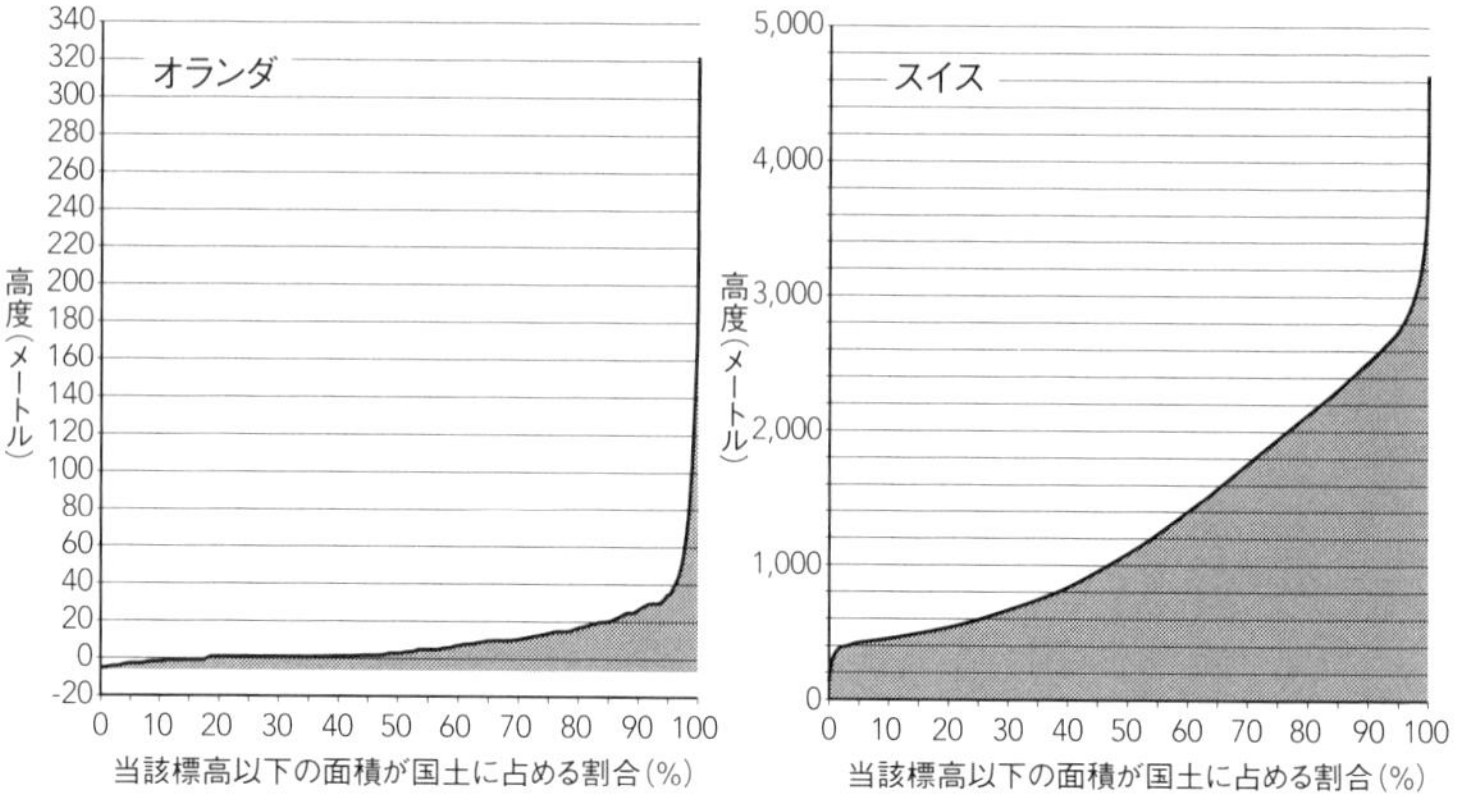


な分布は、プレートテクトニクスによって引き起こされる造山運動（土地の隆起）、それに水による浸食や風食（これらの浸食作用の力は気候変動に左右される）の結果である。この2つのプロセスは、地質学的な時間のスケールで展開してきた。大陸は圧倒的に低地が多いため、浸食もまた非常に非対称な分布となっている。[1,2]

オランダでは、国土の半分が標高1メートル未満だ（標高0メートルより低い地域がなんと26%にも及ぶ）。ポーランド（国土の大半が北ヨーロッパ平原にある）の平均標高はわずか173メートルである。いっぽう、スイスは国土の半分が標高1100メートルを超える。スイスやネパール、それにチベットやワイオミング州は例外だが、大陸の大半は単調で標高の低い平原で占められている。陸地の湖沼や河川以外の地域の70%強は、標高1000メートル未満であり、85%近くが2000メートル未満だ。ヒマラヤ山脈などの大きな山脈がアジアの平均標高を約750メートルに押しあげていて、北アメリカ大陸の平均標高は500メートル、アフリカ大陸の平均標高は513メートルである（おもにサハラ砂漠の台地の標高が比較的高いため）。

大陸の標高に見られるきわめて非対称な分布は、各国の命運に大きな影響を及ぼしてきた――なかでも、アジア内陸部からの遊牧民による度重なるヨーロッパ侵攻ほど深刻な結果をもたらした例はないだろう。モンゴル西部のアルタイ山脈と、ウクライナからルーマニアにかけて広がるカルパティア山脈のあいだには山塊がなく、5000キロメートルに及ぶ草原が広がっていて、馬に乗って西へとたびたび侵略する者たちにとって、打ってつけの通路となっていた。こうした広大な低地がなければ、ユーラシア大陸の歴史は大きく変わっていただろう。フン族は5世紀中ごろにヨーロッパに攻め込み、マジャール族は899年から955年にかけてヨーロッパに繰り返し侵攻し、その後、ハンガリー大平原に定住した。そして13世紀初頭には、モンゴルがヨーロッパにもっとも大きな脅威を与えた侵攻を開始した。[13]

ユーラシア大陸の広大な平原においても、人が住んでいる地域は圧倒的に平地が多い。北アメリカ大陸では、メキシコ湾から北極海まで4000キロメートル以上を直線的に北上しても山脈はなく、グレート・プレーンズ（およびその北の延長にあるカナダの大平原）という名にふさわしい大平原と、アパラチア山脈の西を流れるミシシッピ川のなだらかな流域が、大陸の中心部を占めている。こうした低地は作物栽培に絶好の土地であるだけではなく、南北からの気団がどちらの方向へも妨げられずに移動するため、極端な気象現象の原因にもなっている。

地球上で変化する物理的な特徴（湖から陥没穴まで、海岸線から小川まで）はいずれも、地震やサイクロンといったダイナミックな現象の分布と同様、目に見える多様性のなかに隠れている

人口20万人超のアメリカの都市数

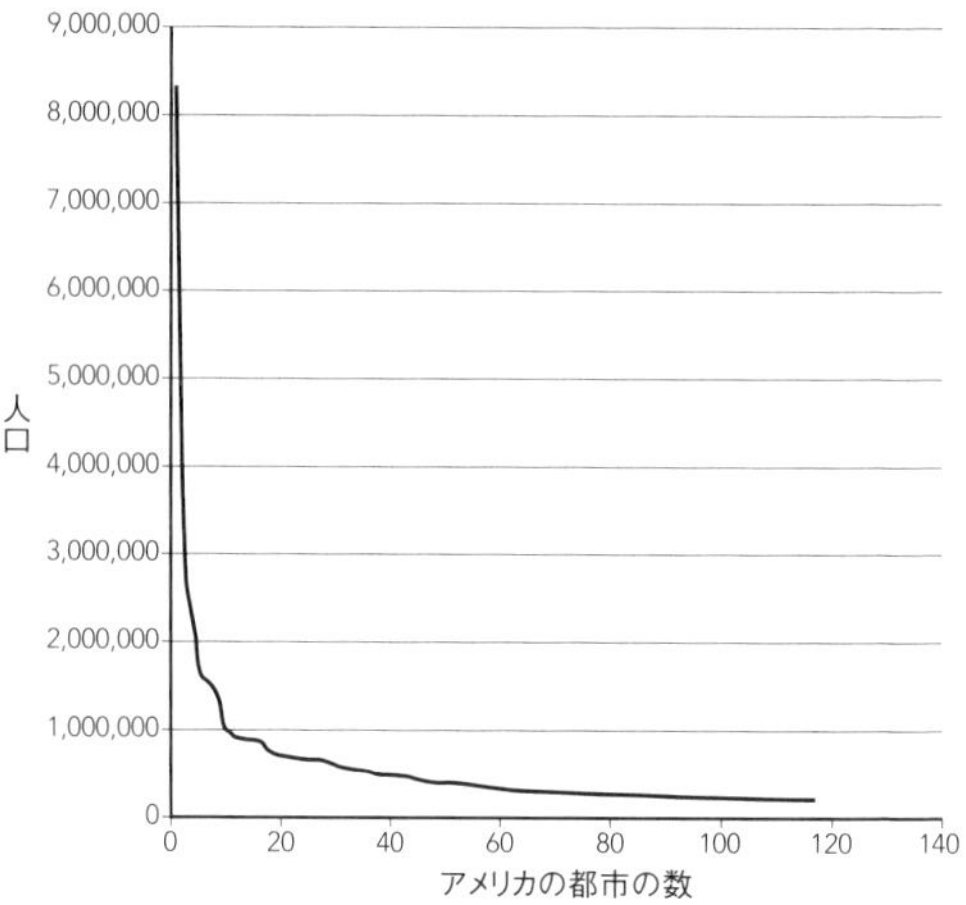


都市人口のサイズを含め、人間がつくりだした多くの現象は非対称に分布している。この線形(均等)目盛のグラフは、2019年の人口20万人を超えるアメリカの全都市の人口のデータを利用している。

秩序をさぐりだす機会を提供している——私たちはいつだって秩序を求めようとするのだ。

## 逆べき乗則の散布図

もちろん、居住地・所得・財産においては、たやすく差異を観察することができる。このように非対称性の高い分布の散布図を描くと、曲線が急激に下降してそのまま右のほうに長く伸びる、特徴的なグラフになる。

たとえば、ある大きな国家について、縦軸をそれぞれの都市の人口に、横軸をその都市の人口の順位にしたグラフを描くと、急降下する曲線ができる。上のグラフは、2019年の時点で人口が20万人以上のアメリカの都市の数を示している。たとえば人口が800万人を超える都市はニューヨーク市だけだが、人口20万~30万人の都市は50あり、人口5万人以上の都市は700近くある[14](グラフからはわからないが)。あきらかに、この分布は平均値や最頻値によってうまく特徴を説明できるものではない。パリと東京は人口が多いが(パリを含むイル・ド・フランス地域圏にはフランスの人口の20%近く、東京圏には日本の人口の約30%が暮らしている)、いっぽうでは過疎化が進む小さな市町村の数が増えていることを考えると、フランスや日本の平均的な居住地のサイズを語ったところでほとんど意味はない。

大きいサイズ（壊滅的なマグニチュード8や9の地震であれ、2000万人以上が暮らす世界の都市部であれ、数百億ドル単位の資産をもつ富裕層であれ）がきわめてめずらしい集団では、例外なく、小さいサイズ（感知できないほどの小さい揺れ、ごく小さい集落、厳しく定義された貧困ラインさえ下回る生活を送っている何億もの人々）が非常に多くなる。こうした非対称の分布を把握するもっとも手っ取り早い方法は（最善とはいえなくても）、べき関数と呼ばれている。基本となる方程式は、正規分布を定義する式ほどには近寄りがたく見えない。そして逆べき乗則の分布には、前章で紹介した正規分布のべき乗則と同じ興味深い特徴がある。線形目盛（均等目盛）ではなく対数目盛で散布図を描くと、左から右に上昇するのではなく、左から右へ下降する直線ができるのだ。

すでに第5章で、動物の身体の器官のスケーリングが体重との関数（「$y = cM^b$」。$c$は定数、$b$は指数）で計算できることを説明するなかで、基本的なべき乗則についても説明した。この関係を一般化し（$M$の代わりに独立変数として$x$を置く）、指数をマイナスにすれば、「$y = cx^{-b}$」となる。しかし、身体の器官や代謝のスケーリングでは両対数グラフが右肩上がりになっていたのに対し、逆べき乗則のグラフは右肩下がりになっている。次ページのグラフは、線形目盛と対数目盛で散布図を描いたわずか5つのデータの完全な逆べき乗則の分布を示している。右側のグラフに関しては、直線の傾きがマイナス1だ。

## 線形目盛と対数目盛の散布図

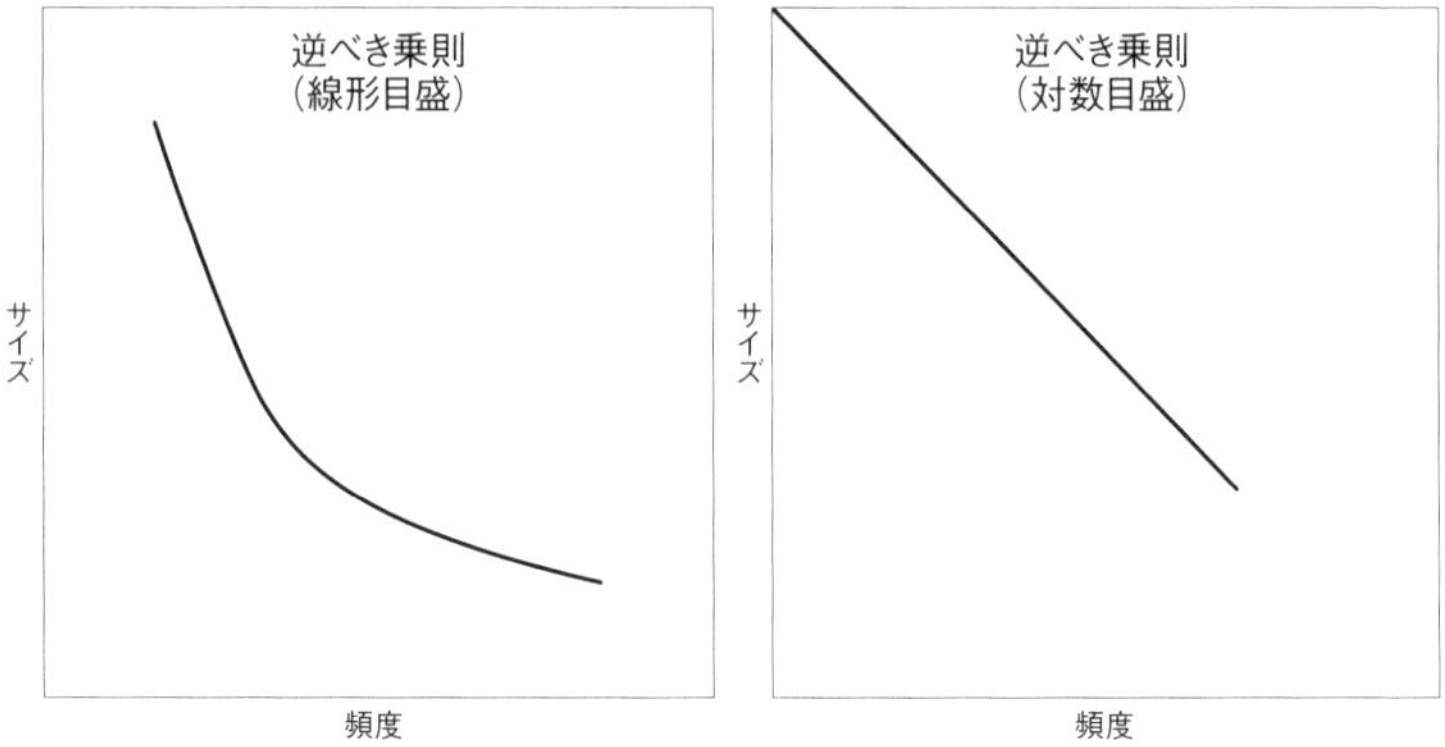


対数目盛で描いた逆べき乗則の散布図は、直線となって大きい傾きで右に下がっていく。

逆べき乗則の観測について最初に説明した文書は、都市人口のランキングや個人資産の分布の散布図からではなく、じつにありふれた細部への注目から生まれた。1881年、カナダ生まれのアメリカの天文学者・数学者、サイモン・ニューカムは、複雑な計算に繰り返し利用される対数表（携帯可能な電卓が利用できるようになったのは、その約1世紀あと）の最初のほうのページが最後のほうと比べてずっとすり切れていることに気づいた——そして彼は、自然界の事象で観測して得られる数値においては「1桁目の数字ではほかのどの数字よりも1が多く、9に近づくほど頻度が減少する」と結論づけた。[15] その約60年後、ゼネラル・エレクトリック社の物理学者フランク・ベンフォードが多数の測定値を分析した結果、測定値の1桁目に1が出現する頻度は30・1%、2の頻度は17・6%、9の頻度はわずか4・6%であることを発見した。[16] このようにしてニューカムとベンフォードが見いだした法則には、偏りのある分布を実証するうえで歴史的な価値がある。だが、おそらく、もっとも広く知られるべき乗則の分布は、ニューカムがこの法則を発見した15年後に発表された。
1890年代、イタリアの経済学者・社会学者ヴィルフレド・パレートは、政治経済学の広範な研究における重要なテーマの1つとして、イギリス、プロイセン王国、ザクセン王国、パリ、スイスのバーゼル、イタリアのいくつかの都市、そしてペルーにおける税負担と富の分配について調査した。集めたデータにはどれもかなりの所得の不均衡が見られたが、その度合いは調査した地域によって大きく異なり、17のデータセットの平均値を中心にプラス・マイナス20%ほどの幅があった。そこでパレートは慎重にも、この不均衡に関して特定の基準を示すことを避け、代わりに「これらの結果は注目に値し、偶然にすぎないと片づけることは絶対にできない。ある曲線にしたがって所得が分布する傾向を生みだす原因は、かならず存在する。この曲線の形のわずかな違いは、調査対象となった国の経済状況によって生じているようだ」という結論を出した。[17]
1913年、ドイツの物理学者フェリックス・アウエルバッハは人口の非対称的な集中に初めて注目し、論文を執筆した。そして1916年、フランスの速記者ジャン＝バティスト・エストゥープは、文章で使われるフランス語の単語の頻度を分析した。[18] さらに1925年、イギリスの統計学者ウドニー・ユールは、マメ科の植物のサイズとカミキリムシやハムシに類する甲虫のサイズの頻度分布がべき乗則に当てはまることを発見し、その1年後、こんどはアメリカの数学者アルフレッド・ロトカが、特定の科学分野の筆者が論文を出版する頻度にべき乗則を当てはめた。[19]

第二次世界大戦前から１９４０年代初頭にかけて、べき乗則を当てはめた例としては、前述した統計分布の双対性に関するコルチャクの研究が挙げられる（湖の面積と深さ、島の大きさ、河川の流域面積と長さを分析した）[20]。またアメリカと日本では、地震の大きさに関する調査がおこなわれた。１９３０年代初頭、地球物理学者の和達清夫《わだちきよお》が地震のエネルギーにべき乗則の分布が当てはまることに初めて気づいた。そして１９３９年には、地震学者の石本巳四雄《みしお》と飯田汲事《くめじ》が高感度の地震計で記録された地震の振幅別頻度分布にべき乗則を当てはめ、その後すぐに、アメリカの地震学者ベノー・グーテンベルクとチャールズ・リヒターが地震の発生頻度とマグニチュードを関連づけた[21]。第二次世界大戦後、イギリスの数学者・気象学者ルイス・F・リチャードソンは、人命を奪う戦争や紛争の頻度とその規模をべき乗則で関連づけられることを示唆した[22]。しかし、１９４０年代にもっとも重要な貢献をしたのは、アメリカの言語学者ジョージ・キングズリー・ジップである。

## 「80対20の法則」は本当か？

１９３０年代初頭、ジップはエストゥープがおこなったフランス語の研究を参考に、英語の文章における単語の使用頻度をパーセンテージで表示したものが、出現頻度表におけるその単語の順位にほぼ反比例することを発見した。もっとも出現頻度が高い「the」は全出現頻度の７％を占め、２番目に出現頻度が高い「of」（全単語の約3・5％）の約2倍の頻度であるといった現象である。だがこのルールは、最初の１０００語を超えたあたりで通用しなくなる[23]。これは、規則的であると思われていた分布のなかに、変則的な値がしばしば存在することを示す最初の明確な手がかりとなった。さらにジップの名前が世に広まったのは、1949年に著書『人間の行動と最小努力の原理（*Human Behavior and the Principle of Least Effort*）』が出版されたあとだった。[24] ジップは国勢調査の10年ごとのデータを調べ、人口が多い都市の順位に目を向けると、第1位の都市は第2位の都市の約2倍、第3位の都市の約3倍の人口があることを発見した。すなわち、人口は順位のマイナス1乗に比例するという関係である。

このような順位との関係性は「ジップの法則」として広く知られるようになったが、一般的な概念（べき乗則が当てはまる非対称のサイズ分布）を定式化した人物はほかにもいたのだから、同じ法則がベンフォードの法則、アウエルバッハの法則、ユールの法則、ロトカの法則、コルチャクの法則、石本の法則、グーテンベルクの法則、リチャードソンの法則と呼ばれるようになっていたとしてもおかしくない。彼らはみな、同じ分析や説明の手法をとっていたのだから。こうして1950年代以降、べき乗則（より正確にいえば、べき乗則のような確率分布）は、多くの自然現象や人為的現象のサイズを研究するために活用されてきた。湖、河川、地震以外にも、地球科学者たちは断層、堆積層、油層、陥没穴、落石、火山噴火の規模を研究する際に、べき乗則を使ってきたのである。[25]

大気研究の専門家は集中豪雨がもたらした総降水量や熱帯低気圧の勢力の消失を調べ、環境問題の専門家は山火事の規模を（焼失面積で）ランク付けし、天文学者は大気中で崩壊する火球の大きさ（衝突時の運動エネルギーで測定）や太陽フレアの大きさを研究してきた。[26] そして、これらのサイズ分布の負の指数はそれぞれ大きく違う。
ジップに続いて多くの研究者が、もっとも厳格に定められている行政境界と、境界の定義がもっとあいまいな大都市圏や都市圏の双方で都市のサイズに順位をつけはじめた。[27] いっぽう、経済学者たちは国内規模や世界規模での企業の規模を調べ、製鉄所の生産量をランク付けし、就業者のデータ（特定の職業に就いている人の数）、移動距離の長さ、さらに所得や富の分布を散布図に描いてきた。[28]
そして第二次世界大戦後、注意深い観察に基づいたパレートの忠告――「当然のことではあるが、純粋な経験則に関しては、慎重に慎重を期すべきだ」――はなおざりにされ、非対称な分布の遍在が誤解を招くほどに単純化され、広まっていった。技師であり、アメリカにおける品質管理の推進者でもあるジョセフ・ジュランは、製品の品質に関する問題の約80％は約20％の不良品から生じていることを発見し、これを手掛かりにして、資産と課税の不均等な分布（少数派が成果の大半を占める）に関するパレートの観察を、覚えやすい「80対20の法則」と命名し、一般化した。[29] 1997年、イギリスの経営コンサルタントであるリチャード・コッチが出版した『人生を変える80対20の法則』がベストセラーとなり（その後も2002年から2020年にかけて5作のシリーズ本が出版された）、「80対20の法則」はさまざまな事象に関する数々の見解に裏付けられ、普遍的な事実として広く受け入れられるようになった。[30]
この法則には、売り上げ（売り上げの80％は20％の優良顧客から生じる）や窃盗《せっとう》（窃盗犯の20％が略奪品の80％を獲得する）の例が当てはまる。とはいえ、すべての略奪品の価値を評価できるはずはないし、それを正体の知れない犯罪者がどう分配したのかもわからないのに、どうやれば略奪品の分配の法則を検証すればいいかは判然としない。さらに「80対20の法則」が当てはまらない売り上げも多くあることは確実だ（当てはまるとたびたび主張されてはきたが）。

オーストラリアのアレンバーグ・バス研究所の研究者たちは、あるブランドのある年における上位20％の消費者（上客）が、年間の売り上げの平均59％に貢献し、その割合は44％（ヘアコンディショナー）から68％（ドッグフード）までの差があったと最初に報告した。その後、15の調査結果を追加したことで、上位20％の客が売り上げに貢献する割合は平均57％で、その範囲は40％から79％になった。[31] たしかに法則のようなパターンは存在するし、売り上げの額は偏っているものの、パレートの法則が示すほどではなく、その比率は80対20というより60対20に近い。消費者の20％が売り上げの60％に貢献していて、それ以外の80％の消費者が売り上げの40％に貢献しているのだ。この割合を無視していいはずがない。

そして大規模通信の時代を迎えると、当然のようにインターネットの通信量の分析にもべき乗則が使われるようになり、文書ＵＲＬに挿入された外部リンクの数や電子メールのアドレス帳のサイズといった指標が注目されるようになった。[32] ここまでの例ほどには一般的でないにせよ、戦争を歴史的観点から見た激しさ（犠牲者数で測定）、現代のテロ攻撃の重大度、哺乳類の種の数などにも、この法則が当てはめられている。[33] じつに幅広い現象についてサイズと頻度が逆べき乗則の関係にあると主張されていることを考えると、実際のところ、どの程度、正確に当てはまるのだろうかと疑問に思うのが当然だ。実際に、非対称な分布をもつ広範な現象が、たった1つの単純な関数式であらわせるものなのだろうか？

## ■秩序ある非対称か、希望的観測か

現実世界のデータの大部分が単純な逆べき乗の方程式に完全に当てはまると考えるのは、どう見ても無理がある。べき乗則で効果的に把握できるデータの分布は限られていて、アメリカの統計学者リチャード・パーラインが「強い逆べき乗則」と呼んだものに相当する例はごくわずかしかない。[34] たいていの事例には、弱い逆べき乗則か、見せかけだけの逆べき乗則があるだけで、期待した分布（両対数グラフ上の直線）はデータセット全体のごく一部にしか当てはまらない。このような場合、特定のべき乗則が分布全体のうち下側または上側、あるいは両側が切断された範囲にのみ当てはまるか、またはべつの数式のほうがもっと当てはまる可能性がある。

都市のランキングは、おそらくもっとも頻繁に研究されている「べき分布」〔極端な値をとるサンプルの数が正規分布より多く、大きな値の方向に向かってグラフの曲線が長くなだらかに伸びている分布〕であり、世界規模で見ても、人口規模に対してもっともよく当てはまるように思えた人工衛星が撮影した地上の画像によって、夜間光の強さで人口密度が高い地域は明確に判別できる。[35] このように夜間光を利用して特定した約3万の都市域において、その世界ランキングには逆べき乗則がおおむね当てはまるように見えるのだ。ところが、最上位では逆べき乗則が当てはまらない。東京圏の人口は3700万人を超えているため、逆べき乗則にしたがえば第2位の都市人口は2000万人未満、第3位は1300万人ほどになるはずだが、２０２２年には人口２０００万人以上の都市が９つ（うちアジアに６つ）あった。

現在では、地震の規模から隕石の大きさまで、また宗派や教派の規模から個人資産の金額まで、幅広い分野のデータセットを定量的に分析し、逆べき乗則の仮説に当てはまるかどうかを検証する大規模な実証研究がいくつもおこなわれている。[36] これらの分布のすべてを説明できる唯一の関数は存在せず、ごく一部――アメリカの停電の規模、火球の大きさ、カリフォルニア州で起こった地震の頻度など――だけが逆べき乗則に非常に近い分布を示した。これが科学の

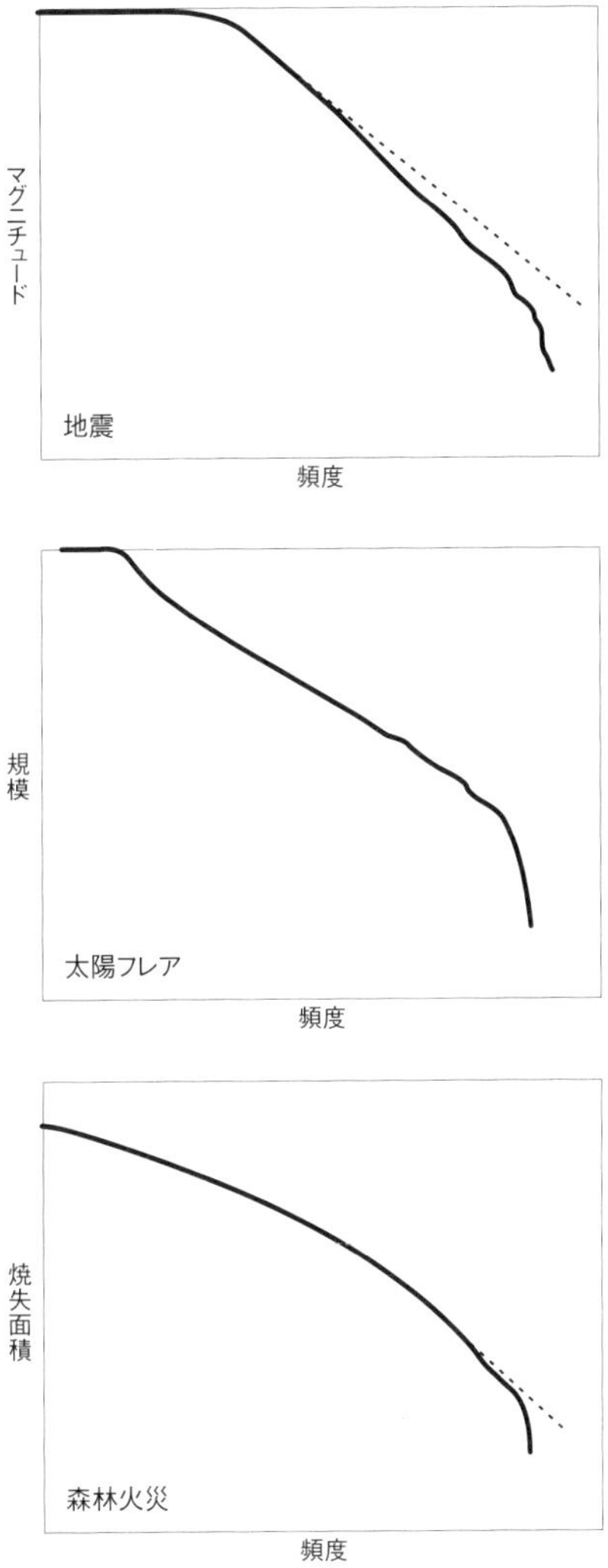


地震、太陽フレア、森林火災の大きさは、一部にしか、逆べき乗則が当てはまらない。直線が途中から下に折れ曲がっているからだ。場合によっては分布の両端で直線から外れている。

あるべき姿だ。現実世界の複雑な現象を観察し、可能なかぎり（この場合は規模や大きさや頻度について）測定し、その分布が特定のパターンに一致するかどうかを確認するのだ。

アドルフ・ケトレーがフランスとドイツの数学者たち（ド・モアブル、ラプラス、ガウス）の研究を基盤に導きだした正規分布という概念は、このような科学的な検証の手続きを経てついに基本的な統計モデルとして受け入れられ、サイズ分布で広く活用されるようになった。標準的なものに見える分布のすべてが、完璧な左右対称性をもつ分布であると統計学的な検証によって認められるわけではないが、たとえ適合度が中程度であっても、かなり正確な結論を出し、有益な推論をおこなうためのツールとしては役に立つ。児童期の成長で予想できる発達段階、製造工程で不良品を出さないための達成可能な目標などの参考として活用できるのだ。

また、非対称性が強い分布をもつサイズについても同じことがいえる。ヴィルフレド・パレートの高額所得者と富の関係の法則、チャールズ・リヒターとベノー・グーテンベルクの地震の頻度とマグニチュードの関係の法則、ジョージ・ジップの都市人口の順位と人口の関係の法則は、それぞれ経済学、地震学、都市研究においてこぞって取り上げられるキーワードとなった——が、それでも、もっと詳しく調べれば、両対数グラフにプロットした値が完璧な直線を描くという「べき乗則」の神秘的ともいえる特性は、数学的な理想にすぎず、現実世界のさまざまな分布ではまれであることがわかる。アメリカの物理学者マーク・ブキャナンは、べき乗則が多くの現象に当てはまるという主張に対する見解を、次のように述べている。「希望的観測はたやすく入り込んできて、その正当性は自明の理であるかのように思わせるが、そこには推論がまぎれ込んでいる……人間の思考は、不正確な結論に簡単に惹きつけられてしまうのだ」[37]と。

しかし、だからといって、非対称なサイズ分布という、より広範な、現実に基づいた洞察から導きだされたものの価値がそこなわれるわけではない。その分布をもっともよくとらえているのが1つの関数（べき乗則、対数正規分布、伸張型指数分布）であろうと、複数の関数の組み合わせであろうと、価値があることに間違いはないのだ。非対称な分布の現実と遍在性を理解すれば、超巨大噴火が起こる確率のような複雑な現実を予測しやすくなるし、個人や世帯による資産の蓄積といった社会構造の重要な要素も把握しやすくなる。つまり、あらゆる人間社会を特徴づけるさまざまな境界線や、グローバル化にともなうリスクを把握するうえで強力なツールとなるのだ。

## 社会のピラミッド構造

多くの現象のサイズが正規分布していないという現実は、人間社会の安定性や人間の物質的な生存の問題に、大きなヒントを与えている。正規分布しているサイズにおける極端な値の扱いはむずかしいところもあるだろうが、身構えるほどのことではない。たとえば、いちばん小柄なおとなの身長は、たんに子どものサイズと同じであるというだけで、軟骨無形成症（低身長のもっとも一般的な原因である疾患）の人は身長こそ高くならないものの、知能や平均余命はたいていい疾患のない人と変わらない。[38]背の高い成人はドアの高さに気をつけなければならないが、

## 世界の個人資産の分布（2020年）

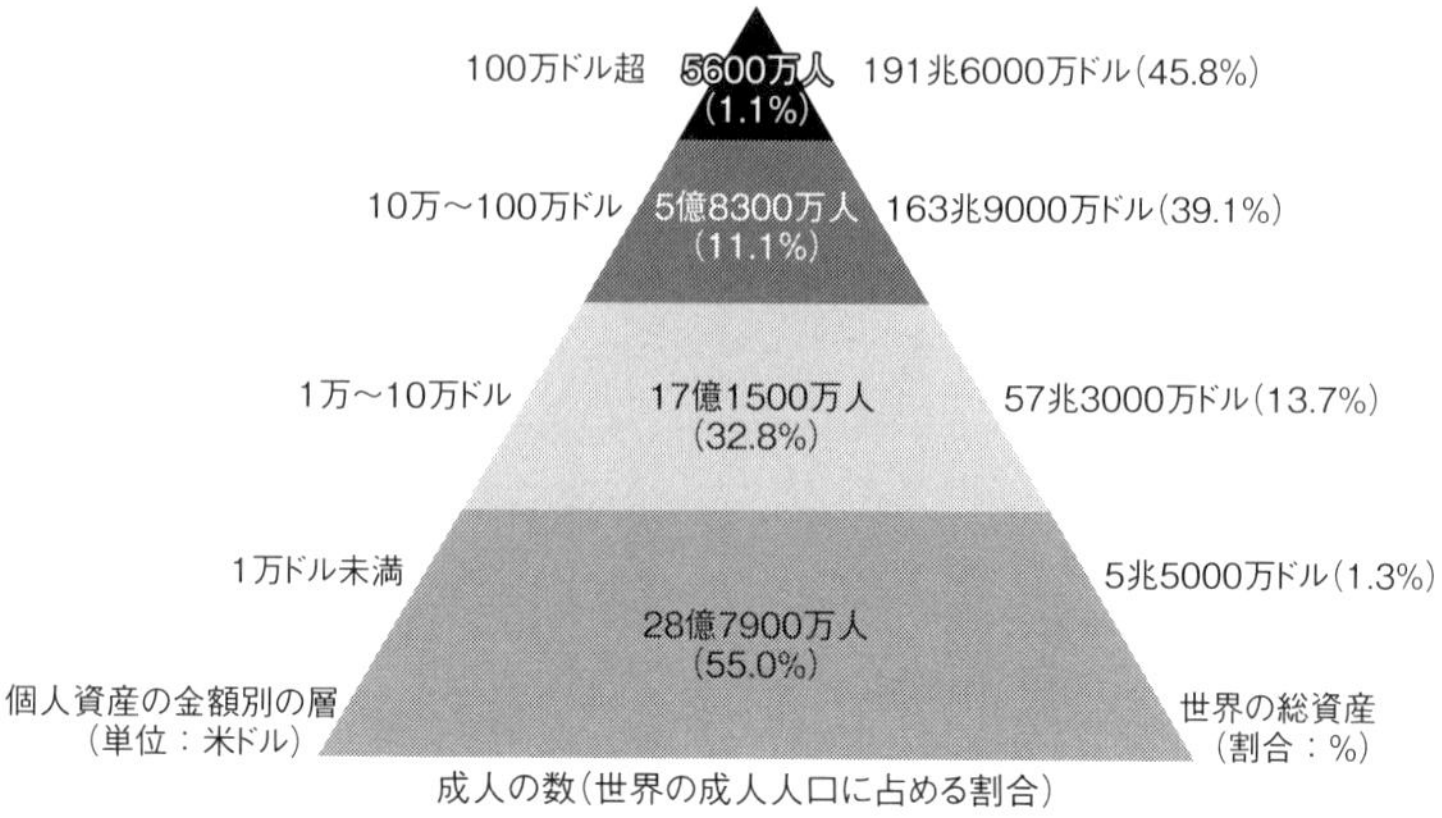


極端な非対称性：世界の全成人の55%が世界の総個人資産のわずか1%しか所有していない。かたや、たった1%強の成人が世界の総個人資産の半分近くを所有している。

バスケットボール選手として活躍できるかもしれない。そして、身長が極端に高かろうが低かろうが、適切な食事、衣服、家具、医療を提供されるのであれば、とくに問題は生じない。いっぽう、病的肥満の患者のサイズ（成人の平均体重の2倍ほど）は、救急車や病院が対応する際に困難をもたらすため、私たちはこのような極端なサイズに対応すべく、積載、搬送、処置に関して工夫を重ねる必要がある。

　これとは対照的に、非対称性がきわめて高いサイズ分布の両極端の値には、たいてい1桁以上の差がある。金銭に関する事例のなかには、極端な値がゼロ以下になる場合があり、そのような例では桁数の違いで比較したところで意味がない。2020年の世界の個人資産の分布を見ると、上の図のように、世界の成人人口の55%の資産が1万ドル未満で、成人人口の約3分の1の資産が1万～10万ドル、10万～100万ドルの資産をもつ成人は全体の11%ほどにすぎず、100万ドル超の資産をもつ成人は全体のわずか1・1%だった。

この分布の非対称性は、成人の上位1・1％が世界の資産の45％を所有しているいっぽうで、最下層の55％の人たちが世界の総個人資産のわずか1・3％しかもっていないという事実に如実にあらわれている。[39]

国による差は相当に大きい。2019年、個人資産の平均額でいえば、下位10％と上位10％の差はフランスでは7倍弱だったが、アメリカでは12倍を超えていた。[40] またアメリカのごく一部の富裕層の純資産額は数千億（$10^{11}$）ドルで、純資産額の平均値12万2000（$10^{5}$）ドルより6桁（100万倍）も多い。そして、もっとも驚愕すべき結果は、アメリカの人口で貧しいほうの半分に当たる人たちは、アメリカ全体の個人資産のうちのわずか1％しか所有しておらず、さらにその大半には負債があるため、差し引きすると純資産がないということだ。本質的に、この状況によって、極端な貧富の差が想像を絶するほどに拡大しているのだ。[41]

パレートが生きていたら、こうした現実をまったく意外には思わないだろう。というのも、彼の歴史観は暗く、悲観的だったからだ。彼は著書『経済学講義（*Cours d'économie politique*）』のなかで、「われわれはよく社会のピラミッド構造について語るが、その底辺には貧困層が、頂点には富裕層がいる。そして正直なところ、それはピラミッドではなく、むしろ人間の身体のような形をしている……さらに頂点は矢の先端のような形だ――独楽《こま》の先端のような形と言ってもいい」と、述べている。[42] たしかに頂点は回転を続けているが、それは独楽全体にも、いちばん細い先端にも当てはまる。こうした現実は、中国共産党やアメリカの億万長者が頂点に立つ経済格差によくあらわれている。

中華人民共和国は１９４９年に成立してから中国共産党によって統治され、平等主義の社会主義経済の模範となることを謳い、指導者たちは「強欲な」アメリカの資本主義に対抗する立場をとった。しかし、中国はアメリカと同様、所得分配が不平等だ。経済格差の一般的な指標となる「ジニ係数」は0から1で示され、0であれば所得が平等に分配されており、０・５に近づくと格差が望ましくないほど高いことになる。中国のジニ係数は２００８年の０・４９から、２０１９年には０・４７とわずかに低くなったが、アメリカの最近の係数（２０２０年の０・４６９）とほとんど同じである。そしてEUの可処分所得の格差（わずか０・３）をはるかに上回っている。[43]

そして、もう１つの注目すべき現実は、異なる経済体制をもつ世界の2大国のいずれにおいても、ジニ係数が大きな低下を示していないことだ。アメリカの所得格差は１９７０年以降、徐々に悪化しており、ジニ係数が０・３６と低いときでさえ、全体の20％に当たる富裕層が全所得の41・5％を得ていた――そして、それが２０２０年には50・８％に上昇しているのだ。[44] 中国のジニ係数も、１９７０年には０・２５程度だったが、１９８０年にはいくぶん上昇して０・３になった。このジニ係数は（こんにち、同じくらいの値であるEU内のジニ係数が示しているような）基本的な豊かさの相対的な平等や、平等主義による富の分配が実現されていることを意味するのではなく、毛沢東思想を基盤にした政策によって１９４９年から１９７８年にかけて拡大した困窮（食料の配給制度、消費財の不足、社会的な流動性の抑制）が共有されていることを意味しているのだ。[45] そしてアメリカの例を見ると、富裕層のトップに立つ超エリート層のなかにも、同じような経済格差がはっきり存在していることがよくわかる。２０２０年、アメリカで最富裕層の個人資産を分析したところ、もっとも裕福な50人のうち上位10人（最富裕層の20％）がこの層の富の52％を所有していたうえ、もっとも裕福な10人のうち上位２人がこの層の富の35％を所有していたことがわかった。[46]

こうした不平等は、都市の台頭とともに長い時間をかけて拡大してきた。わかりやすい一例として、鉄器時代のヨーロッパでさえ、誰もが例外なく二輪馬車や馬具、武器とともに埋葬されていたわけではなかった。[47] しかし、都市部では報酬のいい多様な雇用、変化を続ける新たな技術の導入が可能だったし、陳列品を大量に消費したり、飽食や放縦に耽《ふけ》ったりすることもできたので、都市は経済格差の発生源であると同時に、経済格差の産物であると見なすべきだろう。その結果、都市化はとどまることを知らない世界的な傾向となり、そのことによってあらゆる場所で都市の富と都市のサイズの関係に顕著なまでの非対称性が生じている。ここでもやはり、完璧な例を示しているのが中国だ。毛沢東思想に基づく政策では、食糧配給切符があっても定住地でしか食糧を配給してもらえなかったので人口の移動が進まず、都市化の正常な進展が厳しく制限されていたために、１９８０年の時点で中国の人口９億８７００万人のうち、都市部に暮らしている人々はわずか19％（１億８７００万人）にすぎなかった。[48]

いっぽう、１９７８年から中国の最高指導者となった鄧小平《とうしょうへい》の経済改革は、歴史上、世界最速かつもっとも広範な都市化の波をもたらし、30年にわたる規制の埋め合わせをした。その結果、２０２０年には中国の人口約14億１０００万人のうち64％（９億人強）が都市部に暮らすようになった。いまや上海は世界第3位、北京は第8位のメガシティだ。[49] 都市の成長、さらにはメガシティの拡大については、抑制すべき正当な理由は多々あるのかもしれないが、その国の人口が増えつづけているのであれば、標準的な社会体制のなかで抑制するのは不可能だ。おそらく、それを達成できるのは、尋常ならざる強権支配だけだろう。その悲劇の最たる例は、1970年代後半、カンボジアのクメール・ルージュが犯した大虐殺と脱都市化で、指導者たちは都市の住民に移住を強制し、農村部では大勢の人々の命を奪ったのである。[50]

## 災害やパンデミックの予測

干渉主義の政府が断固として対策を実施すれば、税金や補助金を通じて最悪な経済格差の事例を少しは軽減できるかもしれない。[51] そのいっぽうで、壊滅的な被害をもたらす自然災害の規模の分布が非対称であることからは、異なる課題が浮き彫りになる。あまりに当然のことだが、火山の大噴火や1000年に1度の規模の洪水、あるいは小惑星が地球に予期せぬ衝突をするといった事態を防ぐ方法はない。私たちにできるのは、これまでの経験に基づき、こうした極端な事態が生じる確率を推定することだけだが、特定の大災害についてどこまでさかのぼって把握するかによっては、確率が収束せず、有益な答えにたどりつけないかもしれない。2020年までの100年間で、地球規模の気候変動にあきらかに影響を及ぼした世界最大の火山噴火は、1991年にフィリピンで起こったピナトゥボ山の噴火だったが、噴出物は10立方キロメートル相当にすぎなかった。1883年にインドネシアの火山島クラカタウで生じた噴火では約20立方キロメートル、アメリカのクレーターレイクで7600年前に生じた噴火では150立方キロメートル、そして7万4000年前にスマトラ島で生じたトバ火山の噴火では2800立方キロメートルの噴出物があった。[52] では、今後の100年間でまた繰り返されると予想されるのは、どの程度の規模なのだろう？

こうした疑問に答えるのが、根本的にいかに困難であるかは、つい先日、世界で感染症が流行した経緯を見ればよくわかる。感染症の過去の事例については、火山の噴火よりはるかに深く理解されているが、やはりむずかしいのだ。パンデミックに関していえば、私たちの知るかぎり、高い確率で、また生じるだろう。パンデミックに対してもっと準備をととのえておくべきだと、疫学者たちは絶えず論文を発表していたし、私自身、2007年に執筆し、2008年に出版した本のなかで、次のパンデミックは2021年までに生じるだろうし、私たちは「確率論から考えれば、ハイリスク・ゾーンのかなり内側にいる」と述べた。[53] また、比較的よく研究されている20世紀に生じたパンデミック（1918〜1920年のスペイン風邪、1957〜1958年のアジア風邪、1968年の香港風邪、いずれもインフルエンザ）に基づき、どの程度の死亡率や社会的・経済的困難が生じるかは予想できたので、事前に検討すべき準備の程度も、わかっていたのだ。[54]

そして実際、十分な備えができていると考えた人もいた。しかし、そうではなかったのだ。新型コロナウイルス感染症は、さまざまな驚きをもたらし、多くの意味でほかに類を見ないパンデミックであることが証明された。[55] 同じことは、いずれ起こる火山島クラカタウのような大噴火などでも生じるのかもしれないし、太陽からの前例のないコロナ質量放出（大量のプラズマの放出が予測不可能な強さと間隔で起こる）によって、私たちの電気・電子システムが、壊滅とまではいかなくても、大混乱におちいるかもしれない。[56] 私たちは、これから生じるかもしれない事態について基本的な概略くらいは理解していても、実際の時期や具体的な性質、その現象がもたらす結果の全貌についてはは知ることができないのである。最新のパンデミックが実証したように、非対称なサイズ分布の極端な例を示す、大きな悪影響を及ぼすような出来事に対して、私たちが十分に準備をととのえておける可能性はきわめて低いのだ。

私たちは秩序を好み、認識できるパターンを好み、現実世界の多様性と複雑性の根底に共通するものや、相対的にシンプルな性質を見いだすことによろこびを覚える。正規分布、つまり左右対称の分布は、こうした私たちの好みを満足させ、自然界で遭遇する無数の現象に、ある程度の安定性と予測可能性をもたらしてくれる。かたや、非対称な分布を予測可能で秩序あるパターンに当てはめたり、自然災害や壊滅的な大災害の規模が定量化できるパターンに一致する頻度について信頼の置ける推論を立てたりすることは、はるかにむずかしい。

それでも、こうした努力からは1つだけ、確実に得られたことがある。とらえどころのない秩序を求めようとする試みを続けたおかげで、銀河系のなかでもとくに目立つところがない恒星系にある小さな惑星で進化し、知性を駆使して文明化を進めてきたはずの人類という存在の不安定な性質を、私たちはより深く理解し、評価できるようになったのだ。

# 第9章

# おわりに

## エレクトロニクス時代に向けて

最終章では壮大な総論が述べられていて、サイズに関する濃密な叡智《えいち》をいくつか得られるだろうと期待していた方は、肩すかしを食らうかもしれない。サイズは物質的な意味でも、抽象的な意味でも根本的な特性であり、そう簡単にはまとめられないテーマだからだ。本書で見てきたように、いくつかの明確な共通点と意外な法則があることを除けば、サイズはどこにでも存在するからこそ、独特でめずらしい、予期せぬ結果や結論をさまざまなかたちでもたらす。完璧かつ簡潔で、すべてを包含する説明でくることはできないし、いくつかの数式に現実を落とし込むこともできない。先入観によって決めつけた狭いルールにサイズという概念を押し込めたところで、うまくいくはずがないのだ。

よって本章では、ここまで述べてきた内容を簡潔に要約していこう。

## ■まとめ

私たちはつねにサイズを意識している。サイズを見積もり、比較し、すばやく記憶にとどめ、無意識のうちに行動の指針として利用している。そのほかにも、私たちはサイズについて慎重に熟考したり、よろこんだり、満足したり、恐怖心を覚えたり、嫉妬したりする場合もある。サイズのあいだには類似点や相違点があることがわかっていて、私たちは多くの標準的なサイズに親しんでいるので、予想していた規準からサイズが逸脱していれば、どこかおかしいと察する。また、小さいものから大きいものまでサイズの幅が広いことも認識しており、小さいほうを好む場合もあれば、この大きさではまだ足りないと思う場合もある。一般に、大きいものに想像力をはたらかせる傾向があるが、大きいサイズは（ウイルスはべつとしても）危険な意味合いをもつ場合もあり、私たちに恐れを抱かせる。だが、そのいっぽうで、私たちが個人として、または集団として、大きいものを求めて努力を重ねてきたのも事実だ。私たちはたいてい、より大きいサイズを実現したいという向上心をもって進化してきたのだ。

サイズを知覚する際には五感を総動員するが、なかでも視覚がいちばん重要だ。私たちはサイズに関してさまざまな標準を設けたり、先入観に左右されたりするので、芸術家たちはこの事実を利用して、予想もしなかった解釈で人々を驚かせてきた。私たちはつい標準的な見え方を期待するが、世界最古の文明でさえ、サイズの基準や視点に関しては工夫を重ねていた。現代社会では、スクリーン、建物、機械などでどんどん大型化したサイズが普及するいっぽうで、電子機器の小型化も続いている。さらに私たちは、実際には存在しないものを見たような錯覚を起こすことがある。このことは、目撃者の証言において、また自分の身体に誤ったイメージをもっている身体醜形障害《しんたいしゅうけいしょうがい》の人にとっては、深刻な結果を招く。サイズの測定はすべて正確におこなわれるべきだが、そうならない場合も多いのだ。

サイズはつねに相対的に見られていて、美的な好みや機能上の必要性に応じて決められた釣り合い《プロポーション》が見た目の魅力を決定し、性能に違いをもたらす。社会はこれまでに縦横比で表現される好みのサイズをいくつか定めてきた。絵画や彫刻はこうした理想を作品に反映し、左右対称性を尊重した。対称性《シンメトリー》はいたるところにある――自然界のデザインにも、人類がつくった最初期の道具にも、誰もが知る記念碑的な建造物にも。私たちはまた人間の身体や顔に関しても、対称性があるものを好む。いっぽう、現代の芸術家たちは非対称《アシンメトリー》なサイズをありふれたものにし、ときにはそれが賞賛される。黄金比（1対1・618）は、非対称な比率のなかではもっとも美的にすぐれているとされてきた。だが実際のところ、黄金比は比率というより1つの無理数にすぎないのであり、本質的にすぐれているところはいっさいない。さらに、よく調査してみると、黄金比はいたるところで見られるわけでもない。

記念碑のような建造物をべつにすれば、1800年以降にかつてない規模で事業を起こしたり、機械を設計したりできるようになるまでは、自然界のサイズによって人間がデザインするサイズが決まっていた。ところが近代に入ると、サイズ、容量、利用数といったものが大きくなり、単純な倍数ではなく、桁数を水準にして測定されるようになった。とはいえ、サイズの成長にはさまざまな限界があり、グラフで示すとS字曲線を描く。現代のエレクトロニクスはこうした限界とは無縁に成長しているように思えるし、事実、マイクロチップのトランジスタ搭載数はムーアの法則にしたがってどんどん増えてきた。とはいえ、さすがにこの成長も鈍化しており、サイズの小型化は物理的限界に近づいている。また、私たちにもっとも身近なデザイン——衣服や家具——は、いまだに個人的なものにすぎない。人間工学の目標は、快適で使いやすいデザインの実現にあるが、現代人が座っている時間がどんどん長くなっている現状を考えれば、座席のデザインがとりわけ重要になってくる——とくに、飛行機のなかでは。

サイズは人間の身体においても、大きな意味をもつ。とくに、重力、熱放散、可動性、活動量、必要なエネルギー摂取量、食事や給餌の回数は、身体の大きさによって変わってくる。体重に対して、器官や臓器は等成長（体重の増加と同じスピード、スケーリング指数は1）、または優成長（体重の増加より速いスピード、スケーリング指数は1より大きい）、または劣成長（体重の増加より遅いスピード、スケーリング指数は1より小さい）でスケーリングする。肺の重さと血液量は等成長でスケーリングする。優成長のスケーリングはめずらしく（骨格がその例）、劣成長のスケーリングがもっとも一般的だ——脳、心臓、肝臓、腎臓、消化管全体、そして腸の重さは、体重が増えると、全体に占める割合が小さくなる。

代謝スケーリング（安静時のエネルギー消費量）は、当初、体重の2/3乗則でスケーリングすると考えられていたが、1930年代を迎えるころには3/4乗則でスケーリングすると考えられるようになった。この3／4乗則に対するもっとも基本的な説明は、すべての生物において資源を分配し、老廃物を排出するために必要な管のネットワークの特徴とはたらきを基盤にしていて、強い説得力こそあるものの、実際の指数はさまざまな生物において、大小どちらのサイズでも外れている。代謝スケーリングの指数には範囲があるとはいえ、質量の幅が広い（細菌とクジラでは20桁以上の差がある）ことを考慮すれば、差は驚くほど制限されている。あらゆる種類の「モーター」（小さい昆虫の筋肉とジェットエンジンでは10桁以上の差がある）の最大出力は、その質量と等成長でスケーリングする。

　個々の種の身体のサイズ、およびそれらを構成する部位のサイズには正規分布が当てはまる。つまり散布図を描くと、平均値を中心にした釣鐘型になるのだ。すべての正規分布は、平均値と、標準偏差（σ《シグマ》）として測定される分散（平均値の周りにどのくらいデータがばらついているか）によって完全に特徴づけられる。正規分布では平均値が最頻値と一致し、すべてのデータの約68％が平均値プラス－マイナス1σ以内、95％以上が2σ以内におさまる。よって、この2つの値がわかれば、新生児やバスケットボール選手の身長でも、IQのスコアや血中コレステロール値でも、正規分布のどのあたりに当てはまるかがわかり、有益な推論が可能になる。

　このように左右対称なサイズ分布があるいっぽうで、自然界には非対称なサイズ分布もある。大陸の海抜高度、山の標高、湖や川の大きさ、地震や火山噴火のエネルギー規模などは、いずれも左右非対称に分布している。非対称な分布は社会生活や経済活動でも見られ、都市や企業の規模、可処分所得の額、1世帯当たりの貯蓄額などに当てはまる。こうした非対称な分布は、特定の逆べき乗則に一致するように見える場合もあるが、よく調べると、完璧に当てはまるものはごくわずかしかない。また、都市の規模が非対称に分布しているため、多くの国内での格差や、地域による格差を緩和するのがいっそうむずかしくなっている。さらに、所得と富の分配がますます非対称になっているという世界的な傾向により、根強い経済的不平等の是正もむずかしくなっている。そして自然災害の規模が非対称に分布しているうえ、その発生が予測できないという事実もあいまって、次に起こる大規模な地震やパンデミックに対して事前に準備をととのえておくのは不可能だろう。

そして本書の最後に、極小サイズの1行で「サイズ」を表現するならば、サイズとは遍在する数量であり、万物の尺度である。

# 謝辞

大勢の科学者や芸術家の努力の結実を引用したり紹介したりできなければ、当然のことながら、本書は成立しなかった。先人たちに御礼を申しあげる。それ以外で、ここで謝辞を捧げるのはごくわずかな人たちだ。エラとデイヴィッド、ペンギン・ランダムハウス社の4人組（コナー・ブラウン、グレッグ・クロウズ、ジェマ・ウェイン、ナタリー・ウォール）、そして、この14年間、私の著書のもっとも忠実な読者であり評者でもある、ビル・ゲイツに。

# 訳者あとがき

本書を読みおえたとき、圧倒的な読後感に浸った。著者が学問分野の垣根を越え、嬉々として縦横無尽に「サイズ」について語っているからだ。宇宙から地球へ、過去から未来へ、マクロからミクロへと、著者と一緒に時空を超え、めくるめく旅をしているような至福のひとときを味わった。

「知の巨人」と呼ばれる著者バーツラフ・シュミルはカナダのマニトバ大学特別栄誉教授で、2013年にはカナダ勲章を受勲。学際的研究に取り組んでおり、エネルギー問題に詳しく、大の親日家でもある。読書家として知られるビル・ゲイツはバーツラフ・シュミルの長年のファンで、著書をすべて読破し、その感想をよくブログで紹介している。『『スター・ウォーズ』の新作を待ちこがれる人がいるように、私はシュミルの新作を待つ」と述べていることは、熊谷千寿氏との共訳書『Numbers Don't Lie——世界のリアルは「数字」でつかめ！』（2021年、NHK出版）の訳者あとがきでも触れた。

著書の邦訳には、ほかに『グロース「成長」大全——微生物から巨大都市まで』（上下巻、田中嘉成監訳、三輪ヒナタ訳、ニュートン新書）、『エネルギーの人類史』（上下巻、塩原通緒訳、青土社）

などがある。そして前作『Invention and Innovation——歴史に学ぶ「未来」のつくり方』（河出書房新社）に続き、訳者は本作でシュミル氏の著書の翻訳を担当するのが3作目となった。

本書は「サイズ」という観点から、世の中のさまざまな側面を眺め、新たな視点を「知る」喜び、物事を科学的に「考える」快楽へと読者をいざなう。

第1章では、自然界と人間に関わる事柄におけるサイズの役割を見ていく。私たちが暮らす社会では、「人間」が1つの尺度になる。好むと好まざるとにかかわらず、私たちは「人間」を尺度にして、物事を見ているのだ。この観点が、訳者には新鮮だった。サイズとは「絶対的」なものであると同時に、「相対的」なものでもあるのだ。

第2章では、サイズの知覚について説明する。たとえば巨大な「子犬」のアート作品を見れば、意表をつかれる。「犬はこのくらいの大きさ」と頭のなかで予想しているからだ。それに、人間はいとも簡単に錯覚を起こす。また、ティーカップをどの角度から見るのが「典型的な見え」なのかなど、物の見方についても考察していく。

第3章では、いわゆる「黄金比」について考える。理想的なプロポーションが本当に存在するのだろうか？　また絵画や建物、工業製品、人間の顔などにおける左右対称《シンメトリー》と左右非対称《アシンメトリー》についても、さまざまな例を紹介する。

第4章では、サイズのデザインや人間工学について考えていく。著者がとりわけ重視しているのが「航空機の座席」で、肥満や長身の乗客が増えるなか、座り心地がよくならない現状を嘆いている。また、エネルギーや所得にもそれぞれのサイズがあり、サイズには限界があることも指摘する。超高層ビル、タンカー、風力タービンには巨大化の限界があるし、そのいっぽうでトランジスタの小型化にも限界がある。よって人間工学への理解を深めたうえで、サイズを常識的な範囲にとどめることが重要だと、著者は指摘している。

第5章では「スケーリング」(サイズの相関)について見ていく。スウィフトの名作『ガリバー旅行記』を組上《そじょう》に載せ、実際にガリバーのように人間のサイズが変わった場合、以前と同じように活動できるのか、また脳のサイズはどう変化し、内臓の働きはどう変わるのかなど、多様な観点から検討していく。このあたりの記述は読者の知的好奇心を刺激するはずで、ガリバーと一緒に自分も大きくなったり小さくなったりしたところを想像しながら、空想の世界を科学的に、そして愉快に遊べるはずだ。

第6章では「代謝スケーリング」について考える。生物のサイズが変われば、代謝も変わる。だが、体重が平均の2倍ある人は、やはり倍のエネルギーを摂取すべきなのだろうか? また生物だけではなく、「機械」や「都市」の代謝についても考える。

第7章ではグラフの平均値とサイズ分布について考える。平均値と最頻値と中央値が一致する分布が「正規《ノーマル》」と呼ばれるようになった経緯を説明し、この正規分布を崇拝していた科学者がいたことにも触れる。訳者は、正規分布において平均値からのデータのばらつきを示す指標「標準偏差」が、工場などで不良率を下げる目標「シックスシグマ」として利用されていることを知り、その達成の困難さに初めて思いがいたった。

第8章は、左右非対称《アシンメトリー》について検証する。自然界にも人間界にも、左右非対称の分布は多々見られる。また所得や社会的流動性などの分布も非対称で、社会によって格差があることがよくわかる。自然災害や感染症流行の分布もまた非対称であり、どんなに努力を重ねても、完全に予測することはできないという。

第9章は、本書の要約で、著者のメッセージが簡潔に、わかりやすくまとめられている。

本書を読み、日本語の「身の丈」「分相応」といった言葉が、サイズの観点から常識の大切さを説いていることを改めて認識した。また、ドバイに建設された超高層ビル「ドバイ・フレーム」を「浪費できるだけの金があることを見せつける醜悪な象徴」と、一刀のもとに切り捨てるなど、著者のシニカルなユーモアも魅力的で、痛快だった。

現代社会には日々、情報があふれている。だからこそ、科学的な視点で物事を考えることが大切だと著者は説き、その面白さ、奥深さを伝えている。さらに読者は本書を通じて、哲学的思考への扉をあけることもできる。まさに読書の醍醐味《だいごみ》を味わえる希有な作品だ。

本書の訳出にあたっては、編集担当の本多俊介氏、塩田知子氏が多岐に渡る調べものや推敲にご尽力くださった。心から御礼申しあげる。

極大から極小までのサイズの旅を、お楽しみあれ！

２０２４年６月

栗木さつき

II (Lausanne: Rouge, 1896), p. 312.

43. J. Han et al., "China's income inequality in the global context," *Perspectives in Science* 7 (2016), pp. 24–9; CEIC, "China's Gini Coefficient," 2021; S. Zhou and A. Hu, *China: Surpassing the "Middle Income Trap"* (Palgrave Macmillan, 2021).
44. E. A. Shrider et al., *Income and Poverty in the United States: 2020* (Washington, DC: US Census Bureau, 2021).
45. A. Walder, *China Under Mao: A Revolution Derailed* (Cambridge, MA: Harvard University Press, 2017).
46. K. Dolan, "Forbes' 35th Annual World's Billionaires List: Facts and figures," *Forbes*, April 6, 2021, https://www.forbes.com/sites/kerryadolan/2021/04/06/forbes-35th-annual-worlds-billionaires-list-facts-and-figures-2021.
47. G. Anthoons, *Iron Age Chariot Burials in Britain and the Near Continent* (Oxford: British Archaeological Reports, 2021).
48. Y. Zheng et al. (eds), *China's Great Urbanization* (London: Routledge, 2018).
49. United Nations, *World Cities Report 2020: The Value of Sustainable Urbanization*, https://unhabitat.org/sites/default/files/2020/10/wcr_2020_report.pdf.
50. B. Kiernan, *The Pol Pot Regime: Race, Power, and Genocide in Cambodia under the Khmer Rouge, 1975–79* (New Haven, CT: Yale University Press, 2008).
51. 近年のもっとも有意義な措置は、多国籍企業がどこで事業をおこなっていようと「公平」な割合の法人税を課税するという国際課税ルールの改革だった。
52. US Geological Survey, "Comparison of materials emitted by notable volcanic eruptions," https://www.usgs.gov/media/images/comparison-materials-emitted-notable-volcanic-eruptions ［2021年に閲覧］.
53. V. Smil, *Global Catastrophes and Trends* (Cambridge, MA: MIT Press, 2008), p. 46.
54. CDC, "Past pandemics," https://www.cdc.gov/flu/pandemic-resources/basics/past-pandemics.html ［2021に閲覧］.
55. 新型コロナウイルス感染症の世界的流行の特徴は、感染率や死亡率が国や地域によって驚くほど大きな差があったこと、そして近隣諸国のあいだでも流行の波が生じた回数や時期に大きな違いがあったことだ。
56. NASA, "Coronal mass ejections," https://www.swpc.noaa.gov/phenomena/coronal-mass-ejections ［2021に閲覧］.

＊URLは2023年の原書刊行時のものです。

32. また、通信量のサイズ分析というカテゴリーのサンプルをわずかながら挙げるとすれば以下のようなものがある。L. A. Adamic and B. A. Huberman, "Power-law distribution of the World Wide Web," *Science* 287 (2000), p. 2115; L. A. Adamic and B. A. Huberman, "Zipf's law and the Internet," *Glottometrics* 3 (2002), pp. 143–50; H. Ebel et al.,"Scale-free topology of e-mail networks," (2002), http://arxiv.org/pdf/cond-mat/0201476.pdf.
33. A. Clauset et al., "On the frequency of severe terrorist events," *Journal of Conflict Resolution* 51 (2007), pp. 58–87; B. J. McGill et al., "Species abundance distributions: Moving beyond single prediction theories to integration within an ecological framework," *Ecology Letters* 10 (2007), pp. 995–1015.
34. R. Perline, "Strong, weak and false inverse power laws," *Statistical Science* 20 (2005), pp. 68–88.
35. T. Fluschnik et al., "The size distribution, scaling properties and spatial organization of urban clusters: A global and regional percolation perspective," *International Journal of Geo-Information* 5 (2016), p. 110.
36. A. Clauset et al., "Power-law distributions in empirical data," *SIAM Review* 51 (2009), pp. 661–703; L. Benguigui and M. Marinov, "A classification of the natural and social distributions; Part one: The descriptions," (2015), https://arxiv.org/abs/1507.03408; A. Corral and A. Gonzalez, "Power law size distributions in geosciences revisited," *Earth and Space Science* 6 (2019), pp. 673–97.
37. M. Buchanan, "Laws, power laws and statistics," *Nature Physics* 4 (2008), p. 339.
38. J. M. Legare, "Achondroplasia," GeneReviews (October 1998; updated 2022), https://www.ncbi.nlm.nih.gov/books/NBK1152/pdf/Bookshelf_NBK1152.pdf.
39. Crédit Suisse, *Global Wealth Report 2021* (Zurich: Credit Suisse, 2021); Wealth-X, *Global HNW Analysis: The High Net Worth Handbook* (2019), https://www.wealthx.com/report/high-net-worth-handbook-2019/; Knight Frank, *The Wealth Report* 2021.
40. INSEE, "Niveau de vie moyen par décile," https://www.insee.fr/fr/statistiques/2417897［2021年に閲覧］; E. A. Shrider et al., *Income and Poverty in the United States: 2020* (Washington, DC: US Census Bureau, 2021).
41. A. H. Kent and L. Ricketts, "Has wealth inequality in America changed over time? Here are key statistics," Federal Reserve Bank of St. Louis, December 2, 2020, https://www.stlouisfed.org/open-vault/2020/december/has-wealth-inequality-changed-over-time-key-statistics.
42. V. Pareto, *Cours d'Économie Politique Professé a l'Université de Lausanne*, vol.

pp. 350–6; D. Sornette et al., "Rank-ordering statistics of extreme events: Application to the distribution of large earthquakes," *Journal of Geographical Research* 101 (1996), pp. 13883–93; F. Meng et al., "Power law relations in earthquakes from microscopic to macroscopic scales," *Scientific Reports* 9 (2019), 10705.

26. B. D. Malamud et al., "Characterizing wildfire regimes in the United States," *Proceedings of the National Academy of Sciences* 29 (2005), pp. 4694–9; D. L. Turcotte and B. D. Malamud, "Landslides, forest fires and earthquakes: Examples of self-organized critical behavior," *Physica A* 340 (2004), pp. 580–9; C. Verbeeck et al., "Solar flare distributions: Lognormal instead of power law?" *The Astrophysical Journal* 884 (2019), p. 50.

27. H. D. Rosenfled et al., "The area and population of cities: New insights from a different perspective on cities," *American Economic Review* 101 (2011), pp. 2205–25; K. Giesen and J. Suedekum, *The Size Distribution Across all "Cities": A Unifying Approach* (Hamburg: Institute for the Study of Labor, 2012); R. Gonzalez-Val et al., "Size distributions for all cities: Which one is best?" *Papers in Regional Science* 94 (2013).

28. なかでも重要な研究結果については下記を参照されたい。M. Levy and S. Solomon, "New evidence for the power-law distribution of wealth," *Physica A* 242 (1997), pp. 90–4; K. Okuyama et al., "Zipf's law in income distribution of companies," (1999), pp. 125–31; R. L. Axtell, "Zipf distribution of U.S. firm sizes," *Science* 293 (2001), pp. 1818–20; A. Ishikawa et al., "A new approach to personal income distribution," *Physica* A 334 (2002), pp. 255–66; Y. Fujiwara et al., "Growth and fluctuations of personal income," *Physica* A 321 (2003), pp. 598–604; S. Aoki, *Pareto Distributions and the Evolution of Top Incomes in the U.S.*, MPRA Paper 47967 (Munich: University Library of Munich, 2013).

29. A. B. Godfrey and R. S. Kenett, "Joseph M. Juran, a perspective on past contributions and future impact," *Journal of Reliability Engineering International* 23 (2007), pp. 653–63.

30. R. Koch, *80/20 Principle: The Secret of Achieving More with Less* (New York: Currency, 1998)〔リチャード・コッチ『人生を変える80対20の法則 新版』仁平和夫・高遠裕子訳、阪急コミュニケーションズ、2011年〕; R. Koch, *Beyond the 80/20 Principle: The Science of Success from Game Theory to the Tipping Point* (London: Nicholas Brealey Publishing, 2020).

31. B. Sharp et al., *Marketing's 60/20 Pareto Law* (SSRN Elsevier, 2019), https://openresearch.lsbu.ac.uk/item/88vw1.

*Royal Society* 29–30 (1879), p. 367.

12. C. G. A. Harrison et al.', "Continental hypsography," *Tectonics* 2 (1983), pp. 357–77; Wikimedia Commons, "Hypsometric curves," https://commons.wikimedia.org/wiki/Category:Hypsometric_curves.
13. P. Jackson, *The Mongols and the West, 1221–1410* (London: Routledge, 2018).
14. US Census Bureau, "City and town population totals: 2010–2019," https://www.census.gov/data/tables/time-series/demo/popest/2010s-total-cities-and-towns.html [2019年に閲覧].
15. S. Newcomb, "Note on the frequency of use of the different digits in natural numbers," *American Journal of Mathematics* 4 (1881), pp. 39–40.
16. F. Benford, "The law of anomalous numbers," *Proceedings of the American Philosophical Society* 78 (1938), pp. 551–72.
17. V. Pareto, *Cours d'Économie Politique Professé a l'Université de Lausanne*, vol. II (Lausanne: Rouge, 1896), p. 312.
18. F. Auerbach, "Das Gesetz der Bevölkerungskonzentration," *Petermanns Geographische Mitteilungen* 59 (1913), pp. 73–6; J. Estoup, *Les Gammes Sténographiques* (Paris: Gauthier-Villars, 1916).
19. U. G. Yule, "A mathematical theory of evolution, based on the conclusions of Dr. J. C. Willis, F.R.S.," *Philosophical Transactions of the Royal Society of London. Series B* 213 (1925), pp. 21–87; A. J. Lotka, "The frequency distribution of scientific productivity," *Journal of the Washington Academy of Sciences* 16 (1926), pp. 317–24.
20. いずれのケースでも、コルチャクはできるだけ多くの測定結果を集めようとしたが、データの大半はヨーロッパの現象に限られていた。
21. C. Frohlich, "Kiyo Wadati and early research on deep focus earthquakes," *Journal of Geophysical Research* 92 (1987), pp. 777–88; B. Gutenberg and C. F. Richter. "Frequency of earthquakes in California," *Bulletin of the Seismic Society of America* 34 (1944), pp. 185–8.
22. L. F. Richardson, "Variation of the frequency of fatal quarrels with magnitude," *Journal of the American Statistical Association* 43 (1948), pp. 523–46.
23. G. K. Zipf, *The Psycho-Biology of Language* (Cambridge, MA: Harvard University Press, 1935).
24. G. K. Zipf, *Human Behavior and the Principle of Least Effort* (Boston: Addison-Wesley Press, 1949).
25. D. A. Seekell and M. L. Pace, "Does the Pareto distribution adequately describe the size-distribution of lakes?" *Limnology and Oceanography* 56 (2011),

## 第8章　左右非対称《アシンメトリー》の支配


1. 標高8000メートルを超える世界の14座すべてを登頂し、6か月と6日間という最速記録を樹立したのはニルマル・プルジャだ。下記を参照されたい。J. Daley, "Nepalese mountaineer smashes speed record for climbing world's 14 tallest peaks," *Smithsonian*, October 30, 2019, https://www.smithsonianmag.com/smart-news/nepalese-mountaineer-smashes-speed-record-climbing-worlds-14-tallest-peaks-180973437/.
2. Misi-Ziibi in Anishinaabemowin (Ojibwe): The Decolonial Atlas, "Native names for the Mississippi River," January 5, 2015, https://decolonialatlas.wordpress.com/2015/01/05/native-names-for-the-mississippi-river/.
3. J. Korčák, "Deux types fondamentaux de distribution statistique," *Bulletin de l'Institut Internationale de Statistique* 3 (1938), pp. 295–9. Much expanded Czech version: J. Korčák, "Přírodní dualita statistického rozložení," *Statistický Obzor* 22/ 5–6 (1938), pp. 171–222.
4. J. Hemming, *Tree of Rivers: The Story of the Amazon* (London: Thames & Hudson, 2008).〔ジョン・ヘミング『アマゾン——民族・征服・環境の歴史』国本伊代・国本和孝訳、東洋書林、2010年〕
5. US Geological Survey, "Cool earthquake facts," https://www.usgs.gov/programs/earthquake-hazards/cool-earthquake-facts［2021年に閲覧］.
6. US Geological Survey, "The 2019 Ridgecrest, California, earthquake sequence," https://earthquake.usgs.gov/storymap/index-ridgecrest.html［2020年に閲覧］.
7. R. B. Stothers, "The Great Tambora eruption in 1815 and its aftermath," *Science* 224 (1984), pp. 1191–8.
8. Office for National Statistics, "Average household income, UK: financial year 2020," January 21, 2021, https://www.ons.gov.uk/peoplepopulationandcommunity/personalandhouseholdfinances/incomeandwealth/bulletins/householddisposableincomeandinequality/financialyear2020.
9. 世界の億万長者を数えるのは、正確な記録というよりは、おおむね最良の推定にすぎない（彼らはフォーブス誌の編集者と資産のポートフォリオの詳細を共有しているわけではない）し、年間ランキングの変動が驚くほど大きいこともめずらしくない。
10. CDC, "2009 H1N1 Pandemic (H1N1pdm09 virus)," https://www.cdc.gov/flu/pandemic-resources/2009-h1n1-pandemic.html［2019年に閲覧］; J. M. Barry, *The Great Influenza* (New York: Penguin, 2005).〔ジョン・バリー『グレート・インフルエンザ——ウイルスに立ち向かった科学者たち』平澤正夫訳、筑摩書房、2021年〕
11. F. Galton, "The geometric mean, in vital and social sciences," *Proceedings of the*

different ethnic groups," *International Journal of Epidemiology* 31 (2002), pp. 654–60.

35. CDC, "Birth to 36 months: Girls," May 30, 2000, https://www.cdc.gov/growthcharts/data/set1clinical/cj41l018.pdf; WHO, "Length/ height-for-age," https://www.who.int/tools/child-growth-standards/standards/length-height-for-age［2021年に閲覧］.
36. CDC, "2 to 20 years: Girls," May 30, 2000, https://www.cdc.gov/growthcharts/data/set2clinical/cj41l072.pdf.
37. A. G. Warrener et al., "A wider pelvis does not increase locomotor cost in humans, with implications for the evolution of childbirth," *PLoS ONE* 10/3 (2015), e0118903; L. Betti and A. Manica, "Human variation in the shape of the birth canal is significant and geographically structured," *Proceedings of the Royal Society B* 285 (2018), article 20181807.
38. M. Lipschuetz et al., "A large head circumference is more strongly associated with unplanned cesarean or instrumental delivery and neonatal complications than high birthweight," *American Journal of Obstetrics & Gynecology* 213/6 (2015), 833. e1–e12.
39. 性別、年齢別、国別による身長パーセンタイル値を計算したい方は下記を参照されたい。https://tall.life/height-percentile-calculator-age-country/.
40. S. Bestul, "How to score a buck— the right way," Field and Stream, December 2, 2019, https://www.fieldandstream.com/story/hunting/how-to-score-buck-antlers-the-right-way/.
41. S. W. Stedman, *The Bell Curve of Mature Buck Antler Scores: When You Manage a Buck Herd, You Manage a Bell Curve of Antler Scores* (Caesar Kleberg Wildlife Research Institute, 2016), https://www.ckwri.tamuk.edu/sites/default/files/pdf-attachment/2016-05/bell_curve_series_part_i_final.pdf.
42. C. W. Adams et al., *Six Sigma Deployment* (Burlington, MA: Butterworth-Heinemann, 2003); "DPMO: Sigma Level Table," http://www.sixsigmadigest.com/support-files/DPMO-Sigma-Table.pdf.
43. Coca-Cola Great Britain, "How many drinks does The Coca-Cola Company sell worldwide each day?" October 1, 2020, https://www.coca-cola.co.uk/our-business/faqs/how-many-cans-of-coca-cola-are-sold-worldwide-in-a-day.
44. W. R. MacDonell, "On criminal anthropometry and the identification of criminals," *Biometrika* 1 (1902), pp. 177–227.
45. Student, "The probable error of a mean," *Biometrika* 6 (1908), pp. 1–25.

early," *Nature* 582 (2020), pp. 20–3.

18. A. Carder, *Forest Giants of the World: Past and Present* (Markham, ON: Fitzhenry & Whiteside, 1995).
19. National Museum of Natural History, "African Bush Elephant: Meet Henry," https://naturalhistory.si.edu/exhibits/african-bush-elephant［2021年に閲覧］.
20. Audubon Guide to North American Birds, "Anna's hummingbird," https://www.audubon.org/field-guide/bird/annas-hummingbird［2021年に閲覧］.
21. N. Page, *Lord Minimus: The Extraordinary Life of Britain's Smallest Man* (New York: St. Martin's Press, 2002).
22. E. Ragusa (ed.), *Velázquez* (New York: Rizzoli, 2004).
23. P. Carlson, "Rendezvous: P. T. Barnum Meets Queen Victoria," History Net, March 21, 2018, https://www.historynet.com/rendezvous-p-t-barnum-meets-queen-victoria/.
24. バーナムのキャリアをもっと広範な文化的見地から考察したものとして、下記を参照されたい。B. Adams, *E Pluribus Barnum: The Great Showman and the Making of U.S. Popular Culture* (Minneapolis: University of Minnesota Press, 1997).
25. Mensa International, https://www.mensa.org［2021年に閲覧］.
26. NCAA Men's D1 Basketball, https://www.ncaa.com/sports/basketball-men/d1; NBA, https://www.nba.com［2021年に閲覧］.
27. I. Zarić et al., "Body height of elite basketball players: Do taller basketball teams rank better at the FIBA World Cup?" *International Journal of Environmental Research and Public Health* 17 (2020), p. 3141.
28. Scholarship Stats, "Basketball demographics: NCAA I basketball players by height," https://scholarshipstats.com/NCAA1basketball［2021年に閲覧］.
29. D. Curcic, "69 Years of Height Evolution in the NBA [4,379 players analyzed]," Run Repeat, https://runrepeat.com/height-evolution-in-the-nba［2021年に閲覧］.
30. 2020年、NBA選手の平均身長は6フィート6インチで、過去40年でもっとも低くなった。
31. A. Sedeaud et al., "Secular trend: Morphology and performance," *Journal of Sports Sciences* 32/12 (2014), pp. 1146–54.
32. A. J. Wilcox, "On the importance――and the unimportance――of birthweight," *International Journal of Epidemiology* 30 (2001), pp. 1233–41; R. Charnigo et al., "Thinking outside the curve, part I: modeling birthweight distribution," *BMC Pregnancy and Childbirth* 10 (2010), p. 37.
33. J. Jeon et al., "Optimal birth weight and term mortality risk differ among different ethnic groups in the U.S.," *Scientific Reports* 9 (2019), p. 1651.
34. S. Vangen et al., "The heavier the better? Birthweight and perinatal mortality in

blue-jay.html ［2021年に閲覧］.

4. A. M. Stigler, *The History of Statistics* (Cambridge, MA: Belknap Press, 1986).
5. S. Stahl, “The evolution of the normal distribution,” *Mathematics Magazine* 79 (2006), pp. 96–113.
6. A. Hald, “Galileo’s statistical analysis of astronomical observations,” *International Statistical Review* 54 (1986), pp. 211–20.
7. A. de Moivre, *Approximatio ad Summam Terminorum Binomii (a+b)n in Seriem Expansi* (Printed for private circulation, 1733).
8. P.-S. Laplace, “Mémoire sur la probabilité des causes par les évènements,” *Mémoires de l’Academie royale des sciences presentés par divers savans* 6 (1774), pp. 621–56; P.-S. Laplace, *Théorie Analytique des Probabilités* (Paris: Courcier, 1812)〔ラプラス『確率論――確率の解析的理論』伊藤清・樋口順四郎訳・解説、共立出版、1986年〕; C. F. Gauss, *Theoria Motus Corporum Celestium* (Hamburg: Perthes et Besser, 1809). [Translated by C.H. Davis as: *Theory of Motion of the Heavenly Bodies Moving about the Sun in Conic Sections* (Boston: Little, Brown 1857).]
9. A. Quetelet, *Sur l’homme et le Développement de ses Facultés, ou Essai de Physique Social* (Paris: Bacheller, 1835).〔ケトレー『人間に就いて』〕
10. A. Quetelet, *Letters Addressed to H.R.H. the Grand Duke of Saxe Coburg and Gotha, on the Theory of Probabilities as Applied to the Moral and Political Sciences* (London: Charles & Edwin Layton, 1842).
11. F. Galton, *Natural Inheritance* (London and New York: Macmillan, 1889), p. 66.
12. このモデルの説については、上記11のpp.63–5を参照されたい。
13. この装置はQincunxとDalton boardとBinostat Probability Demonstrator Gameという3つの名称で販売されている。
14. R. Pearl, *Introduction to Medical Biometry and Statistics* (Philadelphia, PA: W. B. Saunders, 1923); R.E. Chaddock, Principles and Methods of Statistics (Boston: Houghton Mifflin, 1925).
15. 対数表は多々あるが、そのうちの2つは下記のとおり。“Standard normal distribution table,” https://www.soa.org/globalassets/assets/Files/Edu/2018/exam-srm-tables.pdf; Engineering Statistics Handbook, “Cumulative distribution function of the standard normal distribution,” https://www.itl.nist.gov/div898/handbook/eda/section3/eda3671.htm ［2022年に閲覧］.
16. 例として下記を参照されたい。https://www.mathsisfun.com/data/standard-normal-distribution-table.html.
17. A. Dance, “Survival of the littlest: The long-term impacts of being born extremely

31. DVB Bank SE, *An Overview of Commercial Aircraft 2018–2019* (December 2017), https://www.dvbbank.com/~/media/Files/D/dvbbank-corp/aviation/dvb-overview-of-commercial-aircraft-2018-2019.pdf.
32. T. McMahon and J. T. Bonner, On Size and Life (New York: Scientific American Library, 1985).
33. S. Brown et al., "Investigation of scaling laws for combustion engine performance," Oregon State University (2017), https://sites01.lsu.edu/faculty/smenon/wp-content/uploads/sites/133/2017/02/WSSCI_Provo_v5.pdf.
34. R. D. Lorenz, "Flight power scaling of airplanes, airships, and helicopters: Application to planetary exploration," *Journal of Flight* 38 (2001), pp. 208–14.
35. J. H. Marden and L. R. Allen, "Molecules, muscles, and machines: Universal performance characteristics of motors," *Proceedings of the National Academy of Sciences* 99 (2002), pp. 4161–6.
36. Pratt & Whitney, "JT9D engine," https://prattwhitney.com/products-and-services/products/commercial-engines/jt9d［2021年に閲覧］; GE Aviation, "GE90 Commercial Aircraft Engine," https://www.geaviation.com/propulsion/commercial/ge90［2021年に閲覧］.
37. United Nations, "Cities: A 'cause of and solution to' climate change," UN News, September 18, 2019, https://news.un.org/en/story/2019/09/1046662.
38. M. Fragkias et al., "Does size matter? Scaling of CO2 emissions and U.S. urban areas," *PLoS ONE* 8/6 (2013), e64727.

## 第7章　平均値とサイズの分布

1. Tall Life, "Height percentile calculator, by age or country," https://tall.life/height-percentile-calculator-age-country/［2022年に閲覧］; NCD Risk Factor Collaboration, "A century of trends in adult human height," *eLife* 5 (2016), e13410.
2. おそらく、子どもの身長を一様かつ一定のペースで分析したいのであれば、データを得る最善の国は日本だろう。ヒマワリ畑は菜種の大規模栽培に取って代わったが、EUや北アメリカでは以前ほどの収穫量ではなくなった。ウクライナ、ロシア、アルゼンチン、中国は依然として大規模な栽培を続けている。
3. アオカケスの体長（くちばしの先から尾の先まで）は最大30センチメートルほどで、翼開長は34〜43センチメートルだ。翼開長を2倍にすると、ハヤブサのそれに匹敵する。Canadian Wildlife Federation, "Blue jay," https://www.hww.ca/en/wildlife/birds/

18. C. R. White et al., "Allometric exponents do not support a universal metabolic allometry," *Ecology* 88/2 (2007), pp. 315–23.
19. A. M. Makarieva et al., "Mean mass-specific metabolic rates are strikingly similar across life's major domains: Evidence for life's metabolic optimum," *Proceedings of the National Academy of Sciences* 105 (2008), pp. 16994–9.
20. S. L. Chown et al., "Scaling of insect metabolic rate is inconsistent with the nutrient supply network model," *Functional Ecology* 21 (2007), pp. 282–90; A. J. Riveros and B. J. Enquist, "Metabolic scaling in insects supports the predictions of the WBE model," *Journal of Insect Physiology* 57 (2011), pp. 688–93.
21. A. I. Bruce and M. Burd, "Allometric scaling of foraging rate with trail dimensions in leaf-cutting ants," *Proceedings of the Royal Society B* 279 (2012), pp. 2442–7.
22. FAO/WHO/UNU, *Human Energy Requirements*.
23. E. M. Widdowson, "How much food does man require?" in J. Mauron (ed.), *Nutritional Adequacy, Nutrient Availability and Needs* (Basel: Birkhäuser Verlag, 1983), pp. 11–25.
24. N. G. Norgan et al., "The energy and nutrient intake and the energy expenditure of 204 New Guinean adults," *Philosophical Transactions of the Royal Society of London: Series B, Biological Sciences* 268 (1974), pp. 309–48.
25. A. M. Prentice, "Adaptations to long-term low energy intake," in *Energy Intake and Activity*, ed. E. Pollitt and P. Amante (New York: Alan R. Liss, 1984), pp. 3–31.
26. C. J. K. Henry and D. C. Rees, "New predictive equations for the estimation of basal metabolic rate in tropical peoples," *European Journal of Clinical Nutrition* 45 (1991), pp. 177–85; L. S. Piers and P. S. Shetty, "Basal metabolic rates of Indian women," European Journal of Clinical Nutrition 47 (1993), pp. 586–91.
27. EatPeru, "Eating cuy: Peruvian Guinea pig delicacy," https://www.eatperu.com/eating-cuy-guinea-pig-peruvian-delicacy/ [2021年に閲覧].
28. Smil, *Prime Movers of Globalization*.
29. S. Takahashi et al., "Development of micro cogeneration system with a porous catalyst microcombustor," *Journal of Physics: Conference Series* 557 (2014); Wärtsilä, "The world's most powerful engine enters service," Press release, 12 September 2006, https://www.wartsila.com/media/news/12-09-2006-the-world%27s-most-powerful-engine-enters-service.
30. V. Smil, "Electric container ships are a hard sail," *IEEE Spectrum* (March 2019), p. 22.

1094–100.
3. M. Rubner, “Über den Einfluss der Körpergrösse auf Stoff-und Kraftwechsel,” *Zeitschrift für Biologie* 19 (1883), pp. 536–62.
4. E. Voit, “Über die Grösse des Energiebedarfs der Tiere im Hungerzustande,” *Zeitschrift für Biologie* 41 (1901), pp. 113–54.
5. クライバーは1947年に、自分の当初の分析（第5章の原注34を参照されたい）の研究範囲を広げた。下記を参照されたい。M. Kleiber, “Body size and metabolic rate,” *Physiological Reviews* 27 (1947), pp. 511–41; and in 1961: *The Fire of Life: An Introduction to Animal Energetics* (New York: Wiley, 1961).
6. Mathbits, “Line of best fit,” https://mathbits.com/MathBits/TISection/Statistics1/LineFit.htm［2021年に閲覧］.
7. FAO/WHO/UNU, *Human Energy Requirements: Report of a Joint FAO/WHO/UNU Expert Consultation* (Rome: FAO, 2004).
8. G. B. West et al., “A general model for the origin of allometric scaling laws in biology,” *Science* 276 (1997), pp. 122–6. This was followed by many other publications and eventually by a comprehensive book: G. West, *Scale* (New York: Penguin, 2017).〔ジョフリー・ウェスト『スケール——万物を支配する「大きさ」の法則』山形浩生、森本正史訳、早川書房、2022年〕
9. S. E. Rampal et al., “Demystifying the West, Brown & Enquist model of the allometry of metabolism,” *Functional Ecology* 20 (2006), pp. 394–9.
10. C.-A. Darveau et al., “Darveau et al. reply,” *Nature* 421 (2003), p. 714.
11. H. Li et al., “Lack of evidence for ¾ scaling of metabolism in terrestrial plants,” *Journal of Integrative Plant Biology* 47 (2005), pp. 1173－83.
12. C. R. White and R. S. Seymour, “Mammalian basal metabolic rate is proportional to body mass 2/3,” *Proceedings of the National Academy of Sciences* 100 (2003), pp. 4046–9.
13. I. Capellini et al., “Phylogeny and metabolic scaling in mammals,” *Ecology* 91 (2010), pp. 2783–93.
14. K. R. Westerterp, “Doubly labelled water assessment of energy expenditure: Principle, practice, and promise,” *European Journal of Applied Physiology* 117 (2017), pp. 1277–85.
15. K. A. Nagy, “Field metabolic rate and body size,” *The Journal of Experimental Biology* 208 (2005), pp. 1621–5.
16. White とSeymour (上記原注12を参照)のデータから算出。
17. C. R. White et al., “The scaling and temperature dependence of vertebrate metabolism,” *Biological Letters* 2/1 (2005), pp. 125–7.

46. B. Günther and E. Morgado, "Allometric scaling of biological rhythms in mammals," *Biological Research* 38 (2005), pp. 207–12; T. H. Dawson, "Allometric relations and scaling laws for the cardiovascular system of mammals," *Systems* 2 (2014), pp. 168–85.
47. S. Ikeda, "The cardiac surgery training using pig hearts and small pumps," *Journal of Surgical Techniques and Procedures*, 2/1 (2018), p. 1015.
48. R. M. Reed et al., "Cardiac size and sex matching in heart transplantation: Size matters in matters of sex and the heart," *JACC Heart Failure* 2/1 (2014), pp. 73–83.
49. A. Antoł and J. Kozłowski, "Scaling of organ masses in mammals and birds: Phylogenetic signal and implications for metabolic rate scaling," *ZooKeys* 982 (2020), pp. 149–59.
50. H. D. Prange et al., "Scaling of skeletal mass to body mass in birds and mammals," *The American Naturalist* 113 (1979), pp. 103–22.
51. M. N. Muchlinski et al., "Muscle mass scaling in primates: An energetic and ecological perspective," *American Journal of Primatology* 74 (2012), pp. 395–407.
52. I. Janssen et al., "Skeletal muscle mass and distribution in 468 men and women aged 18–88 yrs," *Journal of Applied Physiology* 89 (2012), pp. 81–8.
53. H. C. Howland et al., "The allometry and scaling of the size of vertebrate eyes," *Vision Research* 44 (2004), pp. 2043–65.
54. R. A. Powell and M. S. Mitchell, "What is a home range?" *Journal of Mammalogy* 93 (2012), pp. 948–58.
55. N. Tamburello et al., "Range scale energy and the scaling of animal space use," *The American Naturalist* 186 (2015), pp. 196 211.
56. R. L. Nudds et al., "Evidence for a mass dependent step-change in the scaling of efficiency in terrestrial locomotion," *PLoS ONE* 4/9 (2009), e6927.

## 第6章　代謝スケーリング

1. スウィフトの文通相手、とりわけアレクサンダー・ポープとヘンリー・セント・ジョン（ボリングブロック子爵）は科学者ではなく、前者は詩人、後者は政治家だったが、彼らがイギリス（とフランス）の最高レベルの図書館を利用できたのはたしかだ。
2. F. Sarrus and J. Rameaux, "Rapport sur une mémoire adressée à l'Académie royale de Médecine," *Bulletin Académie Royale de Médecine Paris* 3 (1838), pp.

114 (1924), pp. 895–6.
31. J. S. Huxley, *Problems of Relative Growth* (London: Methuen & Company, 1932).
32. J. S. Huxley and G. Teissier, "Terminology of relative growth rates," *Nature* 137 (1936), pp. 780–1.
33. J. Needham and I. M. Lerner, "Terminology of relative growth," *Nature* 146 (1940), p. 618.
34. M. Kleiber, "Body size and metabolism," *Hilgardia* 6/11 (1932), pp. 315–53.
35. G. Redlarski et al., "Body surface area formulae: an alarming ambiguity," *Anaesthesia* 58 (2003), pp. 50–83.
36. E. Font et al., "Rethinking the effects of body size on the study of brain size evolution," *Brain, Behavior and Evolution* 93 (2019), pp. 182–95.
37. 脳に関する学術誌のごく一部を下記に紹介する。ほかにも神経科学、神経学、生理学、遺伝子学、医学に関する学術誌で、数々の論文が発表されている。*Brain; Brain and Behavior; Brain, Behavior and Evolution; Brain, Behavior and Immunity; Brain and Cognition; Brain Injury; Brain Pathology; Brain Research; Brain Research Bulletin; Brain Stimulation; Brain Structure and Function; Human Brain Mapping.*
38. D. K. Molina et al., "Normal organ weights in men: Part II— the brain, lungs, liver, spleen and kidneys," *American Journal of Forensic Medical Pathology* 33 (2012), pp. 362–7.
39. F. A. Azevedo et al., "Equal numbers of neuronal and nonneuronal cells make the human brain an isometrically scaled-up primate brain," *Journal of Comparative Neurology* 513 (2009), pp. 532–4.
40. M. Henneberg, "Evolution of the human brain: Is bigger better?" *Clinical and Experimental Pharmacology and Physiology* 25 (2007), pp. 745–9.
41. リリパット人の脳を不適切にスケーリングした場合、リリパット人の脳には人間に比べるとたった0.06%のシナプスしかない。
42. S. L. Lindstedt and P. J. Schaeffer, "Use of allometry in predicting anatomical and physiological parameters of mammals," *Laboratory Animals* 36 (2002), pp. 1–19.
43. E. P. Snelling et al., "Scaling of morphology and ultrastructure of hearts among wild African antelope," *Journal of Experimental Biology* 221 (2018), jeb184713.
44. T. H. Dawson, "Allometric relations and scaling laws for the cardiovascular system of mammals," *Systems* 2 (2014), pp. 168–85.
45. A. R. Casha et al., "Physiological rules for the heart, lungs and other pressure-based organs," *Journal of Thoracic Diseases* 9 (2017), pp. 3793–801.

も、65〜75トンと幅がある。下記を参照されたい。G. Paul, "Determining the largest known land animal: A critical comparison of differing methods for restoring the volume and mass of extinct animals," *Annals of Carnegie Museum* 85 (2019), pp. 335–58.
18. J. B. S. Haldane, "On Being the Right Size," in *Possible World and Other Essays* (London: Chatto and Windus, 1926), pp. 18–27.
19. The Marine Mammal Center, "Blue whale," https://www.marinemammalcenter.org/animal-care/learn-about-marine-mammals/cetaceans/blue-whale [2021年に閲覧].
20. T. A. Lumpkin, "How a Gene from Japan Revolutionized the World of Wheat: CIMMYT's Quest for Combining Genes to Mitigate Threats to Global Food Security," in Y. Ogihara et al. (eds), *Advances in Wheat Genetics: From Genome to Field* (Berlin: Springer-Verlag, 2015), pp. 13–20; T. Würschum, "A modern Green Revolution gene for reduced height in wheat," *The Plant Journal* 92 (2017), pp. 892–903.
21. C. M. Donald and J. Hamblin, "The biological yield and harvest index of cereals as agronomic and plant breeding criteria," *Advances in Agronomy* 28 (1976), pp. 361–405.
22. Iowa Corn, "Corn FAQs," https://www.iowacorn.org/education/faqs [2022年に閲覧].
23. North Dakota State University, "Optimal seeding rates," https://www.ag.ndsu.edu/crops/spring-wheat-articles/optimal-seeding-rates [2021年に閲覧].
24. Guadua Bamboo, "How to plant bamboo," https://www.guaduabamboo.com/blog/how-to-plant-bamboo [2022年に閲覧].
25. K. Meeh, "Oberflächenmessungen des menschlichen Körpers," *Zeitschrift für Biologie* 15 (1879), pp. 425–8.
26. D. DuBois and E. F. DuBois, "The measurement of the surface area of man," *Archives of Internal Medicine* 16 (1915), pp. 868–81.
27. O. Snell, "Die Abhängigkeit des Hirngewichts von dem Körpergewicht und den geistigen Fähigkeiten," *Archiv für Psychiatrie und Nervenkrankenheiten* 23 (1891), pp. 436–46.
28. E. Dubois, "Sur le rapport de l'encéphale avec la grandeur du corps chez les Mammifères," *Bulletin Société d'Anthropologie Paris*, 4e série, 8 (1897), pp. 337–74.
29. L. Lapicque, "Tableau général des poids somatiques et encéphaliques dans les espèces animales," *Bulletin Société d'Anthropologie Paris*, 5e série, 9 (1907), pp. 248–69.
30. J. S. Huxley, "Constant differential growth-ratios and their significance," *Nature*

vol. 14 (London: J. Johnson, 1803), p. 37.

5. G. Galofré-Vilà et al., "Heights Across the Last 2000 Years in England," *Oxford Economic and Social History Working Papers*, University of Oxford, Department of Economics (2017).

6. CDC, "Adult BMI calculator," https://www.cdc.gov/healthyweight/assessing/bmi/adult_bmi/metric_bmi_calculator/bmi_calculator.html［2021年に閲覧］.

7. F. Moog, "Gulliver was a bad biologist," *Scientific American* 18/5 (1948), pp. 52–6. スウィフトの誤解を訂正している作品としては下記の2作が有名。L. R. Moreira de Carvalho, "Gulliver, os liliputianos e a física," *Revista Brasileira de Ensino de Física* 36 (2014); T. Kuroki, "Physiological essay on *Gulliver's Travels* : a correction after three centuries," *The Journal of Physiological Sciences* 69 (2019), pp. 421–4. Kuroki は Moogや Moreira de Carvalhoの著述については知らなかった。

8. A. Quetelet, *Sur l'homme et sur le développement de ses facultés: Essai de physique sociale* (Paris: Bachelier, 1835), p. 52.〔ケトレー『人間に就いて』〕

9. "Lilliput and Blefuscu," The Science of Gulliver's Travels [website], http://thescienceofgulliverstravels.weebly.com/lilliput-and-blefuscu.html.

10. A. Keys et al., "Indices of relative weight and obesity," *Journal of Chronic Diseases* 25 (1972), pp. 329–43.

11. New England Primate Conservancy, "Cotton-top tamarin," https://neprimateconservancy.org/cotton-top-tamarin/［2021年に閲覧］.

12. もっとも極端な（そしてきわめて不確実な）推定値でさえ、絶滅したギガントピテクス属の身長3メートル弱である。

13. スウィフトは1727年3月13日に、ステラ（本名エスター・ジョンソン）の誕生日に詩を捧げた（彼女はそれから1年もたたないうちに逝去した）。「神学の重鎮ではないが／いちどくらいは真剣な言葉を受け入れてほしい」と。

14. G. Galilei, *Discorsi e dimostrazioni matematiche intorno a due nuove scienze* (Leiden: Elsevier, 1638)〔ガリレイ『新科学対話』〕. 英語訳（オリジナルの図版入り）については下記を参照されたい。http://galileoandeinstein.physics.virginia.edu/tns_draft/index.htm.

15. P. Morrison, "Scaling— the physics of Lilliput," 1968, https://lru.praxis.dk/Lru/microsites/hvadermatematik/hem1download/kap5_Projekt_5.9_Scaling_the_Physics_of_Lilliput.pdf.

16. National Museum of Natural History, "African bush elephant," https://naturalhistory.si.edu/exhibits/african-bush-elephant［2021年に閲覧］.

17. 巨大な竜脚下目の体重のすべての推定値は、残存しているごくわずかな骨格を基盤に算出されており、きわめて不確実だ。アルゼンチノサウルスの体重の最新の推定で

market— key determinants of U.S. firm competitiveness," Executive briefing on trade, May 2019, https://www.usitc.gov/publications/332/executive_briefings/ebot_amanda_lawrence_john_verwey_the_automotive_semiconductor_market_pdf.pdf.

86. M. Feldman, "Dennard scaling demise puts permanent dent in supercomputing," The Next Platform, June 18, 2019, https://www.nextplatform.com/2019/06/18/dennard-scaling-demise-puts-permanent-dent-in-supercomputing/.
87. R. H. Dennard et al., "Design of ion-implanted MOSFET's with very small physical dimensions," *IEEE Journal of Solid-State Circuits* 9 (1974), pp. 256–68.
88. National Research Council, *The Future of Computing Performance* (Washington, DC: The National Academies Press, 2011).
89. D. Black, "10nm, 7nm, 5nm . . . Should the chip nanometer metric be replaced?" HPC Wire, June 1, 2020, https://www.hpcwire.com/2020/06/01/10nm-7nm-5nm-should-the-chip-nanometer-metric-be-replaced/.
90. L. Dormehl, "Computers can't keep shrinking, but they'll keep getting better," Digital Trends, March 17, 2018, https://www.digitaltrends.com/computing/end-moores-law-end-of-computers/.
91. R. Johnson, "GlobalFoundries stops development of its 7-nm LP node," Tech Report, August 27, 2018, https://techreport.com/news/34033/globalfoundries-stops-development-of-its-7-nm-lp-node.

## 第5章　スケーリングをめぐる思い込み

1. ライオンについて知りたいことはすべて、Craig Packerの著書にまとめられている。C. Packer, "The African lion: A long history of interdisciplinary research," *Frontiers in Ecology and Evolution* 7 (2019), p. 259.
2. Swift, *Gulliver's Travels*. Many e-texts are available, including: https://www.fulltextarchive.com/page/Gulliver-s-Travels/.
3. J. Boswell, *The Life of Johnson* (Oxford: Oxford University Press, 1969), p. 595.〔ジェームズ・ボズウェル『サミュエル・ジョンソン伝』中野好之訳、みすず書房、2011年〕
4. 1725年9月29日、スウィフトはイギリスの詩人アレクサンダー・ポープに宛てた書簡のなかで、『ガリバー旅行記』を執筆した目的について、こう述べている。「私が精力を注いで本作を記したのは、世間を慰撫するためではなく、いらだたせるため」だ、と。下記を参照されたい。T. Sheridan et al. (eds), *The Works of the Rev. Jonathan Swift,*

*Tree Physiology* 27 (2007), pp. 433–40.
72. G. Galilei, *Discorsi e dimostrazioni matematiche intorno a due nuove scienze* (Leiden: Elsevier, 1638)〔ガリレオ・ガリレイ『新科学対話』今野武雄・日田節次訳、岩波書店、1937年〕. 英語訳(オリジナルの図版入り)については下記を参照されたい。http://galileoandeinstein.physics.virginia.edu/tns_draft/index.htm.
73. Engineering Toolbox, "Young's modulus— tensile and yield strength for common materials," 2003, https://www.engineeringtoolbox.com/young-modulus-d_417.html.
74. N. Berg, "Is there a limit to how tall buildings can get?" Bloomberg, August 16, 2012, https://www.bloomberg.com/news/articles/2012-08-16/is-there-a-limit-to-how-tall-buildings-can-get.
75. British Petroleum, *Statistical Review of World Energy* (London: BP, 2021).
76. Vessel Tracking, "Seawise Giant— the biggest ship ever built," https://www.vesseltracking.net/article/seawise-giant［2021年に閲覧］.
77. Raunek, "The ultimate guide to ship sizes," Marine Insight, February 1, 2021, https://www.marineinsight.com/types-of-ships/the-ultimate-guide-to-ship-sizes/.
78. S. Mambra, "The complete story of the EXXON Valdez oil spill," Marine Insight, arch 23, 2022, https://www.marineinsight.com/maritime-history/the-complete-story-of-the-exxon-valdez-oil-spill/.
79. Raunek, "Alang, Gujarat: The world's biggest ship breaking yard & a dangerous environmental time bomb," Marine Insight, March 11, 2021, https://www.marineinsight.com/environment/alang-gujarat-the-world's-biggest-ship-breaking-yard-a-dangerous-environmental-time-bomb/.
80. Zeymarine, "Largest oil tankers ever built," November 17, 2020, https://zeymarine.com/largest-oil-tankers-ever-built/.
81. GE Renewable Energy, "Haliade-X offshore wind turbine," 2021, https://www.ge.com/renewableenergy/wind-energy/offshore-wind/haliade-x-offshore-turbine.
82. E. Loth et al., "Downwind pre-aligned rotors for extreme-scale wind turbines," *Wind Energy* 20 (2017), pp. 1241–59.
83. G. Moore, "Cramming more components onto integrated circuits," *Electronics* 38/8 (1965), pp. 114–17.
84. M. Roser and H. Ritchie, "Moore's Law: The number of transistors on microchips doubles every two years," Our World in Data, 2021 (revised March 2022), https://ourworldindata.org/technological-change.
85. 2017～2021年にかけて、自動車製造業界はマイクロチップの市場として急成長すると予想されていた。A. Lawrence and J. VerWey, "The automotive semiconductor

*1970* (Washington, DC: USBC, 1975).〔合衆国商務省編『アメリカ歴史統計 第1巻(植民地時代〜1970年)』斎藤真・鳥居泰彦監訳、原書房、1986年〕
60. M. Wallis, *Route 66* (New York: St. Martin's Griffin, 2001).
61. S. Watanabe, "China to expand highway network nearly 50% by 2035," Nikkei Asia, March 16, 2021, https://asia.nikkei.com/Economy/China-to-expand-highway-network-nearly-50-by-2035.
62. 成長に関する一般的な研究は多々ある。興味をもたれた方は下記を参照されたい。古いものでは D'Arcy Wentworth Thompson, *On Growth and Form* (1917年刊行、改訂版が1942年に刊行され、いまでも出版されている)、動物の成長に関して詳細に検証したものとしてはSamuel Brodyの著書(1945年)がある。Robert Banksは著書で成長という現象を体系的に評しているし(1994年)、Geoffrey Westはスケーリングの普遍的な法則について説明している。そして私の著書では、生物や人類の形の成長について広範に分析している。D. W. Thompson, *On Growth and Form* (Cambridge: Cambridge University Press, 1917); S. Brody, *Bioenergetics and Growth* (New York: Reinhold, 1945); R. B. Banks, *Growth and Diffusion Phenomena: Mathematical Frameworks and Applications* (Berlin: Springer; 1994); Smil, *Growth*.〔シュミル『グロース「成長」大全』〕
63. L. Casson, *Ships and Seamanship in the Ancient World* (Baltimore: Johns Hopkins University Press, 1995).
64. Evergreen Aviation & Space Museum, "Spruce Goose," https://www.evergreenmuseum.org/the-spruce-goose〔2021年に閲覧〕.
65. G. M. Simons, *The Airbus A380: A History* (Barnsley: Pen and Sword, 2014).
66. M. Bowman, *Boeing 747: A History: Delivering the Dream* (Oxford: Casemate, 2021); W. Scheller, *Ford F-Series: America's Pickup Truck* (New York: Universe, 2008); M. Boas and S. Chaim, *Big Mac: The Unauthorized Story of McDonald's* (New York: Dutton, 1976).
67. W. Yang et al., "On the tear resistance of skin," *Nature Communications* 6 (2015), p. 6649.
68. C. J. Williams et al., "Helically arranged cross struts in azhdarchid pterosaur cervical vertebrae and their biomechanical implications," iScience (2021), 102338.
69. M. P. Witton, "Titans of the skies: Azhdarchid pterosaurs," *Geology Today* 23 (2007), pp. 33–8.
70. A. Carder, *Forest Giants of the World: Past and Present* (Markham, ON: Fitzhenry & Whiteside, 1995)
71. K. J. Niklas, "Maximum plant height and the biophysical factors that limit it,"

47. V. Smil, *Creating the Twentieth Century* (New York: Oxford University Press, 2005).
48. 広範なテーマに関する包括的な見解については、複数巻に及ぶ Singerのひと昔前の著述からWeiの簡潔な見解まで多種多様だ。下記を参照されたい。C. Singer et al. (eds), *A History of Technology*, 5 volumes (Oxford: Oxford University Press, 1954–1958); B. H. Bunch and A. Hellemans, *The Timetables of Technology: A Chronology of the Most Important People and Events in the History of Technology* (New York: Simon & Schuster, 1993); M. Finniston et al., *Oxford Illustrated Encyclopedia of Invention and Technology* (Oxford: Oxford University Press, 1992); J. Wei, *Great Inventions That Changed the World* (Hoboken, NJ: John Wiley, 2012).
49. Smil, *Energy and Civilization*, pp. 146–57.〔シュミル『エネルギーの人類史』〕
50. 現代の乗り物の仕様を網羅したリストは下記を参照のこと。The ultimate SPECS database: https://www.ultimatespecs.com.
51. ディーゼル・エンジンとガスタービンの発展の詳細については、下記を参照されたい。Smil, *Prime Movers of Globalization*.
52. L. S. Langston, "Bright future," *Mechanical Engineering* 143/4 (2021), pp. 146–51.
53. S. Lebergott, "Labor Force and Employment, 1800–1960," in D. S. Brady (ed.), *Output, Employment, and Productivity in the United States After 1800* (Cambridge, MA: NBER, 1966), pp. 7–204; FRED, "Current employment statistics (establishment survey)," https://fred.stlouisfed.org/categories/11 [2020年に閲覧].
54. John Deere, "Tractors," https://www.deere.com/en/tractors/ [2021年に閲覧].
55. Smil, *Still the Iron Age*.
56. V. Smil, *Enriching the Earth: Fritz Haber, Carl Bosch and the Transformation of World Food Production* (Cambridge, MA: MIT Press, 2001); thyssenkrupp Industrial Solutions, "Making the world's largest ammonia plant even larger," 2019, https://insights.thyssenkrupp-industrial-solutions.com/story/making-the-worlds-largest-ammonia-plant-even-larger/.
57. 食料の消費量における国別の長期的な推移に関しては下記を参照されたい。Food and Agriculture Organization of the United Nations, FAOSTAT Food Balances, http://www.fao.org/faostat/en/#data [2021年に閲覧].
58. C. Ingraham, "The absurdity of women's clothing sizes, in one chart," *Washington Post*, August 11, 2015, https://www.washingtonpost.com/news/wonk/wp/2015/08/11/the-absurdity-of-womens-clothing-sizes-in-one-chart/.
59. US Census Bureau, *Historical Statistics of the United States: Colonial Times to*

30. Seat Guru, "Short-haul economy class comparison chart."
31. Trust for America's Health, *The State of Obesity: 2020* (Washington, DC: Trust for America's Health, 2020).
32. Center for Engineering & Occupational Safety and Health, *Bariatric Safe Patient Handling and Mobility Guidebook: A Resource Guide for Care of Persons of Size* (St. Louis, MI: CEOSH, 2015).
33. Preferred Health Choice, "Bariatric lift equipment," https://www.phc-online.com/Bariatric_Patient_Lifts_s/49.htm [2022年に閲覧].
34. World Health Organization, "Obesity and overweight," https://www.who.int/news-room/fact-sheets/detail/obesity-and-overweight [2021年に閲覧]; Global Obesity Observatory.
35. J. Porta et al., "The ergonomics of airplane seats: The problem with economy class," *International Journal of Industrial Ergonomics* 69 (2019), pp. 90–5.
36. Seat Guru, "Find your seat map," https://www.seatguru.com [2021年に閲覧].
37. K. Paul, "FAA declines to put a stop to the 'incredible shrinking airline seat,' " Market Watch, July 9, 2018, https://www.marketwatch.com/story/faa-declines-to-put-a-stop-to-the-incredible-shrinking-airline-seat-2018-07-09.
38. B. Guering, "Seating device comprising a forward-foldable backrest," US Patent application, June 12, 2014, https://loyaltylobby.com/wp-content/uploads/2014/07/Airbus-Seat-Patent-Application.pdf.
39. M. Lane, "Are standing seats a standing joke?" BBC News, July 2, 2010, https://news.bbc.co.uk/2/hi/8779388.stm.
40. N. Hitti, "Layer's smart Move seating for Airbus adapts to the passengers' needs," *dezeen*, February 18, 2019, https://www.dezeen.com/2019/02/18/layer-move-smart-seating-airbus-economy-technology/.
41. United Nations, *Growth of the World's Urban and Rural Population, 1920–2000* (New York: UN, 1969).
42. G. Alfani and C. Ó Gráda (eds), *Famine in European History* (Cambridge: Cambridge University Press, 2017); A. B. Jannetta, "Famine mortality in nineteenth-century Japan: The evidence from a temple death register," *Population Studies* 46 (1992), pp. 427–43.
43. R. Houston, "Literacy and society in the West, 1500–1850," *Social History* 8 (1983), pp. 269–93.
44. Smil, *Growth*, p. 445.〔シュミル『グロース「成長」大全』〕
45. Smil, *Grand Transitions*, p. 154.
46. Smil, *Energy and Civilization*, p. 185.〔シュミル『エネルギーの人類史』〕

15. Hong Kong Housing Authority, "Public housing development in Hong Kong," https://www.housingauthority.gov.hk/en/about-us/photos-and-videos/videos/public-housing-development-in-hong-kong/index.html［2020年に閲覧］.
16. アメリカでもっとも一般的な室内ドアのサイズは、80×36インチ（203.2×91.4センチメートル）。イギリスでは198.1×76.2センチメートル。
17. J. J. Shea, *Stone Tools in Human Evolution: Behavioral Differences among Technological Primates* (Cambridge: Cambridge University Press, 2016).
18. 馬具の歴史については、下記を参照されたい。Smil, *Energy and Civilization*, pp. 66–76, 100–3.〔シュミル『エネルギーの人類史』〕
19. 列車によるかなり距離の長い移動は、1914年以前に、ロシアの裕福な一家がサンクトペテルブルクやモスクワから、フランスやイタリアに移住する際におこなわれていた。
20. W. Jastrzębowski, "Rys Ergonomii czyli Nauki o Pracy opartej na naukach zaczerpniętych z Nauki Przyrody," *Przyroda I Przemysl* (1857), pp. 29–32.
21. F. W. Taylor, *The Principles of Scientific Management* (New York: Harper & Brothers, 1911).〔フレデリック・W・テイラー『新訳科学的管理法――マネジメントの原点』有賀裕子訳、ダイヤモンド社、2009年〕
22. C. Barlow et al., "Association between sitting time and cardiometabolic risk factors after adjustment for cardiorespiratory fitness, Cooper Center Longitudinal Study, 2010–2013," *CME ACTIVITY* 13 (December 2016), https://www.cdc.gov/pcd/issues/2016/16_0263.htm.
23. P. Vink et al., "Possibilities to improve the aircraft interior comfort experience," *Applied Ergonomics* 43 (2012), article 354e359.
24. F. L. Smith and B. Cox, "Airline deregulation," Econlib, 2002, https://www.econlib.org/library/Enc/AirlineDeregulation.html.
25. G. Brundrett, "Comfort and health in commercial aircraft: A literature review," *The Journal of the Royal Society for the Promotion of Health* 121 (2001), pp. 29–37.
26. International Civil Aviation Organization, "The World Air Transport in 2019," Annual report (2019), https://www.icao.int/annual-report-2019/Pages/the-world-of-air-transport-in-2019.aspx.
27. Smith and Cox, "Airline deregulation."
28. Seat Guru, "Short-haul economy class comparison chart," https://www.seatguru.com/charts/shorthaul_economy.php［2021年に閲覧］.
29. J. Molenbroek et al., "Thirty years of anthropometric changes relevant to the width and depth of transportation seating spaces, present and future," *Applied Ergonomics: Human Factors in Technology and Society* 65 (2017), pp. 130–8.

D. McGlothlin (eds), *Occupational Ergonomics: Theory and Applications* (Boca Raton, FL: CRC Press, 2019). 座席の人間工学については下記を参照されたい。R. Lueder and K. Noro (eds), *Hard Facts About Soft Machines: The Ergonomics of Seating* (London: Taylor & Francis, 1994).

5. "Who walked the Camino in 2020?" Follow the Camino [website], January 18, 2021, https://followthecamino.com/en/blog/statistics-who-walked-the-camino-in-2020/.
6. Aeroaffaires, 'Europe's 20 biggest airports," https://aeroaffaires.com/europes-20-biggest-airports/ [2021年に閲覧].
7. US Census Bureau, "Census bureau estimates show average one-way travel time to work rises to all-time high," Press release, March 18, 2021, https://www.census.gov/newsroom/press-releases/2021/one-way-travel-time-to-work-rises.html.
8. 人工物とシステムの成長の歴史を体系的に検証した作品は下記のとおり。Smil, *Growth*.〔シュミル『グロース「成長」大全』〕
9. N. Goren-Inbar and S. Gonen, *Axe Age: Acheulian Tool-making from Quarry to Discard* (London: Routledge, 2006).
10. Doug Engelbart Institute, "Historic Firsts:'Father of the Mouse,'" https://www.dougengelbart.org/content/view/162/000/ [2021年に閲覧].
11. 当然のことながら、モータリゼーションが1世紀をかけて発展したあとになってから、こうした教訓に従うのは簡単なことではない。下記の作品は、1つのアプローチを提案している。J. Speck, *Walkable City* (New York: North Point Press, 2013).〔ジェフ・スペック『ウォーカブルシティ入門――10のステップでつくる歩きたくなるまちなか』松浦健治郎監訳、石村壽浩・内田晃・内田奈芳美・長聡子・益子智之訳、学芸出版社、2022年〕
12. L. Appolloni et al., "Walkable urban environments: An ergonomic approach of evaluation," *Sustainability* 12 (2020).
13. World Bank, "Urban population (% of total population)," https://data.worldbank.org/indicator/SP.URB.TOTL.IN.ZS [2021年に閲覧].
14. ニューヨーク市のセントラル・パークは、眺望を考慮したうえでのすばらしい設計がなされた好例だ。R. Rosenzweig and E. Blackmar, *The Park and the People: A History of Central Park* (Ithaca, NY: Cornell University Press, 1998). 都市によく植えられている樹木の高さやスペースに関しては、下記を参照されたい。H. Pretzsch et al., "Crown size and growing space requirement of common tree species in urban centres, parks, and forests," *Urban Forestry & Urban Greening* 14 (2015), pp. 466–79.

aesthetics of the g section," *Perception* 24 (1995), pp. 937–68.
93. M. K. Alam et al., "Multiracial facial golden ratio and evaluation of facial appearance," *PLoS ONE* 10/11 (2015), e0142914.
94. S. Polat et al., "The face shape and golden ratio classification in Turkish healthy population," *Journal of Evolution of Medical and Dental Sciences* 9/2 (2020), pp. 111–15; K. S. Jang et al., "A three-dimensional photogrammetric analysis of the facial esthetics of the Miss Korea pageant contestants," *The Korean Journal of Orthodontics* 47 (2017), pp. 87–99.
95. C. Burusapat and P. Lekdaeng, "What is the most beautiful facial proportion in the 21st century? Comparative study among Miss Universe, Miss Universe Thailand, neoclassical canons, and facial golden ratios," *Plastic and Reconstructive Surgery— Global Open* 7/2 (2019), e2044.
96. R. Fischler, "On the application of the golden ratio in the visual arts," *Leonardo* 14 (1981), pp. 31–2; R. Herz-Fischler, "An examination of claims concerning Seurat and 'The Golden Number,' " *Gazette des Beaux Arts* 125 (1983), pp. 109–12.
97. Government of Dubai, "Dubai Frame," https://www.dubaiframe.ae/en/about-us［2021年に閲覧］; Visit Dubai Frame, https://www.visitdubaiframe.com/.

## 第4章 サイズの実用的なデザイン

1. M. E. Snodgrass, *World Clothing and Fashion: An Encyclopedia of History, Culture, and Social Influence* (London: Routledge, 2019); J. Morley, *History of Furniture: Twenty-Five Centuries of Style and Design in the Western Tradition* (Boston: Bulfinch Press, 1999).
2. A. Muzquiz, "Flipping through the history of the flip-flop," Heddels [website], April 18, 2018, https://www.heddels.com/2018/04/history-flip-flop/.
3. T. Chenet et al., "Lower limb muscle co-contraction and joint loading of flip-flops walking in male wearers," *PLoS ONE* 13/3 (2018), e0193653; M. Laliberte, "11 reasons why you should never wear flip-flops," The Healthy, April 1, 2021, https://www.thehealthy.com/foot-care/flip-flops-bad-for-feet.
4. 人間工学の一般書は供給過剰気味だ。近年の著名な作品は下記のとおり。P. M. Bus, *Ergonomics: Foundational Principles, Applications and Technologies* (Boca Raton, FL: CRC Press, 2012); R. Bridger, *Introduction to Human Factors and Ergonomics* (Boca Raton, FL: CRC Press, 2017); and A. Bhattacharya and J.

79. D. W. Thompson, *On Growth and Form* (Cambridge: Cambridge University Press, 1942), p. 757.
80. 正確なサイズは85.6×53.98ミリメートル。
81. V. Gendelman, "How to use the Golden Ratio to create gorgeous graphic designs," Company Folders [blog], September 15, 2015, https://www.companyfolders.com/blog/golden-ratio-design-examples; J. Brownlee, "The Golden Ratio: Design's biggest myth," *Fast Company*, April 13, 2015, https://www.fastcompany.com/3044877/the-golden-ratio-designs-biggest-myth.
82. しかし、不朽の傑作と評される(黄金比を使用しているとされる)作品のなかで、もっとも有名なものはボッティチェリの「ヴィーナスの誕生」だろう。実際、黄金比のキャンバスに描かれている。
83. G. Markowsky, "Misconceptions about the Golden Ratio," *The College Mathematics Journal* 23 (1992), pp. 2–19.
84. K. Devlin, "The myth that will not go away," Devlin's Angle [website], May 2007, https://www.maa.org/external_archive/devlin/devlin_05_07.html.
85. L. Pacioli, *Divina proportione* (Venice: A. Paganius Paganinus, 1509). 以下で閲覧できる。https://archive.org/details/divinaproportion00paci.
86. M. Ohm, *Die reine Elementar-Mathematik* (Berlin: Jonas Verlag, 1815).
87. A. Zeising, *Neue Lehre von den Proportionen des menschlichen Körpers* (Leipzig: Rudolph Weigel, 1854).
88. G. T. Fechner, "Ueber die Frage des goldenen Schnittes," *Archiv für die zeichnende Künste* 11 (1865), pp. 100–12.
89. ドイツには、万物における「謎めいた」普遍の法則として黄金比を支持する研究者たちが多い。O. Götze and L. Kugler (eds), *Divine Golden Ingenious: The Golden Ratio as a Theory of Everything?* (Munich: Hirmer Publishers, 2016).
90. G. Yetkin et al., "Golden Ratio is beating in our heart," *International Journal of Cardiology* 168 (2020), pp. 4926–7.
91. 鉄筋コンクリート、精子、特殊相対性理論に関する驚くべき主張については下記を参照されたい。A. P. Fantilli and B. Chiaia, "Golden ratio in the crack pattern of reinforced concrete structure," *Journal of Engineering Mechanics* 139 (2010), pp. 1178–84; W. E. Roudebush et al., "The golden ratio and an aesthetically pleasing sperm: Towards an objective assessment of sperm head morphology," *Fertility and Sterility* 86 (2006), pp. 59–68; L. di G. Sigalotti and A. Mejias, "The golden ratio and special relativity," *Chaso, Solitons and Fractals* 30 (2006), pp. 521–4.
92. C. D. Green, "All that glitters: A review of psychological research on the

れている最良の本は下記のとおり。F. D. K. Ching et al., *A Global History of Architecture* (Hoboken, NJ: John Wiley & Sons, 2011). プロポーションに関して簡潔にまとめられているペーパーバックの古典(まだ出版されている)は下記のとおり。*The Secrets of Architectural Composition* (Cleveland, OH: J. J. Jansen, 1923).

67. A. Thalal et al., "Symmetry in art and architecture of the Western Islamic world," *Crystallography Reviews* 24 (2018), pp. 102–30.

68. U. Schober, *Castles and Palaces of Europe* (Lisse: Rebo International, 2005).

69. L. Trevisan, *Andrea Palladio: The Villas* (Leguzzano: Sassi Editore, 2008); J. Morrissey, *The Genius in the Design: Bernini, Borromini, and the Rivalry That Transformed Rome* (New York: William Morrow, 2005).

70. R. Zerbst, *Gaudí: The Complete Buildings* (Cologne: Taschen, 2005); A. von Vegesack, *Czech Cubism: Architecture, Furniture, and Decorative Arts, 1910–1925* (Princeton, NJ: Princeton Architectural Press, 1992); A. Tilch, *Bauhaus Architecture: 1919–1933* (Munich: Prestel, 2018); W. A. Storer, *The Architecture of Frank Lloyd Wright* (Chicago: Chicago University Press, 2017).

71. P. Goldberger, *Building Art: The Life and Work of Frank Gehry* (New York: Knopf, 2015); Zaha Hadid Architects, *Zaha Hadid Architects: Design as Second Nature* (Mexico City: RM/MUAC, 2019).

72. L. Marsili et al., "Unraveling the asymmetry of Mona Lisa smile," *Cortex* 120 (2019), pp. 607–10.

73. A. Vcherashniaja, "Dürer: Evolution of artistic self in 13 self-portraits," Arthive, February 11, 2021, https://arthive.com/publications/2426~Drer_evolution_of_artistic_self_in_13_selfportraits.

74. P. White, "Differences over time in head orientation in European portrait paintings," *Laterality* 24 (2019), pp. 525–37.

75. Euclid, *Elements*, Book VI, definition 3〔『ユークリッド原論(追補版)』中村幸四郎・寺阪英孝・伊東俊太郎・池田美恵訳・解説、共立出版、2011年〕, https://mathcs.clarku.edu/~djoyce/java/elements/bookVI/defVI3.html.

76. C. Budd, "Myths of math: The Golden Ratio," Plus [website], February 23, 2020, https://plus.maths.org/content/myths-maths-golden-ratio.

77. 黄金比に関する問題を、もっとも包括的に、数学的な見地から厳密に論じている本は下記のとおり。A. S. Posamenter and I. Lehmann, *The Glorious Golden Ratio* (Amherst, NY: Prometheus Books, 2012).

78. G. Harary and A. Tal, "The natural 3D spiral," *Eurographics* 30 (2011); U. Mukhopadhyay, "Logarithmic spiral— a splendid curve," *Resonance* 9 (2010), pp. 39–45.

and M. Hargittai, *Symmetry: A Unifying Concept* (New York: Random House, 1996); M. du Sautoy, *Symmetry* (New York: Harper, 2008)〔マーカス・デュ・ソートイ『シンメトリーの地図帳』冨永星訳、新潮社、2014年〕; M. Hargittai and I. Hargittai, *Visual Symmetry* (Singapore: World Scientific Publishing, 2009).

56. I. Hargittai, "Response to Peter van Sommers," *Leonardo* 29 (1996), p. 149.
57. N. van Melick et al., "How to determine leg dominance: The agreement between self-reported and observed performance in healthy adults," *PLoS ONE* 12/12 (2017), e0189876.
58. M. Y. Mommaerts and B. A. M. M. L. Moerenhout, "Ideal proportions in full face front view, contemporary versus antique," *Journal of Cranio-Maxillo-Facial Surgery* 39 (2011), 107e110.
59. A. Iglesias-Linares et al., "Common standards in facial esthetics: Craniofacial analysis of most attractive black and white subjects according to *People* Magazine during previous 10 years," *Journal of Oral and Maxillofacial Surgery* 69 (2011), e216-e224.
60. G. Rhodes et al., "Facial symmetry and the perception of beauty," *Psychonomic Bulletin & Review* 5 (1998), pp. 659–69; D. I. Perrett et al., "Symmetry and human facial attractiveness," *Evolution and Human Behavior* 20 (1999), pp. 295–307; B. Fink et al., "Facial symmetry and judgements of attractiveness, health and personality," *Personality and Individual Differences* 41 (2006), pp. 491–9; L. W. Simmons et al., "Are human preferences for facial symmetry focused on signals of developmental instability?" *Behavioral Ecology* 15 (2004), pp. 864–71.
61. Z. Lewandowski and A. Pisula-Lewandowska, "The influence of change in the size of face elements on the perception of a woman's portrait," *Homo* 59 (2008), pp. 253–60.
62. M. Ibáñez-Berganza et al., "Subjectivity and complexity of facial attractiveness," *Scientific Reports* 9 (2019), article 8364.
63. T. Valentine et al., "Why are average faces attractive? The effect of view and averageness on the attractiveness of female faces," *Psychonomic Bulletin & Review* 11 (2004), pp. 482–7.
64. D. W. Zaidel and M. Hessamian, "Asymmetry and symmetry in the beauty of human faces," *Symmetry* 2 (2010), pp. 136–49.
65. D. Hodgson, "The first appearance of symmetry in the human lineage: Where perception meets art," *Symmetry* 3 (2011), pp. 37–53.
66. 現代のデザインのシンメトリーに関する研究において、図版が多く、1巻にまとめらとめられた本を読みたい方は、下記が便利だ(絵画の選択に議論の余地はあるが)。S. Farthing, *1001 Paintings You Must See Before You Die* (New York: Universe Publishing, 2011).〔スティーヴン・ファージング編『死ぬまでに観ておきたい世界の絵画1001』藤村奈緒美・岡田雅子・手嶋由美子・佐藤志緒・神田由布子訳、実業之日本社、2013年〕

49. マドリードのソフィア王妃芸術センターに展示されているピカソの「ゲルニカ」(7.77×3.49メートル) は、大きなキャンバスに描かれたもっとも横の長さがある絵画の1つで、縦横比は1:2.22。プラド美術館に展示されているボッシュの「快楽の園」(3.89×2.2メートルの三連祭壇画) の縦横比は1:1.7。ウフィツィ美術館に展示されているボッティチェリの「ヴィーナスの誕生」は縦横比が1:1.61。シカゴ美術館に展示されている「グランド・ジャット島の日曜日の午後」(3.08×2.08メートル)の縦横比は1:1.48である。
50. Vitruvius Pollio, "On Symmetry."
51. V. Trimble, "Astrophysical symmetries," *Proceedings of the National Academy of Sciences USA* 93 (1996), pp. 14221–4; T. M. Dame and P. Thaddeus, "A molecular spiral arm in the far outer galaxy," *Astrophysical Journals Letters* 734 (2011), L24.
52. M. E. Kellman, "Symmetry in chemistry from the hydrogen atom to proteins," *Proceedings of the National Academy of Sciences USA* 93 (1996), pp. 14287–94; P. A. van der Hel, "The influence of perception on the distribution of multiple symmetries in nature and art," *Symmetry* 3 (2011), pp. 54–71.
53. 放散虫のイラストに関しては、昔ながらのエルンスト・ヘッケルのスケッチほど詳細に描かれているものはない。下記を参照されたい。*Die Radiolarien (Rhizopoda radiaria)* (Berlin: Georg Reimer, 1862). ヘッケルのすばらしい手書きのスケッチをまとめてダウンロードしたい方は下記を参照のこと。https://www.biodiversitylibrary.org/item/40590#page/4/mode/1up.
54. イスラム様式の装飾については下記を参照されたい。D. Clevenot, *Ornament and Decoration in Islamic Architecture* (London: Thames Hudson, 2017). 中国の格子細工については下記を参照されたい。D. S. Dye, *A Grammar of Chinese Lattice* (Cambridge, MA: Harvard University Press, 1937).
55. Hermann Weylが簡潔にまとめた本は、私の気に入りだ。*Symmetry* (Princeton, NJ: Princeton University Press, 1952)〔ヘルマン・ワイル『シンメトリー』冨永星訳、筑摩書房、2022年〕.大げさな物言いと思われるカテゴリーに含まれるものは下記のとおり。H. Genz, *Symmetrie, Bauplan der Natur* (Munich: Piper, 1987) and A. V. Voloshinov, "Symmetry as a superprinciple of science and art," *Leonardo* 29 (1996), pp. 109–13. ほかにもシンメトリーに関する本のなかで注目すべきものは下記のとおり。R. Joseph, *Symmetry in Science* (Berlin: Springer, 1995); I. Hargittai

(2009).
37. S. E. Huber et al., "Prenatal androgen-receptor activity has organizational morphological effects in mice," *PLoS ONE* 12/11 (2017), e0188752.
38. もう驚かないだろうが、人差し指／薬指比と新型コロナウイルスとの関係までが調べられた。そして、関連性は見られなかった。下記を参照されたい。J. A. L. Jaeger et al., "No credible evidence for links between 2D:4D and COVID-19 outcomes: A probabilistic perspective on digit ratio, ACE variants, and national case fatalities," *Early Human Development* 152 (2021), article 105272.
39. J. de Vries, "Luxury in the Dutch Golden Age in Theory and Practice," in M. Berg and E. Eger (eds), *Luxury in the Eighteenth Century* (London: Palgrave Macmillan, 2003), pp. 41–56.
40. N. Ireson and S. Fraquelli (eds), *Modigliani* (New York: Rizzoli, 2017).
41. A. Giusti, *Inganni ad arte: Meraviglie del trompe-l'oeil dall'antichità al contemporaneo* (Florence: Mandragora, 2009).
42. K. K. Butler et al., *Georges Braque and the Cubist Still Life, 1928–1945* (Munich: Prestel, 2013).
43. エミール・カルドンは、ラ・プレッセ紙で、印象派絵画の初の展覧会について、多数派の意見を次のように代弁した。「この派は2つのものを排除している。まずは、線だ。線が描かれなければ、生物であろうが無生物であろうが、形を再現することなどできない。そして、色だ。色があるからこそ、そこに実体がもたらされる……展示された作品をいくら見たところで……一般大衆にはふさわしくない神秘化のプロセス、もしくは結果を見せられているのか、それとも遺憾としか思えない精神錯乱の結果を見せられているのか、判然としない」。下記を参照されたい。E. Cardon, "The exhibition of the Revoltes," *La Presse* (April 29, 1874), http://www.artchive.com/galleries/1874/74critic.htm#chesneau.
44. V. Goffaux, "Fixed or flexible? Orientation preference in identity and gaze processing in humans," *PLoS ONE* 14/1 (2019), e0210503.
45. X. Deng et al., "A 'wide' variety: Effects of horizontal versus vertical display on assortment processing, perceived variety, and choice," *Journal of Marketing Research* 53/5 (2016), pp. 682–98.
46. B. Lee et al., "Dissecting landscape art history with information theory," *Proceedings of the National Academy of Sciences* 117 (2020), pp. 26580–90.
47. G. Mather, "Aesthetic judgement of orientation in modern art," *Perception* 3 (2012), pp. 18–24.
48. 下記のサイトで多数の絵画を閲覧可能。WikiArt: Visual Art Encyclopedia (https://www.wikiart.org). もしくは Web Gallery of Art (https://www.wga.hu/). 1冊にま

*and Public Health* 7 (2010), pp. 1047–75.
25. M. H. McIntyre, "Adult stature, body proportions and age at menarche in the United States National Health and Nutrition Examination Survey (NHANES) III," *Annals of Human Biology* 38 (2011), pp. 716–20.
26. L. Welters and A. Lillethun, *Fashion History: A Global View* (London: Bloomsbury Academic, 2018).
27. World Obesity, "Global Obesity Observatory," https://data.worldobesity.org [2021年に閲覧].
28. WHO, *Waist Circumference and Waist-hip Ratio: Report of a WHO Expert Consultation* (2008), meeting report, 16 May 2011, https://www.who.int/publications/i/item/9789241501491.
29. P. Srikanthan et al., "Waist-hip-ratio as a predictor of all-cause mortality in high-functioning older adults," *Annals of Epidemiology* 19 (2009), pp. 724–31.
30. A. Lehmann et al., "Temporal trends, regional variation and socio-economic differences in height, BMI and body proportions among German conscripts, 1956–2010," *Public Health Nutrition* 20 (2016), pp. 391–403.
31. G. Heineck, "Height and weight in Germany, evidence from the German Socio-Economic Panel," *Economics and Human Biology* 4 (2006), pp. 359–82.
32. J. T. Manning et al., "The ratio of 2nd to 4th digit length: A predictor of sperm numbers and concentrations of testosterone, luteinizing hormone and oestrogen," *Human Reproduction* 13 (1998), pp. 3000–4.
33. National Library of Medicine, "2D:4D," PubMed.gov, https://pubmed.ncbi.nlm.nih.gov/?term=2D%3A4D [2021年に閲覧].
34. 統合失調症、がん、オリンピック選手のパフォーマンスとの関係についてのみ、下記に参考文献を挙げる。Y. Han et al., "Association between the 2D:4D ratio and schizophrenia," *Journal of Internal Medicine* 48 (2020), article 300060520929148; A. Bunevicius, "The association of digit ratio (2D:4D) with cancer: A systematic review and meta-analysis," *Disease Markers* (2018), article7698193; E. Eklund et al., "Digit ratio (2D:4D) and physical performance in female Olympic athletes," *Frontiers of Endocrinology* (May 2020).
35. L. Mitch, "Talk to the hand. Scientists try to debunk idea that finger length can reveal personality and health," *Science* (June 6, 2019), https://www.science.org/content/article/talk-hand-scientists-try-debunk-idea-finger-length-can-reveal-personality-and-health.
36. L. Kratochvíl and J. Flegr, "Differences in the 2nd to 4th digit length ratio in humans reflect shifts along the common allometric line," *Biology Letters* 5/5

もタンパク質が豊富に含まれている家畜の乳、血、肉を食べる習慣の恩恵を受けている。
13. E. Pomeroy et al., "Population history and ecology, in addition to climate, influence human stature and body proportions," *Scientific Reports* 11 (2021), p. 274.
14. M. A. Little, "Evolutionary strategies for body size," *Frontiers of Endocrinology* 11 (2020), p. 107.
15. M. Yokoya and Y. Higuchi, "Day length may make geographical difference in body size and proportions: An ecological analysis of Japanese children and adolescents," *PLoS ONE* 14/1 (2019), e0210265.
16. ポリュクレイトスが遺した論文「カノン」は失われてしまったが、それを再現しようとする試みをもっとも詳細に説明した論文として、下記を参照されたい。R. Tobin, "The Canon of Polykleitos," *American Journal of Archaeology* 79 (1975), pp. 307–21.
17. LeonardodaVinci.Net, "The Vitruvian Man— by Leonardo da Vinci," https://www.leonardodavinci.net/the-vitruvian-man.jsp.
18. Vitruvius Pollio, Chapter I: "On Symmetry: In Temples and In the Human Body," *The Ten Books on Architecture*, ed. M. H. Morgan, Book III, http://www.perseus.tufts.edu/hopper/text?doc=Vitr.%203.1&lang=original.〔ウィトルーウィウス・ポッリオ『ウィトルーウィウス建築書』森田慶一訳、東海大学出版会、1979年〕
19. P. Sorokowski and B. Pawłowski, "Adaptive preferences for leg length in a potential partner," *Evolution and Human Behavior* 29/2 (2007).
20. J. C. K. Wells et al., "Associations of stunting at 2 years with body composition and blood pressure at 8 years of age: Longitudinal cohort analysis from lowland Nepal," *European Journal of Clinical Nutrition* 73 (2019), pp. 302–10.
21. P. Sorokowski et al., "Attractiveness of leg length: Report from 27 nations," *Journal of Cross-Cultural Psychology* 42 (2011), pp. 131–9.
22. T. M. M. Versluys et al., "The influence of leg-to-body ratio, arm-to-body ratio and intra-limb ratio on male human attractiveness," *Royal Society Open Science* 5 (2018), article 171790; S. Kiire, "Effect of leg-to-body ratio on body shape attractiveness," *Archives of Sex Behavior* 45 (2016), pp. 901–10.
23. V. Svami, "The leg-to-body ratio as a human aesthetic criterion," *Body Image* 3 (2006), pp. 317–23; V. Svami et al., "Cultural significance of leg-to-body ratio preferences? Evidence from Britain and rural Malaysia," *Asian Journal of Social Psychology* 10 (2007), pp. 265–9.
24. B. Bogin and M. I. Varela-Silva, "Leg length, body proportion, and health: A review with a note on beauty," *International Journal of Environmental Research*

## 第3章　黄金比は実在するか？

1. ナショナル ジオグラフィックは、重さ270キログラムもあるタコが、アメリカの25セント硬貨ほどの直径しかない筒のなかをくねくねと移動するようすを撮影した動画を投稿した――筒の直径はわずか24.26ミリメートルだ！ National Geographic, "Octopus Escape" [video], https://www.youtube.com/watch?v=SCAIedFgdY0.
2. K. Cracknell et al., "Pentaradial eukaryote suggests expansion of suspension feeding in White Sea-aged Ediacaran communities," *Sci Rep* 11 (2021), article 4121.
3. 運河を航行するクルーズ船では最長67メートル近い高さがあり、これに対してサン・マルコ大聖堂のドームの高さは43メートル、鐘楼の高さは98.6メートルだ。沈みゆく街を背景に巨大クルーズ船が運河へと乗り入れる光景ほど、サイズを鮮やかに対比させるものはない。
4. デューラーの作品に対する広範かつ挿画の多い説明については、下記を参照されたい。*Gallucci's Commentary on Dürer's Four Books on Human Proportion*, trans. James Hutson and available at https://www.openbookpublishers.com/books/10.11647/obp.0198.
5. Merriam-Webster, "Proportion," https://www.merriam-webster.com/dictionary/proportion.
6. W. L. Jungers et al., "The evolution of body size and shape in the human career," *Philosophical Transactions of the Royal Society B* 371 (2016), article 20150247.
7. W. Wang and R. H. Crompton, "The role of load-carrying in the evolution of modern body proportions," *Journal of Anatomy* 204 (2004), pp. 417–30.
8. W. L. Jungers et al., "The evolution of body size and shape in the human career," *Philosophical Transactions of the Royal Society B* 371 (2016), article 20150247.
9. M. Will et al., "Long-term patterns of body mass and stature evolution within the hominin lineage," *Royal Society Open Science* 4 (2017), article 171339.
10. C. Bergmann, "Ueber die Verhältnisse der Wärmoekonomie der Thiere zu ihrer Grösse," *Göttinger Studien* 3 (1847), pp. 595–708; J. A. Allen, "The influence of physical conditions in the genesis of species," *Radical Review* 1 (1877), pp. 108–40.
11. M. J. Tilkens et al., "The effects of body proportions on thermoregulation: An experimental assessment of Allen's rule," *Journal of Human Evolution* 53 (2007), article 286e291.
12. もっともあきらかな例はスーダン南部に暮らすディンカ族とケニアのマサイ族で、どちら

97. E. Yamamura et al., "Decomposing the effect of height on income in China: The role of market and political channels," *Economics and Human Biology* 19 (2015), pp. 62–74.
98. J. Wang et al., "What is creating the height premium? New evidence from a Mendelian randomization analysis in China," *PLoS ONE* 15/4 (2020), e0230555.
99. 2016年、NCD-RisCが発表した報告書は次の文章で始まっていた。「身長が高い人には、長寿、有害な妊娠転帰のリスクの低下、心血管疾患や呼吸器疾患のリスクの低下が見られるが、一部のがんに罹患するリスクは高くなる」。下記を参照されたい。NCD Risk Factor Collaboration (NCD-RisC,"A century of trends in adult human height,"*eLife* 5 (2016), e13410.「身長が高いほど平均余命が長い」という説はくつがえされるはずだ。
100. T. T. Samaras and L. H. Storm,"Impact of height and weight on life span," *Bulletin of the World Health Organization* 70 (1992); T. T. Samaras, "How height is related to our health and longevity: A review," *Nutrition and Health* 21 (2012), pp. 247–61.
101. S. Lemez et al., "Do 'big guys' really die younger? An examination of height and lifespan in former professional basketball players," *PLoS ONE* 12/10 (2017), e0185617.
102. J. Green et al., "Height and cancer incidence in the Million Women Study: Prospective cohort, and meta-analysis of prospective studies of height and total cancer risk," *Lancet Oncology* 12 (2011), pp. 785–94; E. Benyi et al., "Adult height is associated with risk of cancer and mortality in 5.5 million Swedish women and men," *Journal of Epidemiology & Community Health* 73 (2019), pp. 730–6; Y. J. Choi et al., "Adult height in relation to risk of cancer in a cohort of 22,809,722 Korean adults," *British Journal of Cancer* 120 (2019), pp. 668–74; E. Giovanucci, "A growing link——what is the role of height in cancer risk?" *British Journal of Cancer* 120 (2019), pp. 575–6.
103. L. Nunney, "Size matters: Height, cell number and a person's risk of cancer," *Proceedings of the Royal Society B* 285 (2018), article 20181743.
104. J. Ayuk and M. C. Sheppard, "Does acromegaly enhance mortality?" *Review of Endocrinology and Metabolic Disorders* 9 (2008), pp. 33–9.
105. D. I. Silverman et al., "Life expectancy in the Marfan syndrome," *American Journal of Cardiology* 15 (1995), article 1571060.

household wealth and parental schooling: A longitudinal study in four low-and middle-income countries," *SSM -Population Health* 3 (2017), pp. 767–86.

90. F. Cinnirella et al., "Why does height matter for educational attainment? Evidence from German children," *Economics and Human Biology* 9 (2011), pp. 407–18.
91. J. M. Sundet et al., "Resolving the genetic and environmental sources of the correlation between height and intelligence: A study of nearly 2,600 Norwegian male twin pairs," *Twin Research and Human Genetics* 8 (2005), pp. 307–11; M. C. Keller et al., "The genetic correlation between height and IQ: Shared genes or assortative mating?" *PLoS Genetics* 9/4 (2013), e1003451.
92. E. B. Gowin, *The Executive and His Control of Men* (New York: Macmillan, 1915).
93. A. Croppenstedt and C. Muller, "The impact of farmers' health and nutritional status on their productivity and efficiency: Evidence from Ethiopia," *Economic Development and Cultural Change* 48 (2000), pp. 475–502; S. Dinda et al., "Height, weight and earnings among coalminers in India," *Economics and Human Biology* 4 (2006), pp. 342–50; G. Heineck, "Up in the skies?: The relationship between body height and earnings in Germany," *Labour* 19 (2005), pp. 469–89; M. Kortt and A. Leigh, "Does size matter in Australia?" *Economic Record* 86 (2010), pp. 71–83; K. Sohn, "The value of male height in the marriage market," *Economics and Human Biology* 18 (2015), pp. 110–24; W. Gao and R. Smyth, "Health human capital, height and wages in China," *Journal of Development Studies* 46 (2009), pp. 466–84; E. Yamamura et al., "Decomposing the effect of height on income in China: The role of market and political channels," *Economics and Human Biology* 19 (2015), pp. 62–74; D. LaFavea and D. Thomas, "Height and cognition at work: Labor market productivity in a low income setting," *Economics and Human Biology* 25 (2017), pp. 52–64.
94. A. Schick and R. H. Steckel, "Height, human capital, and earnings: The contributions of cognitive and noncognitive ability," *Journal of Human Capital* 9 (2015), pp. 94–115.
95. C. Auld, "Global country-level estimates of associations between adult height and the distribution of income," *American Journal of Human Biology* 30 (2018), e23152.
96. R. Adams et al., *Are CEOs Born Leaders?: Lessons from Traits of a Million Individuals* (Helsinki: Aalto School of Business, 2016).

G. Kron, "Anthropometry, physical anthropology, and the reconstruction of ancient health, nutrition, and living standards," *Historia* 54 (2005), pp. 68–83.

78. T. J. Hatton and B. E. Bray, "Long run trends in the heights of European men, 19th–20th centuries," *Economics & Human Biology* 8 (2010), pp. 405–13.

79. H. de Beer, "Observations on the history of Dutch physical stature from the late-Middle Ages to the present," *Economics and Human Biology* 2 (2003), pp. 45–55.

80. NCD Risk Factor Collaboration (NCD-RisC), "A century of trends in adult human height," *eLife* 5 (2016), e13410.

81. M. Hermanussen et al., "Height and skeletal morphology in relation to modern life style," *Journal of Physiological Anthropology* 34 (2015), p. 41.

82. C. Ji and T. Chen, "Secular changes in stature and body mass index for Chinese youth in sixteen major cities, 1950s–2005," *American Journal of Human Biology* 20 (2008), pp. 530–7.

83. World Population Review, "Average height by country," https://worldpopulationreview.com/country-rankings/average-height-by-country［2021年に閲覧］; P. Grasgruber et al., "The coast of giants: An anthropometric survey of high schoolers on the Adriatic coast of Croatia," *PeerJ* 7 (2019), e6598.

84. R. H. Steckel, "Heights and human welfare: Recent developments and new directions," *Explorations in Economic History* 46 (2009), pp. 1–23.

85. P. M. Visscher et al., "From Galton to GWAS: Quantitative genetics of human height," *Genetic Research* 92 (2010), pp. 371–9; E. A. Boyle et al., "An expanded view of complex traits: From polygenic to omnigenic," *Cell* 169 (2017), pp. 1177–86.

86. R. H. Steckel, "Heights and human welfare: Recent developments and new directions," *Explorations in Economic History* 46 (2009), pp. 1–23; A. Singh-Manoux, "Trends in the association between height and socioeconomic indicators in France, 1970–2003," *Economics and Human Biology* 8 (2010), pp. 396–404; R. W. Fogel, *Explaining Long-Term Trends in Health and Longevity* (Cambridge: Cambridge University Press, 2012).

87. P. K. Bird et al., "Income inequality and social gradients in children's height: A comparison of cohort studies from five high-income countries." *British Medical Journal Paediatrics Open* 3 (2019), e000568.

88. A. Case and C. Paxson, "Stature and status: Height, ability, and labor market outcomes," *Journal of Political Economy* 116 (2008), pp. 499–532.

89. S. Reynolds et al., "Disparities in children's vocabulary and height in relation to

Press, 2010).
68. メートル法を公式採用していない国は、ほかにはリベリア、ミャンマーの2国だけだ。意外な話ではないが、メートル法の公式採用に抵抗する動きは数世代にわたって続いており、現在では、自由を愛するアメリカを示す示威運動とも見なされている。
69. A. T. Steegmann, "18th century British military stature: Growth cessation, selective recruiting, secular trends, nutrition at birth, cold and occupation," *Human Biology* 57 (1985), pp. 77–95.
70. G.-L. L. de Buffon, *Histoire naturelle : Supplement: Tome quatrieme* (Paris: Imprimerie Royale, 1753).
71. L. R. Villermé, "Mémoire sur la taille de l'homme en France," *Annales d'HygiènePublique et de Médicine Légale* 1 (1829; K. Staub et al., "Edouard Mallet's early and almost forgotten study of the average height of Genevan conscripts in 1835," *Economics & Human Biology* 9 (2011), pp. 438–42; A. Quetelet, *Sur l'homme et le développement de ses facultés*, vol. 2 (Paris: Bachelier, 1835).〔ケトレー『人間に就いて』平貞蔵・山村喬訳、岩波書店、1939年〕
72. H. P. Bowditch, "The Growth of Children Studied by Galton's Percentile Grades," in *22nd Annual Report of the State Board of Health of Massachusetts* (Boston: Wright & Potter, 1891), pp. 479–525; J. M. A. Tanner, "Concise history of growth studies from Buffon to Boas," in F. Falkner and J. M. A. Tanner (eds), *Human Growth, Volume 3, Neurobiology and Nutrition* (Berlin: Springer Verlag, 1979), pp. 515–93.
73. WHO, *Child Growth Standards* (Geneva: WHO, 2006); CDC "Growth charts," 2010, https://www.cdc.gov/growthcharts/.
74. T. Cuff, "Historical Anthropometrics," EH.net, https://eh.net/encyclopedia/historical-anthropometrics/; J. Komlos, "Anthropometric history: An overview of a quarter century of research," *Anthropologischer Anzeiger* 67 (2009), pp. 341–56.
75. R. Floud et al., *The Changing Body: Health, Nutrition, and Human Development in the Western World since 1700* (Cambridge: Cambridge University Press, 2011); R. W. Fogel, *Explaining Long-Term Trends in Health and Longevity* (Cambridge: Cambridge University Press, 2012).
76. R. H. Steckel, "New light on the 'Dark Ages': The remarkably tall stature of northern European men during the medieval era," *Social Science History* 28 (2004), pp. 211–29.
77. N. Koepke and J. Baten, "The biological standard of living in Europe during the last two millennia," *European Review of Economic History* 9 (2005), pp. 61–95;

and other eating disorders," *Current Opinions in Psychiatry* 19 (2006), pp. 389–94.

55. T. Brockmeyer et al., "Advances in the treatment of anorexia nervosa: A review of established and emerging interventions," *Psychological Medicine* 48 (2018), pp. 1228–56.
56. A. S. Bjornsson, "Body dysmorphic disorder," *Dialogues in Clinical Neuroscience* 12 (2010), pp. 221–32.
57. N. A. Vashi, "Obsession with perfection: Body dysmorphia," *Clinics in Dermatology* 34 (2016), pp. 788–91.
58. G. M. van Koningsbruggen, "Through the eyes of dieters: Biased size perception of food following tempting food primes," *Journal of Experimental Social Psychology* 47 (2011), pp. 293–9.
59. M. Condrasky, "Chefs' opinions of restaurant portion sizes," *Obesity* 15 (2007), pp. 2086–94.
60. R. Klara, "Table the issue," *Restaurant Business* 103 (2004), pp. 14–15.
61. B. Wansink and K. van Ittersum, "Portion size me: Plate-size induced consumption norms and win-win solutions for reducing food intake," *Journal Exp Psychol App* 19/4 (2013), pp. 320–32. これより前に、同じ著者たちはグラスに関しても同様の効果を発見していた。背が低く、平べったいグラスを渡された子どもと成人は、背が高い細身のグラスを渡されたグループよりも、多くのジュースを注ぐと、著者たちは予想した——が、予想とは正反対の結果が出た。下記を参照されたい。"Bottoms up! The influence of elongation on pouring and consumption volume," *Journal of Consumer Research* 30 (2003), pp. 450–63.
62. S. Nicolas, "Joseph Delboeuf on visual illusions: A historical sketch," *The American Journal of Psychology* 108 (1995), pp. 563–74.
63. E. Libotte et al., "The influence of plate size on meal composition: Literature review and experiment," *Appetite* 82 (2014), pp. 91–6.
64. J. H. Williams, *Defining and Measuring Nature* (San Rafael, CA: Morgan & Claypool Publishers, 2014).
65. K. Spence, "Ancient Egyptian chronology and the astronomical orientation of pyramids," *Nature* 408 (2000), pp. 321–4.
66. E. Hadingham, "Unlocking mysteries of the Parthenon," *Smithsonian Magazine* (February 2008), https://www.smithsonianmag.com/history/unlocking-mysteries-of-the-parthenon-16621015/.
67. ローマ帝国が最盛期を迎えていたころ、古代において居住可能だった地域の約15%を支配していたが、それはヨーロッパ大陸全体のわずか3%にすぎなかった。下記を参照されたい。V. Smil, *Why America Is Not a New Rome* (Cambridge, MA: MIT

たい。D. Banakou et al., "Illusory ownership of a virtual child body causes overestimation of object sizes and implicit attitude changes," *Proceedings of the National Academy of Sciences* 110 (2013), pp. 12846–51; B. van der Hoort et al., "Being Barbie: The size of one's own body determines the perceived size of the world," *PLoS ONE* 6/5 (2011), 6:e20195.

46. S. A. Linkenauger et al., "Welcome to Wonderland: The influence of the size and shape of a virtual hand on the perceived size and shape of virtual objects," *PLoS ONE* 8/7 (2013), e68594; N. Ogawa et al., "Distortion in perceived size and body-based scaling in virtual environments," *8th Augmented Human International Conference* (2017).
47. K. Opichka and C. Smith, "Accuracy of self-reported heights and weights in a predominately low-income, diverse population living in the USA," *American Journal of Human Biology* 30/6 (2018), e23184.
48. C. O. Chigbu et al., "Impact of perceptions of body size on obesity and weight management behaviour: A large representative population study in an African setting," *Journal of Public Health* 43 (2019), e54–e61.
49. A. W. Y. Chan et al., "Misalignment between perceptual boundaries and weight categories reflects a new normal for body size perception," *Scientific Reports* 11 (2021), p. 10442.
50. J. Allen and G. C. Prkachin, "Parental awareness and perception of their children's body size," *Open Journal of Medical Psychology* 2 (2013), pp. 77–80.
51. M. J. Tovée et al., "Healthy body equals beautiful body? Changing perceptions of health and attractiveness with shifting socioeconomic status," in V. Swami and A. Furnham (eds), *Body Beautiful: Evolutionary and Sociocultural Perspectives* (Basingstoke, UK: Palgrave Macmillan, 2007), pp. 108–28; S. Grabe et al., "The role of the media in body image concerns among women: A meta-analysis of experimental and correlational studies," *Psychological Bulletin* 134 (2008), pp. 460–76.
52. C. Winkler and G. Rhodes, "Perceptual adaptation affects attractiveness of female bodies," *British Journal of Psychology* 96 (2005), pp. 141–54.
53. S. K. Madsen et al., "Visual processing in anorexia nervosa and body dysmorphic disorder: Similarities, differences, and future research directions," *Journal of Psychiatric Research* 47 (2013), 1483e1491.
54. R. Zopf et al., "Body distortions in anorexia nervosa: Evidence for changed processing of multisensory bodily signals," *Psychiatry Research* 245 (2016), pp. 473–81; H. W. Hoek, "Incidence, prevalence and mortality of anorexia nervosa

33. J. S. Bruner and C. C. Goodman, "Value and need as organizing factors in perception," *Journal of Abnormal and Social Psychology* 42 (1947), pp. 33–44; D. Dubois et al., "The accentuation bias: Money literally looms larger (and sometimes smaller) to the powerless," *Social Psychological and Personality Science* 1/3 (2010), pp. 199–205.
34. T. A. Salthouse et al., "An illusion of ingestion," *Perception & Psychophysics* 27 (1980), pp. 564–8.
35. R. Weidner et al., "The Moon Illusion and size–distance scaling: Evidence for shared neural patterns," *Journal of Cognitive Neuroscience* 26 (2014), pp. 1871–82.
36. L. R. Harris and C. Mander, "Perceived distance depends on the orientation of both the body and the visual environment," *Journal of Vision* 14 (2014), pp. 1–8.
37. G. A. Radvansky and L. A. Carlson-Radvansky, "Uncertainty in estimating distances from memory," *Memory & Cognition* 23 (1995), pp. 596–606.
38. R. Volcic et al., "Visuomotor adaptation changes stereoscopic depth perception and tactile discrimination," *The Journal of Neuroscience* 33 (2014), pp. 17081–8.
39. G. Clément et al., "Distance and size perception in astronauts during long-duration spaceflight," *Life* 3 (2013), pp. 524–37.
40. R. W. Baird and S. M. Burkhart, "Bias and variability in distance estimation on the water: Implications for the management of whale watching," IWC Meeting Document SC/52/WW1 (2000).
41. C. Button et al., "Distance perception in an open water environment: Analysis of individual differences," *Attention, Perception & Psychophysics* 78 (2016), pp. 915–22.
42. C. A. Meissner et al., "Person Descriptions as Eyewitness Evidence," in R. C. L. Lindsay et al. (eds), *The Handbook of Eyewitness Psychology, Vol. 2. Memory for People* (Mahwah, NJ: Lawrence Erlbaum Associates Publishers, 2007), pp. 3–34; T. D. Albright, "Why eyewitnesses fail," *Proceedings of the National Academy of Sciences* 114 (2017), pp. 7758–64.
43. R. H. Flin and J. W. Shepherd, "Tall stories: Eyewitnesses' ability to estimate height and weight characteristics," *Human Learning* 5 (1986), pp. 29–38.
44. R. C. L. Lindsay et al., "How variations in distance affect eyewitness reports and identification accuracy," *Law and Human Behavior* 32 (2008), pp. 526–35.
45. A. Tajadura-Jiménez et al., "Embodiment in a child-like talking virtual body influences object size perception, self-identification, and subsequent real speaking," *Scientific Reports* 7 (2017), article no: 9637. また、下記も参照され

*Visual Culture* 8 (2010), pp. 329–48.

26. 2019年には、アメリカでもっとも人気のあるテレビのサイズは、対角線の長さが65インチ(約165cm)となった。下記を参照されたい。J. Porter, "65-inch TVs are now the most popular choice for North American households: report," The Verge, July 5, 2019, https://www.theverge.com/2019/7/5/20682913/most-popular-tv-size-65-inch-55-preference-market-research; また、下記も参照のこと。D. Pogue, "A brief history of aspect ratios, aka screen proportions," *Scientific American*, February 20, 2018, https://www.scientificamerican.com/article/a-brief-history-of-aspect-ratios-aka-screen-proportions/.
27. J. Shi et al., "Understanding the lives of problem gamers: The meaning, purpose, and influences of video gaming," *Computers in Human Behavior* 97 (2019), pp. 291–303; M. Zastrow, "Is video game addiction really an addiction?" *Proceedings of the National Academy of Sciences* 114 (2017), pp. 4268–72.
28. G. Lissak, "Adverse physiological and psychological effects of screen time on children and adolescents: Literature review and case study," *Environmental Research* 164 (2018), pp. 149–57; T. J. Saunders et al., "Screen time and health indicators among children and youth: Current evidence, limitations and future directions," *Applied Health Economics and Health Policy* 15 (2017), pp. 323–31.
29. F. C. Müller-Lyer, "Optische Urteilstäuschunge," *Archiv für Physiologie Suppl.* (1889), pp. 263–70; H. Ebbinghaus, *Grundzüge der Psychologie* (Leipzig: Veit & Co., 1902). また、錯視に関する体系的なレビューと類型論については、下記を参照されたい。D. Todorović, "What are visual illusions?" *Perception* 49 (2020), pp. 1128–99.
30. C.-C. Carbon, "The folded paper size illusion: Evidence of inability to perceptually integrate more than one geometrical dimension," *i-Perception* (July–August 2016), pp. 1–5.
31. T. Leibovich et al., "Itsy bitsy spider? Valence and self-relevance predict size estimation," *Biological Psychology* 121 (2016), pp. 138–45; M. W. Vasey, "It was as big as my head, I swear! Biased spider size estimation in spider phobia," *Journal of Anxiety Disorders* 26 (2012), pp. 20–4; Y. Shibana, "Treatment effect on biases in size estimation in spider phobia," *Biological Psychology* 121 (2016), pp. 146–52.
32. B. A. Teachman, "A new mode of fear expression: Perceptual bias in height fear," *Emotion* 8 (2008), pp. 296–301; J. K. Stefanucci and D. R. Proffitt, "The roles of altitude and fear in the perception of height," *Journal of Experimental Psychology: Human Perception and Performance* 35 (2009), pp. 424–38.

York: Solomon R Guggenheim Museum, 1997).
11. Guggenheim Bilbao, "Puppy: Jeff Koons," https://www.guggenheim-bilbao.eus/en/the-collection/works/puppy［2021年に閲覧］.
12. ダリが描いた溶けて曲がった時計の絵画は、もっとも多くの複製が作成された絵画の1つだ。マグリットに関しては下記を参照されたい。X. Cannone, *René Magritte: The Revealing Image* (Brussels: Ludion, 2017).
13. S. E. Palmer et al., "Canonical perspective and the perception of objects," in J. Long and A. Baddeley (eds), *Attention and Performance IX* (Hillsdale, NJ: Erlbaum, 1981), pp. 135–51.
14. D. I. Perrett et al., "Use of preferential inspection to define the viewing sphere and characteristic views of an arbitrary machined tool part," *Perception* 21 (1992), pp. 497–515.
15. V. Blanz et al., "What object attributes determine canonical views?" *Perception* 28 (1999), pp. 575–99.
16. E. Mezuman and Y. Weiss, "Learning about canonical views from internet image collections," *NIPS'12: Proceedings of the 25th International Conference on Neural Information Processing Systems* 1 (2012), pp. 1719–72.
17. T. Konkle and A. Oliva, "Canonical visual size for real-world objects," *Journal of Experimental Psychology: Human Perception and Performance* 37 (2011), pp. 23–37.
18. Musei Capitolini, "Colossal head of Constantine," http://capitolini. info/scu00757/?lang=en［2021年に閲覧］.
19. Rhodes Guide, "The Colossus of Rhodes, a wonder of the ancient world," https://www.rhodesguide.com/travelguide/colossus_rhodes.php［2021年に閲覧］.
20. Città di Firenze, "Palazzo Vecchio, Salone dei Cinquccento," https://www.comune.fi.it/pagina/sale-monumentali/palazzo-vecchio［2021年に閲覧］.
21. B. Chardère, *Les images des Lumière* (Paris: Gallimard, 1995).
22. E. Huhtamo, "Gulliver in figurine land," *Mediamatic* 4 (1990), pp. 101 5.
23. スクリーンに関する学際的な研究に関しては下記を参照されたい。D. Chateau and J. Moure (eds), *Screens: From Materiality to Spectatorship——A Historical and Theoretical Reassessment* (Amsterdam: Amsterdam University Press, 2016).
24. E. Lampert-Greaux, "Obscura projects on the Empire State Building," LiveDesign, April 19, 2017, https://www.livedesignonline.com/installations/obscura-projects-empire-state-building.
25. J. Verne, "In the year 2889," *Forum* 6 (1889), pp. 662–77; E. Huhtamo, "The sky is (not) the limit: Envisioning the ultimate public media display," *Journal of*

## 第2章　錯覚はなぜ起こるのか


1. M. Merleau-Ponty, *Phénoménologie de la perception* (Paris: Gallimard, 1945) [*Phenomenology of Perception*, trans. D. Landes (London: Routledge, 2012)]〔モーリス・メルロ＝ポンティ『知覚の現象学（改装版）』中島盛夫訳、法政大学出版局、2015年〕; L. R. Harris et al., "How our body influences our perception of the world," *Frontiers in Psychology* 6 (2015), pp. 819.
2. L. F. Jacobs et al., "Olfactory orientation and navigation in humans," *PLos ONE* 16/6 (June 2015).
3. Y. Tuan, *Space and Place: The Perspective of Experience* (Minneapolis: University of Minnesota Press, 1977), pp. 36, 44–5.〔イーフー・トゥアン『空間の経験』山本浩訳、筑摩書房、1993年〕
4. I. Gallagher, "Philosophical conceptions of the self: Implications for cognitive science," *Trends in Cognitive Science* 4 (2000), pp. 14–21.
5. J. Willis and A. Todorov, "First impressions: making up your mind after a 100-ms exposure to a face," *Psychological Science* 17 (2006), pp. 592–8.
6. F. F. Alsulaimani and W. Batwa, "Incisors' proportions in smile esthetics," *Journal of Orthodontic Science* 2 (2013), pp. 109–12.
7. 残念ながら、アメリカでは肥満がより一般的に、より深刻になっている。1988～1994年にかけて、全成人の約23％が肥満、2.8％が高度肥満（BMI＞40）〔日本ではBMI35以上が高度肥満に当たる〕に相当したが、2017～2018年にかけてはそれぞれの割合は42％と9％強に増加した。下記を参照されたい。C. D. Fryar et al., "Prevalence of overweight, obesity, and severe obesity among adults aged 20 and over: United States, 1960–1962 through 2017–2018," NCHS Health E-Stats, January 29, 2021, https://www.cdc.gov/nchs/data/hestat/obesity-adult-17-18/obesity-adult.htm.
8. こうした差が生じるおもな理由は、伝統的なイタリア料理では、アンティパスト、プリモ、セコンド、コントルノと、比較的少量の料理が順番に提供されるからだ。いっぽうアメリカの多くのレストランでは、肉がたくさん入ったパスタが山盛りで提供される。
9. 1990年代後半、アメリカのホテルの平均的な客室の面積は30平方メートル強だった。現在の新しいホテルの客室はかなり狭く、通常は20平方メートル弱だが、それでも13～15平方メートルの日本のビジネスホテルの客室よりはだいぶ広い。下記を参照されたい。Queviv, "Hotel rooms 20 years ago were twice as large as some of today's offerings," *USA Today*, November 4, 2015, https://www.usatoday.com/story/travel/roadwarriorvoices/2015/11/04/hotel-rooms-20-years-ago-were-twice-as-large-as-some-of-todays-offerings/83847338/.
10. C. Coosje van Bruggen, *Frank O. Gehry: Guggenheim Museum Bilbao* (New

2020), https://arxiv.org/abs/2009.11913; J. D. Fernie, "The historical search for stellar parallax," *Journal of the Royal Astronomical Society of Canada* 69 (1975), pp. 153–61.

86. H. Shapley and H. D. Curtis, "The scale of the universe," *Bulletin of the National Research Council* 2/169 (1921), pp. 171–217; E. P. Hubble, "A spiral nebula as a stellar system, Messier 31," *The Astrophysical Journal* 69 (1929), p. 103.
87. D. N. Page, "Ab initio estimates of the size of the observable universe," *Journal of Cosmology and Astroparticle Physics* (2011).
88. B. Amos, "Lessons from the history of light microscopy," *Nature Cell Biology* 2 (2000), E151–2.
89. D. Bardell, "The invention of the microscope," *Bios* 75 (2004), pp. 78–84.
90. R. Hooke, *Micrographia* (London: Jo. Martyn and Ja. Allestry, Printers to the Royal Society, 1665).〔ロバート・フック著『ミクログラフィア』永田英治・板倉聖宣訳、仮説社、1985年〕
91. I. Lawson, "Crafting the microworld: How Robert Hooke constructed knowledge about small things," *Notes and Records of the Royal Society* 70 (2016), pp. 23–44.
92. A. Leewenhoeck, "Observation, communicated to the publisher by Mr. Antony van Leewenhoeck, in a Dutch letter of the 9 October 1676 here English'd: concerning little animals by him observed in rain-well-sea and snow water; as also in water wherein pepper had lain infused," *Philosophical Transactions* 12 (1677), pp. 821–31; 下記も参照されたい。N. Lane, "The unseen world: Reflections on Leeuwenhoek (1677) 'Concerning little animals,' " *Philosophical Transactions of the Royal Society B* 370 (2015).
93. B. Ford, *The Leeuwenhoek Legacy* (Bristol: Biopress and Farand, 1991).
94. Cell Biology by the Numbers, "How big are viruses?" http://book.bionumbers.org/how-big-are-viruses/［2022年に閲覧］.
95. E. Ruska, "The development of the electron microscope and of electron microscopy," Nobel lecture, December 8, 1986, https://www.nobelprize.org/uploads/2018/06/ruska-lecture.pdf.
96. J. Kuo (ed.), *Electron Microscopy: Methods and Protocols* (Berlin: Springer, 2014).
97. R. E. Gordon, "Electron microscopy: A brief history and review of current clinical applications," *Methods in Molecular Biology* 1180 (2014), pp. 119–35.

Manual," 1989, https://www.manualslib.com/manual/756743/Sony-Trinitron-Pvm-4300.html.

73. RTINGS.com., "TV size to distance calculator and science," March 12, 2021, https://www.rtings.com/tv/reviews/by-size/size-to-distance-relationship.

74. D. Moore, "Why aren't Americans happier than they were in the '70s?" Clearer Thinking, April 25, 2017, https://www.clearerthinking.org/post/2017/04/25/why-arent-americans-happier-than-they-were-in-the-70s.

75. M. Di Cesare et al., "The epidemiological burden of obesity in childhood: A worldwide epidemic requiring urgent action," *BMC Medicine* 17 (2019), p. 212.

76. アメリカの徴兵制は1973年6月まで続いた。60インチ(約152.4センチメートル)未満と80インチ(約203.2センチメートル)超の男性は免除された。ベトナム戦争(1964〜1975年)は徴兵制下で戦われた最後の戦争となり、アメリカ軍の戦死者は47,434人、負傷者は153,303人に達した。下記を参照されたい。Department of Veterans Affairs, "America's Wars," 2020, https://www.va.gov/opa/publications/factsheets/fs_americas_wars.pdf.

77. 国別の所得格差(ジニ係数)については下記を参照されたい。World Bank, "Gini index (World Bank Estimate)," https://data.worldbank.org/indicator/SI.POV.GINI [2021年に閲覧].

78. やはり、ここでも例外はある。歴史を振り返れば、いくつかの小国(あるいは地域)では不安定な状態や紛争が続いており、その影響力は限られた地域よりはるか遠方にまで及んでいる。イスラエル、レバノン、カシミール地方、台湾などがこれに当てはまる。

79. R. K. Kopparapu et al., "Habitable zones around main sequence stars: Dependence on planetary mass," *Astrophysical Journal Letters* 787 (2014), L29.

80. C. Ptolemaus, *Claudii Ptolemaei Opera quae Exstant Omnia* (Leipzig: Teubner, 1893, 1952).

81. A. van Helden, *Measuring the Universe: Cosmic Dimensions from Aristarchus to Halley* (Chicago: Chicago University Press, 1985).

82. M. Bucciantini et al., *Galileo's Telescope: A European Story* (Cambridge, MA: Harvard University Press, 2015).

83. J. Kepler, *Epitome Astronomiae Copernicanae* (Linz: Johannes Plancus, 1618).

84. D. W. Hughes, "Six stages in the history of the astronomical unit," *Journal of Astronomical History and Heritage* 4 (2001), pp. 15–28. 太陽までの正確な距離は1964年に国際天文学連合によって定められ、1976年に修正された。地球から太陽までの距離を1天文単位とし、地球半径の23,454.78倍に相当する。すなわち、太陽は地球から約1億5,000万キロメートル離れている。

85. M. J. Reid and K. M. Menten, "The first stellar parallaxes revisited" (September

[website], https://www.loc.gov/loc/legacy/loc.html; M. Raymond, "How 'big' is the Library of Congress?" Library of Congress [blog], February 11, 2009, https://blogs.loc.gov/loc/2009/02/how-big-is-the-library-of-congress.

59. M. Lesk, "How much information is there in the world?" (1997), https://lesk.com/mlesk/ksg97/ksg.html.
60. V. Smil, *Transforming the Twentieth Century: Technical Innovations and Their Consequence* (New York: Oxford University Press, 2006).
61. N. Hoffmann, *Mergers and Acquisitions Strategy for Consolidations: Roll Up, Roll Out and Innovate for Superior Growth and Returns* (New York: McGraw Hill Education, 2012).
62. Institute of Mergers, Acquisitions and Alliances, "M&A Statistics," https://imaa-institute.org/mergers-and-acquisitions-statistics/ ［2022年に閲覧］.
63. Statista Research Department, "Global market share——statistics & facts," August 5, 2022, https://www.statista.com/topics/898/global-market-share/.
64. R. H. Casey, *The Model T: A Centennial History* (Baltimore, MD: Johns Hopkins University Press, 2008).
65. Autobytel, "Ten of the biggest SUVs," https://www.autobytel.com/luxury-sport-utility-vehicles/car-buying-guides/10-of-the-biggest-suvs-114176/ ［2022年に閲覧］.
66. もっとも軽いT型フォードの車両重量は540キログラムで、もっとも重いGBCユーコンの車両重量は2,642キログラムだ。
67. L. Cozzi and A. Petropoulos, "Growing preference for SUVs challenges emissions reductions in passenger car market," October 15, 2019, https://www.iea.org/commentaries/growing-preference-for-suvs-challenges-emissions-reductions-in-passenger-car-market.
68. US Census Bureau, "Historical household tables," November 2021, https://www.census.gov/data/tables/time-series/demo/families/households.html.
69. R. Dietz, "New single-family home size trends lower," National Association of Home Builders, August 16, 2017, https://eyeonhousing.org/2017/08/new-single-family-home-size-trends-lower/.
70. こうした住宅には、広い敷地に建てられ、見せかけばかりが豪華な大型建売住宅、いわゆる「マックマンション」が多数、含まれる。
71. しかし、こうしたサイズの測定には問題が多い。仕様書では、容量を3倍近く多く見積もっているものがあるのだ。下記を参照されたい。D. Wroclawski, "Why refrigerator capacity claims don't add up," March 1, 2018, https://www.consumerreports.org/refrigerators/why-refrigerator-capacity-claims-dont-add-up/.
72. Sony Corporation, "Trinitron Color Video Monitor PVM-4300 Operating

A939RX0Q048SBEA ［2022年に閲覧］.
44. D. W. Hone and M. J. Benton, "The evolution of large size: How does Cope's Rule work?" *Trends in Ecology and Evolution* 20 (2005), pp. 4–6.
45. N. A. Heim et al., "Cope's rule in the evolution of marine animals," *Science* 347 (2015), pp. 867–70.
46. F. A. Smith et al., "Body size evolution across the Geozoic," *Annual Review of Earth and Planetary Sciences* 44 (2016), pp. 523–53.
47. M. Monroe and F. Bokma, "Little evidence for Cope's Rule from Bayesian phylogenetic analysis of extant mammals," *Journal of Evolutionary Biology* 23 (2010), pp. 2017–21.
48. C. Pedrós-Alió and S. Manrubia, "The vast unknown microbial biosphere," *Proceedings of the National Academy of Sciences* 113 (2016), pp. 6585–7.
49. V. Smil, *Energy and Civilization : A History* (Cambridge, MA: MIT Press, 2017)［バーツラフ・シュミル『エネルギーの人類史』塩原通緒訳、青土社、2019年］. V. Smil, *Making the Modern World: Materials and Dematerialization* (Chichester: John Wiley & Sons, 2013).
50. V. Smil, *Grand Transitions : How the Modern World Was Made* (New York: Oxford University Press, 2021).
51. 1900年、世界人口の増加率は約1.5％だった。ピークを迎えたのは1960年代後半で、約2.1％に上昇した。下記を参照されたい。V. Smil, *Growth: From Microorganisms to Megacities* (Cambridge, MA: MIT Press, 2019), p. 315.［バーツラフ・シュミル『グロース「成長」大全――微生物から巨大都市まで』田中嘉成監訳、三輪ヒナタ訳、ニュートンプレス、2022年］
52. V. Smil, *Prime Movers of Globalization: The History and Impact of Diesel Engines and Gas Turbines* (Cambridge, MA: MIT Press, 2013).
53. Power Technology, "Three Gorges Dam Hydro Electric Power Plant, China," https://www.power-technology.com/projects/gorges ［2021年に閲覧］.
54. V. Smil, *Still the Iron Age: Iron and Steel in the Modern World* (Amsterdam: Elsevier, 2016).
55. Burj Khalifa, "Facts & Figures," https://www.burjkhalifa.ae/en/the-tower/facts-figures/ ［2022年に閲覧］.
56. この人口はあくまでも「東京圏」のものだ。「首都圏」の場合は、機能上や行政上の定義によって地域が変わってくるため、人口は多くなる。
57. FRED. "Real gross domestic product," https://fred.stlouisfed.org/series/GDPC1 ［2021年に閲覧］.
58. Library of Congress, "The Library of Congress, 1800–1992," Jefferson's Legacy

*Present of an Architectural Masterpiece* (Florence: Mandragora, 2004).

31. Storia dell'arte, "Tempietto San Pietro in Montorio," https://www.progettostoriadellarte.it/2020/05/02/tempietto-san-pietro-in-montorio/［2022年に閲覧］.
32. N. H. Freeman, "Do children draw men with arms coming out of the head?" *Nature* 254 (1975), pp. 416–17; E. Burkitt et al., "The effect of affective characterizations on the size of children's drawings", *British Journal of Developmental Psychology* 21 (2003), pp. 565–84.
33. S. Toselli et al., "Growth of Chinese Italian infants in the first 2 years of life," *Annals of Human Biology* 32 (2005), pp. 15–29.
34. C. Alacevich and A. Tarozzi, "Child height and intergenerational transmission of health: Evidence from ethnic Indians in England," *Economics and Human Biology* 25 (2017), pp. 65–84.
35. Euromonitor International, *World Market for Luxury Goods* (London: Euromonitor International, 2022).
36. マドローダムに関しては下記を参照されたい。"Moet je meemaken," https://www.madurodam.nl［2022年に閲覧］;〈フェイクフードジャパン〉に関しては下記を参照されたい。Fake Food Japan, "Small size replicas," https://fakefoodjapan.com/collections/small-size-replicas［2022年に閲覧］.
37. バーチャルツアーについては下記を参照されたい。https://www.louvre.fr/en/online-tours［2022年に閲覧］, https://www.museodelprado.es/en/whats-on/multimedia/visual-guide-to-the-prado-museum/4621ae59-3080-43bb-892b-34721f47ca96［2021年に閲覧］.
38. Guinness Book of World Records, "Most popular," https://www.guinnessworldrecords.com/records/showcase/most-popular［2022年に閲覧］.
39. 竜巻を起こす積乱雲の迫力ある画像は、ネットの検索エンジンで"supercells"と入力すれば見られる。
40. 2020年、韓国のサムスン重工業が建造した全長400メートル、23,992TEUのEver ACEが世界最大のコンテナ船となった。下記を参照されたい。Marine Insight, "Top 10 world's largest container ships in 2022," June 11, 2021, https://www.marineinsight.com/know-more/top-10-worlds-largest-container-ships-in-2019/#1_Ever_Ace.
41. 識別可能な最小のサイズは、個人の視力だけでなく、その場の明るさ、コントラスト、模様、色によっても異なる。
42. 極端な場合、積乱雲の頂上部は海抜2000メートルを超える。
43. FRED, "Real gross domestic product," https://fred.stlouisfed.org/series/GDPC1; "Real gross domestic product per capita," https://fred.stlouisfed.org/series/

Goliath and his brothers," *Ulster Medical Journal* 83 (2014), pp. 86–8.
24. J. Grimm and W. Grimm, *Kinder-und Haus-Märchen* (Berlin: Realschulbuchhandlung, 1812)〔グリム兄弟『グリム童話』池内紀訳、筑摩書房、1989年／ほか〕.英語に翻訳されたものはオンラインで入手可能。
25. J. Swift, *Gulliver's Travels, or Travels into Several Remote Nations of the World. In Four Parts. By Lemuel Gulliver, First a Surgeon, and then a Captain of Several Ships* (London: Benjamin Motte, 1726)〔ジョナサン・スウィフト『ガリバー旅行記』山田蘭訳、角川書店、2011年／ほか〕. L. Carroll, *Alice's Adventures in Wonderland* (London: Macmillan, 1865).〔ルイス・キャロル『不思議の国のアリス』河合祥一郎訳、角川書店、2010年／ほか〕
26. C. W. Lippman, "Certain hallucinations peculiar to migraine," *Journal of Nervous and Mental Disorders* 116 (1952), pp. 346–51; J. Todd, "The syndrome of Alice in Wonderland," *Canadian Medical Association Journal* 72 (1955), pp. 701–4; P. O'Toole and E. J. Modestino, Alice in Wonderland Syndrome: A real life version of Lewis Carroll's novel, *Brain Development* 6 (2017), pp. 470–4.
27. English Heritage, "Building Stonehenge," https://www.english-heritage.org.uk/visit/places/stonehenge/history-and-stories/building-stonehenge［2022年に閲覧］; Centre des Monuments Nationaux, "Site des Mégalithes de Locmariaquer," https://www.site-megalithique-locmariaquer.fr/en/［2021年に閲覧］.
28. 古代世界の七不思議とは、ギザの大ピラミッド群、バビロンの空中庭園、オリンピアのゼウス像、エフェソスのアルテミス神殿、ハリカルナッソスの霊廟、ロドス島の巨像、アレクサンドリアの灯台だ。下記を参照されたい。P. A. Clayton and M. Price, *The Seven Wonders of the Ancient World* (London: Routledge, 1990). たしかに、リンカン大聖堂の尖塔は高さだけは大ピラミッドを上回ったが、この古代の建造物の体積（約260万立方メートル）を上回ったのは、現代のコンクリート・ダムだ。たとえば、コロラド川のフーバー・ダム（1936年完成）には333万立方メートルのコンクリートが使用されており、アメリカ、アジア、アフリカにある多くのダムの堤体積は1000万立方メートルを超えている。下記を参照されたい。Global Dam Watch, "Global Reservoir and Dam Database (GRanD)," http://globaldamwatch.org/grand/［2022年に閲覧］.
29. K. Treister, *Maya Architecture: Temples in the Sky* (Gainesville, FL: University of Florida Press, 2013); J.-P. Protzen, *Inca Architecture and Construction at Ollantaytambo* (Oxford: Oxford University Press, 1992).
30. ブルネレスキの設計による大聖堂の前例がない大きさのドームはいまも魅力を失っておらず、この偉業に捧げられた新しい本も出版されている。F. D. Prager and G. Scaglia, *Brunelleschi: Studies of His Technology and Inventions* (Cambridge, MA: MIT Press, 1970); G. Fanelli and M. Fanelli, *Brunelleschi's Cupola: Past and*

"Voltages, plugs and frequencies," *Spectrum IEEE* (July 2021), pp. 20–1.

12. US Department of Labor, Occupational Safety and Health Administration, "Fixed Stairways," https://www.osha.gov/laws-regs/regulations/standardnumber/1917/1917.120.
13. L. W. Smith and L. W. Wood, *History of Yard Lumber Size Standards* (Madison, WI: Forest Products Laboratory, 1964).
14. Online Labels, "What's the difference between US letter and A4 paper sheets?" [2020年6月18日に更新], https://uk.onlinelabels.com/articles/difference-between-us-letter-a4-paper-sheets.
15. J.-C. Croizé, *Politique et configuration du logement en France* (1900–1980) (Paris: Sciences de l'Homme et Société, Université Paris Nanterre, 2009); US Census Bureau, "Characteristics of new housing," 2021, https://www.census.gov/construction/chars/highlights.html.
16. W. L. N. Tickell, *Albatrosses* (New Haven, CT: Yale University Press, 2000).
17. ExpertAfrica, "The great wildebeest migration," https://www.expertafrica.com/tanzania/info/serengeti-wildebeest-migration; CompaniesMarketCap.com, "Market capitalization of Alphabet (Google) (GOOG)," https://companiesmarketcap.com/alphabet-google/marketcap [2022年に閲覧].
18. たとえば、この10万年で最大規模のトバ火山噴火の火山爆発指数は8だ。この8という数字は、1815年のタンボラ山噴火の指数を7、1883年の火山島クラカタウ噴火の指数を6としたときのものだ。噴火は近隣の住民の生命を危険にさらしたが、アフリカで起こった噴火はそれほど大勢の住民に影響を及ぼさなかった。下記を参照されたい。E. I. Smith et al., "Humans thrived in South Africa through the Toba eruption about 74,000 years ago," *Nature* 555 (2018), p. 7697.
19. 人間の脳が現在のような形に進化したのは、10万年前〜3万5000年ほど前のことだ。下記を参照されたい。S. Neubauer et al., "The evolution of modern human brain shape," *Science Advances* 4/1 (January 2018).
20. Box Office Mojo, "Godzilla vs Kong," https://www.boxofficemojo.com/release/rl1383892481/.
21. N. K. Sandars, trans., *The Epic of Gilgamesh*, https://archive.org/stream/TheEpicofGilgamesh_201606/eog_djvu.txt.〔『ギルガメシュ叙事詩』矢島文夫訳、筑摩書房、1998年/ほか〕
22. Penguin e-edition, Fagles (2002); Alexander Pope's classic translation of the Odyssey is available at https://www.gutenberg.org/files/3160/3160-h/3160-h.htm.
23. D. E. Donnelly and P. J. Morrison, "Hereditary gigantism——the biblical giant

# 原注・参考文献

## はじめに


1. 『学問の厳密さについて』は、ホルヘ・ルイス・ボルヘス『汚辱の世界史』(中村健二訳、岩波書店、2012年)などに所収。


## 第1章　万物の尺度としてのサイズ


1. J. M. van Ophuijsen, et al., *Protagoras of Abdera: The Man, His Measure* (Leiden: Brill, 2013).
2. J. Locke, *An Essay Concerning Human Understanding* (London: Thomas Bassett, 1690), Book III, Chap. VI, § 29.〔ジョン・ロック『人間知性論』大槻春彦訳、岩波書店、1974年/ほか〕
3. 下記も参照されたい。A. Douglas,"'In a glass darkly': Swift, Gulliver and the human shape,"in F. Boulaire and D. Carey (eds), *Les Voyages de Gulliver* (Caen: Presses universitaires de Caen, 2002), pp. 125–38〔ジョナサン・スウィフト『ガリバー旅行記』山田蘭訳、角川書店、2011年/ほか〕. 哲学において形をテーマにしたものについては、アリストテレスやジョン・ロックの著書、または存在論に関する現代の議論を参照されたい。
4. 建築分野でよく利用されているレーザー距離センサの誤差は±1.5ミリメートル程度。
5. B. Mandelbrot, "How long is the coast of Britain? : Statistical self-similarity and fractional dimension," *Science* 156 (1967), pp. 636–8.
6. M. Mandelbrot, *Fractals: Form, Chance, and Dimension* (San Francisco: W. H. Freeman, 1977).
7. こうした問題は、測定された変数の定義そのものから生じる場合も多い。たとえば「リテラシー」や「長期失業」を、どう定義すべきなのだろう?
8. 地下経済は世界各地にはびこっている現象だ。下記を参照されたい。L. Medina and F. Schneider, *Shadow Economies Around the World: What Did We Learn Over the Last 20 Years?* (Washington, DC: International Monetary Fund, 2018).
9. パンデミックによる一時的な供給不足や品不足は、豊かな経済圏で物々交換を復活させたが、その規模を考えれば、経済への貢献は限定的なものにとどまるだろう。
10. M. P. Taylor, *Purchasing Power Parity and Real Exchange Rates* (London: Routledge, 2016).
11. 電圧やプラグが国によって異なるのは、電子機器を充電しなければ生活できない世界において、もっとも明白な標準化の失敗例だろう。下記を参照されたい。V. Smil,

# 図版リスト

著者

## バーツラフ・シュミル　Vaclav Smil

カナダのマニトバ大学特別栄誉教授。エネルギー、環境変化、人口変動、食料生産、栄養、技術革新、リスクアセスメント、公共政策の分野で学際的研究に従事。研究テーマに関する著作は40冊以上、論文は500本を超える。カナダ王立協会（科学・芸術アカデミー）フェロー。2000年、米国科学振興協会より「科学技術の一般への普及」貢献賞を受賞。2010年、『フォーリン・ポリシー』誌により「世界の思想家トップ100」の1人に選出。2013年、カナダ勲章を受勲。2015年、そのエネルギー研究に対してOPEC研究賞が授与される。米国やEUの数多くの研究所および国際機関で顧問を務める。これまでに米国、カナダ、ヨーロッパ、アジア、アフリカの400以上の会議およびワークショップに講演者として招待されるとともに、北米、ヨーロッパ、東アジアの多くの大学で講義をおこなう。日本政府主導で技術イノベーションによる気候変動対策を協議する「Innovation for Cool Earth Forum（ICEF）」運営委員会メンバー。おもな著書に、『Numbers Don't Lie』（NHK出版）、『Invention and Innovation』（河出書房新社）、『エネルギーの人類史』（青土社）、『エネルギーの不都合な真実』（エクスナレッジ）、『中国の環境危機』（亜紀書房）。

訳者

## 栗木さつき　くりき・さつき

翻訳家。慶應義塾大学経済学部卒業。訳書に、シュミル『Numbers Don't Lie』（共訳、NHK出版）、『Invention and Innovation』（河出書房新社）、J・シェーファー／M・カーリンズ『元FBI捜査官が教える「情報を引き出す」方法』（東洋経済新報社）、J・Dシュバ『米国防総省・人口統計コンサルタントの人類超長期予測』（ダイヤモンド社）、M・デズモンド『家を失う人々』（海と月社）など多数。

| | |
|---|---|
| 校正 | 西村 創（株式会社 円水社） |
| | 河本乃里香 |
| 本文組版 | アップライン株式会社 |
| 編集 | 本多俊介、塩田知子 |

# SIZE《サイズ》
## 世界の真実は「大きさ」でわかる

2024年6月25日　第1刷発行

著者　バーツラフ・シュミル
訳者　栗木さつき
発行者　江口貴之
発行所　NHK 出版
〒150-0042 東京都渋谷区宇田川町10−3
電話　0570-009-321（問い合わせ）
0570-000-321（注文）
ホームページ　https://www.nhk-book.co.jp
印刷　亨有堂印刷所／大熊整美堂
製本　二葉製本


Printed in Japan
ISBN978-4-14-081967-8　C0098